Meine Rezeptebibliothek 17

von Ute Marion Wilkesmann & Agnes Hug

Dies ist der siebzehnte und vorläufig letzte Band einer Reihe, in die ich meine gesamten Rezepte einarbeite. Dieser Band umfasst die Zeit September 2024 bis Mai 2025, außerdem knapp 250 Rezepte von Agnes Hug, insgesamt sind das mehr als 600 Rezepte.

Meine Rezeptebibliothek 17

September 2024 bis Mai 2025

Von Ute Marion Wilkesmann & Agnes Hug

Bibliografische Information der Deutschen Nationalbibliothek:
Die Deutsche Nationalbibliothek verzeichnet diese Publikation in der Deutschen Nationalbibliografie; detaillierte bibliografische Daten sind im Internet über dnb.dnb.de abrufbar.

Verlag:
BoD · Books on Demand GmbH,
Überseering 33, 22297 Hamburg,
bod@bod.de
Druck:
Libri Plureos GmbH,
Friedensallee 273, 22763 Hamburg

ISBN: 978-3-8192-4893-1

Vorwort

Die Reihenfolge dieser Bände bzw. Rezepte ist rein chronologisch. Statt eines Inhaltsverzeichnisses gibt es daher ein ausführliches Stichwortverzeichnis am Ende.

Dieser – vorläufig – letzte Band enthält mehrere Abschnitte. Am Anfang kommen, wie üblich nummeriert, meine Rezepte bis Mitte Mai. Dann folgen Rezepte, die ich gesammelt habe, um sie selbst einmal nachzuarbeiten. Ich habe sie von ChatGPT aufbereiten und mit einem Bild versehen lassen. Im nächsten Abschnitt sind die Rezepte zusammengefasst, die ich in Videos vorgestellt habe. Da ich die Videos schon lange gelöscht hatte, musste ich mir von ChatGPT passende Bilder erstellen lassen. Dann folgen Rezepte, die in die alten Bände nicht mehr passten, weil sonst die Nummerierung vom Original abgewichen wäre. Danach lest ihr eine Reihe indisch-angehauchter Rezepte. Sie stammen aus der Zeit, als ich das Buch „Indisch inspiriert" verfasst habe. Die Bilder sind größtenteils von mir. Den krönenden Abschluss bilden die Rezepte, die Agnes Hug in den Jahren 2013-2017 auf meinem ehemaligen Food-Blog vorgestellt hat. Die Bilder dazu sind von ihr selbst.

Alle Aufnahmen sind aus Kostengründen (Buchpreis für den Endverbraucher) schwarzweiß im Druck. – Ich möchte mich für eventuell vorhandene Tipp- und/oder andere Fehler entschuldigen. Auch bei sorgfältiger Arbeit lassen sie sich nicht immer komplett vermeiden. – Persönliche Anmerkungen habe ich kursiv vom restlichen Text abgehoben. Es sind Texte, die beim Originalrezept stehen.

Bei manchen Zutaten verweise ich auf ein vorheriges Rezept oder einen älteren Band. Meist lässt sich diese Zutat einfach durch etwas anderes ersetzen. Wenn ich aber alles, was ich vorher aufgeschrieben habe, auch in jeden Band neu aufnehmen will, nimmt das unnötig viel Platz in Anspruch.

Wenn ich auf das Verfassen dieser Bände zurückblicke, dann fällt mir ein gewisser Spannungsbogen auf. Am Anfang war noch jeder Band sehr aufregend – es gab Herausforderungen beim Layout, beim Hochladen zum Verlag und mit meinem Schreibprogramm. Alle Bände waren für mich eine kleine Zeitreise – langweilig war keiner. Aber einige enthielten schon mehr Routine.

Der vorliegende Band ist für mich besonders spannend. Einmal weil auf diese Weise Agnes' wunderschöne Rezepte und ihre liebevollen Fotos auch der Nachwelt erhalten bleiben. Sie sind konsequent vollwertig. Das gilt übrigens auch für meine Rezepte aus der ‚indischen Zeit'.

Ein bisschen „enttäuscht" bin ich, weil ich doch nicht die 20 Bände erreicht habe. Aber ich mache weiter! Ich höre ja nicht heute plötzlich auf, Mahlzeiten zuzubereiten oder zu experimentieren. Was mich im Augenblick besonders lockt, ist die Zusammenarbeit mit ChatGPT: Wenn ich eine Idee habe, lasse ich sie von ChatGPT in ein Rezept umformen. Dann arbeite ich das Rezept nach. Dabei zeigen sich häufig die Schwächen, aber natürlich auch die Stärken einer künstlichen Intelligenz. Dies habe ich auf jeden Fall für Band 18 geplant: Neben eigenen Rezepten stehen auch solche, die mit Unterstützung von ChatGPT und gelegentlich auch im Vergleich mit Gemini erstellt wurden. Die Spannung bleibt.

Eines kann ich garantieren: Meine Bücher enthalten durchweg Alltagsrezepte – es geht nicht nur um besonders ausgefallene oder perfekte Gerichte. Ich wünsche allen Lesern viel Spaß beim Durchblättern und Ausprobieren!

Juni 2025
Ute-Marion Wilkesmann

Allgemeines:

Ich verwende stets einen *Heißluftofen*. *Gewicht* gebe ich, wenn nicht anders angegeben, nur als Nettogewicht an – also nach dem Vorbereiten, Schälen, Entkernen usw., das heißt, nach Vorbereiten, Schälen, Entkernen usw. Ebenso wiege ich Flüssigkeiten in g ab. *Kartoffeln, Möhren, Äpfel* usw. schäle ich nicht.

Bei den Rezepten für diesen Band habe ich mein Getreide im aktuellen = nummerierten Teil nicht mehr selbst gemahlen – Agnes allerdings schon.

Mengenangaben: Was für einen als Hauptspeise reicht, ist für den anderen nicht genug. Dennoch ist es ein Hinweis. Wenn ich bei einem Rezept keine Zahl der Portionen angebe, ist es ein Gericht für 1 Person.

Abkürzungen:

EL = Esslöffel

TL = Teelöffel

LS = Löffelspitze

MS = Messerspitze

Min. = Minute(n);

Sek. = Sekunde(n), Std. = Stunde(n)

geh. = gehäuft (vor Einheit) bzw. gehackt (nach Einheit)

gem. = gem./ger. = gerieben/getr. = getr.

RT = Raumtemperatur

schw. = schwarz

TK = Tiefkühl

TM = Thermomix

Evtl. unbekannte Begriffe: *Garam Masala* ist eine indische Gewürzmischung (siehe 6/4361, eine Variante auch in diesem Buch). *Cumin* und *Kreuzkümmel* sind Synonyme. *Essigpeperoni* sind in Apfelessig eingelegte Peperonistücke (7/4573). *Bärlaucholivenöl* ist ein Öl, das eine Freundin mit viel Bärlauch im Garten selbst hergestellt hat. Sehr lecker!

Gelegentlich beziehe ich mich auf ältere Rezepte und verweise auf Band und Nummer (3/2008 bedeutet Band 3, Nr. 2008) oder auf Band und Seitenzahl. Weiße Soße und Gemüsepfanne habe ich beigefügt, da sie häufig verwendet werden. Der Sauerteigansatz ist innerhalb dieses Bands beschrieben. Der Markennamen *Vitamix* ist als Synonym für Hochleistungsmixer zu verstehen. *Peng-Schüsseln* sind Plastikschüsseln, deren Deckel mit „Peng" aufspringt, wenn die Hefe ausreichend gegangen ist. Die *Wilkesmannsche Formel* gebe ich für diejenigen mit, die vegan backen und kochen wollen, ohne auf industriell hergestellte Fertigprodukte zuzugreifen. Agnes setzt häufig *Stützcreme* ein. Sie gibt gelegentlich auch Beispiele, sodass ich das Rezept nicht nach vorn stelle.

Das Prinzip der Gemüsepfanne

Pfanne eher zu groß wählen. Flüssigkeitsmenge in die Pfanne geben. Andere Zutaten wie klein geschnittenes Gemüse usw. zugeben. Deckel auflegen und auf höchster Einstellung zum Kochen bringen, bis Dampf unter dem Deckel austritt. Auf kleinste Einstellung bringen und 15 Min. oder wie angegeben dünsten.

Weiße Soße Grundrezept

Für je 125 g Flüssigkeit – etwa zur Hälfte Hafermilch – verwende ich 10 g Butter und 10 g Mehl. Zum Beispiel:

- 20 g Butter
- 20 g Mehl
- 125 g Wasser
- 125 g Hafermilch
- Salz

Mit Thermomix: Butter schmelzen (2 Min. 30 Sek./105 °C/Stufe 1). Mehl zugeben und dünsten (2 Min. 30 Sek./ 105 °C/Stufe 1). Flüssigkeiten und Salz zugeben und kochen (6 Min./95 °C/Stufe 4).

Ohne Thermomix: Butter im Topf zerlassen, Mehl darin anrösten. Flüssigkeiten anfangs nur esslöffelweise mit einem Schneebesen einrühren. Wenn die Soße (dickflüssig) ist, den Rest nach und nach unter Rühren zugeben. Salzen und 6-10 Min. ziehen lassen.

Wilkesmannsche Formel

Mithilfe dieser Formel kann man praktisch jeden „normalen" Kuchen ohne Ei und/oder Fett backen.

- Fett = gleiche Menge gekochte rote Linsen
- Eier = je Ei 60 g, davon 2/3 Stützcreme, 1/3 Apfelmus
- Backpulvermenge = verdoppeln; evtl. 10% mehr Mehl nehmen.
- Zucker ersetze ich 1:1 durch Honig. Oder Ahornsirup (minus 10 %)

13972. Kartoffel süß mit Aubergine, September 2024

- 65 g Salatgurke in Halbscheiben
- 170 g Süßkartoffel, in Streifen
- 175 g Aubergine, in Streifen
- Salz
- 1 TL Sonnenblumenöl (6 g)
- 50 g Wasser

In der angegebenen Reihenfolge in eine 20-cm-Keramik-pfanne geben und 20 Min. als Gemüsepfanne dünsten.

13973. Kartoffeln auf Auberginenscheiben, Sep. 2024

- 85 g Aubergine, in drei Scheiben
- 70 g Süßkartoffeln, in Stücken
- 195 g Kartoffeln, in Halbscheiben
- 2 Prisen Salz
- 50 g Wasser

Eine 20-cm-Alugusspfanne mit den Auberginenscheiben aus-legen. Süßkartoffeln und Kartoffeln darübergeben, jeweils mit Salz bestreuen. 50 g Wasser zufügen und als Gemüsepfanne 20 Min. garen.

13974. Spaghetti mit Tomaten-Auberginen, Sep. 2024

- 65 g Spaghetti, Stücke
- 130 g Aubergine, Würfel
- 105 g Tomate, Würfel
- 130 g Wasser
- 10 g Cashewnüsse
- 1/2 TL Salz (3 g)
- 1 TL Sojasoße (4 g)
- 40 g Hafermilch

Spaghetti mit Aubergine, Tomate und Wasser aufkochen und 18 Min. kochen, dabei Herd allmählich herunterstellen. Cashewnüsse in einem kleinen Mixer mahlen. Salz, Sojasoße und Hafermilch unterrühren. Unter die fertige Mahlzeit rühren, evtl. aufkochen, und andicken lassen.

13975. Kartoffeln in Zitronencremesoße, September 2024

- 60 g Wasser
- 1 Prise Salz
- 255 g Kartoffelscheiben

Soße:
- 15 g Sonnenblumenkerne
- 15 g Zitronensaft
- 1 geh. TL Mehl (7 g)
- 1/2 TL Salz
- 75 g Hafermilch
- 25 g Wasser

Kartoffeln in Wasser und Salz als Gemüsepfanne 20 Min. garen. Für die *Soße:* Kerne im kleinen Mixer fein mahlen. Restliche Zutaten zufügen und fein mixen. Zu den Kartoffeln geben und aufkochen.

13976. Butterkohlrabi mit Kartoffeln, September 2024

- 60 g Wasser
- 1 Prise Salz
- 200 g Kohlrabi, in Stiften
- 140 g Kartoffeln, in Scheiben
- 15 g Butter

Wasser und Salz in eine 20-cm-Pfanne geben, gefolgt von Kohlrabi und Kartoffeln. Als Gemüsepfanne 20 Min. garen. Im heißen Gericht die Butter zerlassen, evtl. nachsalzen.

13977. Zebrakuchen mit Öl, September 2024

KI Gemini als Unterstützung

- 200 g Weizenmehl 550
- 100 g Weizenmehl 1050
- 1 P Backpulver
- 200 g Zucker
- 1 P Vanillezucker
- 4 Eier
- 200 g Sonnenblumenöl
- 200 g Skyr
- 30 g Kakaopulver
- 1 EL Rohrrohrzucker
- 1 EL Cointreau

Boden der Springform mit Backpapier auslegen.

In einer großen Schüssel Mehl, Backpulver und Zucker mischen. Eier, Öl, Skyr und Vanillezucker hinzugeben und alles zu einem glatten Teig rühren. Teig in zwei Hälften teilen (bei mir je 560 g). In eine Hälfte das Kakaopulver, 1 EL Zucker und den Cointreau geben und unterrühren. Abwechselnd je 1 EL hellen und dunklen Teig in die Mitte der Springform geben. Form in den auf 160 °C vorgeheizten Ofen (Heißluft) schieben und für etwa 40 Min. backen, noch 5 Min. im ausgeschalteten Ofen und 10 Min. im offenen Ofen (Probe mit Holzstäbchen).

Kuchen auf dem Gitterrost in der Form vollständig auskühlen lassen, bevor er aus der Form genommen wird. Ich habe noch Schokoladenglasur darüber gegeben (1 Tafel Schokolade 99 % 85 g + einige EL Ahornsirup).

13978. Butternusskürbis Kartoffeln Currycreme, Sep. 2024

- 50 g Wasser
- 1 Prise Salz
- 160 g Kartoffelscheiben
- 100 g Tomatenwürfel
- 145 g Butternusskürbis
- 15 g Cashewkerne
- 1 TL (6 g) Weizenmehl
- 1/2 TL Currypulver
- 1 MS gem. Ingwer
- 1/2 TL Salz
- 100 g Hafermilch

Wasser, 1 Prise Salz und das Gemüse in eine 20-cm-Pfanne geben und als Gemüsepfanne 20 Min. garen. Cashewkerne in einem kleinen Mixer mahlen, mit den Gewürzen und Salz verrühren. 100 g Hafermilch zufügen und mixen. Unter das Gemüse rühren und aufkochen.

13979. Reisgries Zimt, September 2024

Vorläufer: 13972

- 130 g Milchreis
- 40 g Vollkorngrieß Dinkel
- 1 Prise Salz
- 20 g Ahornsirup
- 10 g Butter
- 1/2 TL gem. Zimt
- 1 Liter Hafermilch 1,5 %

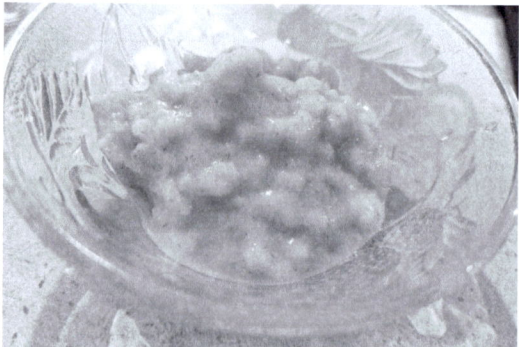

TM Einstellung 33 Min./90 °C/Linkslauf Stufe 1.

13980. Butternussspaghetti, September 2024

- 70 g Spaghetti, in Bruchstücken
- 275 g Butternusskürbis, gewürfelt
- 225 g Wasser
- 1/2-1 TL Speisestärke
- 2 EL Wasser
- 1/2 TL Salz
- 2 TL Sonnenblumenöl

Spaghetti, Kürbis und Wasser 15 Min. kochen. Speisestärke mit Wasser und Salz verrühren, unterziehen und aufkochen. Öl zufügen und weitere 5 Min. kochen.

13981. Kürbiskartoffeln mit Knofi, September 2024

- 10 g Olivenöl
- 40 g Wasser
- 195 g Kartoffelscheiben
- 13 g Knoblauchscheiben (2 große)
- 150 g Kürbiswürfel
- Salz

Zusammen als Gemüsepfanne 20 Min. garen. Evtl. nachsalzen.

13982. Zwiebelrelish ChatGPT 6, September 2024

Vorläufer 16/13884

- 630 g Gemüsezwiebeln
- 125 g Apfel
- 1 Knoblauchzehe (9 g)
- 250 g Sultaninen
- 50 g Tomatenketchup (Kinderketchup Zwergenwiese)
- 1 TL Salz
- 1 TL Zimt
- 1 geh. TL Paprikapulver edelsüß
- 1 TL gem. Kreuzkümmel
- 1 TL Currypulver
- 1/2 TL schwarzer Pfeffer
- 1 TL Tomatenmark
- 100 ml Apfelessig
- 150 ml Wasser

Zwiebeln, Apfel und Knoblauch grob zerkleinern und in den Thermomix geben, gefolgt von den anderen Zutaten inklusive der Flüssigkeiten. Im TM zerkleinern (10 Sek./Stufe 6). Kochen lassen (45 Min./100 °C/Stufe 1/Linkslauf). Dabei den Messbecher abnehmen und stattdessen das Garkörbchen als Spritzschutz verwenden.

Nach dem Kochen das Relish in Gläser füllen und sofort verschließen. Im Kühlschrank aufbewahren, hält mindestens 3 Monate.

13983. Nudeln aus dem Topf, September 2024

- 70 g Vollkornnudeln
- 140-150 g Wasser

Spaghetti in kleine Stücke brechen, in kochendes Wasser geben und etwa 15 Min.SS garen. Zwischendurch umrühren. Ist danach noch Wasser übrig, bei mittlerer Hitze offen weiterkochen, bis es verdampft ist.

13984. Schoko-Muffins, September 2024

Angelehnt an ein Rezept von cebe-Cacao.

- 100 g Schokolade 70 %
- 200 g Weizenmehl 1050
- 115 g Rohrohrzucker
- 25 g Kakao
- 1 P Vanillezucker
- 1 P Weinsteinbackpulver
- 2 Eier
- 80 g Sonnenblumenöl
- 90 g Hafermilch
- 100 g Skyr

Schokolade im Wasserbad schmelzen. Trockene Zutaten miteinander mischen. Die anderen Zutaten in einer Rührschüssel gut mischen (Rührhaken). Trockene Zutaten in die Flüssigkeiten einarbeiten, zuletzt Schokolade unterrühren (Vorsicht, Teig läuft am Mixer hoch). In Muffinförmchen füllen, Ofen auf 170 °C (Heißluft) aufheizen. Muffins einschieben und ca. 20 Min. backen. Stäbchenprobe machen. Auf einem Gitterrost abkühlen lassen.

13985. Klare Gemüsesuppe, September 2024

- 1 Tomate (120 g) gewürfelt
- 40 g Möhrenscheiben
- 160 g gewürfelter Butternusskürbis
- 125 g gewürfelte Kartoffeln
- 1 Knoblauchzehe, in Scheiben (9 g)
- 1 TL Gemüsebrühe
- 450 g Wasser
- 10 g Butter
- Salz zum Abschmecken

Gemüse, Gemüsebrühe und Wasser im Topf zum Kochen bringen. 20 Min. kochen. Butter darin schmelzen lassen und mit Salz abschmecken.

13986. Reis-Gemüse-Eintopf, September 2024

- 70 g weißer Reis
- 115 g Kartoffeln (2 kleinere)
- 135 g Möhre (1 größere)
- 1 Prise Salz
- 170 g Wasser
- 10 g Butter
- 50 g Wasser

Reis in einen 18-cm-Topf geben. Kartoffeln vorschneiden, Möhren genauso, und portionsweise im kleinen Mixer, kleiner Becher, hochstehendes Messer zerkleinern. Zum Reis geben, salzen und Wasser hinzufügen. 20 Min. auf niedriger Stufe kochen. Butter unterrühren. 50 g Wasser zufügen, aufkochen und auf niedriger Stufe quellen lassen.

13987. Einfache Bäckerbrötchen, September 2024

AI Claude

- 500 g Weizenmehl (Type 550)
- 1 Päckchen Trockenhefe
- 1 TL Salz
- 1 TL Rohrohrzucker
- 300 g lauwarmes Wasser
- 2 EL Öl

Mehl, Hefe, Salz und Zucker in den Mixtopf des TM geben und mit einem Löffel durchrühren. Wasser und Öl hinzufügen und zu einem glatten Teig kneten (ca. 3,5 Min.).

Teig in einer Pengschüssel 90-105 Min. auf der warmen Fensterbank gehen lassen. Auf Streumehl zu einer Rolle formen, Teig in 8 gleich große Stücke (je 100 g) formen, zu Kugeln unter Spannung und dann zu Brötchen formen. Brötchen auf ein Backblech legen und weitere 30 Min. gehen lassen. In den letzten 10 Min. den Ofen (Heißluft) auf 190 °C vorheizen. Auf dem Boden steht eine ofenfeste Form mit Wasser. Brötchen mit einem scharfen Messer längs einschneiden, mit Wasser bestreichen.

Bei 190 °C für 25 Min. backen, bis sie goldbraun sind. Auf einem Gitterrost abkühlen lassen; nochmals mit Wasser bestreichen.

13988. Zebrakuchen Jam Session, September 2024

Vorläufer 16/13976; 26-cm-Springform

- 200 g Weizenmehl 550
- 100 g Weizenmehl 1050
- 1 P Backpulver
- 1 Prise Salz
- 200 g Rohrohrzucker
- 1 P Vanillezucker
- 4 Eier
- 200 g Sonnenblumenöl
- 200 g Skyr
- 175 g Erdbeerfruchtaufstrich

Glasur:

- 1 Tafel Schokolade 85 g (99 %)
- einige EL Ahornsirup

Boden der Springform mit Backpapier auslegen.

In einer großen Schüssel Mehl, Backpulver, Salz und Zucker mischen. Eier, Öl und Skyr hinzugeben und alles zu einem glatten Teig rühren. Teig in zwei Hälften teilen (bei mir für den weißen Teig etwas mehr, nämlich 570 g). In eine Hälfte die Marmelade geben und unterrühren. Abwechselnd je 1 EL hellen und farbigen Teig in die Mitte der Springform geben. Form in den auf 160 °C vorgeheizten Ofen (Heißluft) schieben und für etwa 40-50 Min. backen, noch 5 Min. im ausgeschalteten Ofen und 10 Min. im offenen Ofen (Probe mit Holzstäbchen). (Habe die letzten Zeiten auf 3 Min. + 8 Min. verkürzt. Scheint keine gute Idee gewesen zu sein, der Kuchen ist zusammengefallen.)

Kuchen auf dem Gitterrost in der Form vollständig auskühlen lassen, bevor er aus der Form genommen wird. Zutaten für die Glasur im Wasserbad erhitzen und den Kuchen damit bestreichen.

13989. Möhrenaufstrich, September 2024

- 90 g Möhre, in Halbscheiben
- 1 Knoblauchzehe (6 g), in Scheiben
- 40 g Kartoffeln, in Halbscheiben
- 1 Prise Salz
- 1 TL Sonnenblumenöl
- 30 g Wasser
- 1 Prise Kreuzkümmel
- 10 g Tomatenmark
- 1 Prise Curry

Möhre, Knoblauch, Kartoffel, Salz, Öl und Wasser als Gemüsepfanne 25 Min. dünsten. In den großen Becher eines kleinen Mixers überführen, einschließlich der kleinen Menge restlichen Wassers, und mit den restlichen Zutaten zu einer glatten Creme schlagen.

13990. Milchreis Naturreis Vanille, TM, September 2024

Vorläufer 16/13863

- 180 g Rundkornnaturreis
- 20 g Ahornsirup
- 1 Liter Barista (Hafer-Soya)
- 1 P Vanillepuddingpulver
- 4 EL Hafermilch

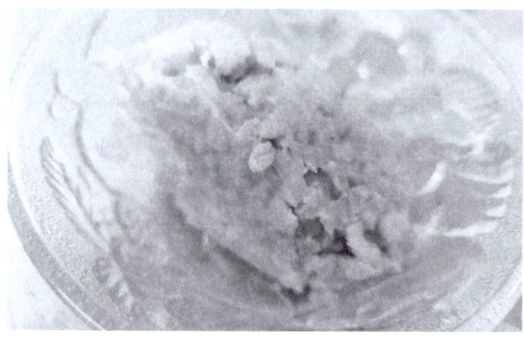

TM Einstellung 80 Min./95 °C/Linkslauf Stufe 1, später runterschalten auf 90 °C. Puddingpulver in Hafermilch anrühren. In den Mixtopf geben und kurz aufkochen.

13991. Kartoffel und Kürbis in Senfsoße, September 2024

Gemüse:
- 180 g Butternusskürbis in Streifen
- 225 g Kartoffeln in Streifen
- 1 Prise Salz
- 60 g Wasser

Soße:
- 15 g Cashewbruch
- 5 g Senf (1 TL)
- 1 TL Zitronensaft
- 1 TL Ahornsirup
- 1/4 TL Salz
- 90 g Wasser

Die Gemüsezutaten als Gemüsepfanne 20 Min. dünsten. Soßenzutaten im kleinen Mixer gründlich mixen, unter das Gemüse rühren und aufkochen.

Tipp: *Es hätte etwas mehr Senf sein können.*

13992. Pfanne drei Farben, September 2024

- 145 g Butterkürbisstücke
- 140 g Porreegrünringe
- 145 g dünne Kartoffelscheiben
- 1 TL Gemüsebrühpulver
- 50 g Wasser
- 1-2 Prise Salz
- 1 EL Sonnenblumenöl

Gemüse in eine 20-cm-Pfanne schichten, mit Pulver bestreuen und mit Wasser begießen. Als Gemüsepfanne 25 Min. garen. Mit Salz abschmecken und Öl unterziehen.

13993. Gemüse mit Ei, September 2024

- 1 EL Sonnenblumenöl
- 1 Tomate in Scheiben (120 g)
- 1/2 Stange Porree in Ringen (115 g)
- 2 Kartoffeln in Scheiben (220 g)
- 30 g Wasser
- Salz
- 1 Ei

Öl in eine kleine Pfanne geben. Tomate, Porree, Kartoffeln zufügen, salzen und Wasser darüber gießen. Als Gemüsepfanne 25 Min. garen. In den letzten 5 Min. das Ei aufschlagen und auf die Kartoffeln gleiten lassen.

13994. Gemüse in Schmelzkäsesoße, Sep. 2024

Gemüse:
- 110 g Tomate, in Halbscheiben
- 180 g Kohlrabi, in Streifen
- 170 g Kartoffel, in Halbscheiben
- 1 Prise Salz
- 60 g Wasser

Soße:
10 g Cashewnussbruch
25 g Schmelzkäse neutral
50 g Wasser

Gemüse als Gemüsepfanne 20-25 Min. dünsten. Cashewnüsse mahlen (kleiner Mixer), Käse und Wasser zufügen und mixen. Unter das Gemüse rühren und aufkochen.

13995. Kohlrabibolognese, September 2024

- 1/2 mittelgroße Kohlrabi (150 g)
- 1/2 kleine Schalotte (10 g)
- 1 Knoblauchzehe (8 g)
- 1 EL Wasser
- 1 Möhre (40 g)
- 100 g passierte Tomaten
- 50 g Wasser
- 1 TL Tomatenmark
- 1 Prise Oregano (getrocknet)
- 1/2 TL Paprikapulver (mild)
- 1 TL Salz
- 1 Prise Pfeffer
- 1 EL Sonnenblumenöl (optional, wenn verträglich)

Kohlrabi schälen und mit der Möhre im TM grob raspeln (Einsatz Verkleinerung, 5 Sek./Stufe 5). Schalotte und Knoblauch fein würfeln. Schalotte und Knoblauch in 1 EL Wasser 2–3 Min. glasig anschwitzen,

Das geraspelte Gemüse in die Pfanne geben und kurz mit anschwitzen. Tomatenmark unterrühren und kurz anrösten. Passierte Tomaten, Wasser und getr. Oregano, und Paprikapulver hinzufügen. Mit Salz und Pfeffer abschmecken.

Alles bei niedriger bis mittlerer Hitze für etwa 25–30 Min. köcheln lassen, bis das Gemüse weich ist und die Sauce eine gute Konsistenz hat. Zwischendurch immer wieder umrühren. Evtl. in den letzten 2 Min. bei offenem Deckel Flüssigkeit verdampfen lassen.

Tipp: Mit Nudeln servieren.

13996. Tomaten-Kohlrabi-Eintopf, September 2024

- 100 g passierte Tomaten
- 1 Tomate (ca. 80 g, gewürfelt)
- 100 g Kohlrabi (geschält und in kleine Würfel geschnitten)
- 150 g Kartoffeln (gewürfelt)
- 10 g Zwiebel (fein gehackt)
- 1 Knoblauchzehe (fein gehackt)
- 130 g Wasser
- 1 TL Gemüsebrühpulver
- Prise Salz
- 25 g Schmelzkäse

Kohlrabi, Tomate, Zwiebel und Knoblauch vorbereiten (waschen, ggf. schälen und schneiden).

Zwiebel und Knoblauch in einen kleinen Topf geben. Dünste sie bei niedriger Hitze ohne Öl an, bis sie glasig sind. Falls nötig, etwas Wasser hinzufügen, damit nichts anbrennt. Kartoffeln und Kohlrabi in den Topf geben. Gut umrühren, für ein 3-4 Min. auf niedriger Hitze köcheln. Mit Gemüsebrühpulver bestreuen. Gewürfelte Tomate und passierte Tomaten hinzufügen. Mit etwa 130 g Wasser oder Brühe auffüllen, sodass das Gemüse knapp bedeckt ist.

Eintopf zum Kochen bringen, die Hitze reduzieren und etwa 20–25 Min. köcheln lassen, bis Kartoffeln und Kohlrabi weich sind. Mit Salz, Schmelzkäse und Pfeffer nach Geschmack würzen.

13997. Milchreis Naturreis Vanille, TM 2, Sep. 2024

Vorläufer 13990

- 150 g Rundkornnaturreis
- 25 g Agavendicksaft
- 1 Liter Hafermilch
- 1 P Vanillepuddingpulver
- 4 EL Hafermilch

TM Einstellung 80 Min./95 °C/Linkslauf Stufe 1, zwischendurch prüfen und ggf. umrühren. Später auf 90 °C reduzieren. Puddingpulver gründlich in Hafermilch anrühren, ohne Klümpchen. In den Mixtopf geben, alles kurz aufkochen, bis es leicht eindickt.

13998. Linsen-Gemüse-Aufstrich, September 2024

Zutaten für eine Portion (ca. 1-2 Aufstriche).

- 50 g rote Linsen
- 30 g Zwiebel (etwa ¼ einer mittelgroßen Zwiebel)
- 1 kleine Knoblauchzehe (optional, ca. 3 g, je nach Verträglichkeit)
- 50 g Tomate
- 50 g Möhre
- 40 g Kartoffel
- 20 g Kohlrabi
- 130 g Wasser
- 1 TL Sonnenblumenöl
- 1 TL Apfelessig
- 1 Prise Salz
- 1 Prise Paprikapulver edelsüß
- 1 Prise gem. Kreuzkümmel

Zwiebel, Knoblauch, Möhre, Kartoffel und Kohlrabi schälen und in kleine Stücke schneiden. Die Tomate würfeln.

In einem Topf 1 TL Wasser bei mittlerer Hitze erwärmen und die Zwiebel darin glasig dünsten. Optional kannst du auch den Knoblauch hinzufügen, wenn er gut vertragen wird. Die Möhren, Kartoffeln und Kohlrabi in den Topf geben und kurz mitdünsten. Die roten Linsen zusammen mit der gewürfelten Tomate in den Topf geben und alles gut verrühren. Etwa 130 g Wasser hinzufügen, sodass die Linsen und das Gemüse leicht bedeckt sind. Alles aufkochen lassen und dann bei mittlerer Hitze etwa 20 Min. köcheln, bis die Linsen weich und das Gemüse gar ist. Abkühlen lassen, Öl, Essig, Salz und Gewürze zugeben und mit einem Pürierstab pürieren, bis eine cremige Konsistenz erreicht ist.

Tipp: Bei Bedarf etwas Wasser hinzufügen, wenn der Aufstrich zu dick ist. Er dickt nach, wenn er kälter wird.

13999. Einfache Bäckerbrötchen mit Frischhefe, September 2024

Vorläufer 16/13968

- 500 g Weizenmehl (Type 550)
- 300 g lauwarmes Wasser
- 1 TL Zucker
- 1 Würfel Hefe (42 g)
- 2 TL Salz (besser 1,5)
- 2 EL Öl

Hefe in 200 g lauwarmem Wasser mit dem Zucker verrühren. 10 Min. stehen lassen, es entwickeln sich kleine Bläschen.

Mehl und Salz in den Mixtopf des TM geben, Öl und Hefemischung zugeben. Die Rest-Hefeflüssigkeit mit 100 g Wasser nachspülen und auch zum Mehl geben. Auf der Knetstufe 3 Min. kneten. (Der Teig ist sehr klebrig.)

Teig in einer Pengschüssel 45 Min. auf der warmen Fensterbank gehen lassen, der Teig hat sich verdoppelt. Auf Streumehl zu einer Rolle formen, Teig in 10 gleich große Stücke (je 85 g, das letzte war bei mir nur 70 g) formen, zu Kugeln unter Spannung und dann zu Brötchen formen. Brötchen auf ein Backblech legen, mit einer Schere einschneiden und weitere 20 Min. gehen lassen. In den letzten 15 Min. den Ofen (Heißluft) auf 200 °C aufheizen. Auf dem Boden steht eine ofenfeste Form mit Wasser. Brötchen mit Wasser bestreichen.

Bei 200 °C für 20-25 Min. backen, bis sie goldbraun sind. Auf einem Gitterrost abkühlen lassen; nochmals mit Wasser bestreichen.

14000. Nudeln in Tomatensoße light, Sep. 2024

- 10 g Schalotte, gehackt
- 8 g Knoblauch, gehackt
- 1-2 TL Wasser
- 12 g Kartoffel, fein geschnitten
- 200 g Tomate, gewürfelt
- 1 TL Paprikapulver edelsüß
- 1-2 Prisen Rohrohrzucker
- 100 g passierte Tomaten
- 100 g Wasser
- 70 g Spiralnudeln Vollkorn
- 1 gestr. TL Salz
- 1 TL Sonnenblumenöl

Schalotte und Knoblauch in 1 TL Wasser anschwitzen. Kartoffel zufügen und 1 Min. mit anschwitzen. Tomatenwürfel zugeben und erhitzen. 3-5 Min. köcheln lassen, Paprikapulver und Zucker zugeben, kurz mit anrösten. Passierte Tomaten und Wasser einrühren, Nudeln zufügen und 20 Min. köcheln lassen. Mit Salz abschmecken und Öl zufügen.

14001. Kohlrabierte Tomatensuppe, Sep. 2024

- 225 g Kohlrabi, in groben Stücken
- 75 g Kartoffel, in groben Stücken
- 250 g + 50 g Wasser
- 100 g passierte Tomaten
- 1 TL Gemüsebrühpulver
- Salz zum Abschmecken
- 1 Prise Pfeffer

Kohlrabi, Kartoffel und 250 g Wasser im TM-Mixtopf zerkleinern (5 Sek./Stufe 5), Gemüsebrühe zufügen und kochen (20 Min./100 °C/Stufe 1). Passierte Tomaten und Wasser zugeben und pürieren (10 Sek./Stufe 10). Mit Salz und Pfeffer abschmecken.

14002. Linsenhummus, September 2024

- 200 g Rote Linsen
- 1-2 Knoblauchzehen
- 500 g Wasser
- 2 EL Cashewnüsse
- 1 EL Sonnenblumenkerne
- 2 EL Sonnenblumenöl
- 1 TL Zitronensaftkonzentrat
- 1 TL Salz
- 1/2 TL Kreuzkümmel
- 1 Prise Pfeffer

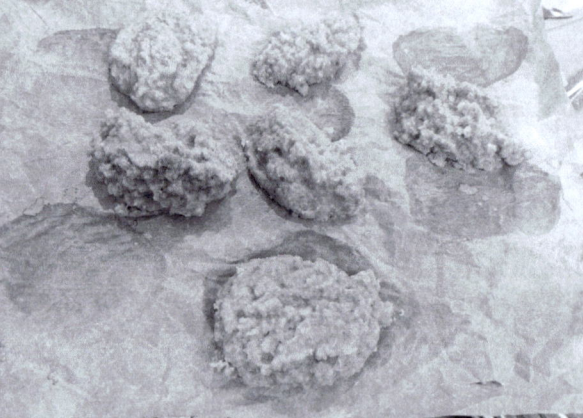

Linsen, Knoblauch und Wasser im TM garen (17 Min./ 100 °C/Linkslauf Stufe 1). Restliche Zutaten zugeben und pürieren (2 x 10 Sek./Stufe 10). Ggf. noch Wasser zugeben, falls zu fest.

14003. Linsendünstanellen, September 2024

6 Stück

- 100 g rote Linsen
- Wasser
- 1 Prise Salz
- 65 g Möhren
- 30 g Schmelzkäse
- 3 EL Weizenvollkornmehl
- 1 Ei
- 1 MS Harissa
- 1 MS gem. Pfeffer

Linsen mit etwas Salz in genügend Wasser kochen, im Sieb abtropfen und auskühlen lassen. Möhren im kleinen Mixer zerkleinern. Mit Käse, Ei und Gewürzen verrühren. Linsen unterrühren, Mehl einarbeiten. Mit Salz abschmecken.
Auf den Varoma (TM) 6 Kleckse setzen. Dann garen 30 Min./Varoma/Stufe 1.

14004. Zitrus-Apfelmarmelade, September 2024

Vorläufer 16/13639; Zuckeranteil 26 %

- 1 ungeschälte Bio-Limette (obere Kappe abgeschnitten) (125 g)
- 2 geschälte Orangen, aber sonst alles dran gelassen (270 g)
- 380 g Apfel, entkernt, ungeschält
- 280 g Rohrohrzucker
- 1 P Vanillezucker

- 30 g Zitronensaft
- 1 gestr. Eierlöffel Johannisbrotkernmehl

Limette grob vorschneiden und im Thermomix zerkleinern (5 Sek./Stufe 5). Orangen, Apfel, Zucker, Vanillezucker und Zitronensaft zugeben und pürieren (10 Sek./Stufe 8). Garkörbchen als Spritzschutz aufsetzen und kochen (17 Min./Varoma/Stufe 1). Sobald es richtig kocht, auf 100 °C herunterstellen.

1 TL Johannisbrotkernmehl durch ein Sieb bei Stufe 3,5-4 einlaufen lassen.

Schon vorher vorbereiten: Schraubgläser auf ein Handtuch stellen und mit kochendem Wasser füllen, auch die Deckel füllen. Wenn die Marmelade fertig ist, Wasser ausgießen, Konfitüre einfüllen und Deckel festschrauben.

14005. Spirali mit Pak Choi, September 2024
- 70 g Spiralnudeln Vollkorn
- 1 Tomate 125 g gewürfelt
- 140 g Wasser
- 145 g Pak Choi
- 1 gestr. TL Salz
- 1 MS Harissa
- 10 g Butter

Nudeln mit Tomate und Wasser als Gemüsepfanne 10 Min. kochen. Pak Choi zugeben und weitere 5 Min. dünsten (1 x aufkochen lassen). Mit Salz und Harissa abschmecken, Butter darin schmelzen lassen.

14006. Bäckerbrötchen mit 2 Trockenhefen, September 2024

Vorläufer 13999
- 300 g Weizenmehl (Type 550)
- 200 g Weizenmehl (Type 1050)
- 300 g lauwarmes Wasser
- 1 TL Zucker (3,6 g)
- 2 P Trockenhefe
- 2 gestr. TL Salz (12 g)
- 2 EL Öl
- 1 TL Speisestärke
- 1-2 EL Wasser

Hefe im TM im Wasser mit dem Zucker verrühren und lösen (7 Min./37 °C/Linkslauf Stufe 1). Noch 3-4 Min. stehen lassen.

Mehl und Salz in den Mixtopf des TM geben, Öl zugeben. Auf der Knetstufe 3 Min. kneten. (Der Teig ist nicht so klebrig, liegt es am anderen Mehl?)

Teig in einer Pengschüssel 45 Min. auf der warmen Fensterbank gehen lassen, der Teig hat sich verdoppelt. Auf Streumehl zu einer Rolle formen, Teig in 9 gleich große Stücke (je 90 g, die letzten beiden waren ein bisschen mehr), zu Kugeln unter Spannung und dann zu Brötchen formen. Brötchen auf ein Backblech legen, mit einem scharfen Messer längs einschneiden und weitere 20 Min. gehen lassen. Speisestärke im Wasser glattrühren, die Brötchen damit oben einpinseln. In den letzten 15 Min. den Ofen (Heißluft) auf 200 °C vorheizen. Auf dem Boden steht eine ofenfeste Form mit Wasser. Bei 200 °C für 20 Min. backen, bis sie goldbraun sind. Im ausgeschalteten Ofen 5 Min. stehen lassen. Auf einem Gitterrost abkühlen lassen; nochmals mit Wasser einsprühen.

14007. Kartoffeln mit Pak Choi, September 2024

- 240 g Kartoffeln in Scheiben
- 1 Prise Salz
- 155 g Pak Choi, klein geschnitten
- 50 g Wasser

Kartoffeln im Wasser leicht gesalzen als Gemüsepfanne 25 Min. garen. Pak Choi in den letzten 10 Min. zugeben.

14008. Schokokuchen Datteln, September 2024

Vorläufer: 13632; Springform 26 cm

- 400 g Softdatteln
- 100 g Rosinen
- 500 g Wasser
- 190 g Äpfel
- 50 g Kakaopulver schwach entölt
- 1 TL Zimt
- 1 P Vanillezucker
- 125 g Weizenvollkornmehl
- 100 g Dinkelmehl 1050
- 100 g Haselnüsse, gemahlen
- 100 g Vollkornweizengrieß
- 2 EL Rum
- 1 Prise Salz
- 2 P Weinsteinbackpulver

Trockenfrüchte in einer Pengdose mit dem Wasser übergießen und über Nacht gut verschlossen stehen lassen. Die Fruchtmasse mit der Einweichflüssigkeit und dem Apfel im Vitamix zu einer glatten Masse pürieren.

Die trockenen Zutaten mischen. Fruchtgemisch und Rum hinzugeben und mit den Rührhaken eines Handrührgeräts gut vermischen. Den Teig in eine mit Backpapier überspannte Springform geben.

In den auf 160 °C (Heißluft) vorgeheizten Ofen einschieben und 43 Min. bei 160 °C backen, 10 Min. im ausgeschalteten Ofen stehen lassen, noch 10 Min. im geöffneten Ofen stehen lassen.

14009. Pak Choi mal anders, Oktober 2024

- 75 g Wasser
- 175 g Kartoffelscheiben
- 25 g weißer Reis
- 30 g Trockenpflaumen (hier 5 Stück)
- 85 g Pak Choi, klein geschnitten
- Salz
- 5-10 g Butter

Wasser mit Gemüse, Reis und Trockenpflaumen in einen 18-cm-Topf geben und salzen. Als Gemüsepfanne 25 Min. dünsten. Dann die Butter einrühren.

Tipp: *Es könnte mehr Wasser sein.*

14010. Kartoffeln in Schnittlauchsoße, Okt. 2024

- 100 g Wasser
- 1-2 Prisen Salz
- 320 g Kartoffeln
- 30 g Schmelzkäse
- 26 g Schnittlauch
- 10 g Petersilie
- 55 g Skyr

Kartoffeln in Scheiben schneiden und in Wasser und Salz als Gemüsepfanne (20 cm, Aluguss) 23 Min. garen. Schmelzkäse einrühren, dann die klein geschnittenen Kräuter und Skyr. Erhitzen, nicht aufkochen.

14011. Spinat-Spirali, Oktober 2024

- 90 g Spiralvollkornnudeln
- 11 g Knoblauch, in Scheiben
- 11 g Zwiebel, fein gehackt
- 300 g Wasser
- 225 g Spinat, mit Schere klein geschnitten
- Salz
- 30 g Schmelzkäse Sahne
- 1 Ei

Nudeln mit Knoblauch und Zwiebeln aufkochen, im Wasser bei kleinerer Einstellung 10 Min. kochen. Spinat zugeben, weitere 10 Min. kochen. Salzen. Schmelzkäse einrühren und ein bisschen offen kochen, bis die Soße dicklicher wird. Ei in einer kleinen Schüssel mit einer Gabel verquirlen. Herd abstellen, wenn das Essen nicht mehr kocht, Ei unterrühren.

14012. Kartoffeln, Spinat, Ei, Oktober 2024

- 100-150 g Wasser
- 1 TL Gemüsebrühpulver
- 205 g Kartoffeln, Scheiben
- 205 g Spinat, klein geschnitten
- 55 g Linsenhummus (14002)
- 1 Ei

Wasser, Gemüsebrühpulver und Kartoffeln wie eine Gemüsepfanne 10 Min. dünsten. Spinat zugeben, weitere 10 Min. dünsten. Linsenhummus unterrühren, Ei vorsichtig auf die Oberfläche gleiten lassen und erhitzen, bis das Eiweiß fest ist.

Hinweis: Die Wassermenge hängt auch vom Durchmesser und Art des Topfes ab! Daher vorsichtig anfangen. Ich hatte zuerst nur 50 g, aber habe 2 x nachgießen müssen.

14013. Langkorn-Milchreis, Oktober 2024

- 170 g Langkornreis (Versehen!)
- 30 g Sonnenblumenkerne
- 1 Prise Salz
- 25 g Agavendicksaft
- 1 L Hafermilch

Im TM 35 Min./90 °C/Linkslauf Stufe 1.

14014. Kohlrabi, Spinat und Tetties, Oktober 2024

Tetties ist Kartoffeln im Dialekt im NO von England.

- 150 g Wasser
- 1 TL Gemüsebrühextrakt
- 180 g Kartoffelscheiben
- 180 g Kohlrabistückchen
- 85 g klein geschnittener Spinat
- 20 g gehackte Petersilie
- Salz
- 1 EL Sonnenblumenöl

Wasser, Gemüsebrühextrakt, Kartoffeln und Kohlrabi als Gemüsepfanne 10 Min. garen. Spinat und Petersilie zugeben und weitere 10 Min. garen. Mit Salz und Öl abschmecken.

14015. Einfache Bäckerbrötchen mit Frischhefe 2, Oktober 2024

Vorläufer 13999; über Nacht

- 300 g Weizenmehl (Type 550)
- 200 g Weizenmehl (Type 1050)
- 300 g lauwarmes Wasser
- 1 TL Zucker (3,9 g)
- 1 Würfel frische Hefe (42 g)
- 2 TL Salz (2 g)
- 2 EL Sonnenblumenöl
- einige EL Hafermilch

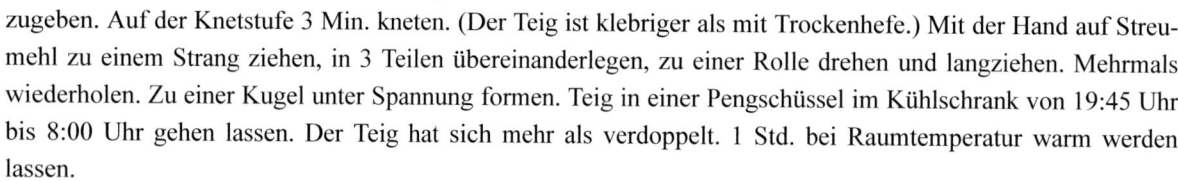

Hefe in 300 g lauwarmem Wasser mit dem Zucker verrühren (TM: 5 Min./37 °C/Linkslauf Stufe 1).
Mehl und Salz in den Mixtopf des TM geben und Öl
zugeben. Auf der Knetstufe 3 Min. kneten. (Der Teig ist klebriger als mit Trockenhefe.) Mit der Hand auf Streumehl zu einem Strang ziehen, in 3 Teilen übereinanderlegen, zu einer Rolle drehen und langziehen. Mehrmals wiederholen. Zu einer Kugel unter Spannung formen. Teig in einer Pengschüssel im Kühlschrank von 19:45 Uhr bis 8:00 Uhr gehen lassen. Der Teig hat sich mehr als verdoppelt. 1 Std. bei Raumtemperatur warm werden lassen.

Auf Streumehl zu einer Rolle formen, Teig in 9 gleich große Stücke (je 90-93 g) formen, zu Kugeln unter Spannung und dann zu Brötchen formen. Brötchen auf ein Backblech legen, mit einer Schere einschneiden, mit Hafermilch bepinseln und weitere 30 Min. gehen lassen. In den letzten 15 Min. den Ofen (Heißluft) auf 200 °C vorheizen. Auf dem Boden steht eine ofenfeste Form mit Wasser. Brötchen mit Hafermilch bestreichen.
Bei 200 °C für 25 Min. backen, bis sie goldbraun sind. Auf einem Gitterrost abkühlen lassen; nochmals mit Hafermilch bestreichen.

14016. Präpariertes Frühstück, Oktober 2024

Gut zum Mitnehmen oder morgendlicher Eile.

- 55 g Haferflocken
- 75 g Wasser
- 1 EL Skyr (30 g)
- 1 Banane in Scheiben (115 g)
- 1/2 Apfel in Würfeln (105 g)
- 1 Mandarine (60 g)
- 20 g tiefgekühlte Himbeeren
- 4 Mandeln
- 10 g Sonnenblumenkerne

In einer gut verschließbaren Kunststoffdose vorbereiten. Haferflocken einwiegen, mit Wasser begießen und Skyr dazugeben. Obst in der angegebenen Reihenfolge über den Skyr geben. Mit Mandeln und Kernen bestreuen. In der verschlossenen Dose im Kühlschrank über Nacht aufbewahren.

14017. Nudeln mit Hokkaido, Oktober 2024

- 70 g Vollkorn-Spiralnudeln
- 210 g Wasser
- 205 g Hokkaido in Stücken
- 70 g Schlangengurke, in Halbscheiben
- 70 g Putenaufschnitt, klein geschnitten
- 1 gestr. TL Salz
- 1/2 TL Harissa
- 10 g Petersilie, klein geschnitten
- 50 g Hafermilch
- 2 TL Stärke (10 g)

Nudeln, Wasser, Hokkaido und Gurke als Gemüsepfanne 17 Min. garen. Mit Salz und Harissa abschmecken. Putenaufschnitt und Petersilie unterrühren. Stärke in Hafermilch auflösen. Einrühren und aufkochen.

14018. Curryreis mit Kürbis, Oktober 2024

- 70 g weißer Reis
- 150 g Hokkaido, gewürfelt
- 125 g Kartoffeln, in dünnen Halbscheiben
- 170 g Wasser
- 1 TL Salz
- 1/2 TL Curry
- 1 MS gem. getr. Ingwer
- 12 g kleingehackte Petersilie
- 10 g Butter

Reis, Gemüse, Wasser, Salz und Gewürze in einem 18-cm-Topf wie eine Gemüsepfanne 20 Min. garen. Petersilie und Butter unterrühren, nochmals kurz erhitzen.

14019. Linsenofennellen, Oktober 2024

6 Stück; Vorlage 14003

- 100 g rote Linsen
- 300 g Wasser
- 65 g Möhren
- 30 g Schmelzkäse
- 75 g Weizenvollkornmehl
- 1 Ei
- 1 TL Salz
- 1/2 TL Harissa
- 1 MS gem. Pfeffer

Linsen im Wasser 20 Min. kochen. Möhren mit der Petersilie im kleinen Mixer zerkleinern. Nach dem Abkühlen der Linsen alles mit Käse, Ei und Gewürzen verrühren. Mit Salz abschmecken.

Auf ein mit Backpapier ausgelegtes Backblech in 6 Klecksen verteilen. In den kalten Ofen (Heißluft) schieben. 25 Min. bei 190 °C backen. Einsprühen, umdrehen, einsprühen und nochmals 5 Min. auf der anderen Seite backen. 5 Min. im ausgeschalteten Ofen stehen lassen lassen. Besprühen und auf einem Gitterrost auskühlen lassen.

14020. Nudeln mit Tomaten-Hokkaido, Okt. 2024

- 70 g Vollkorn-Spirali
- 150 g Tomate, gewürfelt
- 125 g Hokkaido, gewürfelt
- 50 g Birne, in Halbscheiben
- 15 g Knoblauch, in Scheiben
- 165 g Hafermilch
- 1 TL Salz
- 1 TL Sojasoße
- 1 MS Gewürznelke
- 30 g Schmelzkäse Sahnegeschmack
- 5 g Petersilie, gehackt

Aus Spirali, Gemüse, Birne und Hafermilch eine Gemüsepfanne (15 Min.) herstellen. Mit Salz, Sojasoße und Gewürznelke abschmecken. Schmelzkäse lösen (unter Kochen). Petersilie einrühren.

14021. Frühlingszwiebeln mit Hokkaido, Okt. 2024

- 1 EL Sonnenblumenöl
- 200 g Kartoffelscheiben
- 100 g Hokkaido, in Würfeln
- 150 g Frühlingszwiebeln, in Streifen
- 1 TL Gemüsebrühpulver
- 1 Prise Salz
- 70 g Wasser
- 1/4 TL gem. schwarzer Pfeffer
- 50 g ger. Mozzarella

Aus Öl, Gemüse, Gewürzen und Wasser eine Gemüse-pfanne (22 Min.) herstellen. Mit Pfeffer verrühren. Mozzarella unterrühren und erhitzen, bis der Käse geschmolzen ist.

14022. Herbstgemüsepfanne, Oktober 2024

- 1 EL Sonnenblumenöl
- 205 g Kartoffeln in Scheiben
- 150 g Rosenkohl, halbiert
- 90 g Hokkaido, gewürfelt
- 1 TL Gemüsebrühextrakt
- 1/2 TL Salz
- 75 g Wasser

Die Zutaten in der angegebenen Reihenfolge in eine 24-cm-Alugusspfanne geben. Als Gemüsepfanne 20 Min. garen. Das Wasser ist dann fast weg.

14023. Gefülltes Hirtenbrot, Oktober 2024

Teig:
- 270 g lauwarmes Wasser
- 1 Würfel frische Hefe
- 2 TL Rohrohrzucker
- 90 g Schmelzkäse „Sahne"
- 110 g Skyr
- 650 g Weizenmehl Typ 550
- 2 TL Salz

Füllung
- 60 g Sonnenblumenöl
- 180 g Feta
- 100 g Zwiebelrelish 13982
- 145 g Ketchup 13981

Teig: Wasser, Hefe, Zucker und Käse in den Mixtopf geben und 2,5 Min./37°C/Stufe 3 vermischen. Mehl und Salz dazugeben und 3 Min./ Teigkneten verkneten. Teig in eine Schüssél umfüllen, zu einer Kugel unter Span-nung und zugedeckt ca. 30 Min. im Ofen (35 °C) gehen lassen.

Füllung: Öl mit Feta und Relish im kleinen Mixer schlagen. Es wird leider nicht glatt, ich würde demnächst eher den Vitamix nehmen.

Fertigstellung: Hefeteig auf Mehl zu einem Rechteck von ca. 50 x 30 cm ausrollen und mit der Feta-Mischung bestreichen, darüber den Ketchup geben. Den Teig mit Mehl von der schmalen Seite her aufrollen. Auf ein mit Backpapier ausgelegtes Backblech legen und ca. 20 Min. im Ofen bei 35 °C (Auftauen) gehen lassen. Tempe-ratur auf 190 °C stellen und 25 Min. backen. Im ausgeschalteten Ofen 5 Min. stehen lassen, dann im offenen Ofen lauwarm werden lassen.

Fazit: Ein sehr schön lockerer Teig. Aber für eine herzhafte Rolle für meinen Geschmack etwas zu süß. Noch ein TL Zucker und dann mit Marmelade einer Rolle stelle ich mir super vor!

14024. Reis mit Rosenaido, Oktober 2024

- 70 g Reis, parboiled
- 170 g Wasser
- 10 g Sonnenblumenöl
- 1 TL Gemüsebrühe
- 140 g Hokkaido-Würfel
- 160 g Rosenkohlhälften

In der angegebenen Reihenfolge in einem 20-cm-Topf zum Kochen bringen. Allmählich Hitze so weit wie möglich herunterschalten, es kocht aber immer noch. Nach 20 Min. probieren, ob der Reis weich genug ist.

14025. Skyr-Dessert, Oktober 2024

- 90 g Skyr
- 20 g Konfitüre (hier: 14004)
- 2 Kiwibeeren

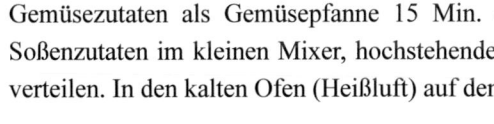

Den Skyr in eine kleine Schüssel geben und die Oberfläche glatt streichen. Die Zitrusapfelmarmelade daneben platzieren. Die Kiwibeeren waschen, trocknen und in dünne Scheiben schneiden. Die Scheiben dekorativ auf dem Skyr verteilen und sofort servieren.

14026. Rosenkohl überbacken, Oktober 2024

Gemüse:
- 100 g Wasser
- 1 Prise Salz
- 195 g Kartoffelscheiben
- 150 g Rosenkohl, in Hälften

Soße:
- 35 g Cashewnussbruch
- 105 g Wasser
- 1 Prise Salz
- 3 g Knoblauch, gewürfelt

Belag:
- 50 g geriebener Emmentaler

Gemüsezutaten als Gemüsepfanne 15 Min. dünsten.

Soßenzutaten im kleinen Mixer, hochstehendes Messer glatt schlagen. Über das Gemüse schütten. Käse darauf verteilen. In den kalten Ofen (Heißluft) auf den Rost stellen und 30 Min. bei 200 °C garen.

14027. Porree mit Kartoffeln, Oktober 2024

Gemüsepfanne:
- 100 g Wasser
- 160 g Kartoffelscheiben
- 1 TL Gemüsebrühe
- 225 g Porree, in Scheiben (1 Stange)
- 50 g Zwiebellauch, in Röllchen

Soße:
- 25 g Sonnenblumenkerne
- 1/4 TL Harissa
- 1 TL Salz
- 30 g geriebener Emmentaler
- 2 TL Zitronensaft
- 50 g Wasser

Die Gemüsepfanne 20 Min. dünsten. Sonnenblumenkerne mit dem Wasser fein verquirlen, restliche Zutaten zugeben und nochmals mixen. Unter das Gemüse rühren.

14028. Gemüselasagne füllend, Oktober 2024

Vorläufer 16/13882

Füllung

- Etwas Öl für die Form
- 1 Tomate (150 g), gewürfelt
- 100 g Rosenkohl, im kleinen Mixer zerkleinert
- 1 Lasagne-Platte
- 40 g Zwiebellauch in schmalen Ringen
- 100 g kleine Wiener Würstchen o. Ä.
- 50 g geriebener Edamer

Soße

- 40 g Cashewkerne
- 1 TL Salz
- 1 EL Essig
- 7 g Knoblauch, fein gewürfelt
- 270 g Wasser

Eine passende Form mit dem Öl einpinseln. Eine Tomate würfeln, in die Lasagneform geben. Rosenkohl im kleinen Mixer, großer Becher, zerkleinern, auf die Tomaten geben. Darauf die Lasagneplatte legen. Mit den Lauchringen bedecken. Die kleinen Würstchen längs halbieren und nebeneinander in die Mitte legen. Mit Edamer bestreuen.

Die Zutaten für die Soße im kleinen Mixer, großer Becher mixen. Achtung: Den ersten Schritt auf jeden Fall mit weniger Wasser herstellen, so blieb die Soße körnig und hat fast nicht gedickt. In die Ecken der Form gießen. In den kalten Ofen schieben, 45 Min. auf 180 °C (Heißluft) backen.

14029. Kicher-Linsenhummus, Oktober 2024

Vorläufer 14002

- 200 g rote Linsen
- 1-2 Knoblauchzehen (11 g)
- 160 g Kichererbsenwasser (Dose)
- 390 g Wasser
- 3 EL Cashewnüsse
- 2 EL Sonnenblumenöl
- 2 TL Zitronensaftkonzentrat
- 2 TL Salz
- 1/2 TL Kreuzkümmel
- 1 Prise Pfeffer
- 1/2 TL Harissa
- Kichererbsen aus einer Dose (240 g)

Linsen, Knoblauch und Wasser im TM garen (17 Min./100 °C/Linkslauf Stufe 1). Restliche Zutaten zugeben und pürieren (2 x 10 Sek./10 Stufe 10).

14030. Porreesuppe in Hummus, Oktober 2024

- 100 g Kicher-Linsenhummus 14029
- 400 g Wasser
- 240 g Porree in Scheiben
- 1/2 Apfel (85 g) vorgeschnitten
- 1 Kartoffel in Scheiben (80 g)

Hummus im TM mit dem Wasser mixen. Restliche Zutaten zufügen und kochen (18 Min./100 °C/Stufe 1). Pürieren (10 Sek./Stufe 10).

Hinweis: Der Hummus war ein Rest im Thermomix von der Herstellung. Wäre er nicht bereits im Topf gewesen, hätte ich den Hummus erst unmittelbar vor dem Pürieren zugegeben.

14031. Kartoffeln mit Porree, Oktober 2024

Gemüse:
- 100 g Wasser
- 160 g Kartoffelscheiben
- 1 TL Gemüsebrühe
- 225 g Porree in Ringen (1 Stange)
- 50 g Zwiebellauch in Ringen

Soße:
- 25 g Sonnenblumenkerne
- 1/2 TL Harissa
- 1/2 TL Salz
- 30 g geriebener Edamer
- 2 TL Zitronensaft
- 50 g Wasser

Die Gemüsezutaten als Gemüsepfanne 17 Min. garen. Die Soßenzutaten in einem kleinen Becher pürieren und unter das Gemüse rühren.

Fazit: Die Nüsse bzw. Kerne müssen für Soßen wohl doch besser erst gemahlen, und dann gemixt werden.

14032. Hummusiges Hirtenbrot, Oktober 2024

Teig:
- 270 g lauwarmes Wasser
- 1 Würfel frische Hefe
- 1 TL Rohrohrzucker
- 200 g Schmelzkäse „Sahne"
- 650 g Weizenmehl Typ 550
- 2 TL Salz

Füllung:
- 350 g Kichriges Linsenhummus (14029 o. Ä.)
- 150 g Gouda in Scheiben

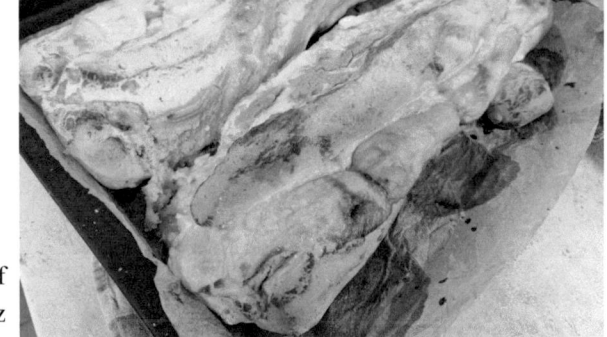

Teig: Wasser, Hefe, Zucker und Käse im TM-Mixtopf 2,5 Min./37°C/Stufe 3 vermischen. Mehl und Salz dazugeben, 3 Min./Teigkneten verkneten. Teig in eine Schüssel umfüllen, zu einer Kugel unter Spannung formen. Zugedeckt 30 Min. bei 35 °C gehen lassen. *Fertigstellung:* Hefeteig auf Mehl zu einem Rechteck (50 x 30 cm) ausrollen, mit dem Hummus bestreichen, darauf die Käsescheiben legen. Teig von der Schmalseite her aufrollen. Auf ein mit Backpapier ausgelegtes Backblech legen, längs durchschneiden und ca. 20 Min. im Ofen bei 35 °C gehen lassen. Temperatur auf 190 °C stellen und 25 Min. backen. Im ausgeschalteten Ofen 5 Min. stehen lassen, dann im offenen Ofen lauwarm werden lassen.

14033. Spinat in Senfsoße, Oktober 2024
- 1 EL Sonnenblumenöl
- 75 g Wasser
- 1 Knoblauchzehe gehackt (6 g)
- 165 g Kartoffeln, in Scheiben
- 90 g Zwiebellauch, in Ringen
- 180 g Spinat
- 2 TL Stärkemehl
- 1 TL Salz
- 2 EL Wasser
- 1/2 TL Senf

Öl, Wasser, Knoblauch, Kartoffeln und Zwiebellauch in einem 18-cm-Topf (muss viel Platz bleiben) wie eine Gemüsepfanne 15 Min. garen. In dieser Zeit den Spinat klein schneiden und waschen. Zu den Kartoffeln geben und weitere 10 Min. garen. Stärkemehl, Salz, Wasser und Senf mit einem Teelöffel verrühren. Unter das Gemüse rühren und aufkochen.

14034. Frikadellen aus dem Backofen, Okt. 2024

16 kleine Frikadellen (Größe anpassbar)

- 1 Knoblauchzehe (11 g), vorgeschnitten
- 1 Schalotte (45 g), vorgeschnitten
- 500 g Rinderhackfleisch
- 2 TL Gemüsebrühpulver
- 1/2 TL Salz
- 200 g Skyr
- 1 Ei
- 35 g Haferflocken kernig

Knoblauchzehe und Schalotte zerkleinern (Einsatz, 5 Sek./Stufe 4). Den Hafer mit einem kleinen Mixer mahlen, nicht zu fein. Restliche Zutaten zugeben und 15 Sek./Linkslauf Stufe 3 vermischen. Mit einem Spatel verrühren und Vorgang wiederholen.

Frikadellen formen (werden nach dem Backen deutlich kleiner) und auf ein mit Backpapier ausgelegtes Backblech legen. Mit Öl bepinseln. In den Ofen schieben und ca. 30 Min. bei 180 °C (Heißluft) braten, dabei nach 15 Min. die Frikadellen wenden.

***Tipp:** Schmecken kalt und warm.*

14035. American Pancakes, Oktober 2024

- Etwa 8-9 Stück; nach Rezeptewelt von Vorwerk
- 3 Eier
- 2 EL Rohrohrzucker (35 g)
- 1 Prise Salz
- 200 g Skyr
- 100 g Hafermilch
- 150 g Weizenmehl 550
- 1 P Backpulver
- etwas Sonnenblumenöl zum Ausbacken

Eier, Zucker und Salz in den Mixtopf geben. Mit dem Rühraufsatz 5 Min./Stufe 4 zu einer hellen Schaummasse verquirlen.

Aus dem Backofen

Rühraufsatz entfernen. Restliche Zutaten in den Mixtopf geben und 2 Min./Stufe 4 verrühren.

In eine kleine Keramikpfanne (20 cm) etwas Öl geben, ganz wenig. Kurz auf höchster Einstellung erhitzen, dann auf 7/14 herunterschalten. Masse in etwa Handtellergröße hineingießen. Drei Variationen:

1. Mit Deckel: Nach einer Weile umdrehen, klebt am Boden.

2. Ohne Deckel. Nach einer Weile umdrehen, löst sich sehr leicht vom Boden. Da ich nicht aufgepasst habe, etwas zu dunkel.

Aus der offenen Pfanne

3. Kleine Kreise auf ein mit Backpapier ausgelegtes Backblech geben. In den halb vorgeheizten Ofen schieben und 20 Min. bei 160 °C braten. Lösen sich erst dann gut ab, wenn sie abgekühlt sind (was man nicht unbedingt will).

***Fazit:** Die nächsten Pancakes in der Pfanne, aber ohne Deckel braten.*

14036. Einfache Bäckerbrötchen mit Frischhefe 3, Oktober 2024

Vorläufer 13999+14015; mit Sonnenblumenkernen

- 300 g lauwarmes Wasser
- 1 TL Zucker (3,9 g)
- 1 Würfel frische Hefe (42 g)
- 300 g Weizenmehl (Type 550)
- 200 g Weizenmehl (Type 1050)
- 55 g Sonnenblumenkerne
- 2 TL Salz
- 2 EL Sonnenblumenöl
- einige EL Hafermilch

Hefe in 300 g lauwarmem Wasser mit dem Zucker verrühren (TM: 5 Min./37 °C/Linkslauf Stufe 1). Mehl, Kerne und Salz mischen und in den Mixtopf des TM geben und Öl zugeben. Auf der Knetstufe 3 Min. kneten. Mit der Hand in einer passenden Pengschüssel kurz durchformen zu einer Kugel unter Spannung. In den Ofen stellen für ca. 20-25 Min. bei 30 °C. Teig ist super gegangen. Mit der Hand auf Streumehl zu einem Strang ziehen, in 3 Teilen übereinanderlegen, zu einer Rolle drehen und langziehen. Mehrmals wiederholen.

Auf Streumehl zu einer Rolle formen, Teig in 10 gleich große Stücke (je 90 g) formen, zu Kugeln unter Spannung und dann zu länglichen Brötchen formen. Brötchen auf ein mit Backpapier ausgelegtes Backblech legen, mit dem Messer längs einschneiden, mit Hafermilch bepinseln und weitere 10 Min. im Ofen auf 30 °C gehen lassen. Wasser in den Ofen (Heißluft) sprühen und auf 200 °C. Ab dem Hochstellen der Temperatur 20 Min. backen. Auf dem Boden steht eine ofenfeste Form mit Wasser. 5 Min. im ausgeschalteten Ofen stehen lassen, dann mit Hafermilch bestreichen. Auf einem Gitterrost abkühlen lassen.

Hinweis: 5 Min. länger backen sollte ich versuchen in dieser Konstellation.

14037. Veggi-Burger, November 2024

- 1 Brötchen (z. B. 14036)
- 50 g Linsenhummus (z. B. 14029)
- 4 dünne Scheibem Süßkartoffel
- 1 vegetarischer Bratling (z. B. 14019)
- 20 g Zwiebelrelish (z. B. 13982)
- 20 g Cornichons

Brötchen aufschneiden und, wenn nicht frisch, auf dem Toast auf beiden Seiten aufbacken. Beide Schnittseiten mit Hummus bestreichen und jeweils mit 2 Scheiben Süßkartoffel belegen. Den Bratling halbieren, je eine Hälfte auf eine Brötchenseite geben. Mit Relish bestreichen und mit den Cornichons abschließen.

14038. Salami-Burger, November 2024

- 1 Brötchen (z. B. 14036)
- 45 g Linsenhummus (z. B. 14029)
- 4 dünne Scheiben Süßkartoffel (20 g)
- 40 g Salamischeiben
- 20 g Zwiebelrelish (z. B. 13982)
- 35 g Gewürzgurke, in Scheiben

Brötchen aufschneiden und ggf. auf dem Toast auf beiden Seiten gut aufbacken. Beide Schnittseiten mit Hummus bestreichen und jeweils mit 2 Scheiben Süßkartoffel belegen. Salamischeiben darauf verteilen. Mit Relish bestreichen, mit Gurken abschließen.

14039. Apfel-Grießkuchen, November 2024

Springform 26 cm.

Teig:
- ca. 700-720 g kleinere Äpfel
- 150 g Weizenmehl Typ 550
- 1 Prise Salz
- 100 g Dinkelgrieß
- 75 g Rohrohrzucker
- 1/2 P Backpulver
- 1 P Vanillezucker
- 1 Ei
- 150 g Hafermilch

Belag:
- 100 g gem. Haselnüsse
- 80 g Rohrohrzucker
- 100 g Hafermilch

Springform (26 cm) mit Backpapier überspannen. Äpfel halbieren und fächernd einschneiden. Trockene Teigzutaten mischen und in den TM geben. Ei hinzufügen und rühren (10 Sek./Stufe 5), dabei in den ersten Sekunden die Milch zugießen. Belagzutaten mit einem Löffel verrühren. Weichen Teig gleichmäßig auf dem Springformboden verteilen, mit Äpfeln belegen und dem Nussguss bestreichen. Dabei darauf achten, dass möglichst auf allen Äpfeln Nussmasse ist. Ofen auf 160 °C (Heißluft) aufheizen und 45 Min. backen. Kuchen 15 Min. im ausgeschalteten Ofen stehen lassen.

14040. Ölarme Mayonnaise, November 2024

Reicht für deutlich mehr als einen Kartoffelsalat mit 400 g Kartoffeln.
- 2 hart gekochte Eier (95 g)
- 1 TL Senf (7 g)
- 1 EL Apfelessig (9 g)
- 140 g Skyr (ca. 3 geh. EL)
- 1-2 Prise Salz (2 g)
- 1 Prise Pfeffer
- 1 EL Sonnenblumenöl

Eier schälen und grob vorschneiden. Mit Senf, Essig und Skyr in den Vitamix geben und glattrühren. Mit Salz und Pfeffer abschmecken.

14041. Kartoffelsalat leicht, November 2024

2 Portionen (nicht als Hauptmahlzeit); ergibt 550 g.
- 10 g Schalotten
- 55 g Gewürzgurken
- 425 g Kartoffeln (netto 385)
- 100 g leichte Mayonnaise 14040 o. Ä.

Pellkartoffeln: In einem 20-cm-Topf 425 g Kartoffeln mittlerer bis kleiner Größe 25 Min. kochen. Abkühlen lassen und lauwarm die Pelle abziehen.

Schalotten möglichst fein schneiden, Gewürzgurken je nach Durchmesser in Scheiben oder Halbscheiben schneiden. Kartoffeln in dickere Scheiben schneiden. Alles mit der Mayonnaise mischen. Auf Schüsselchen

verteilen und im Kühlschrank mehrere Std. durchziehen lassen. Lässt sich gut mit Tomate dekorieren.

14042. Wurst-Burger, November 2024

- 1 Brötchen (z. B. 14036)
- 2 TL ölarme Mayonnaise 14040 o. Ä.
- 80 g Geflügelfleischwurst
- 1/2 TL Senf
- 1 Tomate (85 g)
- Salz

Brötchen aufschneiden und, wenn nicht frisch, auf dem Toast auf beiden Seiten gut aufbacken. Beide Schnittseiten mit Mayonnaise bestreichen und mit der Wurst belegen. Senf darauf verteilen. Die Tomate quer halbieren, eine Hälfte in vier Scheiben schneiden und je zwei auf eine Brötchenhälfte legen, salzen. Die andere Tomatenhälfte als Deko aufschneiden.

14043. Rosenkohl-Bratwurst-Salat, November 2024

2 Portionen für ein Abendessen

- 375 g Rosenkohl (500 g brutto), längs halbiert
- 500 g Wasser
- etwas Salz
- 2 kleine Bratwürste (netto 100 g)
- 7 g Schalotte, gewürfelt
- 40 g ölarme Mayonnaise 14040 o. Ä.
- 1/2 Orange (= 30 g Saft)
- 50 g Skyr
- Salz nach Geschmack

Wasser und Salz in den Mixtopf des TM geben. Rosenkohl in den Garkorb. Das Innere der Bratwurst in Bällchen dazugeben. Garkorb einhängen und garen (20 Min./Varoma/Stufe 1). Abkühlen lassen. In einer Schüssel Mayonnaise, ausgepressten Orangensaft und Skyr mit einem Schneebesen glattrühren. Unter die Rosenkohl-Bratwurst-Mischung geben.

14044. Lyoner-Burger mit Ei, November 2024

Vorläufer z. B. 14042

- 1 Brötchen (z. B. 14036)
- 2 TL Ketchup (z. B. 13942)
- 1 Tomate (70 g)
- 60 g Hähnchenlyoner (= 6 Scheiben)
- 1 Ei
- 1 Gewürzgurke (15 g)

Tomate, Ei und Gurke in Scheiben schneiden. Brötchen aufschneiden und, wenn nicht frisch, auf dem Toast auf beiden Seiten gut aufbacken. Beide Schnittseiten mit Ketchup bestreichen und mit Tomatenscheiben belegen. Je 3 Scheiben Lyoner darauflegen. Mit Eischeiben belegen und mit Gewürzgurkenscheiben dekorieren. Reste von Tomate, Ei und Gurke am Rand des Tellers als Deko verteilen.

14045. Gejagter Burger, November 2024

Vorläufer z. B. 14044

- 1 Brötchen (z. B. 14036)
- 40 g Kicher-Linsenhummus (14029)
- 80 g Jagdwurst (bio)
- 2 TL Ketchup (z. B. 13942)
- 1 Tomate (70 g)
- 5-10 g fein gehackte Schalotte

Tomate in Scheiben schneiden. Brötchen aufschneiden und, wenn nicht frisch, auf dem Toast auf beiden Seiten gut aufbacken. Beide Schnittseiten mit Kicher-Linsenhummus bestreichen. Je 3 Scheiben Jagdwurst darauflegen. Mit Ketchup bestreichen, mit Tomatenscheiben (je 2) belegen und gehackte Zwiebeln darauf streuen. Tomaten ggf. salzen. Reste von Tomate am Rand des Tellers als Deko verteilen.

14046. Kaki-Burger, November 2024

Vorläufer z. B. 14045

- 1 Brötchen (z. B. 14036)
- 2 TL Ketchup (z. B. 13942)
- Linsen-Frikadellen (z. B. 14091)
- 2 Scheiben Süßkartoffel (30 g)
- 2 Scheiben Kaki (35 g)
- 35 g Mini-Cabanossi als Dekoration (optional)

Brötchen aufschneiden und, wenn nicht frisch, auf dem Toast auf beiden Seiten gut aufbacken. Beide Schnittseiten mit Ketchup bestreichen. Linsenfrikadellen längs durchschneiden, je eine Hälfte mit der Schnittfläche nach oben auf die Brötchenhälften geben. Mit Süßkartoffel und Kaki belegen. Cabanossi am Rand des Tellers als Deko verteilen. Als Deko eignet sich z. B. Ei, Tomate o. Ä.

14047. Lachsschinken-Burger, November 2024

Vorläufer 14046

- 1 Brötchen
- 30 g Schmelzkäse
- 35 g (6 Scheiben) Bio-Lachsschinken
- 2 TL Relish 13982 o. Ä.
- 1 Tomate (110 g)
- 25 g Gewürzgürkchen

Brötchen aufschneiden und, wenn nicht frisch, auf dem Toast auf beiden Seiten gut aufbacken. Beide Schnittseiten mit Schmelzkäse und Relish bestreichen. Mit Schinken belegen, Tomatenscheiben auflegen und salzen. Gurke in runde Scheiben schneiden und auf die Tomaten platzieren. Reste als Deko auflegen.

14048. Einfache Bäckerbrötchen mit Frischhefe 4, November 2024

Vorlage 14036

- 300 g lauwarmes Wasser
- 1 TL Zucker (3,9 g)
- 1 Würfel frische Hefe (42 g)
- 300 g Weizenmehl (Type 550)
- 150 g Weizenmehl (Type 1050)

- 50 g Weizenvollkornmehl
- 60 g Sonnenblumenkerne
- 2 TL Salz
- 2 EL Sonnenblumenöl
- einige EL Hafermilch

Hefe in 300 g lauwarmem Wasser mit dem Zucker verrühren (TM: 5 Min./37 °C/Linkslauf Stufe 1). Mehl, Kerne und Salz mischen und in den Mixtopf des TM geben und Öl zugeben. Auf der Knetstufe 3 Min. kneten. Mit der Hand in einer passenden Pengschüssel kurz durchformen zu einer Kugel unter Spannung. In den Ofen stellen für ca. 20-25 Min. bei 30 °C. Teig ist super gegangen. Mit der Hand auf Streumehl zu einem Strang ziehen, in 3 Teilen übereinanderlegen, zu einer Rolle drehen und langziehen. Mehrmals wiederholen.

Auf Streumehl zu einer Rolle formen, Teig in 10 gleich große Stücke (je 90 g) formen, zu Kugeln unter Spannung und dann zu länglichen Brötchen formen. Brötchen auf ein mit Backpapier ausgelegtes Backblech legen, mit dem Messer längs einschneiden, mit Hafermilch bepinseln und weitere 10 Min. im Ofen auf 30 °C gehen lassen. Wasser in den Ofen (Heißluft) sprühen und auf 200 °C stellen. Ab Hochstellen der Temperatur 25 Min. backen. Auf dem Boden steht eine ofenfeste Form mit Wasser. 5 Min. im ausgeschalteten Ofen stehen lassen, dann mit Hafermilch bestreichen. Auf einem Gitterrost abkühlen lassen.

14049. Doppel-Whopper-Burger, Nov, 2024

Vorläufer 14047

- 1 Brötchen
- 2 TL Ketchup 13981 o. Ä.
- 4 Scheiben Hähnchenbrust (40 g)
- 2 Scheiben Gouda (45 g)
- 1 gekochtes Ei
- 1 Tomate (70 g)
- 30 g Gewürzgurke

Brötchen aufschneiden und, wenn nicht frisch, auf dem Toast auf beiden Seiten gut aufbacken. Beide Schnittseiten mit Ketchup bestreichen. Mit Huhn belegen, Tomatenscheiben auflegen und salzen. Käse auf die Hälften legen, mit Eischeiben und Gurkenscheiben schließen. Reste als Deko auflegen.

14050. Spiegelei gekocht, November 2024

- 1 Brötchen
- 3 EL Wasser
- 85 g Tomate in Scheiben
- 1 Ei
- Salz
- 2 TL Ketchup

Brötchen ggf. auftoasten. Wasser in eine Pfanne geben, Tomate darin andünsten. Ei vorsichtig hinzugeben und auf hoch-mittlerer Einstellung erhitzen, bis das Eiweiß gestockt ist. Mit Ketchup servieren.

14051. Buttermilch, November 2024

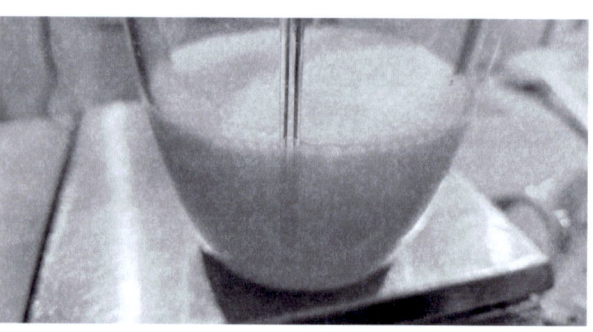

Zum Backen benötigt man schon mal Buttermilch. Ich habe aber für die Reste keine Verwendung, daher stelle ich lieber selbst etwas Vergleichbares her. Ergebnis: 300 ml, praktisch aber nur 275 ml.

- 150 g Skyr
- 150 g Hafermilch ohne Zucker
- 1 TL Apfelessig

Im TM 10 Sek./Stufe 10.

14052. Blaubeermuffins, November 2024

Ca. 16 Stück; angelehnt an Rezeptewelt von Vorwerk „Himbeer-Muffins".

- 1 Ei
- 150 g Rohrohrzucker
- 1 Prise Salz
- 75 g Sonnenblumenöl
- 300 g Buttermilch (siehe 14051)
- 280 g Mehl 550
- 2 geh. TL Backpulver
- 1/2 TL Natron
- 200 g Blaubeeren

Alle Zutaten (außer den Blaubeeren) in den Mixtopf geben und 2 Min./Stufe 4 verrühren. Backofen auf 180 °C Heißluft vorheizen. Die Mulden eines Muffinbackblechs bzw. Muffinförmchen und je 1 reichlichen EL Teig einfüllen. Blaubeeren auf die Muffins verteilen. 20-25 Min. im auf 180 °C vorgeheizten Ofen (Heißluft) backen.

14053. Hackfleischfüllung, November 2024

Für eine Teigrolle mit 650 g Mehl; nicht „rau" genug.

- 450 g Rinderhackfleisch
- 1 mittelgroße Möhre (90 g)
- 2 mittelgroße Tomaten (170 g), klein gewürfelt
- 1 kleine Schalotte (70 g), fein gewürfelt
- 1 Knoblauchzehe (10 g), fein gehackt
- 1 EL Tomatenmark (15 g)
- 200 g Gemüsebrühe (200 g Wasser + 1 TL Gemüsebrüh-pulver)
- 30 g Kernflocken
- 1 TL Salz
- 1/3 TL Pfeffer
- 1 geh. TL Paprikapulver (edelsüß)
- 1 Prise Kreuzkümmel

Möhre im Mixer fein mahlen. Zwiebel und Knoblauch in einem Topf mit 100 g der Brühe dünsten (10 Min.), bis sie weich sind. Hackfleisch hinzufügen und bei mittlerer Hitze unter Rühren kochen, bis es nicht mehr rosa ist (10 Min.). Dabei darauf achten, dass es keine Klumpen bildet.

Möhre, Tomatenwürfel und Tomatenmark einrühren. Restliche Brühe hinzufügen und die Mischung etwa 15 Min. köcheln lassen, bis die Möhren weich und die Tomaten zerfallen sind. Kernflocken hinzufügen und unter-rühren. Bei niedriger Hitze 7 Min. ziehen lassen, damit die Flocken Zeit haben, aufzuquellen. Mit Salz, Pfeffer, Paprikapulver und Kreuzkümmel abschmecken.

Füllung etwas abkühlen lassen, bevor sie verwendet wird.

14054. Hackfleisch-Hirtenbrot, November 2024

Vorläufer 14023

Teig:

- 270 g lauwarmes Wasser
- 1 Würfel frische Hefe
- 1 TL Rohrohrzucker
- 200 g Frischkäse
- 600 g Weizenmehl Typ 550
- 50 g Weizenmehl Typ 1050
- 2 TL Salz
- Füllung: Hackfleischfüllung 14053

Teig: Wasser, Hefe, Zucker und Käse in den Mixtopf geben und 2,5 Min./37°C/Stufe 3 vermischen. Mehl und Salz dazugeben und 3 Min./Teigkneten verkneten. Teig in eine Schüssel umfüllen, zu einer Kugel unter Spannung formen und zugedeckt ca. 30 Min. im Ofen (35 °C) gehen lassen.

Fertigstellung: Hefeteig auf Mehl zu einem Rechteck von ca. 50 x 30 cm ausrollen und mit der Füllung bestreichen. Den Teig mit Mehl von der schmalen Seite her aufrollen. Auf ein mit Backpapier ausgelegtes Backblech legen, längs durchschneiden und ca. 20 Min. im Ofen bei 35 °C gehen lassen. Temperatur auf 190 °C stellen und 30 Min. backen. Im ausgeschalteten Ofen 10-15 Min. stehen lassen, dann im offenen Ofen lauwarm werden lassen.

14055. Schokokaffeekakao, November 2024

Eine 500-ml-Tasse

- 20 g Schokolade 99 %
- 4 g Instant-Kaffeepulver gefriergetrocknet (2 TL)
- 5 g Trinkschokolade (1 TL)
- 200 g Milch
- 200 g kochendes Wasser
- 15 g Agavendicksaft o. Ä.

Schokolade fein in eine passende Tasse hinein zerkleinern. Kaffeepulver zugeben, Milch einfüllen und in der Mikrowelle 2 Min./600 Watt erhitzen. Umrühren, Wasser aufschütten und Agavendicksaft einrühren. (Süßen wie immer nach Geschmack.)

14056. Süßer Burger, November 2024

- 1 Brötchen
- 130 g Kaki in Scheiben
- 2 TL Skyr (20 g)
- 8 g Sonnenblumenkerne
- 20 g Konfitüre 14004
- etwas Schokolade 99 % (unter 1 g)

Brötchen halbieren und ggf. toasten. Mit Skyr bestreichen, Kakischeiben auflegen (Rest als Deko), mit Sonnenblumenkernen bestreuen. Marmelade in die Mitte geben und Schokolade darüber raspeln.

14057. Kerniger Nachtisch, November 2024

- 50 g Kernflocken
- 5 g Schokolade 99 %
- 7 g Trinkschokolade (1 TL)
- 5 g Rohrohrzucker (1 TL)
- 10 g Cashewnüsse
- 120 g Hafermilch

In eine Schüssel geben und in der Mikrowelle 2 Min./600 Watt erhitzen.

14058. Chocolatemuffins, November 2024

Vorläufer: 14052

- 300 g Buttermilch (14051, frisch hergestellt)
- 1 Ei
- 150 g Rohrohrzucker
- 1 Prise Salz
- 75 g Sonnenblumenöl
- 290 g Mehl 550
- 2 geh. TL Backpulver
- 1/2 TL Natron
- 100 g Vollmilch Chocolate Chunks

Buttermilch im TM zubereiten und die restlichen Zutaten (außer den Chocolate Chunks) in den Mixtopf geben und 2 Min./Stufe 5 verrühren. Backofen auf

180 °C Heißluft vorheizen. Die Mulden eines Muffinbackblechs bzw. Muffinförmchen aufstellen und je 1 reichlichen EL Teig einfüllen. Chocolate Chunks auf die Mulden verteilen.

20 Min im auf 180 °C vorgeheizten Ofen (Heißluft) backen, 5 Min. im aufgeschalteten Ofen stehen lassen.

14059. Edamame mit Kartoffeln, November 2024

- 25 g Schalotte, gehackt
- 220 g Kartoffeln, in Scheiben
- 75 g Wasser
- 1 TL Gemüsebrühextrakt
- 150 g Edamame tiefgekühlt
- 1 Schmelzkäseecke (ca. 30 g)
- 1 kleine Frikadelle 40 g z. B. 14033

Schalotte, Kartoffel, Wasser und Gemüsebrühextrakt als Gemüsepfanne 20 Min. dünsten. 10 Min. vor Ende der Zeit die Edamamebohnen zufügen. Schmelzkäse einrühren, aufkochen und die klein geschnittene Frikadelle kurz miterwärmen.

14060. Edamame mit Reis, November 2024

- 15 g Butter
- 95 g Parboiled Reis
- 1/2 TL Curry
- 120 g Bratwurst
- 195 g Wasser
- 150 g Edamamebohnen
- 1 gestr. TL Salz
- 1/2 TL Harissa 13908

Butter zerlassen. Reis und Curry darin anbraten. Brät in kleinen Portionen ausdrücken und zu Bällchen formen, kurz mit anbraten. Wasser zufügen und insgesamt 20 Min. garen. Wenn noch 10 Min. übrig sind, Bohnen, Salz und Harissa zugeben. Nach der Kochzeit noch ca. 10 Min. nachquellen lassen.

14061. Uralt-Pizzaverschnitt, November 2024

- 3 x 50 g Pizzateigreste tiefgekühlt (von 2021/2022?)
- 70 g Tomate, in Scheiben
- 35 g Frischkäse
- 45 g Hafermilch
- Salz nach Geschmack (1-2 Prisen)
- 10 g Cashewbruch
- 50 g Skyr

Teigreste ca. 45-60 Min. auf der Heizung auftauen. Zu einer Kugel verkneten und im Backofen 15 Min. bei 35 °C gehen lassen. Ausrollen, mit Tomatenscheiben belegen. Einen kleinen Rand einrollen. Frischkäse, Hafermilch, Salz, Cashewbruch und Skyr im kleinen Mixer verquirlen (flaches Messer, kleiner Becher) und über die Tomaten gießen. In den kalten Ofen schieben und 25 Min. bei bis zu 200 °C backen.

14062. Uralt-Pizzaverschnitt II, November 2024

Vorläufer 14061

- 2 x 50 g Pizzateigreste tiefgekühlt (von 2021/2022?)
- 45 g Hummus z. B. 14029
- 100 g Tomate, in Scheiben
- 125 g Mozzarella in Scheiben

Teigreste mehrere Std. im Kühlschrank auftauen. Zu einer Kugel verkneten und im Backofen 30 Min. bei 35 °C gehen lassen. Ausrollen, mit Hummus bestreichen und mit Tomatenscheiben belegen. Mozzarella auf die Tomaten geben. Ofen auf 200 °C (Heißluft) vorheizen und 25 Min. bei 200 °C backen.

14063. Scharfe Ofenkartoffel, November 2024

- 20 g Sonnenblumenöl
- 1 gestr. TL Salz
- 1 TL Paprika edelsüß
- 1/4 TL Harissa 13908 o. Ä.
- 280 g kleinere Kartoffeln

Öl, Salz, Paprika und Harissa verrühren. Kartoffeln längs halbieren und in einen Plastikgefrierbeutel geben. Ölmischung zugeben und Kartoffel so im Beutel bearbeiten, dass die Kartoffelstücke rundum mit der Marinade benetzt sind. Auf einer Pizzaform (PerfectClean) verteilen. In den kalten Ofen schieben und 30 Min. bei 220 °C (Heißluft) braten. Serviert mit „Deutschem Zaziki" 14064.

14064. Deutsches Zaziki, November 2024

- 80 g Skyr
- 1/2 TL Salz
- 25 g Essig aus einem Gewürzgurkenglas
- 1 Gewürzgurke (30 g)

Skyr mit Salz und Essig glattrühren. Gewürzgurke fein würfeln und unterziehen.

14065. Kartoffelmöhren in Frischkäsesoße, November 2024

Als Gemüsepfanne 20 Min.:

- 50 g Schalotten, gewürfelt
- 135 g Möhren, in Scheiben
- 100 g Tomate, gewürfelt
- 215 g Kartoffeln, in Scheiben
- 1 TL Gemüsebrühe
- 200 g Wasser

Soße:

- 25 g Frischkäse
- 1 gestr. TL Salz
- 1 kleine Prise gem. Gewürznelken

Frischkäse unter das Gemüse rühren, aufkochen. Mit Salz und Nelken abschmecken.

14066. Schoko-Schoko-Cookies, Dezember 2024

Ca. 24 Stück; Vorläufer 13781

- 200 g Schokolade (100 g Vollmilch Chunks, 100 g Zartbitter-Chunks)
- 125 g Butter, zimmerwarm, in Stücken
- 125 g Rohrzucker
- 1 Prise Salz
- 1 Ei
- 175 g Weizenmehl 550
- 1 TL Backpulver

Backofen auf 170 °C (Heißluft) vorheizen.
Zartbitter-Chunks im Mixtopf zerkleinern (15 Sek./Stufe 5) und umfüllen. Butter, Zucker und Salz mixen (30 Sek./Stufe 4). Ei zugeben und vermengen (30 Sek./Stufe 4). Mehl und Backpulver zufügen, ebenfalls auf 30 Sek./Stufe 4 einarbeiten. Zwischendurch herunterschieben. Die Chunks, zerkleinert und ganz, 15 Sek./Linkslauf/Stufe 3 einarbeiten.

Teig esslöffelweise als kleine Häufchen auf zwei mit Backpapier ausgelegte Backbleche geben. Etwas Abstand lassen, da die Kekse noch etwas aufgehen. Mit Hilfe von einem kleinen Löffel die Häufchen etwas platt drücken. (Tipp: Löffel ab und zu in Wasser tauchen, dann bleibt der Teig nicht daran kleben.) Cookies für ca. 12-15 Min. in den auf 170 °C vorgeheizten Ofen schieben und hellbraun ausbacken.

14067. Zwiebelnudeln in Cremesoße, Dezember 2024

- 15 g Olivenöl
- 1/2 Gemüsezwiebel (105 g), gewürfelt
- 1 Tomate (125 g), gewürfelt
- 95 g Rotwein
- 100 g Vollkornspiralnudeln
- 200 g Wasser
- 30 g Frischkäse
- 1 gestr. TL Salz
- 1/2 TL Zucker
- 1 MS Harissa

Zwiebel und Tomate kurz im Öl anbraten. Mit Rotwein ablöschen und 10 Min. köcheln. Nudeln und Wasser zufügen, weitere 15 Min. kochen (wenn man gern weiche, nicht bissfeste Nudeln isst). Frischkäse einrühren und aufkochen. Mit Salz, Zucker und Harissa abschmecken.

14068. Überbackener Hirte, Dezember 2024

- 40 g (1 dickere Scheibe) von Hackfleisch-Hirtenbrot 14054 o. Ä.
- 50 g Ketchup 13942 o. Ä.
- 60 g kleine Cherrytomaten, halbiert
- 80 g (2 Scheiben) junger Gouda

Hirtenbrot mit Ketchup bestreichen. Mit Tomatenhälften belegen, zum Schluss die Käsescheiben auflegen. In den kalten Ofen schieben und 30 Min. bei 190 °C (Heißluft) backen.

14069. Lemon Curd mit Skyr, Dezember 2024

- 100 g Skyr
- 125 g Zitronensaft (ca. 5 kleine Zitronen)
- Abrieb von 2 kleinen Bio-Zitronen
- 100 g Zucker
- 50 g Butter
- 1 Päckchen Vanillezucker
- 1 P Vanillepuddingpulver
- 4 EL Wasser

In einer kleinen Schüssel die Speisestärke mit dem Wasser glattrühren. Die Zitronen heiß waschen und abtrocknen. Die Schale abreiben und den Saft auspressen. In einem Topf den Zitronensaft, den Zucker, den Vanillezucker und den Zitronenabrieb miteinander verrühren. Unter ständigem Rühren zum Kochen bringen.

Den Skyr und die angerührte Stärke in die kochende Flüssigkeit geben und unter kräftigem Rühren unterrühren. Die Butter in kleinen Stückchen dazugeben und unter Rühren schmelzen lassen. Die Masse nun bei mittlerer Hitze unter ständigem Rühren so lange kochen, bis sie dicklich und cremig wird.

Das fertige Lemon Curd in mit kochend heißem Wasser ausgespülte Gläser füllen und gut verschließen.

Haltbarkeit: Im Kühlschrank mehr als 2 Wochen.

14070. Bäckerbrötchen mit Trockenhefe/Hafermilch, Dezember 2024

Vorläufer 14006

- 300 g Weizenmehl (Type 550)
- 200 g Weizenmehl (Type 1050)
- 300 g Hafermilch
- 1 gestr. TL Rohrohrzucker
- 2 P Trockenhefe
- 2 gestr. TL Salz (12 g)
- 2 EL Öl

Hefe im TM in der Hafermilch mit dem Zucker verrühren und lösen (7 Min./37°C/Linkslauf Stufe 1). Noch 3-4 Min. stehen lassen. Mehl und Salz in den Mixtopf des TM geben, Öl zugeben. Auf der Knetstufe 3 Min. kneten. Teig in einer Pengschüssel 30 Min. im Ofen bei 30 °C gehen lassen, der Teig hat sich verdoppelt. Auf Streumehl zu einer Rolle formen, Teig in 9 gleich große Stücke (je 93 g) zu Kugeln unter Spannung und dann zu Brötchen formen. Der Teig klebt beim Bearbeiten überhaupt nicht. Brötchen auf ein Backblech legen, mit einem scharfen Messer längs einschneiden und mit Wasser einsprühen. Weitere 10 Min. im Ofen auf 30 °C gehen lassen. Wasser in den Ofen (Heißluft) sprühen und auf 200 °C stellen. Ab dem Hochstellen der Temperatur 25 Min. backen. Auf dem Boden steht eine ofenfeste Form mit Wasser. 5 Min. im ausgeschalteten Ofen stehen lassen, dann mit Hafermilch bestreichen. Auf einem Gitterrost abkühlen lassen.

14071. Spitzkohl-Kartoffelerei, Dezember 2024

- 15 g Bärlaucholivenöl
- 60 g Wasser
- 200 g Kartoffeln in Scheiben
- 145 g Spitzkohl in Streifen
- 2 Eier
- 2 EL Hafermilch
- Salz

Aus Olivenöl, Wasser, Kartoffeln und Spitzkohl eine Gemüsepfanne (20 cm, 20 Min.) zubereiten. Eier mit Hafermilch und Salz verschlagen, unterziehen und stocken lassen. (Bei empfindlichem Magen nicht braun werden lassen). Mit Salz abschmecken.

14072. Spitzkohl mit Kartoffel und Huhn, Dez. 2024

- 1 EL Olivenöl
- 100 g gehackte Gemüsezwiebel
- 200 g Spitzkohl, klein geschnitten
- 240 g Hühnerbrust, in 6 Stücken
- 200 g Kartoffeln, in Scheiben
- 1 TL Salz
- 1 Prise Pfeffer
- 1/2 TL Kümmel
- 1 TL Gemüsebrühpulver
- 360 g Wasser

Zwiebel im Öl andünsten bei mittlerer Hitze. Hühnerbruststücke in die Mitte legen, Kartoffeln im Kreis um das Fleisch. Würzen, mit der Brühe so auffüllen, dass Fleisch und Kartoffeln bedeckt sind. Spitzkohl ergänzen.

Alles einmal aufkochen lassen, Hitze reduzieren und mit geschlossenem Deckel bei niedriger Hitze ca. 20 Min. köcheln lassen.

Hinweis: *Ist etwas suppig, ich würde demnächst weniger Wasser nehmen. Schmeckt und ist irgendwie „gesund".*

14073. Reisemüsli, Dezember 2024

- 65 g Sonnenblumenkerne
- 65 g Cashewnüsse
- 65 g Mandeln
- 65 g Rosinen
- 260 g kernige Haferflocken

Auf drei Teile Nüsse kommen ein Teil Rosinen und vier Teile Haferflocken. Zum Beispiel 3-4 EL Müsli, plus 150 g Joghurt, plus 1 Banane in Scheiben.

14074. Nudeln mit Erbsen, Dezember 2024

- 100 g Vollkornnudeln
- 60 g Erbsendosenwasser
- 155 g Wasser
- 1 Prise Salz
- 1 Ei

Nudeln in den Flüssigkeiten 15 Min. auf niedriger Stufe kochen. Salzen. Ei in die Nudeln schlagen und verrühren, kurz aufkochen.

14075. Rotkohlpfanne, Dezember 2024

- 10 g Bärlaucholivenöl
- 25 g Schalotte, in Scheiben
- 205 g Kartoffeln, in Scheiben
- 180 g Rotkohl (aus der Tüte, Bio)
- 70 g Rotwein
- 30 g Wasser
- Salz
- Pfeffer
- Harissa

Öl, Schalotte, Kartoffeln und Rotkohl in eine 20-cm-Pfanne geben und mit Wein und Wasser als Gemüsepfanne 20 Min. dünsten. Mit den Gewürzen abschmecken.

14076. Rotkohlnudeln, Dezember 2024

- 90 g Spaghetti in Stücke gebrochen
- 90 g Rotwein
- 100 g Wasser
- 225 g Rotkohl
- Salz nach Geschmack
- 35 g Schmelzkäse

Nudeln mit Rotwein, Wasser und Rotkohl ca. 20 Min. garen und mit Salz abschmecken. Schmelzkäse unterziehen und auflösen.

14077. Reisemüsli II, Dezember 2024

Vorläufer 10473

- 100 g Sonnenblumenkerne
- 100 g Cashewnüsse
- 100 g Mandeln
- 100 g Kokosraspel
- 100 g Rosinen
- 400 g kernige Haferflocken

4 Teile Nüsse auf 1 Teil Rosinen und 4 Teile Haferflocken; etwas mehr als eine Lockit-Dose für 1 kg.

14078. Kohlrabi-Kartoffeln, Dezember 2024

- 35 g Schalotte
- 290 g Kartoffeln in Scheiben
- 140 g Kohlrabi gestiftelt
- 135 g Cherrytomaten
- 1 TL Gemüsebrühextrakt
- 100 g Wasser
- 1 Ei
- 20 g Hafermilch
- 1 Prise Salz
- 1 Prise gem. schw. Pfeffer

Schalotte, Gemüse, Gemüsebrühextrakt und Wasser in einem 18-cm-Topf im Gemüsepfannensystem 30 Min. dünsten. Die Dünstzeit richtet sich nach der Kartoffelsorte, hier waren es festkochende. Ei, Milch, Salz und Pfeffer verquirlen und unterrühren. Stocken lassen.

14079. Bäckerbrötchen mit Trockenhefe/ Hafermilch 2, Dezember 2024

Vorläufer 14070

- 300 g Weizenmehl (Type 550)
- 200 g Weizenmehl (Type 1050)
- 150 g Hafermilch
- 150 g Wasser
- 1 gestr. TL Rohrohrzucker
- 2 P Trockenhefe
- 2 gestr. TL Salz (12 g)
- 2 EL Öl

Hefe im TM in der Hafermilch mit dem Zucker verrühren und lösen (7 Min./37 °C/Linkslauf Stufe 1). Noch 3-4 Min. stehen lassen.

Mehl und Salz in den Mixtopf des TM geben, Öl zugeben. Auf der Knetstufe 3 Min. kneten.

Teig in einer Pengschüssel 30 Min. im Ofen bei 30 °C gehen lassen, der Teig hat sich verdoppelt. Auf Streumehl zu einer Rolle formen, Teig in 9 gleich große Stücke (je ca. 90 g) zu Kugeln unter Spannung und dann zu Brötchen formen. Der Teig klebt beim Bearbeiten überhaupt nicht. Brötchen auf ein Backblech legen, mit einem scharfen Messer längs einschneiden und mit Wasser einsprühen. Weitere 10 Min. im Ofen auf 30 °C gehen lassen. Wasser in den Ofen (Heißluft) sprühen und auf 200 °C stellen. Ab dem Hochstellen der Temperatur 25 Min. backen. Auf dem Boden steht eine ofenfeste

Form mit Wasser. 5 Min. im ausgeschalteten Ofen stehen lassen, dann mit Hafermilch bestreichen. Auf einem Gitterrost abkühlen lassen.

14080. Notfallnudelauflauf, Dezember 2024

Nix im Haus, aber Hunger ...

- 100 g Vollkornspaghetti in Stücken
- 250 g Wasser
- 1 Orange (110 g)
- 40 g Schmelzkäse
- 65 g Wasser
- 1 TL Salz
- 1 MS Harissa
- 230 g Erbsen aus dem Glas
- 135 g Thunfisch aus der Dose

Nudeln im Wasser 15 Min. garen. Thunfisch auf zwei Auflaufformen verteilen (im Verhältnis 2:1), darüber die Erbsen und die gekochten Nudeln verteilen. Orange, Schmelzkäse, Wasser, Salz und Harissa im kleinen Mixer, hoher Becher, verquirlen und darüber gießen. Ofen (Heißluft) zwischendurch auf 190 °C stellen. Die größere Portion bei ca. 100 °C einschieben und 25 Min. backen. Die kleinere Portion habe ich nach dem Kaltwerden eingefroren.

14081. Himmel und Mittelerde, Januar 2025

- 10 g Olivenöl
- 90 g Wasser
- 190 g Kartoffelscheiben
- 145 g Zwiebelscheiben
- 100 g Apfelscheiben
- Salz

Als Gemüsepfanne etwa 25 Min. dünsten – die genaue Garzeit kann je nach Kartoffelsorte variieren. Festkochende Kartoffeln behalten beim Braten besonders gut ihre Form und eignen sich daher ideal für diese Zubereitung. Mit Salz abschmecken und servieren.

14082. Auflauf aufgemotzt, Januar 2025

- Rest von einem Nudelauflauf, hier 14080, TK
- 1 Tomate 130 g in Scheiben
- 90-100 g Mozzarellascheiben

Den Auflauf vollständig auftauen lassen. Anschließend gleichmäßig mit Tomatenscheiben belegen und die Käsescheiben darüber verteilen. In den noch kalten Backofen stellen und bei 200 °C Heißluft etwa 25 bis 30 Min. backen, bis der Käse schön geschmolzen und leicht gebräunt ist.

14083. Kartoffeln plus plus, Januar 2025

- 20 g Olivenöl
- 45 g Wasser
- 345 g Kartoffeln in Scheiben
- 110 g Tomaten in Scheiben
- 2 kleine Eier
- 60 g Mozzarella in Scheiben

Öl, Wasser, Kartoffeln und Tomaten als Gemüsepfanne 25 Min. (festkochende Kartoffeln) dünsten. Eier vorsichtig in die Pfanne gleiten lassen, mit Mozzarella belegen. Mit geschlossenem Deckel bei wieder etwas höherer Temperatur das Eiweiß fest werden lassen, das Eigelb sollte noch weich sein.

14084. Schokosoße TM Zucker, Februar 2025

Weniger als ein Honigglas

- 250 g Rohrrohrzucker
- 1 P Vanillezucker
- 250 g Wasser
- 1 Prise Salz
- 100 g Kakaopulver

Zwischen Deckel und TM-Mixtopf ein Küchenpapier legen. Zucker pulverisieren (25 Sek./Stufe 10). Wasser und Salz zugeben, Gareinsatz statt Messbecher (auch für die weiteren Schritte) auflegen und 9 Min./Varoma/Stufe 2 erhitzen (reduzieren). Kakao zugeben und 6 Min./Varoma/Stufe 4 weiter reduzieren.

Flüssiger wird es mit 4 Min., noch fester mit 8 Min. In ein Honigglas umfüllen, es wird nicht ganz voll.

14085. Schokosoßenkaffee, Februar 2025

- 85 g Schokosoße (Rest der Schokosoße im TM 14084)
- 300 g Hafermilch
- 115 g Wasser
- 1 TL Instantkaffee

Die Mischung im TM auf 80 °C erhitzen (ca. 6 Min./80 °C/Stufe 2), sodass sie gleichmäßig warm wird. Anschließend für 20 Sek./Stufe 10 pürieren, bis eine feine Konsistenz erreicht ist.

Tipp: Wer es weniger süß mag, kann die Zuckermenge nach persönlichem Geschmack reduzieren – mir persönlich ist es so bereits etwas zu süß.

14086. Sauerkraut-Kartoffel-Eintopf mit Kassler (One-Pot), Februar 2025

2 Portionen

- 400 g Sauerkraut
- 305 g Kartoffeln (festkochend)
- 145 g Gemüsezwiebel
- 240 g Kassler-Min.steaks
- 150 g Gemüsebrühe
- 1 TL Paprikapulver (edelsüß)
- 1 Prise Salz & Pfeffer
- 3 Lorbeerblätter
- 1 TL Chili süß (fertig)

Vorbereitung: Kartoffeln schälen und in mundgerechte Würfel schneiden. Zwiebel schälen und fein würfeln. Kassler-Minutensteaks in kleine Stücke schneiden.

Kartoffeln, Zwiebeln, Sauerkraut zusammen in einen großen Topf geben. Würzen & Brühe hinzufügen. Paprikapulver, Salz und Pfeffer darüberstreuen. Mit der Gemüsebrühe aufgießen und das Lorbeerblatt dazugeben. Den Eintopf auf mittlerer Hitze zum Kochen bringen, dann auf niedrige Hitze reduzieren und zugedeckt etwa 20 Min. köcheln lassen, bis die Kartoffeln fast gar sind. Fleisch zugeben, weitere 10 Min. köcheln. Lorbeerblatt entfernen, Chili zufügen und nach Geschmack nachwürzen und genießen!

14087. Erdbeerspirale, Februar 2025

Dessert

- 90 g Skyr (1 geh. EL)
- 10 g Hafermilch (1 EL)
- 90 g Erdbeeren
- 10 g Agavendicksaft
- 40 g Schokoladensoße (14086)
- 4 Mandeln

Skyr mit Hafermilch verrühren, in die Mitte eines Desserttellers streichen. Erdbeeren mit Agavendicksaft im kleinen Mixer pürieren, eine Vertiefung in den Skyr kratzen, Erdbeeren (ein Drittel der Menge vielleicht, Rest wird nicht gebraucht) gießen und mit einer Gabel Spiralen ziehen. Sollte optisch schöner werden. Schokosoße an vier Ecken legen, 4 Mandeln in die Mitte legen und noch ein wenig kaltstellen.

Hinweis: Die Spirale ist mir leider optisch nicht ganz gelungen.

14088. Ölarme Mayonnaise scharf, Februar 2025

Vorläufer: 14040; reicht für deutlich mehr als einen Kartoffelsalat mit 400 g Kartoffeln.

- 2 hart gekochte Eier (95 g)
- 1 TL Senf (14 g)
- 1 EL Apfelessig (8 g)
- 145 g Joghurt 1,8 % Fett
- 1-2 Prise Salz (3 g)
- 1 Prise Pfeffer
- 1 g Chilipulver süß
- 1 EL Sonnenblumenöl

Eier schälen. Mit Senf, Essig, den Gewürzen und Joghurt in den Vitamix geben und glattrühren. Mit Salz und Pfeffer abschmecken.

Hinweis: *Mit Skyr schmeckt mir besser.*

14089. Tomatensoße fix, Februar 2025

3-4 Portionen

- 1 Schalotte 45 g in Würfeln
- 30 g Rotwein
- 2 EL Wasser
- 260 g Tomaten
- 1 Mandarine (55 g)
- 10 g Tomatenmark
- 50 g Ketchup (gekauft)
- 1 TL Salz
- 1 TL Paprika edelsüß
- 100 g Wasser

Schalotte in esslöffelweise zugegebenem Rotwein anbraten. 2 EL Wasser hinzufügen und dünsten, bis der Rest zubereitet ist.

Tomaten halbiert, Mandarine und restliche Zutaten im Vitamix pürieren und zu der Schalotte geben. Vitamix mit 20-30 g Wasser ggf. nachspülen und das Wasser hinzufügen. Aufkochen und 5 Min. auf niedriger Stufe kochen lassen.

Tipp: *Ich habe Fertigtortellini mit Spinatfüllung darin erhitzt.*

14090. Kartoffelsalat leicht II, Februar 2025

Vorläufer 14041; 2 Portionen.

- 55 g Gewürzgurken
- 385 g Kartoffeln (netto), festkochend
- 100 g Salatgurke
- 75 g Apfel
- 1 hart gekochtes Ei
- 120 g leichte Mayonnaise 14088 o. Ä.
- 1 TL Zitronensaft

Pellkartoffeln: In einem 20-cm-Topf Kartoffeln mittlerer bis kleiner Größe 30 Min. kochen. Abkühlen lassen und lauwarm die Pelle abziehen. Gut abgedeckt in den Kühlschrank stellen.

Gewürzgurken, Salatgurke und Apfel in feine Würfel schneiden. Kartoffeln in dickere Würfel schneiden. Vermischen, alles mit der Mayonnaise vermischen, zum Schluss das gehackte Ei unterziehen. Im Kühlschrank mehrere Std. durchziehen lassen. Lässt sich gut mit Tomate dekorieren.

14091. Makrikaffee, Februar 2025

- 1 Stück Makrischokolade Nougat (11 g)
- 2 TL gefriergetr. Kaffeepulver (14 g)
- 225 g Hafermilch
- Wasser kochend
- 20 g Honig nach Geschmack

Schokolade, Kaffee und Hafermilch in ein mikrowellengeeignetes Gefäß geben. Bei 600 W ca. 2 Min. erhitzen, bis sich alle Zutaten gut vermischt haben. Mit kochendem Wasser auffüllen und alles gut umrühren. Honig nach Geschmack hinzufügen.

14092. Schokosoße TM Nüsse, Februar 2025

14084; mehr als ein Honigglas.
- 250 g Rohrrohrzucker
- 1 P Vanillezucker
- 250 g Wasser
- 1 Prise Salz
- 100 g Kakaopulver
- 50 g Viernussmus (Rapunzel)

Zwischen Deckel und TM ein Küchenpapier legen. Rohrrohrzucker pulverisieren (25 Sek./Stufe 10). Wasser, Vanillezucker und Salz zugeben, Gareinsatz statt Messbecher (auch für die weiteren Schritte) auflegen und 9 Min./Varoma/Stufe 2 erhitzen (um zu reduzieren). Kakao und Nussmus zugeben und 4 Min./

Varoma/Stufe 4 weiter reduzieren. In ein Glas umfüllen, das größer ist als ein Honigglas (z. B. ein leeres Nussmusglas).

14093. Schokokakao, Februar 2025

- 65 g Schokosoße (hier 14093)
- 240 g Hafermilch
- Wasser, um aufzufüllen auf 425 g

Die Mischung im Thermomix bei 70 °C für etwa 5-6 Min. auf Stufe 4 erhitzen, bis sie die gewünschte Trinktemperatur erreicht hat. Dabei sorgt die gleichmäßige Erwärmung dafür, dass alle Zutaten gut vermengt und angenehm warm werden, ohne zu überhitzen.

14094. Erics Wunschabendessen, Februar 2025

- 70 g Skyr
- 25 g Hafermilch
- 10 g Trinkkakaopulver
- 20 g Agavendicksaft
- 55 g Haferflocken
- 100 g Banane

Skyr mit Hafermilch in einer Schüssel sorgfältig glattrühren, bis eine cremige Masse entsteht. Kakaopulver und Agavendicksaft einrühren. Mit Haferflocken vermischen. Banane in Scheiben schneiden und unterheben. Nach Wunsch noch ein Stück Vollmilchschokolade als Dekoration in die Mitte geben.

14095. Spaghetti mit Huhn, Februar 2025

- 100 g Vollkornspaghetti
- 200 g Wasser
- 100 g Cherrytomaten, halbiert
- 45 g Kicher-Linsenhummus 10429
- Salz nach Geschmack
- 100 g gebratenes Hühnerfleisch in Stücken (gekauft)

Spaghetti mit Wasser und Cherrytomaten zum Kochen bringen. 15 Min. kochen, Kicher-Linsenhummus unterrühren und aufkochen. Mit Salz abschmecken. Hühnerstücke zufügen, unterheben und auf niedriger Stufe miterhitzen.

14096. Bäckerbrötchen Trockenhefe Skyr, Februar 2025

Vorläufer 14079

- 300 g Weizenmehl (Type 550)
- 200 g Weizenmehl (Type 1050)
- 150 g Hafermilch
- 145 g Wasser
- 1 gestr. TL Rohrohrzucker
- 2 P Trockenhefe
- 2 gestr. TL Salz (12 g)
- 1 TL Skyr (10 g)
- 2 EL Öl

Hefe im TM in der Hafermilch mit dem Zucker verrühren und lösen (7 Min./37 °C/Linkslauf Stufe 1). Noch 3-4 Min. stehen lassen.

Mehl, Skyr und Salz in den Mixtopf des TM geben, Öl zugeben. Auf der Knetstufe 3 Min. kneten.

Teig in einer Pengschüssel 30 Min. im Ofen bei 30 °C gehen lassen, der Teig hat sich verdoppelt. Auf Streumehl zu einer Rolle formen, Teig in 9 gleich große Stücke (je ca. 93 g) zu Kugeln unter Spannung und dann zu Brötchen formen. Der Teig klebt beim Bearbeiten überhaupt nicht. Brötchen auf ein Backblech legen, mit einem scharfen Messer längs einschneiden und mit Wasser einsprühen. Weitere 10 Min. im Ofen auf 30 °C gehen lassen. Wasser in den Ofen (Heißluft) sprühen und auf 200 °C stellen. Ab dem Hochstellen der Temperatur 25 Min. backen. Auf dem Boden steht eine ofenfeste Form mit Wasser. 5 Min. im ausgeschalteten Ofen stehen lassen, dann mit Hafermilch bestreichen. Auf einem Gitterrost abkühlen lassen.

14097. Simitdessert, Februar 2025

2 Portionen

- 35 g einer Flüssigkeit aus 50 g Zuckerrübensirup/25 g Wasser.
- 100 g Skyr
- 10 g Sesamkörner weiß
- 1 Banane (100-105 g)
- 10 g Schokosoße z. B. 14902
- 2 halbe Cashewnüsse

Zuckerrübensirup mit Skyr glattrühren, das geht mit einem Löffel. Sesam untermischen. Die Banane in Scheiben schneiden, auf zwei Schüsselchen verteilen und die Skyrcreme darauf verteilen. In die Mitte etwas Schokosoße geben, in die jeweils eine halbe Cashewnuss gesteckt wird.

14098. Toffi-Aufstrich, Februar 2025

1 Honigglas, nach einem Rezept aus der Rezeptwelt (mir zu süß).

- 250 g Toffifee (= 2 Pck.)
- 80 g Butter
- 80 g Sahne

Konfekt in den Mixtopf geben und zerkleinern (15 Sek./Stufe 10). Butter und Sahne zugeben und verrühren (5 Min./50 °C/Stufe 2). In ein leeres Honigglas umfüllen und in den Kühlschrank stellen, damit es etwas fester wird.

14099. Simits/Sesamkringel, Februar 2025

5 Stück; Thermomix türkisches Kochbuch halbe Menge

- 175 g Wasser
- 1 P Trockenhefe
- 1 TL Zucker (5 g)
- 65 g Sonnenblumenöl
- 1 gestr. TL Salz
- 375 g Mehl 550
- 65 g Zuckerrübensirup
- 50 g weiße Sesamkörner

150 g Wasser, Hefe und Zucker in den Mixtopf geben und 5 Min./37 °C/Stufe 1 erwärmen. Öl, Mehl und Salz zugeben, 3 Min./Knetstufe, umfüllen und an einem warmen Ort (Backofen 30 °C) 1 Std. in einer Pengdose gehen lassen.

Sirup mit 25 g Wasser in einem tiefen Teller mischen. Sesamkörner in einen anderen tiefen Teller geben. Backofen auf 180 °C (Heißluft) vorheizen. 1 Backblech mit Backpapier auslegen.

Aus dem Teig eine etwa 50-cm-lange Rolle formen, in 5 gleiche Stücke (je etwa 100 g) teilen. Jedes Stück zu einer dünnen Stange von etwa 70 cm Länge formen, die an den Enden etwas dünner ist. In der Mitte knicken. Die zwei jetzt parallelen Teigstreifen kordelartig zusammendrücken. Jeden Ring in den Zuckerrübensirup tauchen, dann von beiden Seiten in Sesam wälzen. Auf das Backblech geben.

Die Ringe 25 Min. bei 180 °C backen. Abkühlen lassen auf einem Gitterrost.

Hinweis: *Ich habe mich daran gehalten, den Teig wirklich nur einmal gehen zu lassen. Im Originalrezept wird frische Hefe genommen. Der Teig ist super zu verarbeiten, vermutlich wegen des hohen Ölanteils.*

14100. Toffikaffi, Februar 2025

- 2 TL Instantkaffeepulver
- 1 geh. TL (20 g) Toffi-Aufstrich 14099
- 1 TL Trinkkakaopulver
- 225 g Hafermilch
- Wasser kochend zum Auffüllen auf einen 500-ml-Becher

Kaffeepulver, Aufstrich, Kakao und Hafermilch in einem etwas größeren Becher gut verrühren und in der MW (2 Min./600 W) erhitzen, bis alles heiß ist und sich der Aufstrich beginnt aufzulösen.

Anschließend mit kochendem Wasser vorsichtig bis zur gewünschten Füllhöhe auffüllen und gründlich umrühren, bis eine gleichmäßige, cremige Mischung entsteht.

14101. Bäckerbrötchen Trockenhefe Skyr II, Februar 2025

Vorläufer 14096

- 300 g Weizenmehl (Type 550)
- 200 g Weizenmehl (Type 1050)
- 150 g Hafermilch
- 135 g Wasser
- 1 gestr. TL Rohrohrzucker
- 2 P Trockenhefe
- 2 gestr. TL Salz (12 g)
- 2 TL Skyr (30 g)
- 2 EL Öl

Hefe im TM in der Hafermilch mit dem Zucker verrühren und lösen (7 Min./37 °C/Linkslauf Stufe 1). Noch 3-4 Min. stehen lassen.

Mehl, Skyr und Salz in den Mixtopf des TM geben, Öl zugeben. Auf der Knetstufe 3 Min. kneten.

Teig in einer Pengschüssel 30 Min. im Ofen bei 30 °C gehen lassen, der Teig hat sich verdoppelt. Auf Streumehl zu einer Rolle formen, Teig in 9 gleich große Stücke (je ca. 93 g) zu Kugeln unter Spannung und dann zu Brötchen formen. Der Teig klebt beim Bearbeiten überhaupt nicht. Brötchen auf ein Backblech legen, mit einem scharfen Messer längs einschneiden und mit Wasser einsprühen. Weitere 10 Min. im Ofen auf 30 °C gehen lassen. Wasser in den Ofen (Heißluft) sprühen und auf 200 °C stellen. Ab dem Hochstellen der Temperatur 25 Min. backen. Auf dem Boden steht eine ofenfeste Form mit Wasser. Nach dem Backen mit Wasser besprühen und auf einem Gitterrost abkühlen lassen.

14102. Doppel-Toffikaffi, Februar 2025

Vorläufer 14100; 2 Portionen.

- 4 TL Instantkaffeepulver
- 4 geh. TL (50 g) Toffi-Aufstrich 14098
- 450 g Hafermilch
- Wasser kochend zum Auffüllen auf je einen 450-500-ml-Becher

Kaffeepulver, Kakao und Hafermilch in zwei größeren Bechern in der Mikrowelle (4 Min./600 Watt) erhitzen. Mit kochendem Wasser auffüllen und umrühren. Für Süßschnäbel noch etwas Agavendicksaft hineinträpfeln.

14103. Muttis Nusskuchen Revival, Februar 2025

- 200 g gem. Haselnüsse
- 100 g gem. Mandeln
- 90 g Mehl 1050
- 160 g Mehl 550
- 200 g Rohrohrzucker
- 1 P Vanillezucker
- 1 P Backpulver
- 1 Fläschchen Bittermandel
- 300 g Hafermilch
- Margarine oder Butter für die Form

Die Zutaten gut miteinander verrühren. Den Teig in eine gefettete Ringform geben. Ofen (Heißluft) auf 175 °C vorheizen. Kuchen einschieben und 30 Min. bei dieser Temperatur backen, 5 Min. im ausgeschalteten Ofen stehen lassen. Nach dem Backen in der Form abkühlen lassen, stürzen.

Tipp: *Nach Wunsch mit Vollmilchkuvertüre bestreichen (Wasserbad).*

14104. Bäckerbrötchen Trockenhefe Skyr III, Februar 2025

Vorläufer 14101

- 250 g Weizenmehl (Type 550)
- 250 g Weizenmehl (Type 1050)
- 155 g Hafermilch
- 130 g Wasser
- 1 gestr. TL Rohrohrzucker
- 2 P Trockenhefe
- 2 gestr. TL Salz (hier 15 g)
- 2 TL Skyr (30 g)
- 2 EL Öl

Hefe im Thermomix in der Hafermilch mit dem Zucker verrühren und lösen (7 Min./37 °C/Linkslauf Stufe 1). Noch 3-4 Min. stehen lassen.

Mehl, Skyr und Salz in den Mixtopf des TM geben, Öl zugeben. Auf der Knetstufe 3 Min. kneten.

Teig in einer Pengschüssel 30 Min. im Ofen bei 30 °C gehen lassen, der Teig hat sich verdoppelt. Auf Streumehl zu einer Rolle formen, Teig in 9 gleich große Stücke (je ca. 93 g) zu Kugeln unter Spannung und dann zu Brötchen formen. Der Teig klebt beim Bearbeiten überhaupt nicht. Brötchen auf ein Backblech legen, mit einem scharfen Messer längs einschneiden und mit Wasser einsprühen. Weitere 10 Min. im Ofen auf 30 °C gehen lassen. Wasser in den Ofen (Heißluft) sprühen und auf 200 °C stellen. Ab dem Hochstellen der Temperatur 20 Min. backen. Auf dem Boden steht eine ofenfeste Form mit Wasser. Im ausgeschalteten Ofen 5 Min. stehen lassen. Mit Wasser besprühen und auf einem Gitterrost abkühlen lassen.

14105. Kleines Skyrdressing, Februar 2025

2 Portionen

- 55 g Skyr (1 geh. EL)
- 2 EL Öl (32 g)
- 1 TL Zitronensaft
- 3 g Salz (1 Prise)
- 8 g Agavendicksaft
- 30 g Wasser

Im kleinen Mixer zu einer glatten Creme schlagen.

14106. Kleines Skyrdressing V2, Februar 2025

2 Portionen

- 60 g Skyr (2-3 geh. EL)
- 2 EL Öl (40 g)
- 2 EL Essig aus einem Gewürzgurkenglas
- 3 g Salz (1 Prise)
- 10 g Agavendicksaft
- 30 g Wasser

Im kleinen Mixer zu einer glatten Creme schlagen.

Kleines Joghurtdressing V1, Februar 2025

2 Portionen

- 50 g Joghurt (2 geh. EL)
- 2 EL Öl (20 g)
- 2 EL Essig aus einem Gewürzgurkenglas
- 3 g Salz (1 Prise)
- 10 g Agavendicksaft
- 20 g Wasser

Im kleinen Mixer zu einer glatten Creme schlagen.

14107. Bäckerbrötchen über Nacht, März 2025

Vorläufer 14104

- 155 g Hafermilch
- 130 g Wasser
- 1 gestr. TL Rohrohrzucker
- 2 EL Öl
- 2 TL Skyr (30 g)
- 250 g Weizenmehl (Type 550)
- 250 g Weizenmehl (Type 1050)
- 1 P Trockenhefe
- 2 gestr. TL Salz (12 g)

Flüssigkeiten, Zucker und Skyr in den Mixtopf des TM geben. Mehle mit Hefe und Salz verrühren, ebenfalls in den Mixtopf geben. Auf der Knetstufe 3 Min. kneten. Einmal mit der Hand durchkneten, in eine Pengschüssel geben und mit einer Plastiktüte umhüllen. In den Kühlschrank stellen von abends um 20 Uhr bis morgens um 7 Uhr. Ab 7 Uhr in die warme Küche stellen, nach 2 Std. mit der Verarbeitung beginnen (bei mir war der Teig noch kalt).

Durchkneten und zu einer Rolle formen, Teig in 9 gleich große Stücke (je ca. 93 g) zu Kugeln unter Spannung und dann zu Brötchen formen. Der Teig klebt beim Bearbeiten nicht. Brötchen auf ein Backblech legen, mit einem scharfen Messer längs einschneiden und mit Wasser einsprühen. 15 Min. im Ofen auf 30 °C gehen lassen. Wasser in den Ofen (Heißluft) sprühen und auf 200 °C stellen. Ab dem Hochstellen der Temperatur 25 Min. backen. Auf dem Boden steht eine ofenfeste Form mit Wasser. Mit Wasser besprühen und auf einem Gitterrost abkühlen lassen.

14108. Haferjoghurtkuchen, März 2025

Springform 26 cm

- 110 g Hafer
- 115 g Weizenmehl 550
- 60 g Joghurt
- 6 g Backpulver (= 2 gestr. TL)
- 4 Eier
- 60 g Öl
- 115 g brauner Zucker
- 2 TL Zimt
- 1 Prise Salz
- 85 g Mandelsplitter
- 65 g Sonnenblumenkerne
- 100 g Zartbitter-Chunks

Hafer im TM (o. Ä.) mahlen (20 Sek./Stufe 10). Joghurt mit Backpulver verrühren, bis Blasen aufsteigen und der Joghurt aufgeht. Weizen mit Salz, Zucker und Zimt mischen, in den TM geben, gefolgt von Eiern, Öl und Joghurtmischung. Gut verrühren (2 x 5 Sek./Stufe 5). Mandeln, Kerne und Chunks zufügen und unterheben (20 Sek./Linkslauf/Stufe 2). In eine mit Backpapier überspannte Springform geben. Ofen auf 160 °C (Heißluft) vorheizen und Kuchen einschieben. 25 Min. bei 160 °C backen, bis er fest ist.

14109. Cashew-Schokocreme, März 2025

Vorläufer 13/11294

- 250 g Cashewbruch
- 35 g Kakaopulver
- 150 g Rohrohrzucker
- 1 P Vanillezucker
- 1 Prise Salz
- 240 g Hafermilch

Im Vitamix mit dem Stößel gut durcharbeiten. Wird warm, bis es wirklich glatt ist. In Honiggläser füllen.

14110. Bäckerbrötchen Trockenhefe Sesam, März 2025

Vorläufer 14104

- 250 g Weizenmehl (Type 550)
- 250 g Weizenmehl (Type 1050)
- 155 g Hafermilch
- 130 g Wasser
- 1 gestr. TL Rohrohrzucker
- 2 P Trockenhefe
- 2 gestr. TL Salz (12 g)
- 30 g Joghurt 1,8 %
- 2 EL Öl

Hefe im TM in der Hafermilch mit dem Zucker verrühren und lösen (7 Min./37 °C/Linkslauf Stufe 1). Noch 3-4 Min. stehen lassen.

Mehl, Joghurt und Salz in den Mixtopf des TM geben, Öl zugeben. Auf der Knetstufe 3 Min. kneten.

Teig in einer Pengschüssel 30 Min. im Ofen bei 30 °C gehen lassen, der Teig hat sich verdoppelt. Auf Streumehl zu einer Rolle formen, Teig in 9 gleich große Stücke (je ca. 93 g) zu Kugeln unter Spannung und dann zu Brötchen formen. Der Teig klebt beim Bearbeiten überhaupt nicht. Brötchen auf ein Backblech legen, mit einem scharfen Messer längs einschneiden und mit Wasser einsprühen. Weitere 10 Min. im Ofen auf 30 °C gehen lassen. Wasser in den Ofen (Heißluft) sprühen und auf 200 °C stellen. Ab dem Hochstellen der Temperatur 25 Min. backen. Auf dem Boden steht eine ofenfeste Form mit Wasser. Nach dem Backen mit Wasser besprühen und auf einem Gitterrost abkühlen lassen.

Hinweis: Durch den Joghurt wird der Teig klebrig, bleibt aber gerade noch gut handhabbar. Die Brötchen bleiben heller.

14111. Restedessert, März 2025

2 Desserts

- 80 g Kuchenrest
- 60 g Hafermilch
- 50 g Joghurt
- 10 g Agavendicksaft
- 2 Walnusshälften
- 2 TL Erdbeerkonfitüre
- 2 TL Toffi-Aufstrich 14098

Kuchen klein schneiden. Mit Milch, Joghurt und Agavendicksaft im kleinen Mixer pürieren. Auf zwei Schüsselchen verteilen. Mit Nüssen, Konfitüre und Aufstrich dekorieren.

14112. Das simpelste Dressing, März 2025

2 Portionen

- 4 EL Essig von Gewürzgurken
- 4 EL Sonnenblumenöl
- 4 EL Wasser
- 2 Prisen Salz

Mit einer Gabel verschlagen und auf zwei Schüsselchen verteilen.

Hinweis: Das „simpelste Dressing" entstand ganz spontan an einem Abend voller Eile – nur ein Schuss gutes Öl, ein Spritzer Essig, kurz mit der Gabel verrührt, und trotzdem wurde es überraschend zum heimlichen Star auf dem Salat.

Bäckerbrötchen über Nacht V2, März 2025

Vorlage 14108

- 155 g Hafermilch
- 130 g Wasser
- 1 gestr. TL Rohrohrzucker
- 2 EL Öl
- 2 TL Joghurt (30 g)
- 250 g Weizenmehl (Type 550)
- 250 g Weizenmehl (Type 1050)
- 2 P Trockenhefe
- 2 gestr. TL Salz (12 g)

Flüssigkeiten, Zucker und Joghurt in den Mixtopf des TM geben. Mehle mit Hefe und Salz verrühren, ebenfalls in den Mixtopf geben. Auf der Knetstufe 3 Min. kneten. Einmal mit der Hand durchkneten, in eine Pengschüssel geben und mit einer Plastiktüte umhüllen. Den Teig von 18 Uhr abends bis 6 Uhr morgens im Kühlschrank gehen lassen (12 Std.). Ab 6 Uhr in die Küche stellen, nach 3 Std. mit der Teigverarbeitung beginnen (bei mir war der Teig noch kalt).

Durchkneten und zu einer Rolle formen, Teig in 9 gleich große Stücke (je ca. 93 g) zu Kugeln unter Spannung und dann zu Brötchen formen. Brötchen auf ein Backblech legen, mit einem scharfen Messer längs einschneiden und mit Wasser einsprühen. 15 Min. im Ofen auf 30 °C gehen lassen. Wasser in den Ofen (Heißluft) sprühen und auf 200 °C stellen. Ab dem Hochstellen der Temperatur 25 Min. backen. Auf dem Boden steht eine ofenfeste Form mit Wasser. Mit Wasser besprühen und auf einem Gitterrost abkühlen lassen.

14113. Joghurt-Löffeldressing, März 2025

Pro Person reicht es für eine Portion Salat.

- 2 EL Joghurt 1,8 %
- 2 EL Sonnenblumenöl
- 1 EL Essig von Gewürzgurken
- 1 Prise Salz
- 1-2 TL Agavendicksaft (nach Geschmack)

Mit einem Löffel oder einer Gabel verrühren.

Anekdote: *Dieses Dressing war als schnelles Beilagen-Upgrade gedacht – und plötzlich wollten alle wissen, welcher Sternekoch hinter dem geheimen Gurkenessig-Zauber steckt.*

14114. Joghurtkuchen; März 2025

Springform 26 cm

- 2 Eier
- 200 g Sonnenblumenöl
- 195 g Rohrohrzucker
- 250 g Mehl Typ 550
- 500 g Naturjoghurt (1 Becher, 10 g waren Schwund, also 490 g)
- 2 EL Zitronensaft
- 2 g Zitronenschale
- 1 P Vanillezucker
- 1 P Backpulver

Springform am Boden mit Backpapier überspannen, den Rand dünn einfetten. Die feuchten Zutaten mit dem Zucker in den TM-Mixtopf geben. In einer Schüssel die trockenen Zutaten mischen, zugeben und zusammen verrühren (15 Sek./Stufe 5). In die Springform gießen, Reste herauskratzen und ebenfalls zugeben. Ofen auf 160 °C (Heißluft) vorheizen und bei dieser Temperatur 50 Min. backen. Stäbchenprobe machen.

14115. Zwiebelkartoffeln, März 2025

- 20 g Bärlaucholivenöl
- 165 g Gemüsezwiebel, gewürfelt
- 3 kleinere Tomaten, klein geschnitten (190 g)
- 130 g Kartoffeln, in Scheiben
- 50 g Rotwein
- 1 gestr. TL Salz
- 1 EL Mondaminsoßenbinder
- 2 EL Joghurt 3,5 %

Aus Öl, Gemüse, Rotwein und Salz eine Gemüse-pfanne (20-cm-Alugusspfanne) herstellen und 30 Min. dünsten (die Kartoffeln sind festkochend). Soßen-binder einrühren, aufkochen. Joghurt in das nicht mehr kochende Gericht rühren.

14116. Bäckerbrötchen Trockenhefe Joghurt, März 2025

Vorläufer 14111

- 250 g Weizenmehl (Type 550)
- 240 g Weizenmehl (Type 1050)
- 10 g Weizenvollkornmehl
- 155 g Hafermilch
- 120 g Wasser
- 1 gestr. TL Rohrohrzucker
- 2 P Trockenhefe (bio)
- 2 gestr. TL Salz (12 g)
- 45 g Joghurt 1,8 %
- 2 EL Öl

Hefe im Thermomix in Hafermilch, Wasser und Joghurt zusammen mit dem Zucker verrühren und lösen (7 Min./37 °C/ Linkslauf Stufe 1). Noch 3-4 Min. stehen lassen.

Mehle mischen und mit Salz in den Mixtopf des TM geben, Öl zugeben. Auf der Knetstufe 3 Min. kneten.

Teig in einer Pengschüssel 30 Min. im Ofen bei 30 °C gehen lassen, der Teig sollte sich verdoppelt haben. Auf Streumehl zu einer Rolle formen, Teig in 9 gleich große Stücke (je ca. 93 g) zu Kugeln unter Spannung und dann zu Brötchen formen. Brötchen auf ein Backblech legen, mit einem scharfen Messer längs einschneiden und mit Wasser einsprühen. Weitere 10 Min. im Ofen auf 30 °C gehen lassen. Wasser in den Ofen (Heißluft) sprühen und auf 200 °C stellen. Ab dem Hochstellen der Temperatur 25 Min. backen. Auf dem Boden steht eine ofenfeste Form mit Wasser. Nach dem Backen mit Wasser besprühen und auf einem Gitterrost abkühlen lassen.

Hinweis: Entweder war es falsch, den Joghurt schon so früh in den Teig zu geben, oder die Bio-Hefe ist weniger triebkräftig. Der Teig geht nicht so rasant wie sonst.

14117. Muttis Nusskuchen Revival II, März 2025

- 300 g gem. Haselnüsse
- 50 g Mehl 1050
- 250 g Mehl 550
- 180 g Rohrohrzucker
- 1 P Vanillezucker
- 1 P Backpulver
- 1 Prise Salz
- 1 Fläschchen Bittermandel
- 300 g Milch
- Margarine oder Butter für die Form

Die Zutaten gut miteinander verrühren. Den Teig in eine gefettete Ringform geben. Ofen (Heißluft) auf 175 °C vorheizen. Kuchen einschieben und 30 Min. bei dieser Temperatur backen, 5 Min. im ausgeschalteten Ofen stehen lassen. Nach dem Backen in der Form abkühlen lassen, stürzen. Optional mit Guss überziehen.

Hinweis: Ich habe versehentlich länger gebacken, weiß aber nicht wie lang. 5-10 Min. länger, schätze ich.

14118. Bäckerbrötchen Frischhefe Joghurt, März 2025

14048; etwas Vollkorn

- 1 Würfel frische Hefe (42 g)
- 1 TL Rohrohrzucker
- 155 g Milch 1,8 %
- 120 g Wasser
- 250 g Weizenmehl (Type 550)
- 200 g Weizenmehl (Type 1050)
- 50 g Weizenvollkornmehl
- 45 g Joghurt 1,8 %
- 2 TL Salz
- 2 EL Sonnenblumenöl

Hefe in den Flüssigkeiten mit dem Zucker verrühren (TM: 7 Min./37 °C/Linkslauf Stufe 1). Mehle und Salz mischen und in den Mixtopf des TM geben. Joghurt und Öl zugeben. Auf der Knetstufe 3 Min. kneten. Mit der Hand in einer passenden Pengschüssel kurz durchformen zu einer Kugel unter Spannung. In den Ofen stellen für ca. 30 Min. bei 30 °C. Mit der Hand auf Streumehl zu einem Strang ziehen, in 3 Teilen übereinanderlegen, zu einer Rolle drehen und langziehen. Mehrmals wiederholen.

Auf Streumehl zu einer Rolle formen, Teig in 9 gleich große Stücke (je 93 g) formen, zu Kugeln unter Spannung und dann zu länglichen Brötchen formen. Brötchen auf ein mit Backpapier ausgelegtes Backblech legen, mit dem Messer längs einschneiden, mit Wasser besprühen und weitere 10 Min. im Ofen auf 30 °C gehen lassen. Wasser in den Ofen (Heißluft) sprühen und auf 200 °C stellen. Ab dem Hochstellen der Temperatur 25 Min. backen. Auf dem Boden steht eine ofenfeste Form mit Wasser. 5 Min. im ausgeschalteten Ofen stehen lassen, dann noch heiß mit Wasser besprühen. Auf einem Gitterrost abkühlen lassen.

14119. Vollkornbrot klein aus dem TM, März 2025

Mit ChatGPTs Hilfe

- 500 g Weizenvollkornmehl
- 1 P Trockenhefe
- 10 g Rohrohrzucker
- 10 g Salz
- 350 ml lauwarmes Wasser
- 100 g Skyr
- 10 g Sonnenblumenöl
- 30 g Sonnenblumenkerne
- 10 g Sonnenblumenkerne oder Sesam (zum Bestreuen)

Das lauwarme Wasser, die Trockenhefe und den Honig in den Mixtopf geben und für 2 Min. bei 37 °C auf Stufe 2 verrühren. Danach das Weizenvollkornmehl, das Salz, den Joghurt und das Öl hinzufügen und für 5 Min. auf der Teigknetstufe kneten. Sonnenblumenkerne in den letzten 30 Sekunden einarbeiten.

Den Teig in eine Pengschüssel umfüllen, schließen und bei 30 °C etwa 60 Min. ruhen lassen, bis er deutlich aufgegangen ist. Eine Kastenform (ca. 25 cm) einfetten und mit Grieß ausstreuen. Den Teig in die Form geben, die Oberfläche mit etwas Wasser bestreichen und mit Sonnenblumenkernen oder Sesam bestreuen. Nochmals 15 Min. bei 30 °C gehen lassen.

Backofen auf 180 °C Heißluft aufheizen. Das Brot 40 bis 45 Min. backen. Nach dem Backen aus der Form nehmen und auf einem Gitter vollständig auskühlen lassen.

14120. Joghurtkuchen II, März 2025

Nahezu identische Zutaten, aber herkömmliche Herstellung; Springform 26 cm. Vorläufer 14115.

- 2 Eier
- 200 g Sonnenblumenöl
- 190 g Rohrohrzucker
- 250 g Mehl Typ 550
- 500 g Naturjoghurt (1 Becher, 10 g waren Schwund, also 490 g)
- 2 EL Zitronensaft
- 2 g Zitronenschale (1 TL)
- 1 P Vanillezucker
- 1 P Backpulver

Springform am Boden mit Backpapier überspannen, den Rand mit Margarine oder Butter dünn einfetten. Eier mit den Zuckern schaumig schlagen (Handrührgerät, Rührbesen). Zitronensaft, Öl und Joghurt zugeben, gut durchmixen. Mehl mit Zitronenschale und Backpulver vermischen. Unter die Schaummasse ziehen und nicht zu lange rühren.

Ofen auf 160 °C (Heißluft) vorheizen und bei dieser Temperatur 55 Min. backen. Stäbchenprobe machen. Im offenen Ofen auskühlen lassen.

14121. Kohlrabi-Möhrensalat TM, März 2025

- 2 EL Joghurt 1,5 %
- 2 EL Sonnenblumenöl
- 1 TL Zitronensaft
- 1 TL Agavendicksaft
- 1 Prise Salz
- 1 kleine Prise Pfeffer
- 90 g Möhren
- 165 g Kohlrabi

Joghurt, Öl, Zitronen- und Agavendicksaft mit Salz und Pfeffer im TM verrühren (Markenname: Miximizer, 5 Sek./Stufe 3). Das grob vorgeschnittene Gemüse zugeben und raffeln (5 Sek./Stufe 5).

14122. Bäckerbrötchen Frischhefe Skyr I

14104, mit der Bosch Mum 5

- 250 g Weizenmehl (Type 550)
- 250 g Weizenmehl (Type 1050)
- 150 g Hafermilch
- 130 g Wasser
- 1 gestr. TL Rohrohrzucker
- 1 Würfel Hefe (42 g)
- 2 gestr. TL Salz (12 g)
- 2 TL Skyr (30 g)
- 2 EL Öl

Hefe in der Hafermilch und dem Zucker zerbröseln, im Ofen (30 °C Heißluft) 5 Min. stehen lassen. In die Rührschüssel umfüllen.

Mehl, Skyr und Salz in die Rührschüssel geben, Öl zugeben. 5 Min. kneten (1 Min. Stufe 1; 4 Min. Stufe 2), am Anfang das Wasser in Portionen zufließen lassen.

Teig in einer Pengschüssel 30 Min. im Ofen bei 30 °C und dann 20 Min. bei 35 °C * gehen lassen, der Teig hat sich verdoppelt. Auf Streumehl zu einer Rolle formen, Teig in 9 gleich große Stücke (je ca. 96 g) zu Kugeln unter Spannung und dann zu Brötchen formen. Der Teig klebt beim Bearbeiten wenig. Brötchen auf ein Backblech legen, mit einem scharfen Messer längs einschneiden und mit Wasser einsprühen. Weitere 10 Min. im Ofen auf 35 °C gehen lassen. Wasser in den Ofen (Heißluft) sprühen und auf 200 °C stellen. Zeit ab Hochstellen der Temperatur 20 Min. Auf dem Boden steht eine ofenfeste Form mit Wasser. Im ausgeschalteten Ofen 5 Min. stehen lassen. Mit Wasser besprühen und auf einem Gitterrost abkühlen lassen.

Die Knetschüssel war am Ende des Knetvorgangs sehr schön „sauber", auch vom Knethaken ließ sich der Teig gut lösen. Da ist weniger Schwund als beim TM.

* Die üblichen 30 Min. haben nicht gereicht. Vermutlich war die Hefe einfach so bei 30 °C nicht so gut aktiviert wurde wie im TM.

Hinweis: *Das Problem beim TM ist, das ich die Teigmenge nicht erhöhen kann. Also habe ich ChatGPT – meinen Retter in allen Lebenslagen ;-) – nach einem Küchenmaschinenmodell gefragt, das klein ist und dennoch die doppelte Menge Brötchenteig fasst. Da kam u. a. die Bosch Mum 5. Dies war erst einmal ein Test mit der einfachen Teigmenge.*

14123. Milchreis aus weißem Reis VII, März 2025
Vorläufer 13956
- 170 g Milchreis
- 1 Prise Salz (3 g)
- 2 gestr. TL Rohrohrzucker (13 g)
- 15 g Sonnenblumenöl
- 1 P Finesse Vanillearoma
- 1 Liter Milch 1,5 %

TM Einstellung 35 Min./90 °C/Linkslauf Stufe 1.

Hinweis: *Ich hatte den TM schon in den Keller gestellt, da ich dachte, ich brauche ihn nicht mehr. Aber da hatte ich den Milchreis vergessen! Und mehr.*

14124. Muttis Nusskuchen Revival III, März 2025
Ringform 24 cm
- 300 g gem. Haselnüsse
- 50 g Mehl 1050
- 250 g Mehl 550
- 180 g Rohrohrzucker
- 1 P Vanillezucker
- 1 P Backpulver
- 1 Prise Salz
- 1 Fläschchen Bittermandel
- 300 g Milch 3,8 %
- Margarine oder Butter für die Form

Die trockenen Zutaten in einer Schüssel vermengen. Milch und Bittermandel zugeben. Alles mit der Küchenmaschine (MUM5) 2 Min. auf ansteigender Stufe (1–5) verrühren, bis ein gleichmäßiger Teig entstanden ist.

Den Teig gleichmäßig in die gut gefettete Ringform füllen und glatt streichen. Den Ofen auf 175 °C Heißluft vorheizen. Die Form auf die mittlere Schiene stellen und den Kuchen ca. 30 Min. backen. Anschließend den Ofen ausschalten und den Kuchen noch etwa 5 Min. darin ruhen lassen. Danach aus dem Ofen nehmen und in der Form vollständig abkühlen lassen. Sobald er abgekühlt ist, vorsichtig stürzen. Wer möchte, kann den Kuchen zum Schluss mit einem Schokoladenguss überziehen.

14125. Mischbrot Hefe, März 2025

25-cm-Kastenform

- 330 g lauwarmes Wasser
- 50 g Milch
- 1 P Trockenhefe
- 1 TL Rohrrohrzucker
- 350 g Weizenvollkornmehl
- 150 g Roggenvollkornmehl
- 10 g Salz
- 150 g Skyr
- 20 g Olivenbärlauchöl
- 100 g Sonnenblumenkerne
- Margarine und Grieß für die Form

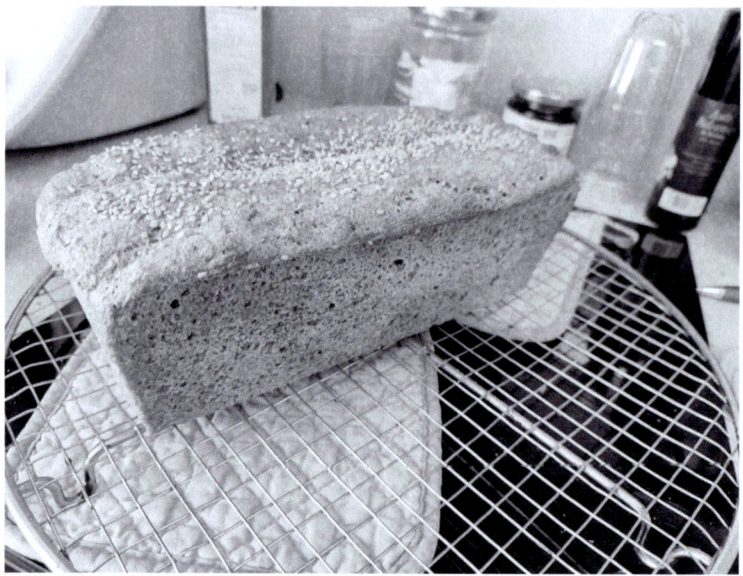

Das lauwarme Wasser, Trockenhefe und Zucker in die Rührschüssel der Küchenmaschine geben und mit einem Schneebesen kurz verrühren, sodass sich die Hefe auflöst. Milch zugeben, nochmals kurz durchrühren. Mehle mit Salz mischen, mit Skyr und Öl in die Teigschüssel geben. Etwa 1 Min. auf niedriger Stufe mit dem Knethaken vormischen. Dann auf Stufe 3 etwa 6 Min. kräftig kneten lassen. Nach 5 Min. Knetzeit die Kerne zugeben und noch weitere 1-2 Min. einkneten.

Den Teig in der Rührschüssel zusammenschieben. Mit einem Tuch abdecken und im Backofen 60 Min. bei 35 °C gehen lassen, bis sich das Volumen deutlich vergrößert hat.

Eine Kastenform (ca. 25 cm) gründlich einfetten und mit etwas Grieß ausstreuen. Den Teig hineinfüllen, mit angefeuchteten Händen glatt streichen, mit Wasser bestreichen und einmal einschneiden. Danach mit Sonnenblumenkernen oder Sesam bestreuen und und nochmals ca. 15 Min. bei 35 °C gehen lassen.

Den Backofen auf 180 °C Heißluft einstellen. Wasser in den Ofenraum sprühen und eine kleine, ofenfeste Schale mit Wasser hineinstellen, um eine knusprige Kruste zu erzielen. Das Brot für etwa 40–45 Min. backen.

Aus der Form nehmen und auf einem Kuchengitter vollständig auskühlen lassen.

14126. Joghurt-Aceto-Dressing, März 2025

- 2 EL Joghurt
- 1 TL Aceto-Balsamico-Essig
- 1 TL Rohrrohrzucker
- 2 EL Rapsöl

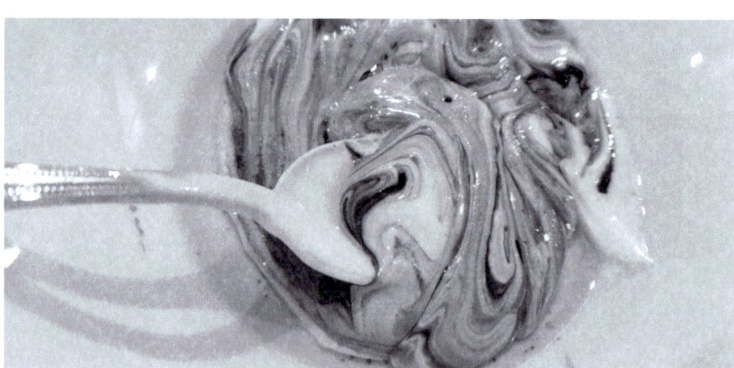

Zutaten in ein kleines Schälchen oder Glas geben. Mit einem Löffel gründlich verrühren, bis eine homogene Sauce entsteht. Die Menge reicht für mindestens 150 g geschnittenes Gemüse/Blattsalat.

14127. Schnelle hässliche Nachspeise, März 2025

2 Desserts

- 2 x 2 EL Milchreis
- 2 x 1 EL Joghurt
- 2 x 1 TL Trinkkakaopulver
- Honig oder Marmelade nach Belieben

Milchreis, Joghurt und Trinkkakaopulver auf je eine von zwei Schüsselchen verteilen und mit einem Löffel umrühren.

Auf eine Schüssel habe ich 1 TL Pflaumenmus, auf die andere 2 TL flüssigen Honig gesetzt.

Hinweis: *Nichts fürs Auge, aber schmeckt – und am Ende fragt doch sowieso keiner, wie es aussah, solange die Schüssel leer ist.*

14128. Bäckerbrötchen 18 St. Frischhefe Skyr, März 2025

Vorläufer 14124, doppelte Teigmenge mit der Bosch Mum 5.

- 500 g Weizenmehl (Type 550)
- 500 g Weizenmehl (Type 1050)
- 300 g Hafermilch
- 260 g Wasser
- 1 gestr. TL Rohrohrzucker
- 1 Würfel Hefe (42 g)
- 25 g Salz
- 60 g Skyr
- 4 EL Sonnenblumenöl

Hefe in 100 g warmes Wasser zerbröseln und verrühren. 100 g Mehl Type 550 zufügen und rühren. 15 Min. bei 35 °C im Ofen aktivieren.

Restliches Mehl mit Salz, Skyr und Öl in die Rührschüssel der MUM5 geben. Schüssel in die Maschine einsetzen. Aktivierte Hefe zugeben. Dann die restlichen Flüssigkeiten während des Knetens auf Stufe 1 (2 Min.) dazugießen. 2 Min. auf Stufe 2 und 5 Min. auf Stufe 3 kneten.

Den Teig in der Rührschüssel in einer großen Plastiktüte 30 Min. bei 40 °C gehen lassen, er sollte sich deutlich verdoppeln. Zweimal mit der Hand durchkneten, es ergibt sich ein Teiggewicht von 1693 g, bei 18 Brötchen sind das 94 g pro Teigling.

Der Teig klebt beim Bearbeiten ein wenig, etwas Streumehl verwenden. Brötchen formen, auf zwei mit Backpapier ausgelegte Backbleche setzen, mit einem scharfen Messer längs einschneiden und mit Wasser einsprühen. Weitere 10 Min. im Ofen auf 35 °C gehen lassen. Wasser in den Ofen (Heißluft) sprühen und auf 200 °C stellen. Ab dem Hochstellen der Temperatur 25 Min. backen. Auf dem Boden steht eine ofenfeste Form mit Wasser. Das obere Blech weitere 5 Min. backen, da die Brötchen noch sehr blass waren. Mit Wasser besprühen und auf einem Gitterrost abkühlen lassen.

Kommentar: *Der eine Würfel Hefe hat dank der Aktivierung gereicht. Ich bin nicht so ganz zufrieden mit der Leistung des Heißluftofens. Angeblich soll man ja gleichzeitig backen können. Evtl. Bleche nach der Hälfte der Backzeit tauschen? Auch versuchen, die Bleche rauszunehmen, während der Ofen aufheizt? Das Geschmacksergebnis ist sehr zufriedenstellend.*

14129. Cashew-Schokocreme II, März 2025

Vorläufer 14110

- 250 g Cashewbruch
- 35 g Kakaopulver
- 150 g Rohrohrzucker
- 1 Prise Salz
- 200 g Hafermilch

Alle Zutaten in den Vitamix geben und mit dem Stößel gründlich verarbeiten, bis eine glatte, cremige Masse entsteht. Die Mischung wird dabei leicht warm – das ist normal und trägt zur cremigen Konsistenz bei. Fertige Creme in Gläser mit Schraubdeckel oder andere luftdichte Behälter füllen und abkühlen lassen.

Hinweis: *Ergebnis ist mir zu süß. Aufbewahrung im Kühlschrank.*

14130. Mischbrot Hefe frisch, März 2025

25-cm-Kastenform; Vorläufer 14126

- 330 g lauwarmes Wasser
- 1/2 P frische Hefe (21 g)
- 1 TL Rohrohrzucker
- 40 g Hafermilch
- 350 g Weizenvollkornmehl
- 150 g Roggenvollkornmehl
- 12 g Salz
- 150 g Skyr
- 20 g Olivenbärlauchöl
- 100 g Sonnenblumenkerne

Das lauwarme Wasser, Hefe und Zucker in die Rührschüssel der Küchenmaschine geben und mit einem Schneebesen kurz verrühren, sodass sich die Hefe auflöst. Im Backofen 10 Min. bei 35 °C aktivieren. Milch, Skyr und Öl zur aktivierten Hefe in die Teigschüssel geben. Mehle mit Salz mischen und zufügen. Mit dem Knethaken auf niedriger Stufe etwa 1 Min. vormischen. Dann auf Stufe 3 etwa 6 Min. kräftig kneten lassen. Nach 5 Min. Knetzeit die Kerne zugeben und noch weitere 1-2 Min. einkneten.

Den Teig in der Rührschüssel zusammenschieben. Mit einem Tuch abdecken und im Backofen 60 Min. bei 35 °C gehen lassen, bis sich das Volumen deutlich vergrößert hat.

Eine Kastenform (ca. 25 cm) gründlich einfetten und mit etwas Grieß oder Mehl ausstreuen. Den Teig hineinfüllen, mit angefeuchteten Händen glatt streichen, mit Wasser bestreichen und einmal einschneiden. Danach mit Sonnenblumenkernen oder Sesam bestreuen und nochmals etwa 15 Min. bei etwa 35 °C gehen lassen.

Den Backofen auf 180 °C Heißluft einstellen. Wasser in den Ofenraum sprühen und eine kleine, ofenfeste Schale mit Wasser hineinstellen, um eine knusprige Kruste zu erhalten. Das Brot für etwa 40–45 Min. backen.

Das fertige Brot direkt nach dem Backen aus der Form nehmen und auf einem Kuchengitter vollständig auskühlen lassen.

Hinweis: *Der Teig war zu nass und hätte länger backen müssen. Obwohl sich die Herstellung ansonsten nicht von der mit Trockenhefe unterschied.*

14131. Marmorkuchen ChatGPT + Flexirührer, März 2025

- 250 g Margarine (z. B. Sanella oder Rama)
- 200 g Rohrohrzucker
- 1 Prise Salz
- 4 Eier
- 300 g Mehl (Type 550)
- 1 P Backpulver
- 150 g Naturjoghurt (1,5 %)
- 2 EL Backkakao
- 1 EL Rum
- 1 P Vanillezucker

Die Margarine, den Zucker, den Vanillezucker und die Prise Salz in die Rührschüssel geben und mit dem Flexi-Rührer cremig aufschlagen, bis die Masse hell und luftig ist. Das dauert etwa 3-5 Min. Nach und nach die Eier hinzufügen und jeweils gut unterrühren, bevor das nächste dazugegeben wird. Der Teig soll glatt und geschmeidig bleiben. Das Mehl mit dem Backpulver vermischen und abwechselnd mit dem Naturjoghurt unter die Masse rühren. Der Flexi-Rührer sorgt dabei für eine gleichmäßige und schonende Vermengung. Etwa zwei Drittel des Teigs (ich habe 675 g genommen) in eine gefettete und mit Grieß ausgestreute Gugelhupfform geben. Den restlichen Teig mit dem Kakaopulver und dem Rum verrühren, bis eine schokoladige, cremige Masse entsteht. Den dunklen Teig auf den hellen Teig geben und mit einer Gabel oder einem Löffel spiralförmig durchziehen. Den Kuchen im vorgeheizten Backofen bei 160 °C Heißluft etwa 50 bis 60 Min. backen. Stäbchenprobe machen. Nach dem Backen etwas abkühlen lassen, dann stürzen. Nach Geschmack mit Kuvertüre überziehen.

14132. Joghurtkuchen mit Kirschen, März 2025

Vorläufer 14122; Springform 26 cm

- 2 Eier
- 200 g Rohrohrzucker
- 1 P Vanillezucker
- 175 g Sonnenblumenöl
- 500 g Naturjoghurt (1 Becher, 10 g waren Schwund, also 490 g)
- 2 EL Zitronensaft
- 300 g Mehl Typ 550
- 2 g Zitronenschale (1 TL)
- 1 P Backpulver
- 1 Glas Sauerkirschen, Einwaage 350 g
- 1,5 TL Flohsamenschalen

Springform am Boden mit Backpapier überspannen, den Rand mit Margarine oder Butter dünn einfetten. Eier mit Zucker schaumig schlagen (Rührbesen). Zitronensaft, Öl und Joghurt zugeben, gut durchmixen. Zitronenschale und Backpulver mit dem Mehl vermischen. Unter die Schaummasse ziehen und nicht zu lange einarbeiten. Etwa die Hälfte des Teiges in der Springform verstreichen. Mit Flohsamenschalen bestreuen und den gut abgetropften Kirschen belegen. Den Rest des Teigs gleichmäßig darüber verteilen. Ofen auf 160 °C (Heißluft) vorheizen und bei dieser Temperatur 55 Min. backen. Stäbchenprobe machen. Im offenen Ofen auskühlen lassen.

Hinweis: *Ich habe 200 ml Öl (zuvor gleichgesetzt mit 200 g Öl) in einem Messbecher abgemessen und die Grammzahl abgelesen. Das ergab 175 g Öl.*

14133. Sauerteigansatz mit ChatGPT, März 2025

25.03.2025, 11:45 Uhr (Dienstag)

- *50 g Roggenvollkornmehl (tägliche Menge)*
- *50 g Wasser (tägliche Menge)*

Vermische

- 50 g Roggenvollkornmehl gründlich mit
- 50 g Wasser verrühren

bis eine gleichmäßige, zähflüssige Masse entsteht. Mischung anschließend in eine kleine Tupperdose geben. Den Deckel locker auflegen, sodass noch etwas Luft zirkulieren kann, und das Gefäß zusätzlich mit einem sauberen Küchentuch abdecken.

25.03.2025, erstes Anrühren

26.03.25, 11:00 Uhr (Mittwoch)

Die Masse riecht jetzt intensiv, aber noch nicht sauer. Die Oberfläche wirkt leicht schaumig.

- Ansatz
- 50 g Roggenvollkornmehl
- 50 g Wasser

Ohne Deckel, nur Handtuch

27.03.2025, 10:10 Uhr (Donnerstag)

Riecht minimal säuerlich.

- Ansatz
- 50 g Roggenvollkornmehl
- 50 g Wasser

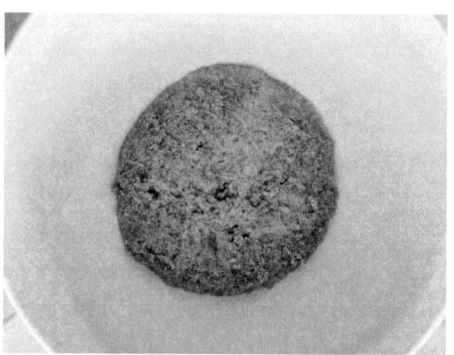

26.03.2025, morgens

Ohne Deckel, nur Handtuch, dies mehrmals mit Wasser eingesprüht. Nachts in den Backofen gestellt und eingepackt (Raumheizung schal-

tet nachts ab).

28.03.2025, 10:15 Uhr (Freitag)

Riecht säuerlich und schmeckt auch säuerlich.

- Ansatz
- 50 g Roggenvollkornmehl
- 50 g Wasser

Abends in größere Schüssel umgefüllt.

Nachts wie zuvor im Backofen aufbewahrt.

28.03.2025, abends nach Umfüllen und Umrühren

29.03.2025, 10:00 Uhr (Samstag)

Umfüllen überstanden, aber nicht weiter gegangen.

Nachmittags deutlich schaumig, Test: Glas Wasser, da hinein 1 TL Teig: schwimmt nach oben, bedeutet aktiv.

Abends:

- 100 g vom Ansatz
- 100 g Roggenvollkornmehl +
- 100 g Wasser

verrühren, mit Handtuch abgedeckt usw. (soll für Brot morgen sein).

29.03.2025 Morgens

Rest vom Ansatz leicht mit Folie abgedeckt, sodass noch Luft zirkulieren kann, in den Kühlschrank stellen (soll für Brötchen sein).

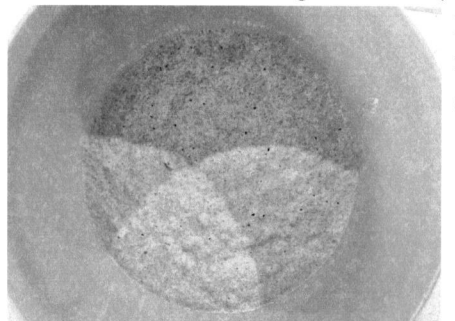

Morgens für Brot

14134. Sauerteigbrot mit Hefeschuss, März 2024

Ohne Kneten.

Abends:

- 100 g Sauerteigansatz (vom ersten eigenen Ansatz)
- 100 g Roggenvollkornmehl
- 100 g Wasser

Morgens:

- 200 g aktiver Sauerteig von abends
- 345 g Weizenvollkornmehl
- 55 g Roggenvollkornmehl
- 300 g lauwarmes Wasser
- 6 g Hefe
- 13 g Salz
- 1 EL Bärlauchöl
- Fett und Grieß für die Form

Die Zutaten für abends verrühren und über Nacht abgedeckt warm stehen lassen. Morgens 100 g abnehmen und im Kühlschrank in einem Schraubglas mit locker aufgeschraubtem Deckel aufbewahren.

Morgens alle Zutaten in eine große Schüssel geben und mit einem Kochlöffel verrühren. Der Teig sollte weich, aber nicht flüssig sein (wie ein zäher Kuchenteig). Nach Bedarf Wassermenge leicht anpassen.

Erste Teigruhe, *auch Stockgare* genannt: Den Teig abgedeckt an einem warmen Ort 1,5-2 Std. gehen lassen, bis der Teig deutlich aufgegangen ist. (hier: 1,5 Std.)

Den Teig direkt in eine gefettete und mit Grieß ausgestreute Kastenform (ca. 25 cm) geben und glattstreichen. Weitere 50 Min. gehen lassen, bis sich das Volumen deutlich vergrößert hat.

Ofen auf 230 °C Ober-/Unterhitze vorheizen. Teig optional einschneiden und mit Wasser besprühen. 10 Min. bei 230 °C und 30-35 Min. bei 200 °C backen.

Brot aus der Form nehmen, auf einem Gitter auskühlen lassen.

Hinweis: Der Teig ist im Ofen nicht weiter aufgegangen.

14135. Kokoskuchen, April 2025

Angelehnt an ein Rezept von Leckerschmecker.de

- 300 g Weizenmehl 550
- 75 g Kokosraspeln
- 1 P Backpulver
- 120 g Rohrohrzucker
- 1 Prise Salz
- 1 Beutel Vanillearoma
- 2 EL Zitronensaft
- 400 ml Kokosmilch (1 Dose)
- Margarine für die Form

Mehl mit Raspeln, Backpulver, Zucker und Salz vermischen. Inhalt der Dose glattrühren, Vanillearoma und Zitronensaft unterrühren. Mehlmischung esslöffelweise zugeben.

Eine 30-cm-Kastenform mit Margarine einfetten. Ofen auf 160 °C (Heißluft) aufheizen. Teig in die Form füllen, in den Ofen schieben und 35-50 Min. bei 160 °C backen. Aus der Form auf ein Kuchengitter stürzen, abkühlen lassen. Mit Schokoguss bestreichen und mit Kokosraspeln bestreuen.

14136. Bäckerbrötchen mit Sauerteig, April 2025

Vorläufer 14124, mit der Bosch Mum 5

- 200 g Weizenmehl (Type 550)
- 290 g Weizenmehl (Type 1050)
- 100 g Sauerteig
- 150 g Milch
- 20-30 g Wasser
- 1 gestr. TL Rohrohrzucker
- 1 bisschen Hefe (15 g)
- 2 gestr. TL Salz (12 g)
- 2 TL Skyr (30 g)
- 2 EL Bärlaucholivenöl

Hefe in der Hafermilch und dem Zucker zerbröseln, in der Rührschüssel im Ofen (35 °C Heißluft) 10 Min. stehen lassen.

Mit Salz gemischte Mehle, Sauerteig, Skyr und Öl in die Rührschüssel geben. 5 Min. kneten (1 Min. Stufe 1; 3 Min. Stufe 2; 1 Min. Stufe 3), am Anfang das Wasser in Portionen zufließen lassen.

Teig in der Rührschüssel in einer Plastiktüte 30 Min. im Ofen bei 35 °C gehen lassen, der Teig sollte sich deutlich vergrößern. Zu einer Rolle formen, Teig in 10 gleich große Stücke (je ca. 92 g) zu Kugeln unter Spannung und dann zu Brötchen formen. Der Teig klebt beim Bearbeiten wenig. Brötchen auf ein Back-blech legen, mit einem scharfen Messer längs ein-schneiden und mit Wasser einsprühen. Weitere 10 Min. im Ofen auf 35 °C gehen lassen. Brötchen heraus-nehmen, abdecken und Wasser in den Ofen (Heißluft) sprühen und auf 200 °C stellen. Einschieben und 15-20 Min. backen. Auf dem Boden steht eine ofenfeste Form mit Wasser. Ggf. im ausgeschalteten Ofen 5 Min. stehen lassen. Mit Wasser besprühen und auf einem Gitterrost abkühlen lassen.

Hinweis: *Ich hatte mich vertan und daher die Brötchen 25 Min. gebacken. Dadurch sind sie zu dunkel geworden. Schmecken aber immer noch erstaunlich gut, was vermutlich am Sauerteiganteil liegt.*

14137. Erstes Sauerteigbrot, April 2025

25-cm-Kastenform

Stufe 1 (12 Std. vorher):

Sauerteigansatz:

- 100 g Sauerteigansatz (Starter)
- 110 g Roggenvollkornmehl
- 110 g Wasser

Stufe 2 (morgens):

- 200 g frischer Sauerteig (aus Roggenvollkornmehl)
- 200 g Roggenvollkornmehl
- 200 g Weizenvollkornmehl
- 11 g Salz
- 1 TL Honig (17 g)
- 280 g lauwarmes Wasser
- 1 EL Joghurt (30 g)
- 1 EL Rapsöl

Stufe 1: Roggen fein mahlen, mit Wasser (Schwund beim Übertragen von einer in die andere Schüssel mit-gerechnet) und altem Sauerteig mischen. Zugedeckt (z. B. in einer Plastiktüte) über Nacht bei Raumtemperatur stehen lassen. 100 g von der Stufe 1 abnehmen und in einem gut schließenden Schraubglas in den Kühlschrank stellen, für das nächste Backen aufbewahren.

Stufe 2: Eigentlich sollte der Sauerteig mit dem lauwarmen Wasser in einer großen Schüssel gut verrührt werden, bis er sich vollständig verteilt hat. Das habe ich vergessen. Also habe ich alle Zutaten in eine Knetschüssel gegeben und mit der Küchenmaschine geknetet (5 Min. Stufe 1; 1 Min. Stufe 3).

Den Teig in der Schüssel abgedeckt an einem warmen Ort etwa 4 Std. ruhen lassen. Er sollte sich dabei sichtbar vergrößern, auch wenn er vielleicht nicht ganz so stark aufgeht wie ein Weizenteig.

Stufe 3: Die Kastenform gut einfetten oder mit Backpapier auslegen. Den Teig mit nassen Händen kurz durchkneten und in die Form geben. Oberfläche glattstreichen und Form in eine große Plastiktüte stecken. Nochmals 1,5 Std. gehen lassen, bis sich das Volumen deutlich vergrößert hat.

Den Backofen auf 210 °C (Heißluft) vorheizen. Eine kleine ofenfeste Schale mit Wasser unten in den Ofen stellen, um Dampf zu erzeugen. Die Kastenform auf mittlerer Schiene einschieben und das Brot 15 Min. bei 210 °C backen, dann auf 180 °C herunterschalten und weitere 30 bis 35 Min. backen.

Nach dem Backen aus der Form nehmen und auf einem Gitter vollständig auskühlen lassen.

14138. Cashew-Schokocreme III, April 2025

Vorläufer 14131

- 250 g Cashewbruch
- 35 g Kakaopulver
- 150 g Ahornsirup
- 1 Prise Salz
- 1 P Vanillearoma Finesse
- 85 g Hafermilch

Im Vitamix mit dem Stößel gut durcharbeiten. Wird warm, bis sie wirklich glatt ist. In Honiggläser füllen.

Hinweis: *Die Creme ist mir ein wenig zu süß. Außerdem sollte man 85 g Hafermilch versuchen, so sind die Nüsse nicht komplett glatt.*

14139. Bäckerbrötchen 18 St. Frischhefe Skyr 2, April 2025

Vorläufer 14130

- 500 g Weizenmehl (Type 550)
- 500 g Weizenmehl (Type 1050)
- 300 g Hafermilch
- 260 g Wasser
- 1 gestr. TL Rohrohrzucker
- 1 Würfel Hefe (42 g)
- 24 g Salz
- 50 g Skyr
- 4 EL Rapsöl

Hefe in 100 g warmes Wasser krümeln und verrühren. 100 g Mehl Type 550 und den Zucker zufügen und rühren. 15 Min. bei 35 °C im Ofen aktivieren.

400 g Weizenmehl Typ 550 und 500 g Typ 1050 mit Salz verrühren. Skyr obenaufsetzen. Hafermilch, 160 g Wasser und Öl in die Rührschüssel der MUM5 zur aktivierten Hefemischung geben. Mehlgemisch zufügen. Schüssel in die Maschine einsetzen. Kneten auf Stufe 1 (2 Min.), Stufe 2 (2 Min.) und Stufe 3 (3 Min.). Den Teig in der Rührschüssel in einer großen Plastiktüte 30 Min. bei 40 °C gehen lassen, er hat sich verdoppelt. Zweimal mit der Hand durchkneten, es ergibt sich ein Teiggewicht von 1693 g, bei 18 Brötchen sind das 94 g pro Teigling.

Der Teig klebt beim Bearbeiten sehr wenig, kein Streumehl nötig. Brötchen formen, auf zwei mit Backpapier ausgelegte Backbleche setzen, mit einem scharfen Messer längs einschneiden und mit Wasser einsprühen. Weitere 10 Min. im Ofen auf 35 °C gehen lassen. Brötchen herausnehmen und abgedeckt stehen lassen und den Ofen auf 200 °C stellen. Auf dem Boden steht eine ofenfeste Form mit Wasser. Wenn die Temperatur erreicht ist, die Bleche einschieben, vorher nochmals mit Wasser besprühen. 20 Min. bei 200 °C backen. Mit Wasser besprühen und auf einem Gitterrost abkühlen lassen.

14140. Joghurtkuchen mit Aprikosen, April 2025

Vorläufer 14137; Springform 26 cm

- 2 Eier
- 200 g Rohrohrzucker
- 1 P Vanillezucker
- 175 g Sonnenblumenöl:
- 500 g Naturjoghurt (1 Becher, 10 g waren Schwund, also 490 g)
- 2 EL Zitronensaft
- 300 g Mehl Typ 550
- 2 g Zitronenschale (1 TL)
- 1 P Backpulver
- 1 Dose Aprikosenhälften, Einwaage 480 g
- (1,5 TL Flohsamenschalen - vergessen)

Springform am Boden mit Backpapier überspannen. Eier mit den Zuckern schaumig schlagen (Flexirührer MUM5). Zitronensaft, Öl und Joghurt zugeben, gut durchmixen. Zitronenschale und Backpulver mit dem Mehl vermischen. Unter die Schaummasse ziehen und nicht zu lange einarbeiten. Grob geschätzt die Hälfte des Teiges (Hälfte genau wäre 630 g) in der Springform verstreichen. Mit den gut abgetropften Aprikosenhälften bedecken. Den Rest des Teigs gleichmäßig darüber verteilen. Ofen auf 160 °C (Heißluft) vorheizen und bei dieser Temperatur 55 Min. backen. Stäbchenprobe machen. Im offenen Ofen auskühlen lassen.

14141. Sauerteigbrot mit Korn, April 2025

Vorläufer 14136; 25-cm-Kastenform

Stufe 1 (12 Std. vorher):

Sauerteig:

- 100 g Sauerteigansatz (Starter)
- 120 g Roggenvollkornmehl
- 120 g Wasser

Quellstück:

- 50 g Sonnenblumenkerne
- 50 g ganze Haferkörner
- 160 g Wasser

Stufe 2 (Morgens):

- 200 g reifer Sauerteig
- 200 g Roggenvollkornmehl
- 200 g Weizenvollkornmehl
- 15 g Salz
- 1 TL Honig (17 g)
- 230 g lauwarmes Wasser
- 1 EL Joghurt (30 g)
- 1 EL Rapsöl
- Margarine und Grieß für die Form

Stufe 1: Roggen fein mahlen, mit Wasser (Schwund beim Übertragen von einer in die andere Schüssel mitgerechnet) und altem Sauerteig mischen. In einer Plastiktüte über Nacht stehen lassen. 100 g von der Stufe 1 abnehmen und in einem gut schließenden Schraubglas in den Kühlschrank stellen für das nächste Backen. Für das Quellstück Kerne und Wasser mischen und quellen lassen.

Stufe 2: Alle Zutaten inklusive des Quellstücks in eine Knetschüssel gegeben und mit der Küchenmaschine geknetet (5 Min. Stufe 1; 1 Min. Stufe 3). Den Teig in der Schüssel abgedeckt an einem warmen Ort etwa 4 Std. ruhen lassen, bis er sich sichtbar vergrößert hat.

Stufe 3: Die Kastenform gut einfetten und mit Grieß ausstreuen. Den Teig mit nassen Händen kurz durchkneten und in die Form geben. Oberfläche glattstreichen und Form in eine große Plastiktüte stecken. Nochmals 1,5 Std. gehen lassen, bis sich das Volumen deutlich vergrößert hat.

Den Backofen auf 210 °C (Heißluft) vorheizen. Eine kleine ofenfeste Schale mit Wasser unten in den Ofen stellen, um Dampf zu erzeugen. Die Kastenform auf mittlerer Schiene einschieben und das Brot 15 Min. bei 210 °C backen, dann auf 180 °C herunterschalten und weitere 30 Min. backen, 5 Min. im aufgeschalteten Ofen stehen lassen. Nach dem Backen aus der Form nehmen und auf einem Gitter vollständig auskühlen lassen.

Hinweis: 30 g Wasser weniger wäre wohl besser.

14142. Bäckerbrötchen 18 St. Frischhefe Skyr 3, April 2025

Vorläufer 14130, mit der Bosch Mum 5

- 500 g Weizenmehl (Type 550)
- 500 g Weizenmehl (Type 1050)
- 300 g Hafermilch
- 260 g Wasser
- 1 gestr. TL Rohrohrzucker
- 1 Würfel Hefe (42 g)
- 24 g Salz
- 50 g Skyr
- 4 EL Rapsöl

Hefe in 100 g warmes Wasser krümeln und verrühren.

100 g Mehl Type 550 und Zucker zufügen und rühren.

15 Min. bei 35 °C im Ofen aktivieren.

400 g Weizenmehl Typ 550 und 500 g Typ 1050 mit Salz in einer Schüssel verrühren. Skyr obenauf geben. Hafermilch, 160 g Wasser und Öl in die Rührschüssel der MUM5 zur aktivierten Hefe geben, Mehlgemisch zufügen. Schüssel in die Maschine einsetzen. Kneten auf Stufe 1 (2 Min.), Stufe 2 (2 Min.) und Stufe 3 (3 Min.) Den Teig in der Rührschüssel in einer großen Plastiktüte 30 Min. bei 40 °C gehen lassen, er hat sich verdoppelt. Zweimal mit der Hand durchkneten, es ergibt sich ein Teiggewicht von 1693 g, bei 18 Brötchen sind das 94 g pro Teigling.

Der Teig klebt beim Bearbeiten, es ist Streumehl nötige. Einige Brötchen als Knoten formen: einen länglichen Strang rollen, verknote und nur ein Ende des Strangs durch die Mitte herausgucken lassen. Die restlichen Brötchen formen, auf zwei mit Backpapier ausgelegte Backbleche setzen, mit einem scharfen Messer längs einschneiden und mit Wasser einsprühen. Weitere 10 Min. im Ofen auf 35 °C gehen lassen. Brötchen herausnehmen, abgedeckt stehen lassen. In der Zwischenzeit den Ofen auf 200 °C vorheizen. Auf dem Boden steht eine ofenfeste Form mit Wasser. Wenn die Temperatur erreicht ist, die Bleche einschieben, vorher nochmals mit Wasser besprühen. 20 Min. bei 200 °C backen. Mit Wasser besprühen und auf einem Gitterrost abkühlen lassen.

Tipp: Bei hoher Luftfeuchtigkeit/Regen sind 10 oder 20 g Wasser weniger zu empfehlen.

14143. Marmorkuchen mit Cashew-Kakaocreme, April 2025

- 250 g Margarine
- 200 g Rohrohrzucker
- 1 P Vanillezucker
- 1 Prise Salz
- 4 Eier (Größe M)
- 300 g Mehl (Type 550)
- 1 P Backpulver
- 150 g Joghurt (1,8 %)
- 120–130 g Cashew-Kakaocreme 14140
- 2 EL Backkakao
- 1–2 EL Rum (für den dunklen Teig, optional)
- Margarine und Grieß für die Form

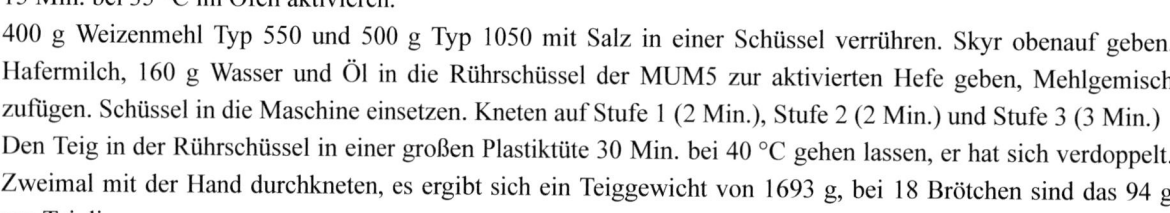

Den Ofen auf 160 °C Heißluft vorheizen. Eine Gugelhupfform einfetten und mit Grieß ausstreuen.

Margarine, Zucker, Vanillezucker und Salz in der Küchenmaschine cremig (3 Min.) rühren. Die Eier einzeln nacheinander unterrühren, jeweils gut vermengen. Mehl mit Backpulver mischen und abwechselnd mit dem Joghurt zur Masse geben und zu einem glatten Teig rühren.

Etwa zwei Drittel des Teigs (660 g) in die vorbereitete Form geben. Zur restlichen Teigmenge die Cashew-Kakaocreme, den Backkakao und den Rum geben, gut verrühren. Den dunklen Teig auf den hellen Teig geben und mit einem Kochlöffel spiralförmig durchziehen, um den Marmoreffekt zu erzeugen. Den Kuchen im vorgeheizten Ofen ca. 50–60 Min. backen. Ab 50 Min. eine Stäbchenprobe machen. Kuchen nach dem Auskühlen vorsichtig aus der Form lösen und stürzen und mit Schokoladenguss nach Wahl überziehen.

14144. Vollkornbrötchen, April 2025

- 500 g Weizenvollkornmehl
- ½ Würfel frische Hefe
- 370 g lauwarmes Wasser
- 1 TL Rohrohrzucker
- 2 gestr. TL Salz
- 2 EL Rapsöl
- 1 EL Apfelessig
- 1 EL Chiasamen

Hefe im Wasser mit Zucker auflösen, ca. 5–10 Min. stehen lassen.

Mehl, Salz, Öl und Essig sowie Samen in die Schüssel mit dem Hefewasser geben. Alles zu einem weichen, leicht klebrigen Teig verkneten. Etwa 10 Min. kneten mit der Maschine, dann abgedeckt mit einem feuchten Tuch ca. 60 Min. gehen lassen.

Teig in 8 Stücke zu 114 g teilen, zu Brötchen formen, auf ein Blech mit Backpapier legen. Mit Wasser besprühen. Weitere 30 Min. ruhen lassen.

Backofen auf 200 °C (Heißluft) vorheizen. Eine Schale Wasser auf den Ofenboden stellen. Brötchen einschieben und im vorgeheizten Ofen 20 Min. bei 200 °C backen.

Hinweis: *Der Teig war etwas zu feucht und wurde möglicherweise etwas zu lange geknetet.*

14145. Rhabarberkuchen mit Kokosmilch, April 2025

Vorläufer 14142

- 300 g Weizenmehl Type 550
- 75 g Kokosraspeln
- 1 P Backpulver
- 120 g Rohrohrzucker
- 1 Prise Salz
- 1 P Vanillezucker
- 2 EL Zitronensaft
- 400 ml Kokosmilch (1 Dose)
- 300-400 g Rhabarber
- 1 EL Speisestärke für den Rhabarber

Den Rhabarber waschen, schälen, in kleine Stücke schneiden. Etwa 10–15 Min. stehen lassen. Danach mit 1 EL Speisestärke vermengen, damit beim Backen weniger Flüssigkeit austritt.

Mehl, Kokosraspeln, Backpulver, Vanillezucker, Zucker und Salz in einer Schüssel vermischen. Die Kokosmilch in einem separaten Gefäß glattrühren, Zitronensaft einrühren. Die Mehlmischung esslöffelweise zur Kokosmilchmischung geben und zu einem gleichmäßigen Teig verrühren (Flexirührer).

Eine Springform (etwa 26 cm Durchmesser) mit Backpapier überspannen. Den Rhabarber unter den Teig heben und zusammen in die Form füllen. Den Backofen auf 160 °C Heißluft vorheizen. Die Form auf der mittleren Schiene in den Ofen stellen und den Kuchen etwa 50–60 Min. backen. Gegen Ende der Backzeit eventuell mit Alufolie abdecken, wenn der Kuchen zu stark bräunt. Mit der Stäbchenprobe prüfen, ob der Kuchen durchgebacken ist.

Den Kuchen in der Form auskühlen lassen, anschließend aus der Springform lösen. Schmeckt auch am Folgetag noch frisch und saftig.

14146. Joghurtkuchen mit Rhabarber, April 2025

Vorläufer 14142; Springform 26 cm

360 g Rhabarber	500 g Naturjoghurt
1 EL Rohrohrzucker	2 EL Zitronensaft
1 EL Mehl 550	300 g Mehl Typ 550
2 Eier	1 Prise Salz
200 g Rohrohrzucker	2 g Zitronenschale
1 P Vanillezucker	1 P Backpulver
175 g Sonnenblumenöl	

Enden und Blätter vom Rhabarber abschneiden, in ca. 2 cm lange Stücke schneiden. Mit 1 EL Zucker verrühren, 15 Min. ziehen lassen und 1 EL Mehl unterrühren.

Springform am Boden mit Backpapier überspannen.

Eier mit den Zuckern schaumig schlagen (Flexirührer MUM5). Zitronensaft, Öl und Joghurt zugeben, gut durchmixen. Mehl mit Zitronenschale und Backpulver vermischen. Unter die Schaummasse ziehen und nicht zu lange einarbeiten. Grob geschätzt die Hälfte des Teiges (ca. 630 g) in der Springform verstreichen. Mit Flohsamen bestreuen und die Rhabarberstücke darauf legen. Restlichen Teig gleichmäßig darübergeben und glattstreichen.

Ofen auf 160 °C (Heißluft) vorheizen und bei dieser Temperatur 55 Min. backen. Stäbchenprobe machen. bei leicht geöffneter Tür im Ofen abkühlen lassen.

14147. Sauerteigbrot mit Autolyse, April 2025

Für eine 25-cm-Kastenform

Stufe 1 (12 Std. vorher):

Sauerteigansatz:

- 105 g Sauerteigansatz (Starter)
- 110 g Roggenvollkornmehl
- 115 g Wasser

Stufe 2 (morgens):

Autolyse:

- 200 g Roggenvollkornmehl
- 200 g Weizenvollkornmehl
- 300 g lauwarmes Wasser

Weitere Zutaten für den Hauptteig:

- 200 g frischer Sauerteig (aus Stufe 1)
- 12 g Salz
- 1 TL Zucker
- 1 EL Joghurt (ca. 35 g)
- 1 EL Sonnenblumenöl
- 60 g Sonnenblumenkerne

Stufe 1: Roggenvollkornmehl mit Wasser und Sauerteigansatz mischen. In einer Plastiktüte über Nacht (ca. 12 Std.) bei Zimmertemperatur stehen lassen. Am nächsten Morgen 100 g von der Mischung abnehmen und in einem gut schließenden Schraubglas in den Kühlschrank stellen – das ist der Ansatz für das nächste Backen.

Stufe 2 – Autolyse: Autolyse: Am Morgen 200 g Roggenvollkornmehl, 200 g Weizenvollkornmehl und 300 g lauwarmes Wasser in einer großen Schüssel gut verrühren. Die Schüssel abdecken und den Teig 60 Min. ruhen lassen.

Nach der Autolyse den Sauerteig, Salz, Zucker, Joghurt, Rapsöl und die Sonnenblumenkerne zur Autolysemasse geben. Alles in der Küchenmaschine kneten: 5 Min. auf Stufe 1, anschließend 1 Min. auf Stufe 3. Den Teig in der Schüssel abgedeckt an einem warmen Ort etwa 4 Std. ruhen lassen. Er sollte sich dabei sichtbar vergrößern, auch wenn er nicht ganz so stark aufgeht wie ein Weizenteig.

Stufe 3: Die Kastenform gut einfetten und mit Grieß ausstreuen. Den Teig mit nassen Händen kurz durchkneten und in die Form geben. Oberfläche glattstreichen und die Form in eine große Plastiktüte stecken. Nochmals 1,5 Std. gehen lassen, bis sich das Volumen deutlich vergrößert hat. Den Backofen auf 210 °C (Heißluft) vorheizen. Eine kleine ofenfeste Schale mit Wasser unten in den Ofen stellen, um Dampf zu erzeugen. Die Kastenform auf mittlerer Schiene einschieben und das Brot 15 Min. bei 210 °C backen, dann die Temperatur auf 180 °C absenken und weitere 30 bis 35 Min. backen. Nach dem Backen aus der Form nehmen und auf einem Gitter vollständig auskühlen lassen.

14148. Dalgona-Kaffee-Nostalgie, April 2025

In Anlehnung an Rezepte wie 15/12854

- 2 EL Caro-Kaffee (oder Instant-Kaffee)
- 2 EL Agavendicksaft
- 1 gute Prise Zimt
- 2 EL kochendes Wasser
- Hafermilch für die Tassen
- Etwas Trinkschokolade

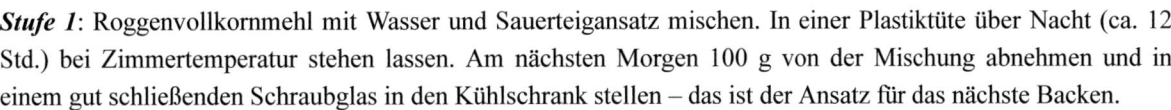

2 Tassen mit Hafermilch so füllen, dass oben ein Rand von etwa 3 cm übrig bleibt. Nach Wunsch in der Mikrowelle erhitzen.

Handrührgerät mit Rührbesen bereitstellen. Kaffee, Dicksaft und Zimt in den hohen Messbecher geben.

Heißes Wasser zugeben und sofort auf höchster Stufe mit dem Gerät schlagen. Etwa 5 Min. lang auf höchster Stufe schlagen, bis eine feste Creme entsteht.

Creme auf die Tassen mit der Hafermilch verteilen. Mit etwas Trinkschokolade bestreuen.

14149. Vollkornbrötchen mit Autolyse, April 2025
Vorläufer 14146

- 500 g Weizenvollkornmehl
- ½ Würfel frische Hefe
- 370 g lauwarmes Wasser
- 1 TL Rohrohrzucker
- 2 gestr. TL Salz
- 2 EL Sonnenblumenöl
- 1 EL Apfelessig
- 1 EL Chiasamen

Autolyse: Mehl und 340 g vom lauwarmen Wasser in einer Schüssel verrühren, bis keine Mehlnester mehr zu sehen sind. Abgedeckt ca. 30–60 Min. ruhen lassen.

Hefe aktivieren: Hefe mit dem Zucker in den verbliebenen 30 g lauwarmen Wasser auflösen und ca. 5–10 Min. stehen lassen, bis sie Bläschen wirft (bei mir nicht).

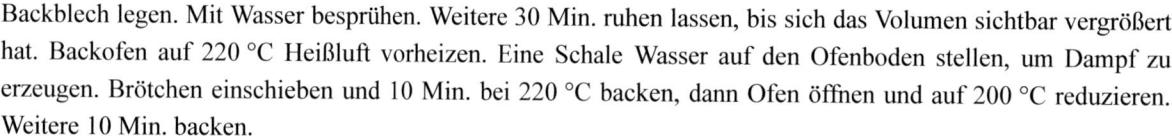

Die aufgelöste Hefe zur Autolysemasse geben. Salz, Öl, Apfelessig und Chiasamen ebenfalls hinzufügen. Alles zu einem weichen, leicht klebrigen Teig verkneten. In der Küchenmaschine ca. 3 Min. kneten auf Stufe 1, mit der Hand nachkneten. Den Teig abgedeckt mit einem feuchten Tuch ca. 60 Min. bei RT gehen lassen.

Teig in 9 gleich große Stücke à ca. 100 g teilen. Zu Brötchen formen und auf ein mit Backpapier belegtes Backblech legen. Mit Wasser besprühen. Weitere 30 Min. ruhen lassen, bis sich das Volumen sichtbar vergrößert hat. Backofen auf 220 °C Heißluft vorheizen. Eine Schale Wasser auf den Ofenboden stellen, um Dampf zu erzeugen. Brötchen einschieben und 10 Min. bei 220 °C backen, dann Ofen öffnen und auf 200 °C reduzieren. Weitere 10 Min. backen.

Hinweis: Die Autolyse ermöglicht wirklich eine größere Wasseraufnahme. Die Brötchen werden schöner braun, der Geschmack vor allem der Kruste ist herzhafter.

14150. Helle Brötchen mit Autolyse, April 2025

- 250 g Weizenmehl Type 550
- 250 g Weizenmehl Type 1050
- 150 g Hafermilch
- 130 g Wasser + 2 EL (lauwarm)
- 1 gestr. TL Rohrohrzucker
- 42 g Frischhefe (1 Würfel)
- 2 gestrichene TL Salz (ca. 12 g)
- 2 TL Skyr (ca. 30 g)
- 2 EL Öl (Sonnenblumenöl)

Mehl mit Hafermilch und 130 g Wasser mischen, bis keine trockenen Stellen mehr zu sehen sind. Der Teig kann ruhig etwas klumpig sein. Diese Mischung 60 Min. abgedeckt ruhen lassen. Das ist die Autolyse. In den letzten 10 Min. die Hefe mit dem Zucker in 2–3 EL lauwarmem Wasser auflösen und etwa 10 Min. stehen lassen, bis sie Bläschen zeigt.

Nach der Autolyse die aufgelöste Hefe, das Salz, den Skyr und das Öl zum Teig geben. Alles gut durchkneten, 8 Min. in der Küchenmaschine. Der Teig darf weich sein, aber sollte sich gut vom Schüsselrand lösen (tat er nicht). Den Teig abgedeckt im Ofen 45 Min. bei 35 °C ruhen lassen. Nach 15 und 30 Min. jeweils einmal dehnen und falten, um dem Teig Spannung zu geben.

Den Teig auf einer bemehlten Fläche in 8 gleich große Stücke (ca. 105 g) teilen. Streumehl ist erforderlich. Länglich formen. Auf ein Backblech mit Backpapier setzen, abdecken und nochmals 10 Min. bei 35 °C gehen lassen. Auf dem Boden steht eine ofenfeste Form mit Wasser. Aus dem Ofen nehmen, abdecken und den Ofen (Heißluft) auf 210 °C vorheizen. Vor dem Einschieben einschneiden und mit Wasser besprühen. Die Brötchen einschieben und etwa 5 Min. (besser 7 Min.) bei dieser Temperatur anbacken. Hitze auf 180 °C reduzieren und weitere 10 Min. (13 evtl. besser) fertig backen, bis sie goldbraun sind. Die Brötchen sind fertig, wenn sie beim Klopfen auf die Unterseite hohl klingen. Auf einem Gitterrost abkühlen lassen und mit Wasser einsprühen.

Fazit: Autolyse für weißen Teig lohnt nicht wirklich. Allenfalls die Wasseraufnahme ist etwas erhöht. Das zeigt sich im Grunde nur darin, dass die Brötchen nicht die Form verlieren. Aber viel Streumehl ist beim Formen trotzdem erforderlich.

14151. Brötchen mit Vorteig, April 2025

Vorteig (Poolish)
- 125 g Weizenmehl (Type 550)
- 125 g Wasser (20–25 °C)
- 1 Prise Frischhefe (ca. 0,5 g) oder eine winzige Prise Trockenhefe

Hauptteig
- Gesamter Vorteig
- 125 g + 2 EL Weizenmehl (Type 550)
- 250 g Weizenmehl (Type 1050)
- 150 g Hafermilch (lauwarm)
- 45 g Wasser (lauwarm)
- 1 gestr. TL Rohrohrzucker
- 1 TL Frischhefe (ca. 3–4 g) oder 1 g Trockenhefe
- 2 gestr. TL Salz (ca. 12 g)
- 2 TL Skyr (ca. 30 g)
- 2 EL Sonnenblumenöl

Vorteig abends (ca. 12–16 Std. vorher) anrühren. Mehl und Wasser vermengen, Hefe unterrühren. Bei Raumtemperatur abgedeckt reifen lassen, bis sich Volumen und Bläschen deutlich zeigen.

Hauptteig: Vorteig in die Rührschüssel geben. Mehl, Zucker, Salz, Skyr und Hefe hinzufügen. Hafermilch nach und nach beim Kneten zugeben, bis ein geschmeidiger Teig entsteht, der sich vom Rand löst. Vorsicht bei der Wassermenge: Eher reduzieren, da der Teig sonst zu weich wird. Öl einarbeiten. Teig ca. 8–10 Min. kneten (1 Min. langsam, 7–9 Min. schneller), bis er elastisch ist.

Teig in abgedeckter Schüssel 60–90 Min. im Ofen bei 35 °C gehen lassen, bis Volumen sich verdoppelt. Teig ließ sich von mir, da er unheimlich klebrig war, nur grob in 7 Teile teilen. Jedes Stück zu Kugel und dann zu Brötchen formen. Brötchen auf Backpapier legen. Locker abgedeckt 10 Min. bei 35 °C gehen lassen.

Ofen auf 210 °C Heißluft vorheizen, die Brötchen bleiben während des Vorheizens im Ofen. Eine flache Schale mit Wasser auf den Ofenboden stellen und mit Wasserdampf besprühen. Brötchen ca. 16–20 Min.

backen, bis sie goldbraun sind. Nach dem Backen erneut besprühen, auf einem Gitter auskühlen lassen.

Tipp: Die Wassermenge war zu hoch – der Teig war extrem klebrig, ich war kurz davor, ihn zu verwerfen. Das Ergebnis überzeugt aber: Locker mit knackiger Kruste – Potenzial ist auf jeden Fall da.

14152. Cashew-Schokocreme IV, April 2025

Vorläufer 14140

- 250 g Cashewbruch
- 35 g Kakaopulver
- 150 g Ahornsirup
- 1 Prise Salz
- 1 P Vanillearoma Finesse
- 85 g Hafermilch

Im Vitamix mit dem Stößel gut durcharbeiten. Wird warm, bis es wirklich glatt ist. In Honiggläser füllen.

Hinweis: Mir ist die Creme ein wenig zu süß. Außerdem sollte man 100 g Hafermilch versuchen, so sind die Nüsse nicht komplett glatt.

14153. Sauerteigbrot mit Quellstück, April 2025

25-cm-Kastenform; Vorläufer 14143

Stufe 1 (12 Std. vorher):

Sauerteig:

- 100 g Sauerteigansatz (Starter)
- 110 g Roggenvollkornmehl
- 110 g Wasser

Quellstück:

- 50 g Leinsamenschrot
- 150 g Wasser

Morgens:

- 200 g reifer Sauerteig
- 200 g Roggenvollkornmehl
- 200 g Weizenvollkornmehl
- Quellstück
- 12 g Salz
- 1 TL Honig (17 g)
- 250 g lauwarmes Wasser
- 1 EL Skyr (30 g)
- 1 EL Sonnenblumenöl

Stufe 1: Roggenmehl mit Wasser (Schwund beim Übertragen von einer in die andere Schüssel mitgerechnet) und altem Sauerteig mischen. Abgedeckt mit einem nassen Tuch, darüber ein trockenes Tuch, über Nacht stehen lassen. 100 g von der Stufe 1 abnehmen und in einem gut schließenden Schraubglas in den Kühlschrank stellen für das nächste Backen.

Abends für das Quellstück den Schrot und das Wasser mischen und in einer geschlossenen Dose quellen lassen.

Stufe 2: In der Knetschüssel Sauerteig im Wasser verrühren, bis sich der Sauerteig gelöst hat. Restliche Zutaten inklusive des Quellstücks in die Knetschüssel geben und mit der Küchenmaschine geknetet (5 Min. Stufe 1; 1 Min. Stufe 3). Den Teig in der Schüssel abgedeckt an einem warmen Ort etwa 4 Std. ruhen lassen, bis er sich sichtbar vergrößert hat.

Stufe 3: Die Kastenform gut einfetten und mit Grieß ausstreuen. Den Teig mit nassen Händen kurz durchkneten und in die Form geben. Oberfläche glattstreichen und Form in eine große Plastiktüte stecken. Nochmals 1,5 Std. gehen lassen, bis sich das Volumen deutlich vergrößert hat.

Den Backofen auf 210 °C (Heißluft) vorheizen. Eine kleine ofenfeste Schale mit Wasser unten in den Ofen stellen, um Dampf zu erzeugen. Die Kastenform auf mittlerer Schiene einschieben und das Brot 15 Min. bei 210 °C backen, dann auf 180 °C herunterschalten und weitere 30 Min. backen, 5 Min. im aufgeschalteten Ofen stehen lassen.

Nach dem Backen aus der Form nehmen und auf einem Gitter vollständig auskühlen lassen.

14154. Vollkornbrötchen Vorteig Autolyse, April 2025

Vorläufer 14151; ergibt ca. 9 Brötchen à 100 g.

Vorteig
- 100 g Weizenvollkornmehl
- 100 g Wasser (lauwarm)
- 1 g frische Hefe (etwa erbsengroß)

Hauptteig
- 400 g Weizenvollkornmehl
- 240 + 30 g Wasser (lauwarm)
- 1 gestr. TL Rohrohrzucker
- 2 gestr. TL Salz
- 5 g frische Hefe
- 2 EL Oliven-Bärlauchöl
- 1 EL Aceto-Balsamico-Essig
- 1 EL Chiasamen
- Vorteig (siehe oben)

Vorteig: Mehl, Wasser und Hefe in einer kleinen Schüssel gut verrühren. Abgedeckt 12–16 Std. bei RT reifen lassen. Der Teig sollte kleine Bläschen zeigen und angenehm säuerlich riechen.

Autolyse: Mehl und 240 g vom Wasser in einer großen Schüssel vermischen, bis keine Mehlnester mehr sichtbar sind. Abgedeckt 30–60 Min. ruhen lassen.

Hauptteig: Die Hefe in 30 g Wasser auflösen und 10 Min. stehen lassen. Vorteig, Hefelösung, Zucker, Salz, Öl, Essig und Chiasamen zur Autolysemasse geben.

Alles zu einem leicht klebrigen, geschmeidigen Teig verkneten – etwa 5 Min. langsam, dann 1 Min. schneller.

Den Teig abgedeckt ca. 60 Min. bei RT ruhen lassen. Nach 30 Min. einmal dehnen und falten für bessere Struktur. Teig in 9 gleich große Stücke teilen (à ca. 100 g), Streumehl ist erforderlich. Brötchen formen, auf ein mit Backpapier belegtes Blech legen und abgedeckt weitere 30 Min. ruhen lassen, bis das Volumen sichtbar zugenommen hat.

Backofen auf 220 °C Heißluft vorheizen. Eine hitzefeste Schale mit Wasser auf den Ofenboden stellen (Dampf). Brötchen einschieben, 10 Min. bei 220 °C backen. Danach Ofentür kurz öffnen, Temperatur auf 190 °C senken und weitere 10 Min. backen. Mit Wasser besprühen und auf einem Gitterrost auskühlen lassen.

Hinweise: Ich würde den zweiten Hefeanteil nochmals erhöhen. Flüssigkeit war grenzwertig viel. Eventuell auch noch 2-3 Min. länger backen.

14155. Milchreis aus weißem Reis VIII, April 2025

Vorläufer 14125
- 180 g Milchreis
- 1 Prise Salz
- 10 g Agavendicksaft
- 1 Stange Zimt
- 1 Prise ger. Zitronenschale
- 1 Liter Milch 1,5 %

TM Einstellung 35 Min./90 °C/Linkslauf Stufe 1.

Hinweis: Der Milchreis hat angesetzt, weil ich mich beim Rezept verlesen hatte und da ich in Eile war, statt noch einmal genau nachzusehen, schnell losgelegt habe. Temperatureinstellung – statt 90 °C hatte ich 95 °C gewählt. Der Milchreis hat dadurch angesetzt. Das Rezept ist korrigiert.

14156. Bäckerbrötchen Frischhefe Vorteig, Mai 2025

Vorläufer 14124, mit der Bosch Mum 5
Grundlage: Möglichst dieselben Mengen, aber Vorteig abgezogen.

Vorteig:
- 100 g Wasser
- 100 g Weizenmehl 550
- 1 g Hefe

Hauptteig:
- 150 g Weizenmehl (Type 550), 100 g abgezogen
- 250 g Weizenmehl (Type 1050)
- 150 g Hafermilch
- 30-50 g Wasser
- 1 gestr. TL Rohrohrzucker
- 1/2 P Hefe (20 g)
- 2 gestr. TL Salz (12 g)
- 2 TL Skyr (30 g)
- 2 EL Öl

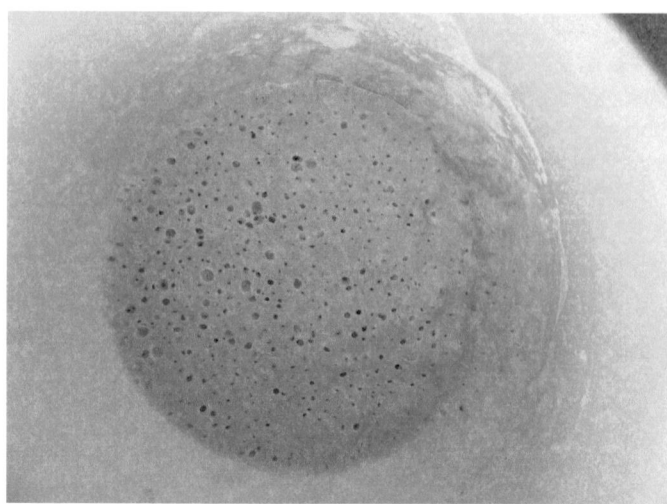

Abends die Zutaten für den Vorteig verrühren und mit einem feuchten und darauf einem trockenen Tuch abdecken.

Morgens in der Rührschüssel die 20 g Hefe in der Hafermilch und dem Zucker zerbröseln, im Ofen (30 °C Heißluft) 10 Min. stehen lassen. Vorteig, Mehl, Skyr, Öl und Salz in die Rührschüssel geben. 5 Min. kneten (2 Min. Stufe 1; 2 Min. Stufe 2; 1 Min. Stufe 3), am Anfang das Wasser in Portionen zufließen lassen.

Teig in einer Pengschüssel 60 Min. im Ofen bei 35 °C gehen lassen, nach 20 Min. dehnen und zusammenfalten. Der Teig hat sich verdoppelt. Auf Streumehl zu einer Rolle formen, Teig in 9 gleich große Stücke (je ca. 94 g) zu Kugeln unter Spannung und dann zu Brötchen formen. Der Teig klebt beim Bearbeiten sehr, Streumehl erforderlich. Brötchen auf Backpapier auf ein Backblech legen, weitere 10 Min. im Ofen auf 35 °C gehen lassen. Brötchen möglichst abgedeckt stehen lassen. Wasser in den Ofen (Heißluft) sprühen und auf 220 °C stellen. Vor dem Einschieben die Brötchen einschneiden und mit Wasser besprühen. 10 Min. bei 220 °C backen.

Temperatur auf 180 °C stellen und weitere 10 Min. backen. Auf dem Boden steht eine ofenfeste Form mit Wasser. Mit Wasser besprühen und auf einem Gitterrost abkühlen lassen.

Hinweis: *„Eigentlich" hätten nur 30 g Wasser in den Hauptteig gemusst, aber er kam mir zu kompakt vor. Deshalb habe ich noch ca. 20 g Wasser nachgegeben. Nach dem Kneten war er okay, aber nach dem Gehvorgang extrem klebrig. Das scheint mir für Teig mit Vorteig typisch: Sie werden schnell klebrig, sind daher schwierig zu formen. Der Teig geht deutlich länger. Sie behalten aber die Form und und entwickeln guten Ofentrieb.*

Experimente: *Abendlichen Vorteig und morgens einen zweiten Vorteig mit mehr Hefe.*

14157. Rührkuchen mit weichen Streuseln, Mai 2025

26-cm-Springform

Teig
- 200 g Margarine (weich)
- 180 g Rohrohrzucker
- 1 P Vanillezucker
- 3 Eier (Größe M)
- 250 g Weizenmehl 550
- 2 TL Backpulver
- 1 Prise Salz
- 125 g Skyr

Streusel
- 150 g Weizenmehl 550
- 100 g Rohrohrzucker
- 1 P Vanillezucker
- 100 g Margarine (kalt, in Stückchen)

Das habe ich mir in den letzten Jahren angewöhnt: Ich lege alle Zutaten bereit, damit ich dann zügig weiterarbeiten kann.

Für den Teig Margarine, Zucker und Vanillezucker cremig rühren. Eier einzeln unterrühren. Mehl mit Backpulver und Salz mischen, unterrühren. Skyr zum Schluss kurz unterheben. Boden der Springform mit Backpapier überspannen, Teig in die Form geben und glatt streichen.

Für die Streusel Mehl, Zucker und Vanillezucker in einer Schüssel mischen. Kalte Margarine in Stückchen dazugeben und mit den Händen zu Streuseln verarbeiten. Ich habe es erst mit dem Handrührgerät/Knethaken versucht. Dauerte mir zu lange. Die Streusel gleichmäßig auf dem Teig verteilen.

Ofen (Heißluft) auf 160 °C vorheizen. Kuchen 45 Min. backen. Stäbchenprobe machen. In der Form abkühlen lassen, dann vorsichtig lösen.

14158. White-Chocolate-Cookies, Mai 2025
- 250 g Margarine, in Stücken
- 180 g Rohrzucker
- 1 P Vanillezucker
- 1 Prise Salz
- 2 Eier
- 190 g Weizenmehl 550
- 160 g Weizenmehl 1050
- 2 TL Backpulver
- 3 TL Hafermilch
- 200 g Schokolade (200 g White-Chocolate-Chunks)
- 3 EL Sonnenblumenkerne

Margarine, Zucker und Salz mit dem Handrührgerät schaumig schlagen. Eier hinzugeben, jedes ca. 30 Sek.

einarbeiten. Mehle und Backpulver mischen. Einarbeiten. Wird der Teig zu krümelig, noch die Milch einarbeiten. Die Chunks vorsichtig unterziehen.

Teig esslöffelweise als kleine Häufchen auf zwei mit Backpapier ausgelegte Backbleche geben. Etwas Abstand lassen, da die Kekse noch etwas aufgehen. Mit einem kleinen Löffel die Häufchen etwas platt drücken. Cookies für ca. 18-21 Min. in den auf 165 °C vorgeheizten (Heißluft-)Ofen schieben und hellbraun ausbacken.

Tipp: Löffel beim Teigabnehmen ab und zu in Wasser tauchen, dann bleibt der Teig nicht daran kleben.

14159. Schwarzbrot übernacht, Mai 2025

2-Liter-Kastenform

Sauerteigansatz (Vortag morgens)
- Alter Sauerteig ca. 100 g
- 170 g Roggenvollkornmehl
- 170 g Wasser

Brotansatz (abends)
- 500 g Roggenvollkornmehl
- 300 g Roggensauerteigansatz von oben
- 350 g lauwarmes Wasser
- 15 g Salz
- 1 EL Zuckerrübensirup (35 g)
- 1 EL Aceto-Balsamico-Essig
- 35 g Sonnenblumenkerne

Für den **Sauerteigansatz** die entsprechenden Zutaten verrühren, und mit nassem Tuch abgedeckt von 8 Uhr bis ca. 17:45 Uhr stehen lassen.

Zubereitung **abends**: Alle Zutaten in einer Schüssel gründlich vermengen (Bosch: 1 Min./Stufe 1; 1 Min./ Stufe 2). Teig direkt in die gefettete Kastenform geben. Oberfläche mit feuchten Händen oder einem Löffel glattstreichen. Form abdecken (mit Deckel, Bienenwachstuch oder Frischhaltefolie) und über Nacht im Kühlschrank (untere Ebene, ca. 6–8 °C) ca. 11 Std. ruhen lassen.

Backen *(morgens)*: Form aus dem Kühlschrank nehmen und 3–3,5 Std. bei RT stehen lassen, er war nämlich gar nicht gegangen. Backofen auf 220 °C Heißluft vorheizen. Brot in den Ofen einschieben und 10 Min. bei 220 °C backen. Temperatur auf 180 °C senken und 50 Min. backen. Nach dem Backen vollständig auskühlen lassen, mindestens 12 Std. vor dem Anschneiden ruhen lassen.

Hinweis: *Der Teig ist im Kühlschrank nicht gegangen. Die lange Stehzeit soll gut für das Aroma sein. In 3 Std. danach ist er etwas gegangen, dieser Effekt war nach dem Backen kaum noch sichtbar.*

14160. Vollkornbrötchen mit Autolyse 2, Mai 2025

Vorläufer 14151

Autolyse:
- 400 g Weizenvollkornmehl
- 295 g lauwarmes Wasser

Vorteig:
- 100 g Weizenvollkornmehl
- 85 g Wasser
- 1 P Trockenhefe (7 g)
- 1 TL Rohrohrzucker

Hauptteig:
- Autolyseteig
- Vorteig
- 2 gestr. TL Salz
- 2 EL Sonnenblumenöl
- 1 EL Aceto-Balsamico-Essig
- 1 EL Chiasamen

Zutaten der Autolyse mischen, nicht kneten. 60 Min. ruhen lassen. Zutaten für den Vorteig verrühren und ca. 15 Min. stehen lassen. Alle Zutaten des Hauptteigs zusammen in der Bosch kneten lassen (2-3 Min.), mit der Hand nachkneten, der Teig ist weich und klebrig. 60 Min. in der Schüssel abgedeckt gehen lassen (35 Min. bei 30 °C; 25 Min. bei 35 °C im Heißluftofen). Teig in 9 gleich große Stücke zu je 100 g teilen. Zu Brötchen formen und auf ein mit Backpapier belegtes Backblech legen. Mit Wasser besprühen. 10 Min. im Ofen bei 35 °C gehen lassen, bis sich das Volumen sichtbar vergrößert hat. Backofen auf 220 °C Heißluft vorheizen. Eine Schale Wasser auf den Ofenboden stellen, um Dampf zu erzeugen. Brötchen einschneiden, mit Wasser besprühen und einschieben. 10 Min. bei 220 °C backen, Ofen öffnen und auf 190 °C reduzieren. Weitere 10 Min. backen.

Hinweis: *Da meine Frischhefe verschimmelt war, habe ich stattdessen Trockenhefe verwendet. Der Teig war erneut sehr klebrig – möglicherweise eine Folge der Autolyse. Ohne Streumehl ließ sich der Teig kaum verarbeiten. Ich bin mir momentan nicht sicher, ob sich der ganze Aufwand, insbesondere der zeitliche, durch die Autolyse wirklich lohnt. Beim nächsten Mal werde ich das Brot wieder auf herkömmliche Weise zubereiten und vergleichen.*

Tipp: *Da ich eine leichte Verletzung am linken Mittelfinger hatte (bin Linkshänderin), habe ich zum Kneten usw. einen Einmalhandschuh getragen. Bei guten Handschuhen funktioniert das besser als mit der Hand.*

14161. Joghurtkuchen mit Streusel, Mai 2025

Vorläufer 14148 (Teig) und 14158 (Streusel)

Teig:
- 2 Eier
- 190 g Rohrohrzucker
- 1 P Vanillezucker
- 175 g Sonnenblumenöl
- 500 g Naturjoghurt
- 2 EL Zitronensaft
- 385 g Mehl Typ 550
- 15 g Mehl Typ 1050
- 1 Prise Salz
- 2 g Zitronenschale (1 TL)
- 1 P Backpulver
- 1,5 TL Flohsamenschalen

Belag:
- 350 g Heidelbeeren frisch

Streusel:
- 150 g Weizenmehl 550
- 100 g Rohrohrzucker
- 1 P Vanillezucker
- 100 g Margarine (kalt, in Stückchen)

Springform am Boden mit Backpapier überspannen. Eier mit den Zuckern schaumig schlagen (Flexirührer MUM5). Zitronensaft, Öl und Joghurt zugeben, gut durchmixen. Zitronenschale und Backpulver mit dem Mehl vermischen. Unter die Schaummasse ziehen und nicht zu lange einarbeiten. Grob geschätzt die Hälfte des Teiges in der Springform verstreichen. Mit Flohsamen bestreuen und die Heidelbeeren darauf legen. Den Rest des Teigs gleichmäßig darüber verteilen.

Für die Streusel Mehl, Zucker und Vanillezucker in einer Schüssel mischen. Kalte Margarine in Stückchen dazugeben und mit den Händen (Einmalhandschuhe) zu Streuseln verarbeiten. Die Streusel gleichmäßig auf dem Teig verteilen.

Ofen auf 160 °C (Heißluft) vorheizen und bei dieser Temperatur 65-70 Min. backen. Stäbchenprobe machen. Im offenen Ofen auskühlen lassen.

14162. Streusel-Reis-Dessert, Mai 2025

2 Desserts
- 165 g gekochter Milchreis 14157
- 125 g Joghurt 1,5 %
- 20 g Agavendicksaft
- 20 g Schokostreusel
- 30 g Erdbeermarmelade
- 2 Walnussstücke

Milchreis, Joghurt und Agavendicksaft verrühren. Auf zwei Schüsselchen verteilen, mit Schokostreuseln bestreuen, in die Mitte je einen Klecks Marmelade. In die Mitte jeweils ein Walnussstück stecken.

Hinweis: *Fertig gekaufte Schokostreusel sind meist mit Fett und Zucker ummantelt, damit sie beim Kontakt mit Feuchtigkeit nicht schmelzen.*

14163. Dressing abgespeckt, Mai 2025

Vorläufer 14128; ich stelle die doppelte Menge her, direkt in der jeweiligen Schüssel.

Je Schüssel:

- 2 EL Joghurt 1,5 %
- 1 Prise Salz
- 1 gestr. TL Rohrohrzucker
- 1 TL Sonnenblumenöl
- 1 TL Aceto Balsamico Condimento Bianco

Mit dem Löffel verrühren.

Tipp: Aceto Balsamico Condimento Bianco ist heller und milder als dunkler Aceto Balsamico und eignet sich besonders für helle Soßen, Salate oder Gerichte, bei denen die Farbe erhalten bleiben soll.

14164. Abendstandardsalat, Mai 2025

2 Portionen, beschrieben an einer.

Zwei Schüsseln bereitstellen:

- eine Portion Dressing (hier 14165).
- 50 g Mischsalat aus der Tüte
- 25 g vorgeschnittenes Suppengemüse aus der Tüte
- 1/2 gewürfelte Tomate (ca. 75 g)
- 25 g Schlangengurke, gewürfelt

Jeweils diese Zutaten in eine Schüssel geben, die andere genauso vorbereiten und gut verrühren. Nach Bedarf mit Nüssen oder gebratenen Hähnchenstreifen belegen.

Tipp: Einen solchen Salat essen wir jeden Abend. Er ist nicht ganz so füllend wie mein Salat früher mit 300 g Gemüse. Das Dressing schmeckt uns ausgezeichnet, da es schnell geht, muss ich keinen Vorrat herstellen.

14165. Himbeer-Zitronenmarmelade, Mai 2025

Vorläufer 14004; Herstellung im Thermomix; Fruchtanteil 72 %

- 1 ungeschälte Bio-Zitrone (obere Kappe abgeschnitten, Kerne entfernt) (160 g)
- 3 geschälte Zitronen ohne Kerne (290 g)
- 2 kleine Äpfel (210 g)
- 125 g frische Himbeeren
- 280 g Rohrohrzucker
- 1 P Vanillezucker
- 1 gestr. Eierlöffel Johannisbrotkernmehl

Ungeschälte Zitrone grob vorschneiden und im Thermomix zerkleinern (5 Sek./Stufe 5). Geschälte Zitronen, Apfel, Zucker und Vanillezucker zugeben und pürieren (10 Sek./Stufe 8). Garkörbchen auf den Deckel stellen (als Spritzschutz) und kochen (17 Min./Varoma/Stufe 1). Sobald es richtig kocht, auf 100 °C herunterstellen. Johannisbrotkernmehl bei Stufe 4-5 einlaufen lassen. Schon vorher vorbereiten: Schraubgläser auf ein Handtuch stellen und mit kochendem Wasser füllen, auch die Deckel füllen. Wenn die Marmelade fertig ist, Wasser ausgießen, Konfitüre einfüllen und Deckel festschrauben.

14166. Schwarzbrot übernacht 2, Mai 2025

Vorläufer 14159; 2-Liter-Kastenform.

Sauerteigansatz (morgens)

- Alter Sauerteig ca. 105 g
- 170 g Roggenvollkornmehl
- 170 g Wasser

Alles verrühren, mit nassem Tuch abgedeckt bis ca. 18:15 Uhr stehen lassen.

Brotansatz (abends)

- 500 g Roggenvollkornmehl
- 320 g Roggensauerteigansatz von oben
- 385 g lauwarmes Wasser
- 18 g Salz
- 1 EL Zuckerrübensirup (35 g)
- 1 EL Aceto-Balsamico-Essig
- 45 g Sonnenblumenkerne

Zubereitung abends: Alle Zutaten in einer Schüssel gründlich vermengen (Bosch: 1 Min./Stufe 1; 1 Min./Stufe 2). Teig direkt in die gefettete Kastenform geben. Oberfläche mit feuchten Händen oder einem Löffel glattstreichen. Form mit einem feuchten Tuch abdecken und 1 Std. bei RT stehen lassen. Dann mit Frischhaltefolie abgedeckt über Nacht im Kühlschrank (untere Ebene, ca. 6–8 °C) ca. 12 Std. ruhen lassen.

Backen morgens: Form aus dem Kühlschrank nehmen und 3,5 Std. bei RT stehen lassen, er hatte sich ca. 1 cm gehoben. Backofen auf 220 °C Heißluft vorheizen. Brot in den Ofen einschieben und 10 Min. bei 220 °C backen. Temperatur auf 180 °C senken und 40 Min. backen. Nach dem Backen vollständig auskühlen lassen, mindestens 12 Std. vor dem Anschneiden ruhen lassen.

Frisch in der Form

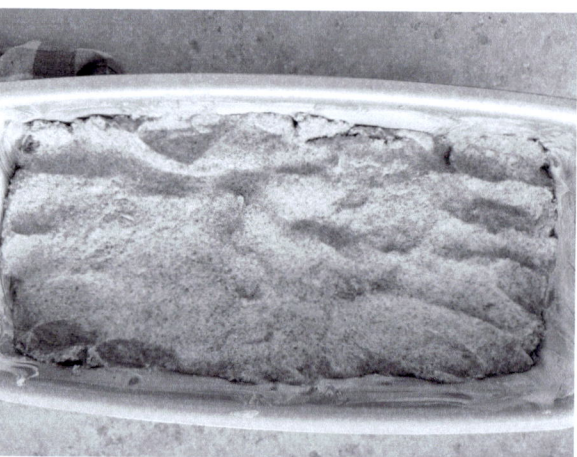

Nach 1 Stunde bei RT

Kurz vor dem Backen

14167. Rotwein-Milchreis-Gugelhupf, Mai 2025

1 Gugelhupfform

- 200 g Rotwein
- 250 g gekochter Milchreis (abgekühlt) 14163
- 200 g Margarine
- 180 g Rohrohrzucker
- 1 P Vanillezucker
- 4 Eier
- 250 g Weizenmehl 550
- 1 P Backpulver
- 10 g Kakao
- 1/2 TL gem. Zimt
- 100 g Chocolate Chunks zartbitter
- 1 Prise Salz
- Margarine und Grieß für die Form

Den Ofen auf 160 °C Heißluft vorheizen. Eine Gugelhupfform gut einfetten und mit Grieß ausstreuen.

Butter, Zucker, Vanillezucker und Salz mit dem Handrührgerät oder der Küchenmaschine cremig rühren. Die Eier nacheinander gründlich unterrühren. Mehl, Backpulver, Kakao und Zimt mischen und abwechselnd mit dem Rotwein unter die Butter-Eier-Mischung rühren. Den gekühlten Milchreis unterheben. Die Chocolate Chunks vorsichtig unterheben. Der Teig sollte schwer reißend vom Löffel fallen. Falls er zu fest ist, 2-3 EL Milch einrühren.

Den Teig in die vorbereitete Gugelhupfform füllen und glattstreichen. Den Kuchen ca. 50 Min. im auf 160 °C vorgeheizten Ofen (Heißluft) backen. Mit Stäbchenprobe prüfen.

Kuchen auf einem Gitterrost auskühlen lassen, auf dem ein nasses Küchenhandtuch liegt. Kuchen etwa 15 Min. in der Form abkühlen lassen, dann vorsichtig stürzen und komplett auskühlen lassen. Mit einer Schokoladenglasur überziehen.

14168. Heidelbeer-Zitronenmarmelade, Mai 2025

Vorläufer 14167; Herstellung im TM; Zuckeranteil 26,8 %

- 1 ungeschälte Bio-Zitrone (obere Kappe abgeschnitten, Kerne entfernt) (125 g)
- 1 geschälte Zitrone ohne Kerne (105 g)
- 2 kleine Äpfel (210 g)
- 350 g frische Heidelbeeren
- 280 g Rohrohrzucker
- 1 P Vanillezucker
- 40 g Zitronensaft
- 1 Eierlöffel Johannisbrotkernmehl

Ungeschälte Zitrone grob vorschneiden und im Thermomix zerkleinern (5 Sek./Stufe 5). Restliche Zutaten zugeben und pürieren (10 Sek./Stufe 8). Garkörbchen auf den Deckel stellen (als Spritzschutz) und kochen (17 Min./Varoma/Stufe 1). Sobald es richtig kocht, auf 100 °C herunterstellen. Johannisbrotkernmehl bei Stufe 4-5 durch ein Sieb einlaufen lassen. Schon vorher vorbereiten: Schraubgläser auf ein Handtuch stellen und mit kochendem Wasser füllen, auch die Deckel füllen. Wenn die Marmelade fertig ist, Wasser ausgießen, Konfitüre einfüllen und Deckel festschrauben.

14169. Marble-Cookies, Mai 2025

Vorläufer 14161

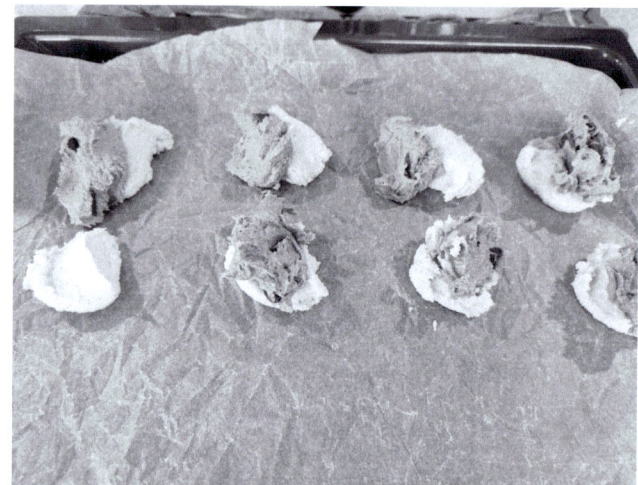

- 250 g Margarine, in Stücken
- 180 g Rohrzucker
- 1 P Vanillezucker
- 1 Prise Salz
- 2 Eier
- 350 g Weizenmehl 550
- 2 TL Backpulver
- 3 TL Milch
- 2 EL Trinkschokoladenpulver
- 100 g Schokolade (100 g Vollmilch-Chocolate-Chunks)

Margarine, Zucker und Salz mit der Küchenmaschine schaumig schlagen. Eier hinzugeben, jedes ca. 30 Sek. einarbeiten. Mehle und Backpulver mischen. Einarbeiten. Wenn der Teig zu krümelig wird, noch 2 TL Milch einarbeiten. Teig halbieren (bei mir waren das 2 x 430 g). Die eine Hälfte zur Seite stellen, die andere in der Küchenmaschine mit Trinkschokolade und 1 TL Milch verrühren. Die Chunks vorsichtig unterziehen.

Den weißen Teig teelöffelweise als kleine Häufchen auf zwei mit Backpapier ausgelegte Backbleche geben. Etwas Abstand lassen, da die Kekse noch etwas aufgehen. Vom braunen Teig nun jeweils 1 TL Teig auf den weißen Teig setzen. Mit einem Esslöffel die Häufchen etwas platt drücken.

(Tipp: Löffel ab und zu in Wasser tauchen, dann bleibt der Teig nicht daran kleben.) Mit der Gabel, wenn möglich, von hell nach dunkel ziehen. Cookies für ca. 18-21 Min. in den auf 165 °C vorgeheizten (Heißluft-)Ofen schieben und hellbraun ausbacken.

14170. Dessert Delight, Mai 2025

2 Portionen

- 2 TL Marmelade (hier 14167)
- 2 TL Schokoladenstreusel Vollmilch
- 2 TL Cashew-Schokoladencreme 14154
- 2 EL gekochter Milchreis 14163
- 8 Heidelbeeren (Dekoration)

Pro Person einen Dessertteller nehmen und für jeden Teller wie folgt vorgehen: 1 TL Marmelade auf den Teller geben, etwas ausstreichen. Daneben 1 TL Schokocreme ausstreichen. Das letzte freie Drittel mit Schokostreuseln ausfüllen. Einen Esslöffel Milchreis zwischen den Händen zu einer Kugel formen und in die Mitte setzen. Auf die drei Trennzonen, und oben auf die Milchreiskugel eine Heidelbeere setzen.

14171. Rhabarber-Marmelade Cointreau, Mai 2025

Vorläufer 14170

- 615 g Rhabarber
- 160 g Apfel
- 1 P Vanillezucker (Rohrohrzucker)
- 20 g Zitronensaft
- 300 g Vollrohrzucker
- 1 TL Johannisbrotkernmehl
- 2 EL Cointreau (nach dem Kochen)

Obst pürieren (10 Sek./Stufe 8). Restliche Zutaten (ohne Cointreau) in den TM geben, zerkleinern (10 Sek./Stufe 8) und garen (16 Min./105 °C/Stufe 2/Linkslauf, Garkörbchen auf den Deckel stellen (als Spritzschutz). Johannisbrotkernmehl zugeben, 5 Sek./Stufe 5 mischen. Zum Schluss Cointreau zugeben, 5 Sek./Stufe 3 verrühren. Gläser wie üblich mit kochendem Wasser vorbereiten.

14172. Rhabarber-Orangen-Marmelade, Mai 2025

2 Nussmusgläser + 1 Rest.

- 670 g Rhabarber
- 1 Bio-Orange (240 g), davon 25 g Schale
- 1 Apfel, entkernt (ca. 150 g)
- 1 P Vanillezucker
- 30 g Zitronensaft
- 285 g Vollrohrzucker
- 1 kleine Prise Salz
- 1 TL Johannisbrotkernmehl

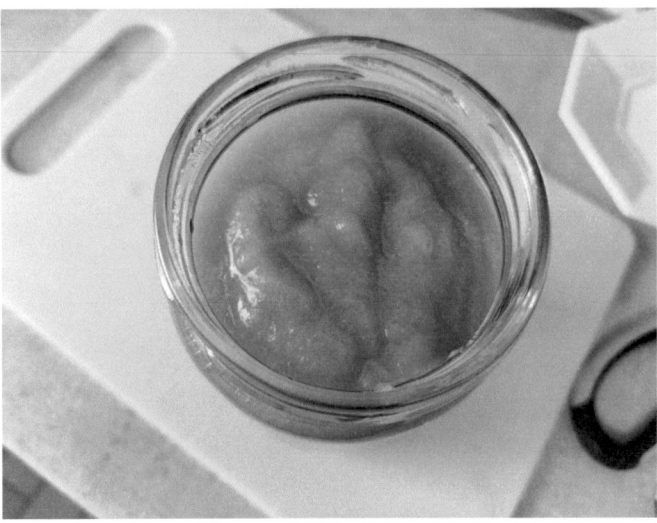

Obst und Orangenschale pürieren (10 Sek./Stufe 8). Restliche Zutaten in den TM geben, zerkleinern (10 Sek./Stufe 8) und garen (16 Min./110 °C/Stufe 2/Linkslauf, Garkörbchen auf den Deckel stellen (als Spritzschutz). Johannisbrotkernmehl zugeben und 5 Sek./Stufe 5 verrühren. Gläser heiß ausspülen, Marmelade direkt einfüllen und fest verschließen.

14173. Skyrbrötchen mit Autolyse kurz, Mai 2025

Vorläufer 14143

- 500 g Weizenmehl (Type 550)
- 500 g Weizenmehl (Type 1050)
- 305 g Milch
- 235 g Wasser
- 1 TL Rohrohrzucker
- 1 Würfel Hefe (42 g)
- 23 g Salz
- 50 g Skyr
- 4 EL Sonnenblumenöl

900 g Mehl (400 g Typ 550 und 500 g Typ 1050), 240 g lauwarmes Wasser und Skyr in einer großen Schüssel mischen (nicht kneten). 20 Min. bei RT abgedeckt ruhen lassen (Autolyse).

100 g Mehl Type 550, Zucker und Hefe in 100 g lauwarmem Wasser verrühren. Abgedeckt 15 Min. bei 35 °C im Ofen aktivieren.

Die aktivierte Hefemischung zur Autolysemasse geben. Salz und Sonnenblumenöl zugeben. Kneten auf Stufe 1 (3 Min.), Stufe 2 (1 Min.). Den Teig in der Rührschüssel in einer großen Plastiktüte 30 Min. bei 40 °C gehen lassen, er hat sich deutlich vergrößert. Teig mit der Hand kurz durchkneten, es ergibt sich ein Teiggewicht von ca. 1650 g, bei 16 Brötchen sind das ca. 100 g pro Teigling.

Der Teig ist ziemlich fest, aber gut handhabbar. Die Brötchen zu Kugeln formen, auf zwei mit Backpapier ausgelegte Backbleche setzen. Weitere 20 Min. im Ofen auf 35 °C gehen lassen. Brötchen herausnehmen und abgedeckt stehen lassen. Heißluftofen auf 220 °C vorheizen. Auf dem Boden steht eine ofenfeste Form mit Wasser. Wenn die Temperatur erreicht ist, die Brötchen einschneiden, mit Wasser besprühen und die Bleche einschieben. 5 Min. bei 220 °C Heißluft backen. Weitere 15 Min. bei 190 °C. Mit Wasser besprühen und auf einem Gitterrost abkühlen lassen.

Hinweis: *Wassermenge doch etwas zu wenig. Der Autolyse hätten 10-20 g mehr gutgetan.*

14174. Rotwein-Kuchen mit Sauerteig und Datteln, Mai 2025

25-cm-Kastenform (1500 g)

- 200 g frisch aufgefrischter Sauerteig
- 200 g Weizenmehl Type 550
- 100 g Rohrohrzucker
- 100 g Margarine
- 2 Eier
- 150 g + 2-3 EL Rotwein
- 130 g Datteln, fein gewürfelt
- 30 g Rosinen, vorher in etwas Rotwein eingeweicht
- 1/2 TL getr. ger. Zitronenschale (Tüte)
- 1 TL Backpulver
- ½ TL Natron
- 1 Prise Salz
- 1 EL gem. Haselnüsse
- Margarine und Grieß für die Form

Sauerteig so verlängern, dass morgens genug zum Verwahren plus 200 g zum Backen vorhanden sind.

Rosinen in Rotwein über Nacht einweichen. Am nächsten Morgen die fein gewürfelten Datteln kurz hinzufügen und beides zusammen abgießen. Trockenfrüchte abgießen (durch ein Sieb), den aufgefangenen Rotwein auf 150 g ergänzen. Den Backofen auf 160 °C Heißluft vorheizen. Eine 1500-ml-Kastenform (25 cm) einfetten und mit Grieß ausstreuen.

Margarine mit dem Zucker cremig rühren. Eier einzeln einarbeiten. Den frischen Sauerteig unterrühren, bis eine gleichmäßige Masse entsteht. Mehl, Backpulver, Natron, Zitronenabrieb, Haselnüsse und Salz mischen. Die trockenen Zutaten abwechselnd mit dem Rotwein unterrühren, bis ein homogener Teig entsteht. Nicht zu lange rühren.

Trockenfrüchte auf kleiner Stufe unterheben. Teig in die vorbereitete Form geben und glatt streichen. Kuchen im heißen Ofen etwa 45 Min. backen (Stäbchenprobe), und noch 5 Min. im ausgeschalteten Ofen stehen lassen. Kuchen aus dem Ofen nehmen und noch warm mit 2 bis 3 EL Rotwein gleichmäßig beträufeln.

Danach 10 Min. in der Form ruhen lassen, vorsichtig stürzen und vollständig auskühlen lassen. Schokoguss.

14175. Dattel-Sultaninen-Aufstrich, Mai 2025

2 Gläser

- 300 g getr. Datteln
- 300 g Sultaninen
- 180 g Rotwein
- 35 + 85 g Wasser
- 1 Apfel (ca. 165 g entkernt)
- 70 g Rhabarber
- 20 g Zitronensaft
- 1 P Vanillezucker
- 1 TL Johannisbrotkernmehl
- 2 EL brauner Rum (nach dem Kochen)

Datteln und Sultaninen mit Rotwein und 35 g Wasser mindestens 3 Std. einweichen. Apfel grob würfeln, Rhabarber in Stücke schneiden. Alles in den Mixtopf geben. 10 Sek./Stufe 8 pürieren. Zitronensaft und Vanillezucker zugeben, 10 Sek./Stufe 8 zerkleinern. 16 Min./105 °C/Stufe 2/Linkslauf, Garkörbchen auf den Deckel stellen (als Spritzschutz). Johannisbrotkernmehl bei laufendem Messer einrieseln, 5 Sek./Stufe 5 mischen. Rum zugeben, 5 Sek./Stufe 3 verrühren. Heiß in sterile Gläser füllen. Gläser sofort verschließen.

14176. Haselnusscreme, Mai 2025

Vorläufer 15154

- 250 g Haselnüsse (am besten geröstet, evtl. leicht warm mixen)
- 35 g Kakaopulver
- 130 g Ahornsirup
- 1 Prise Salz
- 1 P Vanillearoma Finesse
- 175 g Hafermilch
- 4 TL Sonnenblumenöl für mehr Cremigkeit

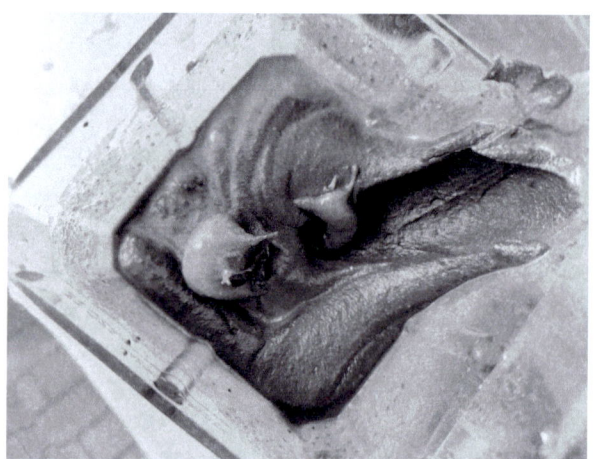

Haselnüsse im Vitamix mit Stößel gut durcharbeiten. Wird warm. Restliche Zutaten zugeben. Pürieren, bis die Masse glatt ist. In Gläser abfüllen.

Hinweis: *Eric findet es leckerer als mit Cashew.*

14177. Sahnealternative, Mai 2025

- 2 geh. EL Skyr (90 g)
- 1 TL Honig
- 1 P Vanillezucker
- 1 Spritzer Zitronensaft

Alles mit einem Löffel oder kleinen Schneebesen glattrühren. Bei Bedarf mit etwas Wasser oder Milch geschmeidiger rühren. Sofort servieren oder bei Bedarf kurz kaltstellen.

Ab hier kommen Rezepte, die ich immer schon mal kochen wollte. Ich habe sie für mich zurechtgestutzt. Fotos sind von ChatGPT, logischerweise. Wenn ich das Rezept umgesetzt habe und es noch Platz in diesem Buch gefunden hat, gebe ich am Ende des Titels die Nummer des Rezeptes an.

Rhabarber-Butterkuchen, Mai 2025

Für den Hefeteig:
- 1 Würfel frische Hefe (42 g)
- 70 g Zucker
- 250 g lauwarme Milch
- 500 g Weizenmehl Type 550 plus Streumehl
- 1 Prise Salz
- 80 g weiche Margarine
- 1 Ei

Für den Belag:
- 400 g Rhabarber
- 100 g Margarine in Flöckchen
- 80 g Zucker
- 50 g Sonnenblumenkerne
- 2-3 EL zerlassene Margarine (für danach)
- 1 P Vanillezucker mit der Margarine zerlassen

Hefe mit 1 TL Zucker in der lauwarmen Milch verrühren und etwa 10 Min. stehen lassen, bis sie leicht schäumt. Das Mehl mit dem restlichen Zucker, Salz, weicher Margarine, Ei und der Hefemilch in einer großen Schüssel zu einem glatten, weichen Teig verkneten.

Den Teig abgedeckt an einem warmen Ort etwa 1 Std. gehen lassen, bis sich sein Volumen deutlich vergrößert hat. Den Backofen auf 160 °C Heißluft vorheizen. Ein Backblech mit Backpapier auslegen. Rhabarber waschen, schälen und in 1–2 cm große Stücke schneiden.

Den Teig auf bemehlter Fläche ausrollen und auf das Backblech legen. An den Rändern leicht andrücken und mit den Fingerspitzen kleine Mulden in den Teig drücken. Die Rhabarberstücke gleichmäßig auf dem Teig verteilen. Margarineflöckchen darüber setzen und mit Zucker sowie Sonnenblumenkernen bestreuen. Im vorgeheizten Ofen ca. 25 Min. goldbraun backen. Direkt nach dem Backen die 2 bis 3 EL mit Vanillezucker zerlassene Margarine gleichmäßig über den heißen Kuchen träufeln.

Apfelquarkkuchen, Mai 2025

Rührteig-Boden:
- 130 g zimmerwarme Margarine
- 80 g Zucker
- 1 P Vanillezucker
- Prise Salz
- 3 Eier
- 250 g Weizenmehl 550
- ½ P Backpulver
- 50 g Milch
- 1 Prise Zimt

Für die Quarkmasse:
- 250 g Skyr
- 80 g Zucker
- 1 P Vanillezucker
- 2 EL Zitronensaft
- 1-2 EL Sonnenblumenöl
- 3 Eier
- 1 P Vanille-Puddingpulver

Belag:
- ca. 650 g säuerliche Äpfel

Den Ofen (Heißluft) auf 160 °C vorheizen und eine Springform mit Backpapier überspannen. Für den Boden die zimmerwarme Margarine mit Zucker, Vanillezucker und einer Prise Salz hell und cremig aufschlagen.

Die Eier einzeln nacheinander unterrühren. Mehl und Backpulver zur Masse geben und zusammen mit der Milch zu einem glatten Teig verrühren. Den Teig in der Springform so verstreichen, dass er zum Rand hin leicht erhöht ist.

Für die Quarkmasse Skyr, Zucker, Vanillezucker und Zitronensaft glattrühren. Öl unterrühren. Erst dann die Eier und das Puddingpulver unterrühren.

Zum Schluss die Äpfel entkernen und in Würfel schneiden. Die Apfelwürfel unter die Quarkmasse heben und alles auf dem Teigboden verstreichen. 45-60 Min. backen.

Rhabarber-Orangen-Marmelade, Mai 2025 (14174)

Herstellung im Thermomix.

- 800 g Rhabarber
- 1 Apfel (ca. 140 g)
- Saft und Abrieb von 1 Bio-Orange
- 1 P Vanillezucker (Rohrohrzucker)
- 30 g Zitronensaft
- 400 g Vollrohrzucker
- 1 TL Johannisbrotkernmehl

Obst und Orangenschale pürieren (10 Sek./Stufe 8). Restliche Zutaten in den TM geben, zerkleinern (10 Sek./Stufe 8) und garen (16 Min./100 °C/Stufe 2/Linkslauf, Garkörbchen auf den Deckel stellen (als Spritzschutz). Johannisbrotkernmehl zugeben und 5 Sek./Stufe 5 vermischen. Nochmals pürieren (10 Sek./Stufe 10). Gläser heiß ausspülen, Marmelade direkt einfüllen und sofort fest verschließen.

Rhabarber-Marmelade Cointreau, Mai 2025 (14173)

Herstellung im Thermomix.

- 800 g Rhabarber
- 1 Apfel (ca. 140 g)
- 1 P Vanillezucker (Rohrohrzucker)
- 30 g Zitronensaft
- 400 g Vollrohrzucker
- 1 TL Johannisbrotkernmehl
- 2–3 EL Cointreau (nach dem Kochen)

Püriere das vorbereitete Obst im Thermomix 10 Sek./Stufe 8. Gib anschließend alle weiteren Zutaten außer dem Cointreau in den Mixtopf. Zerkleinere die Mischung erneut 10 Sek./Stufe 8 und erhitze sie anschließend für 16 Min./100 °C/Stufe 2/ Linkslauf. Setze das Garkörbchen als Spritzschutz auf.

Füge das Johannisbrotkernmehl hinzu und vermische es 5 Sek./Stufe 5. Püriere danach alles nochmals fein für 10 Sek./Stufe 10.

Gib zum Schluss den Cointreau hinzu und verrühre ihn 5 Sek./Stufe 3.

Bereite die Gläser wie üblich vor, fülle die heiße Marmelade sofort ein und verschließe sie fest.

Hafer-Schokoladenkekse, Mai 2025

Zutaten:

- 150 g weiche Butter
- 100 g brauner Zucker
- 50 g weißer Zucker
- 1 Ei
- 1 TL Vanilleextrakt
- 125 g Mehl
- ½ TL Natron
- ½ TL Salz
- 150 g Haferflocken
- 150 g dunkle Chocolate Chunks

Heize den Backofen auf 160 °C Heißluft vor und bereite ein Backblech mit Backpapier vor. Gib die weiche Butter zusammen mit dem braunen und dem weißen Zucker in eine Rührschüssel und schlage die Mischung cremig auf. Füge das Ei und den Vanilleextrakt hinzu und rühre beides gründlich unter.

Vermische in einer separaten Schüssel das Mehl mit Natron und Salz. Gib die trockenen Zutaten nach und nach zur Butter-Zucker-Masse und verrühre alles zu einem gleichmäßigen Teig. Hebe anschließend die Haferflocken und die Schokoladenstücke unter.

Forme mit zwei Teelöffeln kleine Teighäufchen und setze sie mit ausreichend Abstand auf das vorbereitete Backblech.

Backe die Kekse 10–12 Minuten lang, bis die Ränder goldbraun sind. Die Mitte darf noch weich sein – beim Abkühlen werden die Kekse fester. Lasse sie zunächst einige Minuten auf dem Blech abkühlen und lege sie dann zum vollständigen Auskühlen auf ein Kuchengitter.

Stachelbeer-Skyrkuchen, Mai 2025

- 1 Glas Stachelbeeren (Abtropfgewicht ca. 360 g)
- 2 Eier
- 200 g Rohrohrzucker
- 1 P Vanillezucker
- 175 g Sonnenblumenöl
- 400 g Skyr natur
- 2 EL Zitronensaft
- 50 ml Milch
- 300 g Mehl Typ 550
- 1 Prise Salz
- 2 g Zitronenschale (1 TL)
- 1 P Backpulver
- 1,5 TL Flohsamenschalen

Stachelbeeren gut abtropfen lassen.

Springform am Boden mit Backpapier überspannen. Eier mit den Zuckernsorten schaumig schlagen (Flexirührer MUM5). Zitronensaft, Öl, Skyr und Milch zugeben und gut durchmixen. Mehl mit Zitronenschale und Backpulver vermischen. Unter die Schaummasse ziehen und nicht zu lange einarbeiten.

Grob geschätzt die Hälfte des Teiges (Hälfte genau wäre zu berechnen) in der Springform verstreichen. Mit Flohsamenschalen bestreuen und die Stachelbeeren darauf verteilen. Den Rest des Teigs gleichmäßig darübergeben. Ofen auf 160 °C (Heißluft) vorheizen und bei dieser Temperatur 55 Min. backen. Stäbchenprobe machen. Im offenen Ofen auskühlen lassen.

Rotwein-Milchreis-Kuchen, Mai 2025 (14167)

Springform 26 cm Durchmesser.

- 200 g weiche Butter
- 150 g Zucker
- 3 Eier Größe M
- 250 g Mehl
- 10 g Backpulver
- 5 g Zimt
- 200 g Rotwein
- 300 g gekochter Milchreis (abgekühlt)
- 100 g gemahlene Mandeln
- 50 g Zartbitterschokolade geraspelt

Den Backofen auf 160 °C Heißluft vorheizen.

Die Butter mit dem Zucker in einer großen Schüssel schaumig rühren. Nach und nach die Eier einzeln unterrühren, bis eine homogene Masse entsteht. Mehl mit Backpulver und Zimt vermischen und im Wechsel mit dem Rotwein unter die Butter-Eier-Masse rühren.

Den gekochten Milchreis, die gemahlenen Mandeln und die geraspelte Schokolade unterheben. Den Teig in die gefettete Springform füllen und glattstreichen. Im vorgeheizten Ofen auf der mittleren Schiene 50 Min. backen. Nach der Backzeit eine Stäbchenprobe machen. Falls noch Teig am Stäbchen klebt, den Kuchen weitere 5 bis 10 Min. backen.

Den Kuchen in der Form auf einem Kuchengitter vollständig auskühlen lassen, dann aus der Form lösen.

Nach Belieben mit einer Rotweinglasur überziehen.

**Rotwein-Feigen-Kuchen mit frischem Sauer-
teig und Datteln, Mai 2025 (14175)**

- 200 g frischer, aktiver Sauerteig
- 200 g Weizenmehl Type 550
- 100 g Rohrohrzucker
- 100 g Margarine
- 2 Eier
- 150 g Rotwein
- 80 g getr. Feigen, fein gewürfelt
- 50 g Datteln, fein gewürfelt
- 30 g Rosinen, in Rotwein eingeweicht
- Abrieb von ½ Bio-Zitrone oder -Orange
- 1 TL Backpulver
- ½ TL Natron
- 1 Prise Salz
- optional 1 EL gem. Mandeln

Feigen, Datteln und Rosinen klein schneiden. Wenn du die Rosinen einweichst, gieße sie anschließend ab und fang den Rotwein dabei auf.

Den Backofen auf 160 °C Heißluft vorheizen. Eine 1500-ml-Kastenform gut einfetten oder mit Backpapier auslegen. Die Margarine mit dem Zucker cremig rühren. Die Eier einzeln einarbeiten. Den frischen Sauerteig unterrühren, bis eine gleichmäßige Masse entsteht.

Mehl, Backpulver, Natron und Salz mischen. Die trockenen Zutaten abwechselnd mit dem Rotwein (inklusive eventuell aufgefangener Einweichflüssigkeit) unterrühren, bis ein homogener Teig entsteht. Nicht zu lange rühren. Zitronen- oder Orangenabrieb, die Trockenfrüchte sowie nach Wunsch gemahlene Nüsse unterheben. Den Teig in die vorbereitete Form geben und glatt streichen.

Den Kuchen im heißen Ofen etwa 50 bis 55 Min. backen. Gegen Ende mit einem Holzstäbchen prüfen, ob der Teig durchgebacken ist.

Den Kuchen aus dem Ofen nehmen und noch warm mit 2 bis 3 Esslöffeln Rotwein gleichmäßig beträufeln. Danach 10 Min. in der Form ruhen lassen, vorsichtig stürzen und vollständig auskühlen lassen.

Optional kann der Kuchen in Alufolie gewickelt ruhen, um besonders saftig zu bleiben. Wer mag, bestäubt ihn vor dem Servieren mit Puderzucker oder überzieht ihn mit einer Glasur aus Zitronensaft und Puderzucker.

Gebrannte Mandeln wie Raffaello, Mai 2025

- 400 g Mandeln
- 80–100 g Zucker
- 1 Päckchen Vanillezucker
- 10 g Wasser
- 200 g weiße Kuvertüre
- 50 g Puderzucker
- 100 g Kokosraspel

Backofen auf 140 °C Heißluft vorheizen. Zucker, Vanillezucker und Mandeln in den Mixtopf geben. 6 Min./Varoma/Linkslauf/ Sanftrührstufe. Wasser zugeben und 9 Min./Varoma/Linkslauf/Sanftrührstufe.

Mandeln auf ein Backblech geben und 10 Min. im Ofen rösten. Abkühlen lassen, bis sie nur noch lauwarm sind.

Die Kuvertüre in den sauberen Mixtopf geben und 5 Min./50 °C/Sanftrührstufe schmelzen. Mandeln zugeben und 30 Sek./Linkslauf/Stufe 2 mischen.

Puderzucker und Kokosraspel in eine große Schüssel geben. Die überzogenen Mandeln hineingeben und schwenken, bis sie gleichmäßig umhüllt sind. Vollständig abkühlen lassen und luftdicht lagern.

Milchbrötchen, Mai 2025

- 270 g Milch
- 80 g Butter
- 50–70 g Zucker (nach Geschmack)
- 1 Würfel frische Hefe
- 550 g Weizenmehl Type 405 oder 550
- 1 TL Salz
- 1 Päckchen Vanillezucker
- 3 EL pflanzliche Milch
- 1 TL Zucker
- nach Belieben Hagelzucker, Schokostückchen oder Rosinen

Milch, Butter und Zucker in einem kleinen Topf bei niedriger Hitze erwärmen, bis die Butter geschmolzen ist und die Mischung handwarm ist (etwa 37 °C). Die Hefe einrühren und 5 Min. stehen lassen, bis sie sich aufgelöst hat.

Mehl, Salz und Vanillezucker in die Rührschüssel der Küchenmaschine geben. Die lauwarme Milchmischung hinzufügen und mit dem Knethaken 5–8 Min. zu einem glatten, elastischen Teig kneten.

Den Teig abgedeckt an einem warmen Ort 30–45 Min. gehen lassen, bis er sich deutlich vergrößert hat.

Den Teig auf eine leicht bemehlte Arbeitsfläche geben und zu einer dicken Rolle formen. In 12–16 gleich große Stücke schneiden und diese zu Kugeln formen. Die Kugeln in eine gefettete oder mit Backpapier ausgelegte Auflaufform setzen.

Pflanzliche Milch mit dem Zucker verrühren und die Teigkugeln damit einpinseln. Nach Wunsch mit Hagelzucker, Schokostückchen oder Rosinen bestreuen. Die Form mit einem feuchten Tuch abdecken und weitere 30 Min. gehen lassen.

Die Form in den kalten Ofen (Heißluft) stellen. Bei 160 °C Heißluft 30–35 Min. auf der mittleren Schiene backen, bis die Brötchen goldbraun sind.

Aus dem Ofen nehmen, kurz abkühlen lassen und aus der Form lösen. Vollständig auskühlen lassen. Optional mit Puderzucker bestäuben oder direkt servieren.

Schoko-Mandel-Kuchen, Mai 2025

- 180 g Zartbitterschokolade
- 180 g Butter
- 4 Eier
- Prise Salz
- 170 g Zucker
- 60 g Mehl
- ½ Päckchen Backpulver
- 200 g gemahlene Mandeln
- etwas Butter für die Form

Den Backofen auf 160 °C Heißluft vorheizen. Die Springform (26 cm) mit Backpapier auslegen.

Die Schokolade grob hacken und mit der Butter über einem Wasserbad bei schwacher Hitze schmelzen. Vom Herd nehmen und leicht abkühlen lassen.

Eier, Zucker und eine Prise Salz mit dem Handrührgerät oder der Küchenmaschine hell und schaumig schlagen.

Die abgekühlte Schokoladen-Butter-Mischung unterrühren. Mehl mit Backpulver mischen, dazugeben und zusammen mit den gemahlenen Mandeln kurz unterheben, bis ein homogener Teig entsteht.

Den Teig in die vorbereitete Form füllen und auf mittlerer Schiene ca. 35–40 Min. bei 160 °C backen. Gegen Ende mit einem Holzstäbchen prüfen – es darf noch leicht feucht sein.

Den Kuchen in der Form leicht abkühlen lassen, dann vorsichtig lösen und vollständig auskühlen lassen.

Tipp: Nach Wunsch mit Puderzucker bestäuben oder mit Schokoladenglasur überziehen.

Thunfisch-Quiche, Mai 2025

Teig
- 200 g Weizenmehl Type 550
- 75 g Skyr
- 2 gestr. TL Backpulver
- 45 g Sonnenblumenöl
- 1 Ei
- 1 gestr. TL Salz
- etwas Margarine für die Form

Füllung
- 2 Dosen Thunfisch à 135 g, gut abgetropft
- 150 g Tomaten (z. B. Strauch- oder Roma-Tomaten), in kleine Stücke geschnitten
- 1 Zwiebel, gewürfelt
- 100 g Gouda, gerieben
- 2 Eier (Größe M)
- 100 g Skyr
- Salz
- ½ TL Paprika edelsüß
- schwarzer Pfeffer aus der Mühle

Backofen auf 160 °C Heißluft vorheizen. Eine Springform (26 cm) mit Backpapier auslegen.

Für den Teig Mehl, Backpulver, Salz, Skyr, Sonnenblumenöl und Ei in die Schüssel der Küchenmaschine geben und mit dem Knethaken 2–3 Min. zu einem geschmeidigen Teig verkneten. Den Teig auf einer bemehlten Fläche ausrollen, die Form damit auskleiden und den Boden mehrfach mit einer Gabel einstechen.

Thunfisch, Tomatenstücke und Zwiebeln gleichmäßig auf dem Teig verteilen. Mit Salz und Pfeffer würzen. Den geriebenen Gouda darüberstreuen. Für den Guss Eier und Skyr mit Salz, Pfeffer und Paprika glatt verrühren – mit dem Handrührer oder mit der Küchenmaschine. Den Guss gleichmäßig über die Füllung geben.

Die Quiche auf der unteren Schiene ca. 40–45 Min. backen, bis sie goldbraun und der Guss gestockt ist.

Vor dem Anschneiden 5–10 Min. abkühlen lassen.

Lemon Cake, Mai 2025

Teig:
- 300 g Mehl
- 110 g Zucker
- 1 Prise Salz
- 210 g kalte Margarine in Stücken

Füllung
- 310 g Zucker
- 25 g Mehl
- 4 Eier
- 3 TL getrocknete Zitronenschale
- 100 ml Zitronensaft
- Puderzucker nach Geschmack

Backofen auf 160 °C Heißluft vorheizen. Mehl, Zucker, Salz und Margarine in die Küchenmaschine geben und mit dem Flachrührer oder Knethaken auf niedriger Stufe verrühren, bis ein krümeliger Teig entsteht. Wenn der Teig zu weich ist, 1–2 EL Mehl hinzufügen.

Eine 26-cm-Springform mit Backpapier überspannen. Den Teig in die Form geben und gleichmäßig am Boden andrücken. Teig im vorgeheizten Ofen etwa 20 Min. backen, bis er leicht gebräunt ist. In der Zwischenzeit die Füllung vorbereiten.

Zucker, Mehl und Eier in die Rührschüssel geben und auf mittlerer Stufe glattrühren.

Die getrocknete Zitronenschale mit dem Zitronensaft mischen und 5 Min. ziehen lassen, dann zur Eiermasse geben und nochmals gut verrühren. Die Zitronenmasse auf den vorgebackenen Boden gießen und die Form wieder in den Ofen geben. Weitere 20 bis 25 Min. backen, bis die Füllung gestockt ist.

Den Kuchen vollständig abkühlen lassen und nach Belieben mit Puderzucker bestreuen.

Einfacher Rhabarberkuchen, Mai 2025

Rührteig:
- 2 Eier
- 1 P Vanillezucker
- 125 g Zucker
- 60 g Sonnenblumenöl
- 50 g Joghurt + 10 g Wasser
- 100 g Weizenmehl 550
- 50 g kernige Haferflocken
- 1/2 P Backpulver
- 1 Prise Salz

Belag:
- ca. 300 g Rhabarber in 2–3 cm Stücken
- 1 EL Zucker zum Ziehenlassen
- 1 EL Zucker zum Bestreuen
- 2–3 EL Sonnenblumenkerne

Den Rhabarber waschen, gegebenenfalls schälen und in 2–3 cm Stücke schneiden. Mit 1 EL Zucker mischen und etwa 15 Min. ziehen lassen. Danach die ausgetretene Flüssigkeit abgießen. Backofen auf 180 °C Heißluft vorheizen. Eier mit Zucker und Vanillezucker in der Küchenmaschine oder mit dem Handrührgerät etwa 3 Min. schaumig schlagen. Öl, Joghurt und Wasser hinzufügen und kurz unterrühren.

Mehl, kernige Haferflocken, Backpulver und Salz dazugeben und alles zu einem glatten Teig verrühren. Den Teig in eine mit Backpapier überspannte Springform (26 cm) füllen und glatt streichen. Die abgetropften Rhabarberstücke gleichmäßig auf dem Teig verteilen. Mit 1 EL Zucker und den Sonnenblumenkernen bestreuen.

Im vorgeheizten Ofen bei 180 °C Heißluft etwa 25–30 Min. backen, bis der Kuchen goldbraun ist. Abkühlen lassen und servieren.

Schokoladen-Skyr-Kuchen, Mai 2025

- 150 g Mehl
- 170 g Zucker
- 250 g Skyr
- 100 g gemahlene Nüsse
- 30 g Backkakao
- 1 P Backpulver (ca. 10 g)

Backofen auf 150 °C Ober-/Unterhitze vorheizen.
Alle Zutaten in eine Rührschüssel geben und mit der Küchenmaschine etwa 1 Min. auf mittlerer Stufe zu einem glatten Teig verrühren. Den Teig in eine gefettete und mit Grieß ausgestreute Gugelhupfform füllen und glatt streichen. Im vorgeheizten Ofen etwa 45–50 Min. backen. Gegen Ende der Backzeit mit einem Holzstäbchen prüfen – wenn kein Teig mehr kleben bleibt, ist der Kuchen fertig. Den Kuchen abkühlen lassen und nach Wunsch mit Puderzucker bestäuben oder mit Kuvertüre überziehen.

Dattel-Sultaninen-Aufstrich, Mai 2025 (14177)

- 300 g getrocknete Datteln
- 300 g Sultaninen
- 1 Apfel (ca. 160 g)
- 150–180 ml Rotwein
- 20 g Zitronensaft
- 1 P Vanillezucker
- 1 TL Johannisbrotkernmehl
- 1–2 EL brauner Rum (nach dem Kochen)

Datteln und Sultaninen mit Rotwein mindestens 3 Std. einweichen. Apfel grob würfeln. Alles in den Mixtopf geben. 10 Sek./Stufe 8 pürieren. Zitronensaft und Vanillezucker zugeben, 10 Sek./Stufe 8 zerkleinern. 16 Min./105 °C/Stufe 2/Linkslauf, Garkörbchen auf den Deckel stellen (als Spritzschutz). Johannisbrotkernmehl zugeben, 5 Sek./Stufe 5 mischen. Rum zugeben, 5 Sek./Stufe 3 verrühren. Heiß in sterile Gläser füllen.

Orangen-Marzipan Pralinen, Mai 2025

30 Stück

- 100 g Puderzucker
- 100 g geschälte Mandeln
- 15 g Orangensaft
- 5 g Cointreau (optional, alternativ 5 g zusätzlicher Orangensaft)
- 1 P Vanillezucker oder Mark einer Schote
- abgeriebene Schale von ½ Bio-Orange
- 160 g weiße Kuvertüre (oder: 130 g weiße + 30 g Zartbitterschokolade)

Zucker in den Mixtopf geben, 10 Sek./Stufe 10 pulverisieren und umfüllen. Mandeln in den Mixtopf geben und 15 Sek./Stufe 7 mahlen. Puderzucker, Orangensaft, Cointreau (oder Ersatz), Vanillemark und Orangenschale zu den Mandeln geben und 2 Min./Teigknetmodus vermengen.

Teig für 15–20 Min. im Kühlschrank ruhen lassen, damit er besser formbar ist. Mit einem Teelöffel kleine Portionen abstechen und ca. 30 Kugeln formen. Hände ggf. mit kaltem Wasser oder Puderzucker befeuchten. Kuvertüre in der Mikrowelle oder im Wasserbad bei niedriger Temperatur (max. 30-45 °C) schmelzen. Pralinen einzeln mit einer Pralinengabel in die Kuvertüre tauchen, leicht am Rand des Gefäßes abklopfen und auf ein Backpapier setzen. Nach Wunsch mit einer Prise Zimt bestreuen, solange die Kuvertüre noch feucht ist. Aushärten lassen und luftdicht aufbewahren.

Lebkuchen, Mai 2025

Ergibt ca. 30 Stück.

- 100 g Haselnüsse
- 100 g Mandeln
- 100 g Zitronat
- 100 g Orangeat
- 160 g Zucker
- 70 g Butter (in Stücken)
- 2 Eier (Größe M)
- 1 Päckchen Lebkuchengewürz
- 1 TL Zimt
- 1 TL Kakao
- Abrieb einer Bio-Orange (optional)
- 250 g Weizenmehl (Type 405)
- 90 g Milch
- 2 gestrichene TL Backpulver
- Zartbitterkuvertüre (nach Bedarf)
- 30 Oblaten, 70 mm (optional)

Backofen auf 160 °C Heißluft vorheizen.

Haselnüsse, Mandeln, Zitronat, Orangeat und Zucker in den Mixtopf geben, 20 Sek./Stufe 7 zerkleinern. Mit dem Spatel nach unten schieben und nochmals 20 Sek./Stufe 7 zerkleinern. Butter, Eier, Lebkuchengewürz, Zimt, Kakao, Orangenabrieb (optional), Mehl, Milch und Backpulver zugeben und 30 Sek./Stufe 4 verrühren.

Mit einem Teelöffel kleine Häufchen auf ein mit Backpapier belegtes Blech oder auf Oblaten setzen. Im vorgeheizten Backofen ca. 15 Min. bei 160 °C Heißluft backen.

Nach dem Abkühlen mit geschmolzener Zartbitterkuvertüre überziehen (optional). Nach Wunsch mit gehackten Nüssen oder Pistazien bestreuen. Luftdicht aufbewahren.

Rüblitorte (sehr saftig), Mai 2025

- 120 g Sonnenblumenöl
- 100 g Haselnüsse (gemahlen)
- 400 g Möhren (in Stücken)
- 200 g Zucker
- 3 Eier (Größe M)
- 250 g Weizenmehl (Type 405)
- 1 TL Backpulver
- 1 TL Natron
- ½ TL Salz
- 1 TL Zimt
- 1 P Finesse Vanillearoma
- 1 EL Apfelmus oder Joghurt

Für den Guss

- 120 g Puderzucker
- 10 g Wasser
- 5 g Zitronensaft
- 12 Marzipankarotten

Möhren im Thermomix zerkleinern: 8 Sek./Stufe 5. In der Küchenmaschine Zucker und Eier 1–2 Min. schaumig schlagen. Öl bei laufender Maschine langsam einfließen lassen und unterrühren, bis die Masse homogen ist. Möhren und gemahlene Haselnüsse zugeben und gut unterrühren. Mehl, Backpulver, Natron, Salz, Zimt sowie optional Vanillearoma und Apfelmus oder Joghurt zufügen und nur kurz auf niedriger Stufe unterheben, bis ein gleichmäßiger Teig entsteht.

Den Teig in eine gefettete Springform (26 cm) füllen. Im vorgeheizten Backofen bei 180 °C Heißluft ca. 35–40 Min. backen. Stäbchenprobe machen. Kuchen vollständig abkühlen lassen.

Puderzucker mit Wasser und Zitronensaft glattrühren und auf dem Kuchen verteilen. Mit Marzipankarotten dekorieren. Optional mit gehackten Pistazien oder Haselnüssen bestreuen.

Schoko-Nusskranz, Mai 2025

- 200 g Haselnüsse
- 200 g Butter
- 250 g Zucker
- 4 Eier
- 250 g Weizenmehl Type 405
- 2 TL Backpulver
- 100 g Zartbitterschokolade, grob gehackt bzw. geraspelt
- 1 Prise Salz
- 2 EL Milch, bei Bedarf etwas mehr
- optional Puderzucker oder Zartbitterkuvertüre zum Bestäuben bzw. Überziehen

Haselnüsse auf einem Backblech verteilen und im vorgeheizten Backofen bei 180 °C Heißluft 6 bis 8 Min. rösten. Abkühlen lassen und im TM 5 Sek./Stufe 10 zerkleinern, anschließend umfüllen.

Butter und Zucker in die Rührschüssel der Küchenmaschine geben und ca. 2 Min. schaumig schlagen. Eier einzeln unterrühren. Die gemahlenen Haselnüsse, Mehl, Backpulver, Salz, gehackte Schokolade und Milch zugeben und nur so lange verrühren, bis ein glatter Teig entsteht. Falls der Teig zu fest wirkt, esslöffelweise etwas mehr Milch zugeben.

Den Teig in eine gefettete Gugelhupfform füllen und im vorgeheizten Backofen bei 160 °C Heißluft ca. 55 bis 60 Min. backen. Nach 50 Min. eine Stäbchenprobe machen. Nach dem Backen vollständig auskühlen lassen.

Nach Belieben mit Puderzucker bestäuben oder mit Zartbitterkuvertüre überziehen.

Zitronen-Amerikaner, Mai 2025

- 100 g weiche Butter in Stücken
- 125 g Zucker
- 2 Eier
- 1 P Vanillezucker oder 1 TL Vanilleextrakt
- 5 EL Milch
- 250 g Weizenmehl Type 405
- ¾ P Backpulver
- abgeriebene Schale einer unbehandelten Zitrone
- optional 1 TL Zitronensaft für mehr Aroma

Für die Glasur
- 300 g Puderzucker
- 50 g Zitronensaft
- optional 10–20 g Wasser zur Verdünnung

Butter und Zucker in die Rührschüssel der Küchenmaschine geben und 2 Min. lang cremig rühren. Eier und Vanillezucker oder Vanilleextrakt zugeben und 1–2 Min. weiterschlagen, bis die Masse hell und schaumig ist. Milch, Mehl, Backpulver, Zitronenschale und optional Zitronensaft hinzufügen und auf niedriger Stufe nur so lange verrühren, bis ein glatter, eher fester Teig entsteht. Mit zwei Teelöffeln oder einem Eisportionierer kleine Häufchen mit Abstand auf ein mit Backpapier belegtes Blech setzen.

Im vorgeheizten Ofen bei 180 °C Heißluft 10 bis 15 Min. backen, bis die Amerikaner goldgelb sind. Auf einem Gitter abkühlen lassen. Für die Glasur Puderzucker mit Zitronensaft verrühren, flache Seite bestreichen.

Pflaumenecken, Mai 2025

Teig
- 470 g Mehl
- 190 g Zucker
- 1-2 TL Vanillezucker
- 265 g kalte Butter in Stücken
- 2 Eier (alternativ 1 großes Ei + 1 Eigelb)

Belag
- 500 g Pflaumen entsteint und geviertelt
- 170 g Pflaumenmus
- 60 g geschmolzene Kuvertüre (optional, zum Verzieren)

Backofen auf 160 °C Heißluft vorheizen.

Mehl, Zucker, Vanillezucker und Butter in die Rührschüssel der Küchenmaschine geben. Mit dem Knethaken oder Flachrührer ca. 1 Min. auf mittlerer Stufe zu einem krümeligen Teig verarbeiten. Etwa ein Viertel des Teigs für die Streusel abnehmen (260 g) und beiseitestellen. Die Eier zum restlichen Teig geben und nochmals ca. 1 Min. auf mittlerer Stufe kneten, bis ein glatter Teig entsteht.

Den Teig in eine mit Backpapier ausgelegte oder gefettete Springform (26 cm) geben und gleichmäßig auf dem Boden andrücken. Pflaumenmus auf dem Teigboden verstreichen. Die geviertelten Pflaumen gleichmäßig darauf verteilen. Die beiseitegelegte Teigmasse als Streusel darüber bröseln.

Den Kuchen auf mittlerer Schiene im vorgeheizten Ofen ca. 40–45 Min. backen, bis die Streusel goldbraun sind. Kuchen vollständig abkühlen lassen. Nach Belieben mit geschmolzener Kuvertüre verzieren und in Stücke schneiden.

Rhabarber-Rührkuchen, Mai 2025
- 125 g weiche Butter
- 350 g Rhabarber (geschält, in Scheiben)
- 125 g Zucker
- 3 Eier
- 200 g Mehl
- 2 TL Backpulver
- 1 Prise Salz
- 1 EL Zucker (für den Rhabarber)

Backofen auf 160 °C Heißluft vorheizen. Rhabarber waschen, schälen, in Scheiben schneiden und mit 1 EL Zucker mischen, beiseitestellen.

Butter und Zucker in der Küchenmaschine mit dem Rührbesen ca. 2–3 Min. cremig schlagen. Eier nacheinander jeweils ca. 30 Sek. unterrühren. Mehl, Backpulver und Salz mischen, zur Butter-Ei-Masse geben und auf niedriger Stufe kurz einrühren. Teig in eine gefettete Springform (ca. 26 cm) geben und glatt streichen.

Rhabarber gleichmäßig auf dem Teig verteilen. 45 Min. bei 160 °C Heißluft backen. Stäbchenprobe machen, auskühlen lassen.

Apfel-Nuss-Brot, Mai 2025

- 650 g Äpfel (entkernt, geachtelt)
- 100 g Zucker
- 500 g Weizenmehl
- 1 Päckchen Backpulver
- 8 g Kakao (1 EL)
- 1 TL Zimt
- 200 g Haselnüsse
- 50 ml neutrales Pflanzenöl

Backofen auf 160 °C Heißluft vorheizen.

200 g Haselnüsse in den Mixtopf geben, 5 Sek. auf Stufe 4–5 zerkleinern, zwischendurch prüfen und bei Bedarf Vorgang wiederholen, bis die gewünschte grobe Konsistenz erreicht ist.

Umfüllen. Äpfel im Thermomix 5 Sek./Stufe 5 zerkleinern, anschließend umfüllen. Zucker, Mehl, Backpulver, Kakao und Zimt in einer großen Schüssel mischen. Zerkleinerte Äpfel und Öl hinzufügen. Mit der Küchenmaschine oder einem Handrührgerät mit Knethaken kurz vermengen, bis alles gut verbunden ist.

Haselnüsse zum Teig geben. Kurz unterkneten. Teig in eine gefettete oder mit Backpapier ausgelegte Kastenform (ca. 30 x 11 cm) füllen. 60 Min. bei 160 °C Heißluft backen. Brot in der Form einige Minuten abkühlen lassen, dann herausnehmen und vollständig auskühlen lassen.

Elisenlebkuchen, Mai 2025

22-25 Stück

- 200 g Haselnüsse
- 200 g Mandeln
- 100 g Zitronat
- 100 g Orangeat
- 5 Eier (Gr. M)
- 150 g brauner Zucker
- 20 g Honig
- 100 g Schokolade, geraspelt
- 1 TL Lebkuchengewürz
- 2 TL Zimt
- 1 Prise Salz
- 1 TL Vanillezucker
- ca. 25 Oblaten (7 cm Ø)
- 200 g Schokoglasur

Backofen auf 140 °C Heißluft vorheizen.

Haselnüsse in den Mixtopf geben, 10 Sek./ Stufe 7 mahlen, umfüllen. Mandeln ebenfalls 10 Sek./Stufe 7 mahlen, umfüllen. Schokolade in Stücken in den Mixtopf geben, 5 Sek./Stufe 6 raspeln, umfüllen. Zitronat und Orangeat in den Mixtopf geben, 15 Sek./Stufe 7 zerkleinern, ggf. mit Spatel vom Boden lösen.

Gemahlene Nüsse, zerkleinerte Früchte, geraspelte Schokolade, Eier, Zucker, Honig, Gewürze, Salz und Vanillezucker in eine Rührschüssel geben. Mit Küchenmaschine oder Handmixer (Rührbesen) ca. 1 Min. zu einem klebrigen Teig verrühren. Teig mit einem Löffel oder Teigportionierer auf die Oblaten geben (ca. 1 gehäufter EL pro Stück). Auf ein mit Backpapier belegtes Blech setzen.

20–25 Min. bei 140 °C Heißluft backen. Vollständig auskühlen lassen. Schokoglasur schmelzen und Lebkuchen damit bestreichen.

Schoko-Muffins, Mai 2025

- 120 g Zucker
- 150 g Schokolade (z. B. Osterhasen oder Weihnachtsmänner)
- 2 Eier
- 100 g weiche Butter
- 120 g Milch
- 200 g Mehl
- 2 TL Backpulver
- 1/2 TL Zimt
- 1 Prise Salz

Backofen auf 160 °C Heißluft vorheizen.

Schokolade in Stücken in den Mixtopf geben, 5 Sek./Stufe 6 grob zerkleinern, umfüllen. Eier, Zucker, Butter und Milch in eine Rührschüssel geben und mit der Küchenmaschine oder einem Handrührgerät ca. 1 Min. schaumig schlagen. Mehl, Backpulver, Zimt und Salz zugeben und kurz unterrühren, bis ein glatter Teig entsteht. Zerkleinerte Schokolade unterheben.

Teig in ein gefettetes oder mit Papierförmchen ausgelegtes Muffinblech füllen (ergibt ca. 12 Stück). 20–22 Min. bei 160 °C Heißluft backen. Kurz abkühlen lassen, aus der Form nehmen und vollständig auskühlen lassen.

Afrikanischer Erdnusseintopf mit Kohl, Mai 2025

Vegan

- 150–170 g Weißkohl oder Spitzkohl in Stücken
- 1 kleine Karotte, in Stücken
- 1/2 rote Paprika, in Stücken
- 1 kleine Zwiebel, halbiert
- 1 EL Sesamöl
- 1 TL Dijon-Senf
- etwas Pfeffer
- 1 MS Chilipulver
- 1/2 EL Kreuzkümmel
- 220 ml Tomaten-Passata
- 80 ml Gemüsebrühe
- 1/2 TL Paprikapulver
- 1/2 TL getr. Thymian
- 2 EL Erdnussbutter
- 70 g Mais
- 70 g Kidneybohnen
- 1/4–1/2 TL Salz

Gemüse im Thermomix zerkleinern: Kohl, Karotte und Paprika jeweils 2 Sek./Stufe 5, umfüllen. Zwiebel 4 Sek./Stufe 5 zerkleinern und in einen Topf geben.

Öl im Topf erhitzen und die Zwiebel darin ca. 2 Min. andünsten. Senf, Pfeffer, Chili und Kreuzkümmel zugeben und 1 Min. anrösten. Tomaten-Passata und Brühe einrühren und aufkochen lassen. Paprikapulver, Thymian sowie das zerkleinerte Gemüse zugeben. Etwa 12 Min. bei mittlerer Hitze köcheln lassen, dabei gelegentlich umrühren.

Erdnussbutter einrühren und gut vermengen. Mit Salz und eventuell etwas zusätzlichem Chili abschmecken. Mais und Kidneybohnen zugeben und 3 Min. weiterköcheln. Heiß servieren.

Kürbis-Bolognese (Pfanne), Mai 2025

2 Portionen

- 125 g Spaghetti (ungekocht)
- 200 g Kürbisfleisch (z. B. Hokkaido, in kleinen Würfeln)
- 60 g Zwiebel (fein gewürfelt)
- 1 kleine Knoblauchzehe (fein gehackt)
- 20 g Olivenöl
- 200 g Hackfleisch (gemischt oder Rind)
- 200 g stückige Tomaten (aus der Dose)
- 1/2 TL Salz
- etwas schwarzer Pfeffer
- 1/4 TL Currypulver
- 1/2 TL Thymian (getrocknet)
- 30 g Parmesan (gerieben, frisch oder fertig)

Spaghetti in reichlich Salzwasser nach Packungsanleitung al dente kochen.

Währenddessen das Öl in einer Aluguss-Pfanne erhitzen. Zwiebel und Knoblauch darin bei mittlerer Hitze 2–3 Min. glasig dünsten. Kürbiswürfel zugeben und 4–5 Min. mitbraten, bis sie leicht weich werden. Hackfleisch zugeben und krümelig anbraten, bis es braun ist. Tomaten, Salz, Pfeffer, Curry und Thymian einrühren.

Alles bei niedriger bis mittlerer Hitze ca. 10 Min. köcheln lassen, bis der Kürbis weich ist und die Sauce leicht eingedickt ist. Spaghetti abgießen, mit der Sauce anrichten und mit Parmesan bestreuen.

Tipp: Wer Röstaromen mag, kann den Kürbis separat kurz in einer zweiten Pfanne scharf anbraten und dann zur Sauce geben. – Statt Curry kann auch edelsüßes Paprikapulver verwendet werden, je nach Geschmack.

Thunfischlasagne, Mai 2025

Thunfischfüllung:

- 1 kleine Zwiebel (ca. 60 g), geschält, geviertelt
- 1 kleine Knoblauchzehe
- 10 g Olivenöl
- 200 g Tomatensauce (z. B. Basilico)
- 1 Prise Zucker
- 1/3 TL Salz
- Pfeffer und Oregano nach Geschmack
- 1 Dose Thunfisch (135 g Abtropfgewicht)

Bechamelsauce:

- 200 g Milch
- 20 g Mehl
- 10 g Butter
- 1/3 TL Salz
- etwas Pfeffer

Weitere:

- 4 Lasagneblätter (z. B. Buitoni, ohne Vorkochen)
- ca. 20 g geriebener Käse (z. B. Mozzarella oder Mischung)

Thunfischfüllung: Zwiebel, Knoblauch und Olivenöl in den Mixtopf geben und zerkleinern (5 Sek./Stufe 5). Tomatensauce, Zucker, Salz, Pfeffer und Oregano zugeben, 3 Min./100 °C/Stufe 1 dünsten. Thunfisch zugeben, 10 Sek./Stufe 3 vermengen. In eine Schüssel umfüllen.

Bechamelsauce: Mixtopf nicht spülen. Milch, Mehl, Butter, Salz und Pfeffer zugeben, 10 Min./90 °C/Stufe 4 kochen.

Lasagne schichten: Backofen auf 180 °C Heißluft vorheizen. In eine kleine gefettete Auflaufform 2–3 EL Bechamelsauce geben, dann 1 Lasagneblatt. 1/3 der Thunfischmasse daraufgeben, etwas Bechamelsauce darüber. In dieser Reihenfolge weiter schichten, bis alle Zutaten aufgebraucht sind (insgesamt ca. 3 Schichten). Mit restlicher Bechamelsauce abschließen und mit Käse bestreuen.

Backen: 30 Min. bei 180 °C Heißluft backen. Etwas abkühlen lassen und servieren.

Eierlikör-Muffins, Mai 2025

12 Stück

- 100 g Zartbitterschokolade
- 2 Eier
- 80 g Zucker
- 1 EL Vanillezucker (gestrichen)
- 90 g Sonnenblumenöl
- 120 g Eierlikör
- 150 g Mehl (Typ 405)
- 1 P Backpulver
- 25 g Haselnusskrokant

Backofen auf 160 °C Heißluft vorheizen. Schokolade in Stücke brechen, in den Mixtopf geben und 3 Sek./Stufe 8 nicht zu fein raspeln. Eier, Zucker und Vanillezucker in einer Rührschüssel mit der Küchenmaschine oder einem Handrührgerät ca. 1 Minute schaumig schlagen. Sonnenblumenöl, Eierlikör, Mehl und Backpulver zugeben und etwa 1 Minute weiterrühren, bis ein glatter Teig entsteht. Die geraspelte Schokolade und den Haselnusskrokant vorsichtig unterheben. Den Teig gleichmäßig auf 12 Muffinförmchen verteilen (jeweils etwa zu 3/4 füllen). Im vorgeheizten Backofen 20–25 Min. bei 160 °C Heißluft backen.

Tipp: *Muffins abkühlen lassen und nach Wunsch mit Puderzucker bestäuben.*

Pancakes, Mai 2025

- 200 g Naturjoghurt
- 100 g Milch
- 3 Eier
- 2 EL Zucker
- 150 g Mehl
- 1 Päckchen Backpulver
- etwas Butter zum Ausbacken

Joghurt und Milch in einer Schüssel mit einem Löffel oder Schneebesen kurz verrühren. Eier und Zucker in die Rührschüssel der Küchenmaschine geben und etwa 1 Min. auf mittlerer Stufe cremig schlagen. Mehl, Backpulver und die Joghurt-Milch-Mischung zugeben und ca. 1 Min. auf niedriger bis mittlerer Stufe zu einem glatten Teig verrühren.

Eine Pfanne mit etwas Butter erhitzen und den Teig portionsweise bei mittlerer Hitze ausbacken. Pro Pancake pro Seite etwa 2–3 Min., bis sie goldbraun werden. Warm servieren: zum Beispiel mit Ahornsirup, frischem Obst oder Joghurt.

Faustregel für Öl, Mai 2025

1 ml Öl ≈ 0,92 g

Das bedeutet konkret:

Menge in ml	Gewicht in g
100 ml Öl	ca. 92 g
250 ml Öl	ca. 230 g
500 ml Öl	ca. 460 g

Das kann je nach Sorte leicht schwanken – z. B. Rapsöl, Sonnenblumenöl oder Olivenöl haben minimale Unterschiede, aber diese Faustregel mit 0,92 g/ml ist im Haushalt völlig ausreichend.

Möhrenkuchen mit Joghurt, Mai 2025

- 400 g Möhren, geschält und in Stücken
- 150 g Sonnenblumenöl
- 100 g Naturjoghurt (am besten 3,5 % Fett)
- 200 g Zucker
- 400 g Mehl
- 2 P Vanillezucker
- 1 P Backpulver

Möhren in den TM-Mixtopf geben und 5 Sek./Stufe 10 zerkleinern. Verrühre in einer großen Schüssel das Sonnenblumenöl mit dem Joghurt. Gib den Zucker und den Vanillezucker dazu und rühre alles glatt. Füge die zerkleinerten Möhren hinzu und mische sie gut unter die Masse.

Vermenge das Mehl mit dem Backpulver in einer separaten Schüssel und gib die Mischung nach und nach zur Möhrenmasse. Rühre nur so lange, bis ein glatter Teig entsteht. Heize den Backofen auf 160 °C Heißluft vor. Fette eine Springform oder Kastenform ein oder lege sie mit Backpapier aus. Fülle den Teig in die Form und streiche die Oberfläche glatt. Backe den Kuchen etwa 50-60 Min. Mache eine Stäbchenprobe, um zu prüfen, ob er durchgebacken ist. Lass den Kuchen etwa 10 Min. in der Form abkühlen, dann stürze ihn auf ein Kuchengitter und lasse ihn vollständig auskühlen.

Nach Wunsch mit Puderzucker bestäuben oder mit einem Frischkäse-Frosting (Seite 104) verzieren.

Pizzaschnecken light, Mai 2025

Teig:
- 350 g Mehl
- 1/2 TL Salz
- 1/2 Würfel Hefe (ca. 20 g)
- 190 g lauwarmes Wasser
- 15 g Olivenöl

Füllung:
- 100 g Gouda (30 % Fett i. Tr.)
- 100 g gekochter Schinken
- 1 mittelgroße Tomate
- 1/2 Paprika (rot oder gelb), in Stücken
- 1 kleine Zwiebel, geviertelt
- 1 TL Pizzagewürz
- 50 g Frischkäse (0,2 % Fett)

Mehl, Salz, zerbröckelte Hefe, Wasser und Olivenöl in der Küchenmaschine mit Knethaken ca. 3 Min. zu einem glatten Teig verkneten. Den Teig in eine Schüssel geben, abdecken und an einem warmen Ort ca. 20 Min. gehen lassen.

Gouda in Stücken in den Mixtopf geben und 5 Sek./Stufe 5 zerkleinern, umfüllen. Zwiebel, Tomate, Paprika und Schinken in den Mixtopf geben und 6 Sek./Stufe 5 zerkleinern. Pizzagewürz und Frischkäse zugeben, mit dem Spatel im Mixtopf vermengen.

Teig halbieren, auf einer bemehlten Fläche jeweils zu einem Rechteck von ca. 45 x 25 cm ausrollen. Die Füllung gleichmäßig auf den beiden Teigplatten verteilen, dabei jeweils einen Rand an der hinteren Längsseite freilassen. Die Hälfte des zerkleinerten Käses über die Füllung streuen. Teig von der Längsseite her aufrollen, mit der Naht nach unten legen und in ca. 1,5 cm dicke Scheiben schneiden. Dabei das Messer zwischendurch anfeuchten.

Die Schnecken auf ein mit Backpapier belegtes Backblech legen, mit dem restlichen Käse bestreuen und nochmals 10–15 Min. gehen lassen. Backofen (Heißluft) auf 210 °C vorheizen. Pizzaschnecken 10 Min. goldbraun backen.

Frischkäsefrosting, Mai 2025

Für ca. 12 Cupcakes oder eine 24–26 cm Torte

- 200 g Frischkäse (Doppelrahmstufe, z. B. Philadelphia, gekühlt)
- 100 g weiche Butter (zimmerwarm)
- 100–150 g Puderzucker (nach Geschmack)
- 1 TL Vanilleextrakt (oder Mark einer Vanilleschote)

Die weiche Butter mit einem Handrührgerät oder einer Küchenmaschine auf höchster Stufe 3–5 Min. hell und cremig schlagen. Den kalten Frischkäse hinzufügen und nur kurz auf mittlerer Stufe unterrühren, bis eine glatte Masse entsteht. Nicht zu lange rühren, da das Frosting sonst flüssig werden kann.

Puderzucker nach und nach einsieben und zusammen mit dem Vanilleextrakt unterrühren. Noch einmal kurz, aber gründlich mischen. Das Frosting kann sofort verwendet oder für bessere Spritzfähigkeit 15–30 Min. gekühlt werden.

Tipp: *Für ein besonders standfestes Frosting 1–2 TL Speisestärke oder San-apart mit dem Puderzucker einrühren. Frischkäsefrosting passt besonders gut zu Karottenkuchen, Red Velvet Cake oder Zitronencupcakes.*

Polenta-Zitronen-Kuchen mit Joghurt, Mai 2025

- 200 g feine Polenta
- 100 g gem. Mandeln (oder einfach mehr Polenta, falls nicht zur Hand)
- 1 TL Backpulver
- 3 Eier
- 150 g Zucker
- 100 g Naturjoghurt
- 90 g Sonnenblumenöl
- Schale von 2 Zitronen
- 80 g Zitronensaft

Ofen (Heißluft) auf 160 °C vorheizen, Springform (ca. 24 cm) einfetten. Eier und Zucker schaumig schlagen.

Öl, Joghurt, Zitronenschale und -saft unterrühren. Trockene Zutaten (Polenta, Mandeln, Backpulver) vermengen und unterheben. In die Form füllen und ca. 35–40 Min. backen.

Optional: *Mit Zitronensirup oder Joghurt servieren.*

Zitronensirup, Mai 2025

- 3 Bio-Zitronen (unbehandelt)
- 500 g Zucker
- 500 g Wasser
- (optional: 1 TL Zitronensäure für längere Haltbarkeit und intensiveren Geschmack)

Zitronen heiß abwaschen, trockenreiben. Schale dünn mit einem Sparschäler abschälen (nur das Gelbe), anschließend die Zitronen auspressen.

Zitronenschale und Zucker in den Mixtopf geben und pulverisieren (10 Sek./Stufe 10). Zitronensaft, Wasser (und ggf. Zitronensäure) zugeben, 20 Min./100 °C/ Stufe 2 ohne Messbecher (Garkörbchen auf den Deckel stellen als Spritzschutz) einkochen lassen. Sirup durch ein feines Sieb oder Tuch filtern und heiß in sterile Flaschen abfüllen. Gut verschließen.

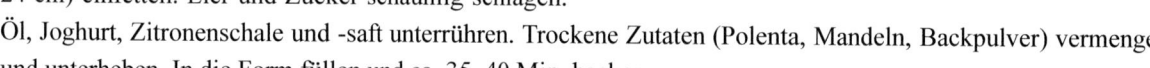

Roggenvollkornbrot mit Brühstück, Mai 2025

2000 g-Kastenform.

Brühstück:

- 100 g Sonnenblumenkerne
- 100 g Roggenvollkornmehl
- 200 g kochendes Wasser

Sonnenblumenkerne und Roggenvollkornmehl in eine Schüssel geben, mit dem kochenden Wasser übergießen und gut verrühren. Die Mischung abgedeckt mindestens 2 Std., besser über Nacht, bei RT stehen lassen.

Hauptteig:

- 550 g Roggenvollkornmehl
- 320 g lauwarmes Wasser
- 120 g Roggen-Sauerteig-Anstellgut
- 13 g Salz
- Brühstück (siehe oben)

Alle Zutaten in einer großen Schüssel oder Rührschüssel gründlich vermengen. Der Teig bleibt klebrig, wird aber durch das Brühstück saftiger und etwas elastischer. Den Teig abgedeckt etwa 8–10 Std. bei Raumtemperatur reifen lassen, idealerweise über Nacht.

Am nächsten Morgen den Teig in eine gefettete oder bemehlte Kastenform (ca. 2 Liter Fassungsvermögen) füllen. Nochmals 1–2 Std. abgedeckt gehen lassen, bis sich das Volumen sichtbar vergrößert hat. Backofen auf 230 °C Heißluft vorheizen. Das Brot in den heißen Ofen geben, kräftig Dampf erzeugen (z. B. mit heißem Wasser auf Blech oder Schale). Nach 10 Min. die Temperatur auf 180 °C senken und weitere 50–55 Min. backen. Nach dem Backen aus der Form nehmen und auf einem Gitter vollständig auskühlen lassen.

Vollkornbrot gemischt, Mai 2025

25-cm-Kastenform

- 300 g Roggenvollkornmehl
- 200 g Weizenvollkornmehl oder Dinkelvollkornmehl
- 300 g Roggensauerteig (aktiv, frisch gefüttert)
- 1 EL Zuckerrübensirup oder Malzsirup
- 10–15 g Salz
- 250–300 ml lauwarmes Wasser
- optional: 1 EL Apfelessig, 2 EL Sonnenblumenkerne, Kürbiskerne oder Leinsamen

Alle Zutaten gut vermengen, der Teig darf weich und klebrig sein. Roggenteige müssen nicht lange geknetet werden. Nach dem Mischen 30 Min. abgedeckt ruhen lassen. Danach nochmals durchrühren oder leicht kneten und den Teig in eine gefettete Kastenform geben. Oberfläche mit nassen Händen oder einem Löffel glätten. Optional mit Wasser bepinseln.

Abgedeckt 3–5 Std. bei RT gehen lassen, bis der Teig sichtbar aufgegangen ist (etwa 50 % mehr Volumen, er muss sich nicht verdoppeln).

Backofen (Heißluft) auf 220 °C vorheizen. Brot einschieben und nach 10 Min. die Temperatur auf 180 °C senken. Insgesamt 60–70 Min. backen. Für eine kräftigere Kruste das Brot in den letzten 10 Min. aus der Form nehmen und ohne Form fertigbacken. Nach dem Backen mindestens 12 Std. abkühlen lassen, bevor du es anschneidest.

Stachelbeer-Rührkuchen mit Streuseln, Mai 2025

Teig:
- 3 Eier
- 150 g Zucker
- 100 g weiche Margarine
- 150 g Naturjoghurt
- 1 TL Vanillezucker oder etwas Zitronenschale
- 200 g Mehl
- 1 TL Backpulver
- 1 Prise Salz

Belag:
- 300-400 g Stachelbeeren (gut abgetropft)

Streusel:
- 170 g Mehl
- 80 g weiche Margarine
- 60-70 g Zucker (halb braun, halb weiß möglich)
- 1 Prise Salz
- optional: 2 EL Haferflocken oder gem. Mandeln
- Bei Bedarf: 1-2 EL Mehl extra

Zucker, Eier und Margarine schaumig rühren. Joghurt, Mehl, Backpulver und Salz zugeben und alles verrühren. In eine gefettete 26 cm Springform geben und glattstreichen. Stachelbeeren gleichmäßig auf dem Teig verteilen, bei Feuchtigkeit mit etwas Speisestärke oder Vanillepuddingpulver mischen.

Alle Streuselzutaten vermengen. Bei zu weicher Konsistenz etwas Mehl zugeben. Ca. 10 Min. in den Kühlschrank stellen. Die Streusel mit den Fingern auf dem Kuchen verteilen. Bei 160 °C Heißluft ca. 40-45 Min. backen. Bei zu dunklen Streuseln mit Alufolie abdecken.

Lauwarm mit Joghurt oder Vanillesoße servieren.

Rührkuchen Apfelstücke Streusel, Mai 2025

Springform 26 cm.

Teig:
- 200 g Margarine (weich)
- 180 g Zucker
- 1 P Vanillezucker
- 3 Eier (Größe M)
- 250 g Mehl
- 2 TL Backpulver
- 1 Prise Salz
- optional 150 g Skyr oder Joghurt
- 300-400 g Äpfel
- etwas Zitronensaft (zum Beträufeln der Apfelstücke)

Streusel:
- 150 g Mehl
- 100 g Zucker
- 1 P Vanillezucker
- 1 TL Zimt (optional, passt super zu Apfel)
- 100 g Margarine (kalt, in Stückchen)

Backofen auf 160 °C Heißluft vorheizen. Springform einfetten oder mit Backpapier auslegen. Für den Teig Margarine, Zucker und Vanillezucker cremig rühren. Eier einzeln unterrühren. Mehl, Backpulver und Salz mischen und einrühren. Optional Skyr oder Joghurt dazugeben und kurz unterheben. Apfelstücke mit etwas Zitronensaft vermengen, dann unter den Teig heben. Teig in die Springform geben und glatt streichen.

Für die Streusel Mehl, Zucker, Vanillezucker und Zimt mischen. Kalte Margarine zugeben und mit den Händen zu Streuseln verarbeiten. Streusel gleichmäßig über dem Teig verteilen. Kuchen auf mittlerer Schiene ca. 50 Min. backen. Stäbchenprobe machen. Eventuell gegen Ende locker mit Alufolie abdecken. In der Form abkühlen lassen.

Ananaskuchen mit frischen Früchten, Mai 2025

- 1 Ananas
- 3 Eier
- 150 g Zucker
- 1/2 TL Vanillearoma
- 120 g Joghurt
- 280 g Mehl
- 1 EL Backpulver
- 50 ml Ananassaft (oder Milch, Orangensaft)

Die Ananas schälen, etwa die Hälfte in sieben Ringe schneiden, den Rest in kleine Stücke teilen. Die Eier mit dem Handrührgerät schaumig schlagen, dabei nach und nach den Zucker einrieseln lassen. Vanillearoma, Ananassaft, Mehl und Backpulver zugeben und alles zu einem glatten Teig verrühren. Zum Schluss die Ananasstücke unterheben. Den Teig in eine gefettete Springform geben, mit den Ananasringen belegen und bei 160 °C (Heißluft) ca. 60 Min. backen.

Ananas-Kuchen „Tropicana", Mai 2025

- 1 Dose Ananasringe
- 4 Eier
- 1 Prise Salz
- 200 g Zucker
- etwas Zitronensaft
- 125 g Kokosraspel
- 1/2 Päckchen Backpulver, davon 1 MS für die Kokosmasse
- 150 g Butter
- 200 g Mehl
- 2 EL Kakaopulver
- 100 ml Milch

Ananasringe abtropfen lassen, 50 ml Saft auffangen. Backofen auf 160 °C Heißluft vorheizen. Zwei Eier mit 75 g Zucker, etwas Zitronensaft, Kokosraspel und einer Messerspitze Backpulver verrühren.

Butter schmelzen. Mit 125 g Zucker und den restlichen 2 Eiern schaumig rühren. Mehl, Kakaopulver und restliches Backpulver zugeben und unterrühren. Milch und Ananassaft einrühren.

Springform mit Backpapier auslegen, Ananasringe auf dem Boden verteilen. Erst die Kokosmasse darauf streichen, dann den Schokorührteig darübergeben. Bei 160 °C ca. 50 Min. backen. Abkühlen lassen, aus der Form lösen, vollständig auskühlen und stürzen.

Apfelmus, Mai 2025

- 750 g säuerliche Äpfel in Stücken
- 20 g Zitronensaft
- 50 g Zucker
- 40 g Wasser
- 1 TL Vanillezucker

Alle Zutaten in den Mixtopf geben und kochen (8–9 Min./100 °C/Stufe 1). Anschließend pürieren (ca. 20 Sek./Stufe 5). Bei ungeschälten Äpfeln eventuell länger pürieren. Bei sehr süßen Äpfeln die Zitronenmenge leicht erhöhen.

Alternative Zubereitung im Topf: Alle Zutaten in einen Topf geben und bei mittlerer Hitze ca. 10–15 Min. weichkochen, dabei gelegentlich umrühren. Anschließend mit einem Stabmixer fein pürieren. Bei ungeschälten Äpfeln etwas länger mixen oder durch ein Sieb streichen.

In heiß ausgespülte Gläser umfüllen. Tiefgekühlt mehrere Monate haltbar.

Mohnkuchen mit Puddingfüllung, Mai 2025

26-cm-Springform

Teig
- 150 g Zucker
- 1 P Vanillezucker
- 1 Ei
- 200 g weiche Butter
- 375 g Mehl
- 1/2 P Backpulver
- 1 Prise Salz
- 5 Tropfen Zitronenaroma

Füllung
- 500 g Milch
- 2 P Vanillepuddingpulver zum Kochen
- 50 g Zucker
- 1 P Vanillezucker
- 2 P Mohnback (je 250 g)

Alle Zutaten für den Teig in die Küchenmaschine geben und 1 Min. auf Stufe 4 verrühren. Teig vom Rand nach unten schieben, nochmals 1 Min. auf Stufe 3 kneten. Drei Viertel des Teigs in eine mit Backpapier ausgelegte Springform (26 cm) geben und einen ca. 2–3 cm hohen Rand formen. Den restlichen Teig beiseitestellen. Den Ofen auf 180 °C Heißluft vorheizen.

Für die Füllung Milch, Puddingpulver, Zucker, Vanillezucker und eine Prise Salz in den TM-Mixtopf geben, 3 Sek. auf Stufe 4 vermengen. Dann 7 Min. bei 90 °C mit Linkslauf auf Stufe 3 kochen. Mohnback zugeben und 7 Sek. auf Stufe 4 unterrühren. Die Füllung etwa 10 Min. abkühlen lassen.

Die Pudding-Mohn-Masse auf dem Teigboden verteilen. Den übrigen Teig in Stücken oder als Streusel daraufgeben. Falls der Kuchenrand zu hoch ist, mit einem Spatel etwas hochdrücken und zur Füllung drücken. Im vorgeheizten Ofen bei 180 °C ca. 30 Min. backen. Wenn der Kuchen goldbraun ist, mit Folie abdecken und weitere 15 Min. backen. In der Form auskühlen lassen.

Alternative für 1 P Mohnback
- 250 g gem. Mohn
- 50 ml Milch
- 60 g Zucker
- 1 P Vanillezucker
- optional etwas Zimt

Zutaten in einem Topf unter Rühren erhitzen und einige Minuten köcheln lassen, bis die Masse eindickt. Vollständig abkühlen lassen und wie im Rezept verwenden. Die Menge reicht für zwei Päckchen Mohnback.

Blitzketchup, Mai 2025
- 80 g Tomatenmark
- 1 MS Paprikapulver
- ½ TL Steinsalz
- 2 entsteinte Datteln
- 50 g lauwarmes Wasser
- 1 EL Apfelessig

Alle Zutaten in eine Schüssel geben und 30 Min. bei RT einweichen. Danach mit einem Mixer oder Pürierstab fein pürieren, bis eine cremige Konsistenz erreicht ist. Sofort genießen. Im Kühlschrank maximal 2 Tage haltbar.

Optional: *Für mehr Tiefe 1 MS Zimt oder eine Prise geräuchertes Paprikapulver hinzufügen.*

Vegane Bolognese mit Sonnenblumenkernen, Mai 2025

- 125 g Sonnenblumenkerne
- 100 g Zwiebel (ca. 1 Stück, halbiert)
- 2 Knoblauchzehen
- 100 g Möhre in Stücken
- 100 g Knollensellerie in Stücken
- 100 g Pastinake in Stücken
- 30 g Olivenöl
- 800 g stückige Tomaten (möglichst aus der Glasflasche)
- 30 g Tomatenmark
- 250 g Gemüsebrühe, flüssig
- 1 TL italienische Kräuter
- 2 Prisen Salz
- 1 Prise Pfeffer
- 80 g Rotwein

Sonnenblumenkerne in den Mixtopf geben und grob mahlen (4 Sek./Stufe 6). Umfüllen. Zwiebel, Knoblauch, Möhre, Sellerie und Pastinake in den Mixtopf geben und zerkleinern (4 Sek./Stufe 5). Olivenöl zugeben und andünsten (4 Min./Varoma/Stufe 1).

Sonnenblumenkerne, Tomaten, Tomatenmark, Gemüsebrühe, Kräuter, Salz, Pfeffer und Rotwein hinzufügen und mischen (3 Sek./Stufe 3). Garen (30 Min. /100 °C/Stufe 1).

Mit Nudeln servieren und nach Belieben mit veganem Parmesan und frischen Kräutern bestreuen.

Einfaches Weizenbrot, Mai 2025

- 550 g Mehl
- 2 P Trockenhefe
- 330 ml lauwarmes Wasser
- 2 EL Olivenöl
- 1 ½ TL Salz
- 1 TL Zucker

Wasser, Hefe und Zucker in die Rührschüssel der Küchenmaschine geben und kurz verrühren, bis sich alles aufgelöst hat. Mehl, Olivenöl und Salz hinzufügen und mit dem Knethaken ca. 5–7 Min. zu einem glatten, elastischen Teig kneten. Den Teig abgedeckt an einem warmen Ort ca. 60 Min. gehen lassen, bis er sich deutlich vergrößert hat.

Backofen auf 230 °C Heißluft vorheizen. Den Teig auf einer bemehlten Arbeitsfläche kräftig durchkneten und zu einem Laib formen oder in eine gefettete Kastenform (ca. 30 cm) legen. Oberfläche kreuzweise einschneiden und mit Wasser bepinseln. Eine ofenfeste Schale mit Wasser auf den Boden des Ofens stellen. Das Brot auf der mittleren Schiene backen: 15 Min. bei 230 °C, dann Temperatur auf 180 °C reduzieren und weitere 40 Min. backen.

Tipp: Das Brot ist fertig, wenn es beim Klopfen auf die Unterseite hohl klingt. Vor dem Anschneiden vollständig abkühlen lassen.

Graham Cracker, Mai 2025

- 300 g Vollkornweizenmehl
- 150 g brauner Zucker
- 1 TL Natron
- 1 Prise Salz
- 100 g Butter, kalt in Stücken
- 80 g Honig
- 4 EL Milch
- 1/2 TL Vanilleextrakt oder Vanillepaste (alternativ Vanillezucker)
- 1 TL Zimt (optional)

Mehl, braunen Zucker, Natron, Salz, Vanille und Zimt in einer Rührschüssel vermengen. Die kalte Butter zugeben und mit der Küchenmaschine oder einem Mixer so lange verkneten, bis feine Butterkrümel im Mehl entstehen. Honig und Milch zugeben und mit den Händen oder der Maschine zu einem glatten Teig verkneten.

Den Teig in Frischhaltefolie wickeln und 30 Min. im Kühlschrank ruhen lassen. Danach portionsweise auf ca. 3 mm Dicke ausrollen und Rechtecke à ca. 11 × 6 cm ausschneiden. Wer mag, kann mit Lineal und Messer Linien einprägen und mit einer Gabel kleine Löcher einstechen.

Backofen auf 150 °C Heißluft vorheizen. Die Cracker auf ein mit Backpapier belegtes Blech legen und auf mittlerer Schiene 10–12 Min. backen. Die Cracker sind direkt nach dem Backen noch weich, härten aber beim Abkühlen aus.

Hinweis: Für besonders gleichmäßige Cracker eignet sich ein Ausrollstab mit Abstandshaltern. Luftdicht gelagert halten sie sich mehrere Wochen.

Butterhörnchen (soft & fluffig), Mai 2025

- 600 g Mehl (Type 550)
- 100 g lauwarme Milch (scheint wenig)
- 1 Würfel frische Hefe
- 50 g Zucker
- 1/2 TL Salz
- 4 Eier (Größe M)
- 150–250 g weiche Butter oder Margarine
- 2 EL Hafermilch
- 1 TL neutrales Öl (z. B. Sonnenblumenöl)

Milch, Hefe und Zucker in die Rührschüssel der Küchenmaschine geben und verrühren, bis sich die Hefe vollständig gelöst hat. Mehl, Salz und Eier zugeben und auf mittlerer Stufe kneten, bis sich ein homogener Teigklumpen bildet (nur kurz kneten, bis der Teig zusammenkommt). Dann nach und nach die Butter oder Margarine in Stücken zugeben und 10 Min. weiterkneten, bis ein elastischer, glatter Teig entsteht.

Den Teig zu einer Kugel formen und abgedeckt an einem warmen Ort 30–45 Min. gehen lassen, bis er deutlich aufgegangen ist. Anschließend den Teig halbieren, jede Hälfte rund ausrollen und in jeweils 8 Tortenstücke schneiden. Jedes Stück nach Wunsch nochmals leicht ausrollen und dann von der breiten Seite her zu Hörnchen aufrollen.

Hörnchen auf ein mit Backpapier belegtes Blech setzen und nochmals 30 Min. gehen lassen. Den Ofen auf 160 °C Heißluft vorheizen. Hafermilch und Öl verrühren und die Hörnchen damit bestreichen. Ca. 15–20 Min. auf mittlerer Schiene goldbraun backen.

Nach dem Backen mit etwas Butter oder Margarine bestreichen und auf einem Gitter abkühlen lassen.

Hinweis: Für besonders luftige Hörnchen empfiehlt sich, die Buttermenge eher bei 200–250 g zu wählen. Die Hörnchen lassen sich gut einfrieren und nach dem Auftauen kurz aufbacken.

Hefezopf (soft und zart), Mai 2025

- 350 g Mehl (Type 550)
- 150 g lauwarme Milch
- 1/2 Würfel frische Hefe (ca. 21 g)
- 50–70 g Zucker (je nach gewünschter Süße)
- 2 Prisen Salz
- 1 Ei (Größe M)
- 50 g weiche Butter oder Margarine
- 1 EL Hafermilch
- Hagelzucker oder Mandelblättchen zum Bestreuen

Milch, Hefe und Zucker in die Schüssel der Küchenmaschine geben und 2 Min. bei 37 °C auf Stufe 1 verrühren, bis sich die Hefe aufgelöst hat. Mehl, Salz und Ei zugeben und 1 Min. auf Knetstufe kneten, bis sich ein Teigkloß bildet. Dann die Butter oder Margarine in Stücken zugeben und 5–10 Min. weiterkneten, bis ein glatter, elastischer Teig entsteht.

Den Teig abgedeckt an einem warmen Ort ca. 30–60 Min. gehen lassen, bis er sich deutlich vergrößert hat. Anschließend in 3 gleich große Stücke teilen, zu Strängen rollen und zu einem Zopf flechten. Auf ein mit Backpapier belegtes Blech legen und erneut 20–30 Min. abgedeckt gehen lassen.

Backofen auf 160 °C Heißluft vorheizen. Den Zopf mit Hafermilch bestreichen, mit Hagelzucker oder Mandelblättchen bestreuen und auf mittlerer Schiene ca. 20–25 Min. backen, bis er goldbraun ist.

Tipp: Für extra Glanz kann der Zopf direkt nach dem Backen noch einmal mit flüssiger Butter bestrichen werden. Der Zopf schmeckt auch am nächsten Tag noch sehr fluffig oder lässt sich gut einfrieren.

Indisches Naan, Mai 2025

- 3 Knoblauchzehen
- 450 g Mehl (Type 550)
- 250 g Wasser
- 20 g frische Hefe
- 1 TL Zucker
- 1 gehäufter TL Salz
- 2 EL Olivenöl (ca. 20 g)
- 2 EL Joghurt, 3,5 % Fett (ca. 30 g)

Zum Bestreichen

- etwas Joghurt
- Salz und Pfeffer

Knoblauch im kleinen Mixer zerkleinern. In die Rührschüssel der Küchenmaschine umfüllen. Mehl, Wasser, Hefe, Zucker, Salz, Olivenöl und Joghurt zugeben. Den Teig 3 Min. auf Knetstufe kneten lassen. Falls der Teig zu feucht ist, etwas Mehl zugeben.

Den Teig auf eine bemehlte Arbeitsfläche geben, in 4–8 Stücke teilen, zu Fladen formen und auf 4-5 mm ausrollen. Auf zwei Backbleche mit Backpapier legen. Teig abgedeckt ca. 20 Min. ruhen lassen.

Backofen auf 180 °C Heißluft vorheizen. Die Fladen mit etwas Joghurt bestreichen, mit Salz und Pfeffer würzen und auf mittlerer Schiene ca. 18–20 Min. backen.

Hinweis: Für eine gebräunte Oberfläche kann das Naan in den letzten 2 Min. mit Oberhitze gebacken werden. Am besten warm servieren.

Ketchup mit fünf Zutaten, Mai 2025

- 500 g passierte Tomaten
- 1 Zwiebel (halbiert)
- 20 g Zucker (z. B. brauner Rohrzucker oder alternative Süße)
- 10 g Essig (z. B. Kräuteressig oder Apfelessig)
- 1/4 TL Senf (ohne Zuckerzusatz)

Alle Zutaten in den Mixtopf geben. 20 Sek./Stufe 7 zerkleinern. Mit dem Spatel nach unten schieben.

Dann 10 Min./100 °C/Stufe 3 garen. In eine saubere, heiß ausgespülte Flasche abfüllen. Im Kühlschrank aufbewahren und innerhalb von 1–2 Wochen verbrauchen.

Optional: Für längere Haltbarkeit nochmals 10 Min. bei 90 °C einkochen oder heiß in sterile Gläser füllen und verschließen.

Ketchup mit frischen Tomaten, Mai 2025

- 1000 g Tomaten (geviertelt)
- 3 Zwiebeln (halbiert)
- 2 EL Zucker
- 1/4 TL Salz
- 1 TL Senf
- 60 ml Apfelessig
- Pfeffer nach Geschmack

Tomaten und Zwiebeln in den Mixtopf geben und 10 Sek./Stufe 6 zerkleinern. Dann Zucker, Salz, Senf, Essig und etwas Pfeffer hinzufügen und alles 25 Min./100 °C/Stufe 2 mit eingesetztem Messbecher garen. Anschließend 30 Sek./Stufe 8 pürieren. Danach 10 Min./Varoma/Stufe 2 ohne Messbecher weiterköcheln lassen, dabei den Gareinsatz als Spritzschutz auf den Deckel stellen, bis der Ketchup etwas eindickt. Zum Schluss in saubere, heiß ausgespülte Gläser füllen und gut verschließen. Im Kühlschrank einige Tage haltbar, für längere Haltbarkeit kann der Ketchup zusätzlich eingekocht oder eingefroren werden.

Ketchup mit Karamellzwiebeln, Mai 2025

- 2 Zwiebeln
- 2 EL Öl
- 6 TL Zucker
- 4 EL Apfelessig
- 800 g stückige Tomaten (aus der Dose)
- 1–3 TL Tomatenmark (optional, zum Andicken)
- Salz und Zucker zum Abschmecken

Zwiebeln schälen, halbieren und in den Mixtopf geben. 5 Sek./Stufe 5 zerkleinern, dann Öl und Zucker zugeben und 5 Min./120 °C/Stufe 1 dünsten. Anschließend den Essig zugeben und 1 Min./100 °C/Stufe 1 weitergaren.

Tomaten und optional Tomatenmark zugeben, 8 Min./100 °C/Stufe 2 kochen. Danach 30 Sek./Stufe 8 pürieren. Wer eine besonders feine Konsistenz wünscht, kann die Masse durch ein feines Sieb passieren.

Zum Schluss mit Salz und ggf. etwas Zucker abschmecken. In saubere Flaschen oder Gläser füllen. Im Kühlschrank einige Tage haltbar, für längere Haltbarkeit kann der Ketchup eingefroren oder eingekocht werden.

Kuchen-Grundteig ohne Ei, Mai 2025

- 90 g Öl
- 180-220 g Zucker
- 300 g kaltes Wasser
- 3 EL Essig (z. B. Apfelessig)
- 1 TL Salz
- 1 P Vanillezucker
- 300 g Mehl
- 20 g Backpulver

Zucker und Öl in die Rührschüssel der Küchenmaschine geben und auf mittlerer Stufe etwa 1–2 Min. verrühren. Währenddessen langsam das Wasser und den Essig zugeben. Rühren, bis sich der Zucker vollständig gelöst hat.

Salz und Vanillezucker einrühren. Mehl und Backpulver in einer separaten Schüssel vermischen und anschließend nach und nach zur Flüssigkeit geben. Dabei auf mittlerer Stufe weiterrühren, bis ein glatter Teig entsteht.

Den Teig in eine gefettete Kastenform oder Springform füllen und im vorgeheizten Backofen (Heißluft) bei 175 °C ca. 45 Min. backen. Mit der Stäbchenprobe prüfen, ob der Kuchen durchgebacken ist.

Optional: *Für Abwandlungen 2 EL Kakaopulver, geriebene Zitronenschale, gehackte Nüsse oder etwas Zimt unter den Teig rühren.*

Linsen-Moussaka, Mai 2025

- 200 g rote Linsen (ungekocht)
- 500 g Wasser
- 2 Auberginen
- 50 g Olivenöl
- 1 Gemüsezwiebel
- 3 Knoblauchzehen
- 1 Paprika (rot oder grün)
- 400 g geschälte Tomaten (Dose)
- 120 g Rotwein
- 1 EL Oregano
- 1 TL gemahlener Ingwer
- 2 TL Salz
- ½ TL schwarzer Pfeffer

Béchamel:
- 40 g Butter
- 40 g Mehl
- 500 ml Milch
- 90 g Parmesan, frisch gerieben

Backofen auf 220 °C Heißluft vorheizen. Auberginen in ca. 1 cm dicke Scheiben schneiden, mit etwas Öl bepinseln, auf einem Backblech ausbreiten und ca. 15 Min. im Ofen rösten, bis sie leicht gebräunt und weich sind.

Inzwischen die Linsen mit 500 ml Wasser in einem kleinen Topf ohne Salz ca. 10 Min. weichkochen, dann abgießen. Zwiebel, Knoblauch und Paprika fein würfeln. In einem großen Topf in Olivenöl anschwitzen, dann geschälte Tomaten (mit Flüssigkeit), Rotwein, Oregano, Ingwer, Salz und Pfeffer zugeben. 10 Min. köcheln lassen. Gekochte Linsen einrühren und die Masse etwas einkochen lassen.

In einer Pfanne Butter schmelzen, Mehl einrühren und mit der Milch aufgießen. Unter Rühren aufkochen lassen, bis die Bechamelsauce andickt. 60 g Parmesan einrühren, abschmecken.

Eine Auflaufform leicht einfetten. Den Boden mit Auberginenscheiben auslegen, die Linsen-Tomaten-Masse darauf verteilen, mit Bechamelsauce bedecken. Restlichen Parmesan darüber streuen. Im vorgeheizten Backofen bei 200 °C (Heißluft) ca. 30 Min. backen, bis die Oberfläche goldbraun ist. Vor dem Servieren kurz ruhen lassen.

Landbrot Backhausart, Mai 2025

- 500 ml lauwarmes Wasser
- 30 g frische Hefe
- 50 g Buttermilch oder Joghurt (zimmerwarm)
- 700 g Weizenmehl Typ 1050
- 100 g Roggenvollkornmehl
- 2 TL Salz
- 1 TL Backmalz (optional)
- 1 EL Balsamico-Essig

Wasser, Hefe und Buttermilch in die Rührschüssel geben und ca. 2 Min. mit dem Schneebesen oder dem Knethaken auf niedriger Stufe verrühren, bis sich die Hefe vollständig gelöst hat.

Mehle, Salz, optional Backmalz und Balsamico-Essig hinzufügen. Alles zunächst 1 Min. auf niedriger Stufe vermengen, dann 6–8 Min. auf mittlerer Stufe zu einem glatten, elastischen Teig kneten. Den Teig abgedeckt 60–90 Min. bei Zimmertemperatur gehen lassen, bis er sich deutlich vergrößert hat.

Teig nochmals kurz durchkneten, zu einem runden oder länglichen Laib formen oder in ein gut bemehltes Garkörbchen legen. Nochmals ca. 30 Min. ruhen lassen. Backofen mit Heißluft auf 230 °C vorheizen. Eine feuerfeste Schale mit Wasser auf den Boden stellen (für Dampf). Den Teig auf ein mit Backpapier belegtes Backblech stürzen oder aus dem Garkörbchen kippen, nach Wunsch einschneiden und in den Ofen geben. 15 Min. bei 230 °C backen, danach die Temperatur auf 190 °C senken und weitere 25–30 Min. fertig backen. Klopfprobe durchführen. Auf einem Gitter auskühlen lassen.

Lemon Bars, Mai 2025

Boden:
- 320 g Mehl
- 120 g Zucker
- ½ TL Salz
- 225 g kalte Butter in Stücken

Füllung:
- 270–290 g Zucker (je nach Geschmack)
- 25 g Mehl
- 4 Eier
- Abrieb von 4 unbehandelten Zitronen
- 120 ml frisch gepresster Zitronensaft
- Zum Bestäuben: Puderzucker

Boden: Mehl, Zucker und Salz in die Rührschüssel der Küchenmaschine geben. Kalte Butter in Stücken zugeben und mit Flachrührer oder Knethaken auf niedriger bis mittlerer Stufe verrühren, bis ein krümeliger Teig entsteht. Nicht zu lange kneten – der Teig soll mürbe bleiben.

Teig in eine gefettete oder mit Backpapier ausgelegte Form (ca. 22 × 26 cm) geben und gleichmäßig flach andrücken. Im vorgeheizten Backofen bei 160 °C Heißluft etwa 20 Min. vorbacken, bis der Boden ganz leicht gebräunt ist.

Füllung: Während der Boden backt, Zucker, Mehl und Eier in eine Rührschüssel geben und mit dem Schneebesen oder Flachrührer auf mittlerer Stufe glattrühren. Zitronenabrieb und Zitronensaft zugeben, nochmals kurz durchrühren.

Füllung auf den vorgebackenen Boden gießen. Backform erneut in den Ofen stellen und weitere 20–25 Min. bei 160 °C Heißluft backen, bis die Füllung gestockt ist, aber nicht zu dunkel wird. Kuchen vollständig auskühlen lassen, dann in Riegel schneiden und nach Wunsch mit Puderzucker bestreuen. Im Kühlschrank aufbewahren und innerhalb von 3–4 Tagen verzehren.

Tipp: Passend ist eine 26-cm-Springform, mit leicht erhöhtem Rand (mindestens 6 cm), damit die Füllung beim Backen nicht überläuft. Beachte dabei: Die Teighöhe am Rand sollte leicht hochgezogen werden (etwa 1,5–2 cm), um die Zitronenfüllung besser zu halten. – Die Backzeit kann sich leicht verlängern – statt 20–25 Min. für die Füllung lieber mit 25–30 Min. rechnen, da der Teig dicker sein kann und die Mitte langsamer stockt.

Mandelhörnchen, Mai 2025

- 200 g Marzipanrohmasse
- 2 EL Speisestärke
- 4 EL Wasser
- 100 g Zucker
- 50 g Mehl
- 1 TL Vanillezucker
- 50 g Mandelblättchen
- Schokoladenglasur nach Wahl

Marzipan in kleine Stücke schneiden. Speisestärke mit Wasser in einem Glas gut verrühren. Zusammen mit dem Marzipan in die Rührschüssel geben. Auf mittlerer Stufe mit Flachrührer oder Schneebesenaufsatz glattrühren.

Zucker, Mehl und Vanillezucker zugeben und kurz durchrühren, bis ein homogener, fester Teig entsteht. Backofen auf 170 °C Heißluft vorheizen. Teig in einen Spritzbeutel füllen oder mit feuchten Händen kleine Hörnchen formen (ca. 10–12 Stück). Mit Mandelblättchen bestreuen.

15 Min. auf mittlerer Schiene backen, bis die Hörnchen leicht gebräunt sind. Abkühlen lassen und Enden in geschmolzene Schokolade tauchen.

Mango-Bananen-Grießbrei, Mai 2025

- 1 reife Mango
- 3 reife Bananen
- 300 ml Wasser
- 80 g Dinkelgrieß
- 30 g Rapsöl

Mango schälen, vom Kern befreien und grob würfeln. Bananen schälen und ebenfalls grob zerteilen. Beides in der Küchenmaschine oder mit einem Pürierstab fein pürieren.

In einem Topf Wasser aufkochen, dann den Dinkelgrieß unter Rühren einrieseln lassen. Bei niedriger Hitze unter ständigem Rühren ca. 5 Min. köcheln, bis ein cremiger Brei entsteht. Das Fruchtpüree unter den heißen Grießbrei rühren. Rapsöl hinzufügen und alles noch einmal gut verrühren, bis eine glatte, homogene Masse entsteht.

Warm oder abgekühlt servieren. Reste im Kühlschrank aufbewahren und innerhalb von 2 Tagen verbrauchen.

Hinweis: Wer es stückiger mag, kann einen Teil der Früchte erst nach dem Kochen einrühren. Optional mit Zimt oder einer Prise Vanille verfeinern.

Marmeladen-Streuselkuchen, Mai 2025

Springform 26 cm
Boden:
- 100 g weiche Butter
- 80 g Zucker
- 1 Päckchen Vanillezucker
- 1 Prise Salz
- 2 Eier
- 180 g Mehl
- ½ TL Backpulver
- 200–250 g Marmelade nach Wahl
  (z. B. Erdbeere, Himbeere, Pflaume)

Streusel:
- 200 g Mehl
- 70 g gem. Mandeln
- 100 g Zucker
- 130 g weiche Butter
- Optional: ½ TL Zimt

Backofen auf 160 °C Heißluft vorheizen. Eine Springform (26 cm Ø) mit Backpapier auslegen und den Rand leicht einfetten.

Butter, Zucker, Vanillezucker und Salz in die Rührschüssel geben und mit dem Flachrührer ca. 2 Min. cremig rühren. Eier einzeln unterrühren. Mehl mit Backpulver mischen, zugeben und alles zu einem glatten Teig verrühren. Den Teig in die vorbereitete Springform geben und gleichmäßig verstreichen. Marmelade glattrühren (ggf. kurz erwärmen) und auf dem Teig verteilen.

Für die Streusel Mehl, Mandeln, Zucker, Butter (und optional Zimt) in die Rührschüssel geben und mit dem Knethaken oder den Händen zu Streuseln verarbeiten. Gleichmäßig auf der Marmelade verteilen. Kuchen auf mittlerer Schiene ca. 35–40 Min. backen, bis die Streusel goldgelb sind. In der Form abkühlen lassen, dann servieren.

Tipp: *Lässt sich gut 1–2 Tage im Voraus backen und bleibt saftig.*

Wrap-Grundteig, Mai 2025

Ergibt ca. 6 Stück.
- 300 g Weizenmehl (Typ 550)
- 2 TL Salz
- 4 EL Öl (z. B. Sonnenblumen- oder Olivenöl)
- 150 ml warmes Wasser

Mehl, Salz und Öl in die Rührschüssel der Küchenmaschine geben. Bei niedriger Stufe starten und das warme Wasser nach und nach zugeben. Dann 5–6 Min. mit Knethaken auf mittlerer Stufe kneten, bis ein geschmeidiger, glatter Teig entsteht. Teig abgedeckt 20 Min. ruhen lassen. Danach in 6 gleich große Stücke teilen und auf einer leicht bemehlten Fläche sehr dünn ausrollen (ca. 22–24 cm).

Eine beschichtete Pfanne auf mittlerer Hitze ohne zusätzliches Fett erhitzen. Fladen einzeln in der heißen Pfanne ca. 1–2 Min. je Seite backen, bis sich goldbraune Flecken bilden und der Teig leicht aufgeht. Warm halten oder direkt servieren.

Tipp: *Die Teigfladen lassen sich auch gut vorbereiten und luftdicht verschlossen 1–2 Tage im Kühlschrank lagern oder portionsweise einfrieren. Vor dem Füllen bei Bedarf kurz in der Pfanne oder Mikrowelle erwärmen.*

Eiweiß-Ersatz, Mai 2025

Pflanzliches Bindemittel: Speisestärke + Wasser:

- Verhältnis: 2 EL Speisestärke + 4 EL Wasser (entspricht ca. 2 Eiweiß)

Diese Mischung ergibt eine zähflüssige Paste, die beim Backen bindet und die Struktur stützt, ohne Eigengeschmack.

Apfelmus (als weichere, saftigere Variante):

- Verhältnis: 50–60 g ungesüßtes Apfelmus

Gibt eine weichere Konsistenz, aber etwas weniger Biss und Struktur als Stärke. Eignet sich gut, wenn du ein feuchteres, leicht saftiges Ergebnis wünschst.

Marmorkuchen, Mai 2025

- 250 g weiche Butter (alternativ Margarine)
- 250 g Zucker
- 1 Päckchen Vanillezucker oder 1 TL echte Vanille
- 1 Prise Salz
- 1 TL Zitronensaft
- 4 Eier
- 400 g Mehl
- 1 Päckchen Backpulver
- 125 ml Milch
- 3 EL Kakaopulver (ungesüßt)
- 2 EL Rum (optional)
- 1 EL Milch (zusätzlich für den dunklen Teig)

Backofen auf 160 °C Heißluft vorheizen. Eine große Gugelhupfform einfetten und mit Mehl bestäuben. Butter, Zucker, Vanillezucker, Salz und Zitronensaft in die Rührschüssel geben und mit dem Flachrührer ca. 2–3 Min. cremig schla-

gen. Die Eier nacheinander unterrühren, je ca. 30 Sek. auf mittlerer Stufe.

Mehl mit Backpulver mischen, abwechselnd mit der Milch zugeben und kurz zu einem glatten Rührteig verrühren. Etwa zwei Drittel des Teigs (ca. 1150 g) in die vorbereitete Form füllen.

Zum restlichen Drittel Kakaopulver, Rum und 1 EL Milch geben und nochmals kurz unterrühren. Dunklen Teig auf dem hellen verteilen. Mit einer Gabel spiralförmig durchziehen, um den Marmoreffekt zu erzeugen.

Im vorgeheizten Ofen auf mittlerer Schiene ca. 55–60 Min. backen. Stäbchenprobe machen.

Kuchen abkühlen lassen, dann vorsichtig aus der Form stürzen. Nach Geschmack mit Glasur überziehen.

Tipp: *Für intensiveren Kakaogeschmack 1 EL Zucker durch 1 EL Kakao ersetzen. Wer den Rum weglässt, kann stattdessen 1 EL Milch mehr verwenden.*

Barbarakuchen, Mai 2025

- 250 g weiche Butter
- 250 g Zucker (weiß oder braun)
- 6 Eier (Größe M–L)
- 315 g Mehl (z. B. Dinkelmehl Typ 630)
- 1 P Backpulver
- 1 Prise Salz
- Mark einer Vanilleschote oder 1 TL Vanilleextrakt
- abgeriebene Schale einer Zitrone
- 1–2 EL Chantré oder anderer Weinbrand

Backofen auf 175 °C Heißluft vorheizen. Für die Kastenform: Form fetten und mit Mehl ausstreuen oder Backpapier einlegen. Für das Blech: Backpapier verwenden.

Butter und Zucker in der Küchenmaschine mit Flachrührer 2–3 Min. cremig schlagen. Die Eier einzeln zugeben und jeweils gut unterrühren. Vanille, Zitronenschale, Salz und Chantré einrühren. Mehl mit Backpulver mischen und esslöffelweise zugeben, bis ein glatter, relativ fester Teig entsteht. Ggf. 1 EL Milch oder Saft zugeben, falls der Teig zu trocken wirkt.

Backoption 1 – Kastenform: Teig einfüllen, glatt streichen und ca. 50 Min. backen. Stäbchenprobe machen. Nach dem Abkühlen mit Zuckerguss bestreichen.

Backoption 2 – Blechkuchen: Teig gleichmäßig auf ein mit Backpapier belegtes Blech streichen. Mit gut abgetropften Kirschen oder anderem Obst belegen. Ca. 25 Min. backen. Nach Belieben mit Puderzucker bestäuben.

Tipp: Für mehr Schokoaroma ca. 50 g Schokostreusel unter den Teig heben. Auch mit gehackten Nüssen, Apfelstücken oder Zimt gut kombinierbar. Luftdicht verpackt bleibt der Kuchen 2–3 Tage saftig. Eignet sich auch zum Einfrieren.

Würziger Tomatenketchup, Mai 2025

Angelehnt an ein Rezept von Dr. Oetker. Ergibt etwa 1 Liter.

- 750 ml Tomatensaft
- 50 ml Apfelsaft (oder Ananassaft) *
- 100 ml Rotweinessig
- 2 EL Worcestersoße *
- 2 EL Tomatenmark
- 125 g Gelierzucker 2:1
- ½ Zimtstange
- 1 MS gemahlener Sternanis
- 1 Lorbeerblatt
- 2 MS Cayennepfeffer
- 2 MS schwarzer Pfeffer
- 1 MS gemahlene Gewürznelken
- 1 MS gemahlener Piment
- ½ TL Salz

Zimtstange, Lorbeerblatt und gemahlenen Sternanis in einen Einweg-Teefilter geben, gut verschließen und in den Mixtopf legen (alternativ lose, dann später durch ein Sieb passieren).

Tomatensaft, Apfelsaft, Essig, Worcestersoße, Tomatenmark, Gelierzucker und alle gemahlenen Gewürze zugeben. 20 Min./100 °C/Stufe 2 offen (ohne Messbecher, Garkorb als Spritzschutz aufsetzen) sprudelnd kochen. Gewürzbeutel entnehmen. Dann 30 Sek./Stufe 8–9 pürieren (optional, je nach gewünschter Konsistenz).

Ketchup sofort in sterilisierte Flaschen füllen, verschließen und 5 Min. auf den Kopf stellen. Anschließend abkühlen lassen.

*Tipp: Für rauchiges Aroma zusätzlich ½ TL geräuchertes Paprikapulver mitkochen. Nach dem Öffnen im Kühlschrank lagern. * Statt **Ananassaft**: 30 ml Aceto Balsamico + 20 ml Wasser + 1 TL Zucker oder Honig; statt **Worcestersauce**: 1 TL Sojasoße + ½ TL Essig (Apfel- oder Balsamico) für etwas Tiefe.*

Saftiger Mohnstollen mit Marzipan, Mai 2025

- 500 g Mehl
- 200 ml Milch
- 100 g Zucker
- 100 g weiche Butter
- 1 Ei
- 1 Prise Salz
- 2 P Trockenhefe

Füllung:

- 150 g Mohn
- 250 ml Milch
- Abrieb 1 Bio-Zitrone
- 200 g Marzipanrohmasse (gewürfelt)
- 200 g Rosinen oder Cranberries
- 100 g gehackte Mandeln
- 50 g Zucker (nach Geschmack)

Glasur:

- 100 g Puderzucker
- 2 EL Wasser oder 1 EL Wasser + 1 EL Zitronensaft

Hefeteig: Milch leicht erwärmen (lauwarm, nicht heiß) und mit der Hefe in der Küchenmaschine verrühren, 2–3 Min. ruhen lassen. Dann Mehl, Zucker, Butter, Ei und Salz zugeben. Mit Knethaken ca. 6–8 Min. zu einem geschmeidigen Teig kneten. Teig abgedeckt ca. 30 Min. an einem warmen Ort gehen lassen.

Füllung Thermomix: Mohn in den Mixtopf geben und 20 Sek./Stufe 10 mahlen. Milch und Zitronenabrieb zugeben, 5 Min./100 °C/Stufe 2 erhitzen. Marzipan in Stücken, Rosinen und Mandeln zugeben. Wer es süßer mag, gibt jetzt Zucker dazu. 2 Min./100 °C/Stufe 2 verrühren, dann 2 Min. ziehen lassen. *Fertigstellung:* Teig auf einer bemehlten Arbeitsfläche oder Backpapier zu einem Rechteck (ca. 30 × 40 cm) ausrollen. Füllung gleichmäßig darauf verteilen. Von der kurzen Seite her aufrollen und auf ein mit Backpapier belegtes Blech legen. Im vorgeheizten Backofen bei 165 °C Heißluft ca. 35–45 Min. backen. Stäbchenprobe machen. *Glasur:* Puderzucker mit Wasser oder Zitronensaft glattrühren und auf den vollständig ausgekühlten Stollen streichen.

Tipp: Gut eingewickelt bleibt der Stollen mehrere Tage saftig. Für noch intensiveres Aroma 1–2 Tage durchziehen lassen. – Alternativ ohne Thermomix: Gemahlenen Mohn mit Milch und Zitronenschale aufkochen, dann restliche Zutaten einrühren.

Schneller Apfel-Streuselkuchen, Mai 2025

Teig:

- 150 g Zucker
- 200 g kalte Butter, in Stücken
- 300 g Mehl
- 1 Ei

Füllung:

- 500 g Äpfel mit Schale, in dünnen Spalten oder kleinen Stücken
- etwas Zimt (optional)
- 200 g Apfelmus (optional, für saftigere Variante)

Backofen auf 170 °C Heißluft vorheizen. Eine Springform (26 cm) einfetten oder mit Backpapier auslegen. Alle Zutaten für Teig/Streusel in den Mixtopf geben, 5 Sek. / Stufe 5 verrühren. Die Hälfte der Streuselmasse in die Springform geben und mit den Händen oder einem Löffel gleichmäßig als Boden andrücken.

Apfelstücke gleichmäßig auf dem Teigboden verteilen. Nach Belieben mit etwas Zimt bestreuen. Optional: Apfelmus löffelweise über die Apfelschicht geben und leicht verstreichen. Restliche Streusel locker über der Füllung verteilen.

Kuchen im vorgeheizten Backofen ca. 45 Min. backen, bis die Oberfläche goldbraun ist.

Tipp: Für mehr Biss die Äpfel in dünnen Spalten verwenden, für weicheren Belag eher klein würfeln. Am besten lauwarm oder vollständig abgekühlt servieren. Hält sich 2–3 Tage abgedeckt gut frisch.

Becherkuchen, Mai 2025

Gugelhupf oder Kastenkuchen

- 1 Becher Joghurt (150 g, natur oder mit Früchten)
- 2 Becher Zucker (250–270 g, je nach gewünschter Süße)
- 1 Becher neutrales Öl (z. B. Sonnenblumenöl, 140 g)
- 4 Becher Mehl (ca. 420 g)
- 1 P Backpulver
- 4 Eier
- Optional: Abrieb ½ Zitrone oder 1 TL Vanilleextrakt

Backofen auf 160 °C Heißluft vorheizen. Eine große Gugelhupfform (2,5 Liter)
gründlich fetten und mit Mehl ausstreuen oder mit Paniermehl auskleiden.

Joghurt in eine Rührschüssel geben. Zucker, Öl und die Eier hinzufügen und mit dem Flachrührer oder Schneebesenaufsatz der Küchenmaschine ca. 2 Min. auf mittlerer Stufe verrühren, bis die Masse hell und cremig ist.

Mehl mit Backpulver mischen und esslöffelweise zugeben. Alles zu einem glatten Teig verarbeiten. Wer mag, rührt jetzt Zitronenabrieb oder Vanilleextrakt unter.

Teig in die vorbereitete Gugelhupfform füllen, glatt streichen und im unteren Drittel des Ofens ca. 55–60 Min. backen. Gegen Ende Stäbchenprobe machen. Falls der Kuchen zu dunkel wird, locker mit Alufolie abdecken. Kuchen 10–15 Min. in der Form abkühlen lassen, dann auf ein Gitter stürzen und vollständig auskühlen lassen.

Tipp: Lässt sich mit Obststücken, Nüssen, Schokostreuseln oder einer Zuckerglasur individuell anpassen. Gut verpackt bleibt er 2–3 Tage saftig. Auch zum Einfrieren geeignet.

Einfacher Kirschkuchen, Mai 2025

- 1 Glas Kirschen (Abtropfgewicht ca. 350 g)
- 125 g Butter
- 125 g Zucker
- 1 Päckchen Vanillezucker
- 3 Eier
- 200 g Weizenmehl
- 1 Prise Salz
- 2 TL Backpulver
- 2–4 EL Milch
- etwas Puderzucker zum Bestäuben

Kirschen in ein Sieb geben und gut abtropfen lassen.

Backofen auf 160 °C Heißluft vorheizen.

Eine Springform (26 cm) oder viereckige Form leicht einfetten und ggf. mit Backpapier auslegen. Butter langsam schmelzen, kurz abkühlen lassen. In die Rührschüssel geben und mit Zucker und Vanillezucker ca. 1 Min. auf mittlerer Stufe verrühren. Eier nacheinander zugeben und jeweils gut unterrühren, bis die Masse cremig ist.

Mehl mit Salz und Backpulver mischen, dann in die Rührschüssel geben. Alles zu einem glatten Teig verrühren. So viel Milch zugeben, bis der Teig schwer reißend vom Löffel fällt – cremig, aber nicht flüssig.

Teig in die vorbereitete Form geben und glatt streichen. Die Kirschen gleichmäßig darauf verteilen und leicht in den Teig eindrücken. Auf der mittleren Schiene ca. 30–35 Min. backen. Stäbchenprobe machen. Danach abkühlen lassen und vor dem Servieren mit Puderzucker bestäuben.

Tipp: Wer mag, kann 1 TL Zimt oder etwas Mandelaroma ergänzen. Der Kuchen schmeckt am besten frisch, lässt sich aber gut 1–2 Tage abgedeckt aufbewahren.

Klassischer Mohnkuchen, Mai 2025

26-cm-Springform

- 150 g gemahlener Mohn
- 270 g Weizenmehl (Typ 405 oder 550)
- 140 g Zucker
- 200 g Naturjoghurt (3,5 % Fett)
- 3 Eier (Größe M)
- 140 g neutrales Öl (z. B. Sonnenblumenöl, entspricht 150 ml)
- 30 g Rum (oder 30 g Orangensaft bzw. Milch)
- 2½ TL Backpulver
- 1 P Vanillezucker oder 1 TL gem. Vanille
- Puderzucker zum Bestäuben
- Abgeriebene Orangenschale (optional)

Backofen auf 160 °C Heißluft vorheizen. Springform fetten und mit Mehl ausstäuben oder den Boden mit Backpapier auslegen. Eier, Zucker und Vanillezucker in der Küchenmaschine ca. 2 Min. auf mittlerer Stufe schaumig rühren. Joghurt, Öl und Rum (oder gewählte Alternative) zugeben und kurz unterrühren.

Mehl mit Backpulver mischen, zusammen mit dem gemahlenen Mohn zur Masse geben und glatt verrühren. Wenn der Teig zu fest ist, esslöffelweise Milch zugeben, bis er schwer reißend vom Löffel fällt. In die vorbereitete Form füllen, glatt streichen und ca. 35–40 Min. auf mittlerer Schiene backen. Stäbchenprobe machen. Aus der Form lösen, abkühlen lassen und mit Puderzucker bestäuben. Nach Wunsch mit Orangenschale garnieren.

Tipp: Der Kuchen bleibt durch Joghurt und Mohn sehr saftig. Er lässt sich gut vorbereiten, hält sich 2–3 Tage abgedeckt frisch und kann auch in Stücken eingefroren werden. Wer es nussiger mag, ergänzt 50 g gemahlene Mandeln im Teig.

Spanische Zitronen-Muffins (Magdalenas), Mai 2025

12 Muffins

- 350 g Weizenmehl
- 16 g Backpulver
- 4 Eier (Größe M)
- 220 g Zucker + etwas zum Bestreuen
- Schale 1 Bio-Zitrone
- 2–3 EL Zitronensaft
- 100 g Sahne (alternativ: 80 g griechischer Joghurt oder Skyr)
- 200 g Sonnenblumenöl

Backofen auf 210 °C Heißluft vorheizen. Ein Muffinblech mit Papierförmchen auslegen.

Mehl und Backpulver in einer Schüssel mischen. In der Küchenmaschine (Schneebesen oder Flachrührer) Eier und Zucker 7 Min. auf mittlerer bis hoher Stufe cremig aufschlagen. Zitronenabrieb zufügen und weitere 2 Min. rühren.

Sahne (oder Joghurt/Skyr), Öl und Zitronensaft zugeben und 1–2 Min. auf mittlerer Stufe verrühren. Mehlmischung zugeben und kurz unterrühren – nur so lange, bis ein glatter Teig entsteht. Teig in die Förmchen füllen (ca. ¾ voll). Wer mag, streut etwas Zucker darüber.

Im vorgeheizten Ofen ca. 18–20 Min. bei 210 °C Heißluft backen, bis die Muffins goldbraun sind und und typische Risse an der Oberfläche zeigen. Stäbchenprobe machen.

Tipp: Für besonders gleichmäßige Muffins den Teig nach dem Einfüllen 15 Min. bei Zimmertemperatur ruhen lassen. Wer es besonders frisch mag, kann vor dem Backen einige Tropfen Zitronensaft auf die Muffins geben. Auch mit Orangenabrieb oder Vanille verfeinert sehr lecker.

Wrapfüllungen, Mai 2025

Frisch und klassisch

- Kräuterquark oder Frischkäse mit Schnittlauch, Petersilie, Dill
- Gurke in feinen Scheiben
- Rucola oder milder Blattsalat
- Tomatenscheiben oder Cocktailtomaten (nicht zu wässrig)
- Optional: ein Spritzer Zitronensaft oder Senf

Mediterran & warm:

- Warmer Schinken mit gebratenen Zucchini- oder Paprikastreifen
- Aioli oder Knoblauchjoghurt
- Rucola
- Etwas Parmesan oder Pecorino

Fruchtig & überraschend:

- Kräuterquark oder Frischkäse als Basis
- Frische Birnenscheiben oder ein Klecks Feigensenf
- Walnüsse oder Pinienkerne
- Rucola oder Babyspinat

Schinken-Käse-Tomate (klassisch & beliebt):

Zutaten für 1 Wrap:

- 2 Scheiben gekochter Schinken
- 2–3 Scheiben milder Käse (z. B. junger Gouda, Butterkäse)
- 2–3 Scheiben Tomate (entkernt, damit der Wrap nicht wässrig wird)
- Einige Blätter Eisbergsalat oder Rucola (je nach Vorliebe)
- Etwas Mayonnaise oder Frischkäse als Unterlage (alternativ: Senf oder ein Tropfen Joghurt)

Wrap dünn mit Mayonnaise oder Frischkäse bestreichen, Salat darauflegen, dann Käse, Schinken und Tomaten. Eng aufrollen, bei Bedarf schräg halbieren.

Mit Kräuterquark (frisch & mild):

Zutaten für 1 Wrap:

- 2 EL Kräuterquark (am besten selbst gemacht: Quark mit Joghurt, Schnittlauch, Petersilie, Salz, Pfeffer)
- 2 Scheiben gekochter Schinken
- 1 kleine Tomate oder 4 Cocktailtomaten (in dünne Scheiben geschnitten, entkernt)
- Einige Blätter milder Salat (z. B. Kopfsalat oder Feldsalat)

Den Wrap großzügig mit Kräuterquark bestreichen, dann Salat, Schinken und Tomaten darüber schichten. Eng aufrollen.

Toastbrot, Mai 2025

Kastenform 30 cm

- 240 g lauwarmes Wasser
- ½ Würfel frische Hefe (ca. 21 g)
- 30 g brauner Zucker
- 30 g weiche Butter (+ etwas zum Einfetten)
- 500 g Weizenmehl Typ 550
- 1½ TL Salz

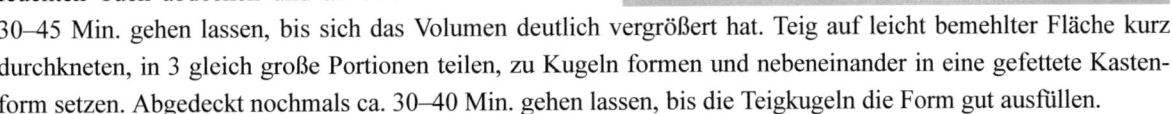

Wasser, Hefe, Zucker und Butter in einer kleinen Schüssel verrühren, bis sich die Hefe gelöst hat. 5 Min. stehen lassen. Mehl und Salz in die Rührschüssel der Küchenmaschine geben. Die Hefemischung zugeben und mit dem Knethaken 6–8 Min. auf mittlerer Stufe zu einem glatten, weichen Teig kneten.

Teig in eine leicht geölte Schüssel geben, mit einem feuchten Tuch abdecken und an einem warmen Ort ca. 30–45 Min. gehen lassen, bis sich das Volumen deutlich vergrößert hat. Teig auf leicht bemehlter Fläche kurz durchkneten, in 3 gleich große Portionen teilen, zu Kugeln formen und nebeneinander in eine gefettete Kastenform setzen. Abgedeckt nochmals ca. 30–40 Min. gehen lassen, bis die Teigkugeln die Form gut ausfüllen.

Backofen auf 160 °C Heißluft vorheizen. Das Brot auf mittlerer Schiene ca. 30 Min. backen. Wenn die Oberfläche zu dunkel wird, locker mit Alufolie abdecken. Nach dem Backen 10 Min. in der Form ruhen lassen, dann herausnehmen und vollständig auskühlen lassen, bevor es in Scheiben geschnitten wird.

Tipp: Für mehr Aroma kann man 50 g Mehl durch Dinkel- oder Vollkornmehl ersetzen. Wer es besonders feinporig möchte, kann den Teig vor dem Formen ein zweites Mal kneten. Toast eignet sich auch sehr gut zum Einfrieren in Scheiben.

Einfaches Toastbrot, Mai 2025

- 250 ml lauwarmes Wasser (zuerst nur 220 g verwenden, ggf. Rest nach Bedarf)
- 100 ml lauwarme Milch
- 500 g Weizenmehl (Typ 550)
- 1 P Trockenhefe (7 g)
- 1 TL Zucker
- 2 TL Salz
- etwas Wasser oder Milch zum Bestreichen

Wasser und Milch mischen. Mehl und Hefe in die Rührschüssel der Küchenmaschine geben. Zucker und Salz zufügen, dann die Flüssigkeit zugeben. Mit dem Knethaken zunächst 1 Min. auf niedriger Stufe, dann 6–8 Min. auf mittlerer Stufe zu einem glatten, elastischen Teig verarbeiten.

Teig mit etwas Mehl bestäuben, in der Schüssel abgedeckt an einem warmen Ort ca. 30–45 Min. gehen lassen, bis sich das Volumen deutlich vergrößert hat. Den Teig auf einer leicht bemehlten Arbeitsfläche kräftig durchkneten, zu einem schmalen Laib (ca. 28 cm lang) formen und in eine gefettete Kastenform (30 × 11 cm) legen. Nochmals ca. 15–20 Min. abgedeckt gehen lassen. Backofen auf 180 °C Heißluft vorheizen. Teigoberfläche mit einem scharfen Messer der Länge nach etwa 0,5–0,7 cm tief einschneiden. Oberfläche mit Milch oder Wasser bestreichen. Brot auf mittlerer Schiene ca. 35–40 Min. backen. Nach 25 Min. ggf. locker mit Alufolie abdecken, falls es zu stark bräunt. Nach dem Auskühlen aus der Form lösen und auf einem Gitter auskühlen lassen.

Tipp: Für feinere Porung kann man den Teig nach dem ersten Gehen nochmals kurz kneten. Das Brot lässt sich gut einfrieren – am besten in Scheiben. Erst nach dem Auskühlen schneiden. Optional mit 20 g Butter im Teig für weichere Krume.

Zopfbrötchen (nach Rezept von Kölln), Mai 2025

Etwa 16 Stück.

- 1 Würfel Hefe
- 250 ml Milch
- 1 Prise Zucker
- 350 g Mehl
- 150 g Echte Kölln Kernige
- 50 g Grieß
- 60 g Butter
- 2 TL + 1 Prise Salz
- 2 Eier
- 1 EL Honig
- 4–5 EL Sesam, Mohn oder Kernige
- 4 EL Milch zum Bestreichen

Zerbröckelte Hefe in lauwarmer Milch zusammen mit Zucker und Honig auflösen und 10 Min. gehen lassen. Mehl, Echte Kölln Kernige, Grieß, Butter, Salz und Eier in eine Rührschüssel geben. Hefemilch hinzufügen und alles zu einem Teig kneten. Zugedeckt an einem warmen Ort 30 Min. gehen lassen.

Teig nochmals durchkneten und in ca. 16 Portionen teilen. Aus jeder Teigportion drei ca. 10 cm lange Stränge rollen und miteinander verflechten. Brötchen auf ein mit Backpapier ausgelegtes Backblech legen, mit Milch bestreichen und mit Sesam, Mohn und Kernigen bestreuen. Im auf 180 °C vorgeheizten Heißluftofen ca. 30 Min. backen.

Eigelb-Alternative, Mai 2025

Zum Backen (Bindung & Fett)

- Apfelmus (1 EL = 1 Eigelb) – gibt Feuchtigkeit und etwas Bindung.
- Pflanzenjoghurt (1 EL = 1 Eigelb) – cremig, neutral im Geschmack.
- Seidentofu (ca. 1 EL püriert = 1 Eigelb) – besonders für saftige Kuchen.
- Chiasamen oder Leinsamen (gemahlen + Wasser) – 1 EL Samen + 3 EL Wasser = 1 Ei. Gut für herzhafte Teige, eher geeignet für herzhafte oder kernige Gebäcke.

Für Cremes, Puddings oder Saucen

- Speisestärke – für Pudding oder Vanillesoße. Kein Geschmack, gute Konsistenz.
- Pflanzliche Sahne (z. B. Soja oder Hafer) – für cremige Saucen, ggf. mit Stärke eindicken.
- Kichererbsenmehl – verdickt gut und bindet, etwas „eierig" im Geschmack.

Zum Emulgieren (z. B. vegane Mayonnaise)

- Aquafaba (Kichererbsenwasser) – schäumt gut, emulgiert.
- Sojamilch + Öl + Senf – Grundrezept für vegane Mayo.
- Sonnenblumenlecithin (optional) – verbessert Emulgieren.

Für Eierspeisen (Ersatz im Geschmack oder Aussehen)

- Kala Namak (Schwarzsalz) – verleiht typischen Ei-Geschmack.
- Vegane Ei-Ersatzpulver (z. B. „MyEy" (EU-weit erhältlich), „Just Egg" (nur in ausgewählten Märkten)) – speziell für Rührei, Omelett usw.

Zum Panieren

- Pflanzliche Milch + Mehl – einfache Flüssigbindung.
- Senf oder Stärke + Wasser – als „Kleber" vor dem Paniermehl.

Muttis beschwipster Nusskuchen, Mai 2025

26-cm-Kranzform

- 330 g gemahlene Haselnüsse
- 55 g Weizenmehl Type 1050
- 275 g Weizenmehl Type 550
- 200 g Rohrohrzucker
- 1 Päckchen Vanillezucker
- 1 Päckchen Backpulver
- 1 Prise Salz
- 1 Fläschchen Bittermandelaroma
- 330 g trockener Rotwein (z. B. Spätburgunder oder Dornfelder)
- Margarine oder Butter für die Form

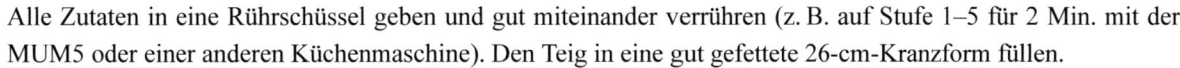

Alle Zutaten in eine Rührschüssel geben und gut miteinander verrühren (z. B. auf Stufe 1–5 für 2 Min. mit der MUM5 oder einer anderen Küchenmaschine). Den Teig in eine gut gefettete 26-cm-Kranzform füllen.

Den Ofen auf 175 °C Heißluft vorheizen. Den Kuchen auf mittlerer Schiene ca. 38–40 Min. backen, danach 5 Min. im ausgeschalteten Ofen ruhen lassen. In der Form abkühlen lassen, dann stürzen. Mit Glasur (z. B. Rotwein-Schokoladenglasur) überziehen.

Rotwein-Schokoladenglasur, Mai 2025

- 100 g Zartbitterschokolade (mindestens 60 % Kakaoanteil)
- 2 EL Kakaopulver (ungesüßt)
- 2 EL Rotwein
- 2 EL Puderzucker (nach Geschmack)
- 1 TL Kokosöl oder Butter (für Glanz und Gießfähigkeit)

Schokolade grob hacken und zusammen mit dem Rotwein und dem Kokosöl oder der Butter in einem kleinen Topf oder über dem Wasserbad bei niedriger Hitze schmelzen. Kakaopulver und Puderzucker einrühren, bis eine glatte, leicht dickflüssige Glasur entsteht.

Wenn sie zu fest ist, etwas mehr Rotwein oder 1 TL Wasser zugeben. Die Glasur leicht abkühlen lassen (lauwarm), dann über den abgekühlten Kuchen gießen. Sie wird glänzend und leicht samtig-fest beim Erkalten.

Linsen-Paprika-Aufstrich, Mai 2025

2-3 Portionen

- 50 g rote Linsen
- 50 g rote Paprikaschote
- 20 g Zwiebel (optional)
- 5 g Knoblauch (optional)
- 10 g Tomatenmark
- 1 EL Olivenöl
- 100 ml Wasser
- ½ TL Paprikapulver (edelsüß oder rosenscharf)
- ¼ TL Salz
- etwas schwarzer Pfeffer
- 1 TL Zitronensaft oder milder Essig

Zwiebel, Knoblauch und Paprikaschote in den TM-Mixtopf geben, 5 Sek./Stufe 5 zerkleinern. Mit dem Spatel nach unten schieben. Olivenöl und Tomatenmark zugeben, 3 Min./120 °C/Stufe 1 dünsten.

Rote Linsen und Wasser zugeben, 12 Min./100 °C/Stufe 1 garen, Messbecher aufsetzen. Gewürze und Zitronensaft zugeben, 10 Sek./Stufe 5–6 pürieren. Je nach gewünschter Konsistenz eventuell etwas Wasser zugeben und kurz weiter mixen.

Tipp: Optional: 1 TL Joghurt oder Frischkäse nach dem Kochen einrühren.

Türkische Pizza, Mai 2025

Zutaten für 2 Stück

- 135 g Mehl
- 65-70 g Wasser
- 7 g frische Hefe
- ½ TL Salz

Belag:

- 1 Stängel Petersilie
- ⅓ Peperoni (nach Geschmack, entkernt)
- 25–30 g Zwiebeln
- 50 g Tomaten
- 65–70 g Rinder- oder Lammhackfleisch
- 13 g Olivenöl (ca. 1 EL)
- 17 g Tomatenmark (ca. 1 EL)
- ¼ TL Salz
- eine Prise Pfeffer
- ⅓ TL rosenscharfes Paprikapulver

Mehl, Wasser, Hefe und Salz in eine Schüssel geben und etwa 2 Min. zu einem geschmeidigen Teig kneten. Den Teig mit einem feuchten Tuch abdecken und 30 Min. an einem warmen Ort gehen lassen. Backofen auf 250 °C Heißluft vorheizen. Ein Backblech mit Backpapier auslegen.

Für den Belag Petersilie, Peperoni, Zwiebeln und Tomaten fein hacken oder kurz mixen. Hackfleisch, Olivenöl, Tomatenmark, Salz, Pfeffer und Paprika zugeben und alles gründlich vermengen.

Den gegangenen Teig in zwei Kugeln teilen und auf bemehlter Arbeitsfläche zu runden Fladen von etwa 23–25 cm Durchmesser ausrollen. Beide Fladen auf das Backblech legen, mit der Hackfleischmasse bestreichen und dabei einen Rand von etwa 1 cm freilassen. Auf mittlerer Schiene 8–10 Min. backen. Heiß oder lauwarm servieren, nach Wunsch mit Salat, Zitronensaft oder Joghurt.

Türkischer Fladen, Mai 2025

1 Fladen

- 100 g Milch
- 100 g Wasser
- ½ EL Zucker
- ¼ Würfel Hefe (ca. 10 g)
- 325 g Mehl
- ½ TL Salz
- 1 EL Olivenöl

Belag

- 1 Eigelb
- ½ EL Joghurt
- 1 EL Öl
- 1 kleine Prise Salz
- etwas Sesam und Schwarzkümmel zum Bestreuen

Milch und Wasser leicht erwärmen, bis sie lauwarm sind. Zucker und Hefe darin auflösen und 5 Min. stehen lassen. Mehl in die Rührschüssel der Knetmaschine geben. Salz, Olivenöl und die Hefemischung hinzufügen. Auf niedriger Stufe 2 Min. kneten, dann auf mittlerer Stufe weitere 4 bis 5 Min. kneten, bis ein geschmeidiger Teig entsteht. Den Teig mit den Händen kurz durchkneten, zu einer Kugel formen und 10 Min. ruhen lassen. Anschließend rund oder oval ausrollen und auf ein Backblech mit Backpapier legen. Weitere 30 Min. abgedeckt ruhen lassen. Mit den Fingerspitzen ein Muster in den Teig drücken. Eigelb, Joghurt, Öl und Salz verrühren und den Teig damit bestreichen. Mit Sesam und Schwarzkümmel bestreuen. Im vorgeheizten Backofen (Heißluft) bei 180 °C ca. 20 bis 25 Min. backen, bis die Oberfläche goldbraun ist.

Chili sin Carne mit Berglinsen, Mai 2025

2 Portionen

- 80 g Berglinsen (ungekocht)
- 1 kleine Zwiebel
- 1 kleine Knoblauchzehe
- 1 rote Paprika
- 100 g Mais (aus der Dose oder TK)
- 150 g Kidneybohnen (abgetropft)
- 1 EL Tomatenmark
- 1 Dose stückige Tomaten (ca. 400 g)
- 1 TL Paprikapulver (edelsüß)
- ½ TL Kreuzkümmel
- ½ TL geräuchertes Paprikapulver oder Chili nach Geschmack
- ½ TL Salz
- etwas schwarzer Pfeffer
- ½ TL ungesüßtes Kakaopulver
- 1 TL Ahornsirup oder Zucker (optional)
- 1 EL Öl
- 300 ml Wasser oder Gemüsebrühe
- frischer Koriander oder Petersilie (optional)

Zwiebel und Knoblauch fein hacken. Paprika in kleine Würfel schneiden. Öl in einem Topf erhitzen, Zwiebel und Knoblauch darin 2–3 Min. anschwitzen. Tomatenmark und Kakaopulver zugeben, 30 Sek. mitrösten.

Paprika hinzufügen und 2 Min. mitdünsten. Dann Berglinsen, stückige Tomaten, Wasser oder Brühe und alle Gewürze einrühren. Zum Kochen bringen, dann bei kleiner Hitze mit Deckel ca. 25–30 Min. köcheln lassen.

Nach etwa 15 Min. Kidneybohnen und Mais hinzufügen. Gegen Ende mit Salz, Pfeffer und evtl. etwas Ahornsirup abschmecken. Wenn das Chili zu dick wird, etwas Flüssigkeit ergänzen.

Tipp: *Der Kakao bringt Tiefe, aber keine Süße – schmeckt nicht nach Schokolade, sondern rundet die Würze ab. Dazu passt Reis, Fladenbrot oder einfach pur mit etwas pflanzlichem Joghurt. Lässt sich gut aufwärmen.*

Tofu-Alternativen, Mai 2025

Hülsenfrüchte

- Linsen (z. B. Berglinsen, braune Linsen) – gute Konsistenz, kochen nicht zu weich, ideal für Chili, Eintöpfe, Füllungen
- Kichererbsen – fest, leicht nussig, für Curry, Wraps, Aufstriche
- Kidneybohnen, Schwarze Bohnen – herzhaft, sättigend, perfekt für Chili sin Carne
- Weiße Bohnen – weich, cremig, gut für Aufstriche und vegane „Eiersalate"

lentils   chickpeas   bulgur   mushrooms

Getreidebasierte Produkte

- Grünkern (geschrotet oder gekocht) – herzhaft-nussig, hackfleischähnlich, super für Bratlinge, Saucen, Füllungen
- Haferflocken – in Aufstrichen oder gebunden mit Gemüse als Hackersatz, sättigend, aber mild
- Bulgur oder Quinoa – locker, körnig, für Füllungen, Salate, Bratlinge

Soja-Alternativen

- Sojagranulat – neutral, gute Hackfleischstruktur nach Einweichen
- Tempeh – fermentiert, kräftiger Geschmack, fester Biss, gut zum Braten oder Zerkrümeln
- Seitan – sehr eiweißreich, bissfest, für deftige Gerichte, Pfannengerichte, gulaschähnliches Essen

Gemüsebasierte Alternativen

- Aubergine oder Zucchini – mild, saugfähig, gut gewürzt für Saucen und Pfannen
- Pilze – umamireich, fein gehackt ähnlich wie Hackfleisch
- Pastinake oder Sellerie – geraspelt oder gekocht, für Aufstriche, Saucen, Suppen

Cremige oder bindende Alternativen

- Cashews – eingeweicht, püriert, cremig und mild, sehr gut für Saucen oder Aufstriche
- Sonnenblumenkerne – geröstet oder eingeweicht, günstige Alternative zu Cashews
- Pflanzlicher Joghurt oder Frischkäse – für cremige Texturen in Dips, Wraps, Dressings

Zupfkuchen, Mai 2025

Springform 26 cm

Teig

- 375 g Dinkelmehl
- 40 g Backkakao
- 3 TL Weinsteinbackpulver
- 150 g Vollrohrzucker
- 1 Ei
- 70 g Margarine
- 20 g Mandelmus
- 85 g Hafermilch

Füllung

- 500 g Magerquark
- 150 g Vollrohrzucker
- 3 Eier
- 1 P Vanillepuddingpulver
- 130 g Alsan, zerlassen

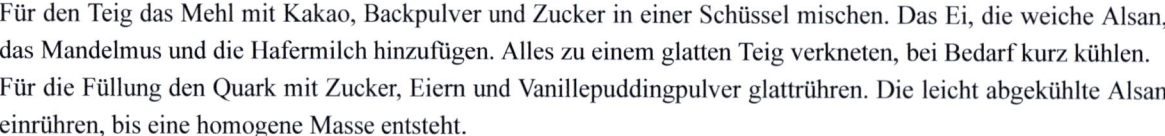

Für den Teig das Mehl mit Kakao, Backpulver und Zucker in einer Schüssel mischen. Das Ei, die weiche Alsan, das Mandelmus und die Hafermilch hinzufügen. Alles zu einem glatten Teig verkneten, bei Bedarf kurz kühlen.

Für die Füllung den Quark mit Zucker, Eiern und Vanillepuddingpulver glattrühren. Die leicht abgekühlte Alsan einrühren, bis eine homogene Masse entsteht.

Zwei Drittel des Teigs in eine Springform (Durchmesser 26 cm) drücken, dabei einen kleinen Rand formen. Die Füllung gleichmäßig einfüllen. Den restlichen Teig in Stückchen zupfen und auf der Oberfläche verteilen. Ofen auf 175 °C Ober-/Unterhitze vorheizen. Den Kuchen auf mittlerer Schiene etwa 55-60 Min. backen. Danach 10 Min. im ausgeschalteten Ofen ruhen lassen.

Vor dem Anschneiden vollständig abkühlen lassen.

Haselnusscreme, Mai 2025 (14178)

- 250 g Haselnüsse (am besten geröstet, evtl. leicht warm mixen)
- 35 g Kakaopulver
- 120 g Ahornsirup
- 1 Prise Salz
- 1 P Vanillearoma Finesse
- 100 g Hafermilch
- optional: 1–2 TL Haselnussöl oder neutrales Öl für mehr Cremigkeit

Haselnüsse im Vitamix mit Stößel gut durcharbeiten, ggf. in Etappen. Wird warm; das hilft beim Emulgieren. Nur so lange pürieren, bis die Masse glatt ist – aber bei Haselnüssen bleibt meist ein feiner „Crunch" übrig, der auch angenehm sein kann.

Hinweis: Beim Nacharbeiten stellt sich heraus, dass ChatGPT einmal wieder die Flüssigkeitsmengen nicht hinbekommt.

Simits, Mai 2025

Zutaten für ca. 6 Stück
- 500 g Weizenmehl (Type 550)
- 1 Päckchen Trockenhefe oder 20 g frische Hefe
- 1 TL Zucker
- 1 TL Salz
- 300 ml lauwarmes Wasser
- 30 ml Pflanzenöl (z. B. Sonnenblumen- oder Rapsöl)

Zum Wälzen

100 ml Wasser
- 2 EL Traubensirup (Pekmez, alternativ Dattelsirup oder dunkler Zuckerrübensirup)
- ca. 150 g Sesam (heller Sesam, nach Wunsch vorher in einer Pfanne angeröstet)

Hefe mit Zucker im lauwarmen Wasser auflösen und 5–10 Min. stehen lassen, bis sie anfängt zu schäumen. Mehl, Salz und Öl in eine Schüssel geben. Die Hefe-

mischung hinzufügen und alles zu einem geschmeidigen, glatten Teig kneten (ca. 8–10 Min. mit der Hand oder 5–6 Min. in der Küchenmaschine). Den Teig abgedeckt an einem warmen Ort 1 Stunde gehen lassen, bis sich das Volumen verdoppelt hat.

Den Teig in 6 gleich große Stücke teilen. Jedes Stück zu einem langen Strang rollen, diesen halbieren und beide Teile miteinander verdrehen. Die Enden zusammendrücken und zu einem Kringel schließen. Pekmez mit Wasser in einer Schüssel verrühren. Sesam auf einem flachen Teller verteilen.

Die Kringel zuerst in die Pekmezlösung tauchen, dann rundum im Sesam wälzen. Auf ein mit Backpapier belegtes Blech legen und nochmals 15–20 Min. gehen lassen. Backofen auf 200 °C (Heißluft) vorheizen. Auf mittlerer Schiene ca. 18–20 Min. backen, bis sie goldbraun und knusprig sind.

Tipps: Abkühlen lassen oder lauwarm servieren – z. B. mit Schafskäse, Tomaten und Oliven. / Für extra Glanz und Kruste: beim Vorheizen eine feuerfeste Schale mit Wasser in den Ofen stellen oder Simits leicht mit Wasser besprühen. / Sesam am besten vorher in der Pfanne leicht anrösten – das gibt echtes Straßenbäcker-Aroma.

Weizen zu Dinkel, Mai 2025

Klebereiweiß (Gluten)

Dinkel enthält Gluten, aber es ist empfindlicher und weniger stabil als im Weizen. Der Teig ist oft weniger dehnbar und reißt schneller, wenn man ihn zu stark bearbeitet. Dinkelteige sollten weniger intensiv geknetet werden und keine zu langen Knetzeiten haben.

Wasseraufnahme

Dinkel nimmt Flüssigkeit schlechter auf als Weizen. Der Teig wirkt oft klebriger, obwohl er nicht zu weich ist. Weniger Wasser verwenden oder nach und nach hinzufügen, bis die Konsistenz passt.

Teigruhe und Gehzeit

Dinkelteige gehen oft schneller auf, aber der Teig wird bei zu langem Gehen instabil und fällt zusammen. Gehzeit leicht verkürzen und den Teig lieber etwas früher verarbeiten. Gärzeiten im Blick behalten, vor allem bei warmen Temperaturen.

Verarbeitung und Formgebung

Wegen der zarteren Struktur kann Dinkelteig schwerer zu formen sein – neigt zu Rissen beim Rollen oder Flechten. Teig vor dem Formen nicht zu stark entgasen oder dehnen. Feuchte

Dinkel jeweils links

Hände oder leichtes Bemehlen helfen gegen Klebrigkeit.

Backverhalten

Dinkelgebäck kann trockener wirken, besonders bei zu langer Backzeit oder hoher Temperatur. Etwas niedrigere Temperatur oder kürzere Backzeit kann helfen. Feuchtehitze – also eine Schüssel mit Wasser im Ofen – tut Dinkelgebäck gut.

Geschmack und Textur

Dinkel schmeckt nussiger und feiner als Weizen – ideal für Gebäck, Kuchen oder Brötchen. Die Krume wird meist feinporiger, aber nicht so elastisch wie bei Weizen.

Praxistipps

Bei Rezepten mit Weizen 10–15 Prozent weniger Flüssigkeit bei Dinkel nehmen. Schonend kneten, kürzer gehen lassen, nicht überhitzen. Eventuell mit 10 bis 20 Prozent Weizenanteil mischen, um mehr Elastizität zu erhalten.

Hafermilch ohne Sieben, Mai 2025

Zutaten für etwa einen Liter.

- 80 g zarte Haferflocken
- 1 Liter kaltes Wasser
- 1 Prise Salz

Optional:

- 1 Dattel oder 1 TL Ahornsirup
- ½ TL Vanilleextrakt
- 1 bis 2 EL neutrales Öl (z. B. Sonnenblumenöl)

Haferflocken und Wasser in einen Mixer geben. Optionale Zutaten zufügen. Alles etwa 30 bis 40 Sek. auf mittlerer Stufe mixen. Nicht zu lange, damit die Milch nicht schleimig wird. Danach direkt in eine Flasche oder ein Glasgefäß füllen. Ein Sieben ist nicht nötig. Vor dem Gebrauch gut schütteln, da sich Reste am Boden absetzen können.

Lokouma (Kosovo), Mai 2025

- 500 g Mehl
- 1 Päckchen Trockenhefe oder 20 g Frischhefe
- 1 TL Zucker
- 1 TL Salz
- 300–350 ml lauwarmes Wasser
- Etwas Öl zum Bestreichen

Hefe aktivieren: In eine Schüssel etwas lauwarmes Wasser geben, Zucker und Hefe einrühren. 5–10 Min. stehen lassen, bis es schäumt. Teig zubereiten: Mehl und Salz in eine große Schüssel geben. Hefemischung und restliches Wasser hinzufügen. Mit einem Holzlöffel oder den Händen zu einem glatten, klebrigen Teig verrühren. Der Teig soll weich und etwas klebrig sein – nicht zu trocken.

Abdecken (z. B. mit einem feuchten Tuch) und an einem warmen Ort 45–60 Min. gehen lassen, bis sich das Volumen verdoppelt hat.

Backofen auf 180 °C Heißluft vorheizen. Teig zu kleinen Bällchen formen (etwa walnussgroß). Hände mit Öl einfetten oder zwei Löffel verwenden, um kleine Teigportionen auf ein mit Backpapier belegtes Blech zu setzen, mit etwas Öl bepinseln. 20–25 Min. backen, bis sie goldbraun sind.

Tipp: Für intensivere Bräunung in den letzten 5 Min. die Grillfunktion einschalten oder mit Eigelb bestreichen.

Cashewdrink (besonders cremig), Mai 2025

- 100 g Cashewkerne (ungesalzen, naturbelassen)
- 1 Liter kaltes Wasser
- 1 Prise Salz
- optional: Süßmittel oder Vanilleextrakt optional

Cashews 2 Std. einweichen (oder 10 Min. in heißem Wasser). Dann mit Wasser und Zutaten in den Mixer geben. Cashews lösen sich komplett auf, daher ist kein Sieben notwendig. Im Vitamix: 45 Sek. auf hoher Stufe. Im Thermomix: 40 Sek. auf Stufe 10.

Reisdrink (gekochter Reis), Mai 2025

- 150 g gekochter weißer Reis (z. B. Basmati)
- 1 Liter kaltes Wasser
- 1 Prise Salz
- optional: Süße, Zimt oder Vanille

Gekochten, abgekühlten Reis mit Wasser in den Mixer geben. Vitamix: 40 Sek. auf mittlerer bis hoher Stufe. Thermomix: 30 Sek. auf Stufe 8. Diese Milch ist von Natur aus süßlich und etwas dünnflüssiger. Lässt sich auch gut würzen.

Hirsemilch ohne Sieben, Mai 2025

- 80 g Hirse
- 160 ml Wasser zum Kochen
- 1 Liter kaltes Wasser zum Mixen
- 1 Prise Salz
- optional, 1 Dattel oder 1 TL Ahornsirup
- ½ TL Vanilleextrakt
- 1 EL neutrales Öl

Hirse in einem feinen Sieb gründlich mit heißem Wasser abspülen. Danach mit 160 ml Wasser in den TM-Mixtopf geben. 15 Min. bei 100 °C auf Stufe 1 mit Linkslauf kochen. Danach 5 Min. im geschlossenen Topf quellen lassen. Anschließend 1 Liter kaltes Wasser, Salz und nach Wunsch die restlichen Zutaten hinzufügen. 60 Sek. auf Stufe 10 mixen.

Die fertige Milch direkt in eine Flasche füllen. Nicht sieben. Vor dem Trinken gut schütteln. Nach Belieben mit Wasser verdünnen, wenn die Konsistenz zu dick ist. Im Kühlschrank 3–4 Tage haltbar.

Schnelle Sahnealternative, Mai 2025

- 3–4 EL Skyr oder cremiger Joghurt (am besten 10 % Fettgehalt oder griechisch)
- 1 TL Puderzucker oder Honig (je nach Geschmack)
- etwas Zitronensaft oder Vanilleextrakt (optional)
- 1–2 TL Milch oder Haferdrink (falls die Konsistenz zu fest ist)

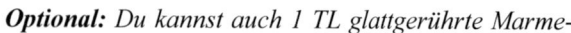

Alles mit einem Löffel oder kleinen Schneebesen glattrühren. Bei Bedarf mit etwas Flüssigkeit geschmeidiger machen. Sofort servieren oder kurz kaltstellen.

Optional: Du kannst auch 1 TL glattgerührte Marmelade (z. B. Erdbeere) unterrühren für ein fruchtiges Aroma.

Ergebnis: Eine frische, leicht säuerliche Creme, die perfekt zur Süße des Kuchens passt – ohne den schweren Fettgehalt von Schlagsahne.

Luchi, Mai 2025

- 250 g Mehl
- 1 TL Zucker
- ½ TL Salz
- 28-30 g Ghee oder Pflanzenöl
- 100-120 g Wasser zum Kneten
- Öl zum Frittieren

Mehl, Zucker und Salz in einer großen Schüssel mischen. Ghee oder Öl hinzugeben und mit den Fingerspitzen in die Mehlmischung reiben, bis es wie grobe Semmelbrösel aussieht. Langsam Wasser hinzufügen und Teig kneten, bis er weich und geschmeidig ist. Der Teig sollte nicht zu klebrig oder zu fest sein. Teig abdecken und 15-20 Min. ruhen lassen.

Teig in kleine, gleich große Kugeln teilen. Jede Kugel auf einer leicht geölten Fläche zu einem dünnen Kreis von etwa 10-12 cm Durchmesser ausrollen.

Öl in einer tiefen Pfanne oder einem Wok bei mittlerer bis hoher Hitze erhitzen. Wenn das Öl heiß genug ist, ein Luchi vorsichtig hineingleiten lassen. Er sollte sofort aufpuffen. Vorsichtig mit einem Schaumlöffel nach unten drücken, damit er gleichmäßig aufgeht. Luchi wenden und auf der anderen Seite frittieren, bis er leicht goldbraun ist. Aus dem Öl nehmen und auf Küchenpapier abtropfen lassen.

Karpatka, Mai 2025

2 x Springform
26 cm Durchm.

Für den Teig:
- 125 g Butter
- 250 ml Wasser
- 180 g Mehl
- 5 Eier

Für die Creme:
- 2 P Vanillepuddingpulver
- 80 g Zucker
- 750 ml Milch
- 200 g weiche Butter

Außerdem:
- Puderzucker zum Bestreuen

Brandteig:

Butter zusammen mit dem Wasser in einem Topf aufkochen. Sobald die Mischung kocht, das Mehl auf einmal hinzufügen und mit einem

Holzlöffel kräftig rühren, bis sich ein glatter Teigkloß bildet, der sich vom Topfboden löst. Den Teig in eine Rührschüssel umfüllen und etwa 10 Min. abkühlen lassen. Anschließend die Eier nacheinander zum Teig geben und mit einem Handrührgerät oder einer Küchenmaschine gründlich unterrühren, bis eine glatte, leicht glänzende Masse entsteht. Der Teig sollte weich, aber formbar sein.

Backofen auf 180 °C Heißluft vorheizen. Springformen mit Butter einfetten und mit Mehl ausstreuen. Wenn nur eine Form vorhanden ist, zwei Backpapiere in dieser Größe vorbereiten und nacheinander verwenden.

Den Teig halbieren und gleichmäßig auf beide Formen oder Backpapiere verteilen. Mit einem angefeuchteten Löffel oder Spatel glatt streichen. Beide Böden gleichzeitig im vorgeheizten Ofen auf der mittleren und unteren Schiene etwa 25 Min. backen, bis sie goldbraun sind. Während des Backens die Ofentür nicht öffnen, damit der Teig nicht zusammenfällt. Anschließend die Böden aus dem Ofen nehmen und vollständig abkühlen lassen.

Creme:

Für die Creme das Vanillepuddingpulver mit dem Zucker und etwa 100 ml der Milch glattrühren. Die restliche Milch in einem Topf zum Kochen bringen. Sobald sie kocht, die angerührte Puddingmischung einrühren und unter ständigem Rühren nochmals 1–2 Min. köcheln lassen, bis der Pudding eindickt. Vom Herd nehmen und vollständig abkühlen lassen. Dabei gelegentlich umrühren, damit keine Haut entsteht.

Die weiche Butter mit dem Handrührgerät etwa 2 Min. cremig aufschlagen. Dann den abgekühlten Pudding löffelweise unter die Butter rühren, bis eine glatte, luftige Creme entsteht.

Fertigstellung:

Einen der beiden Böden auf eine Tortenplatte legen und die Vanillecreme gleichmäßig darauf verteilen. Den zweiten Boden vorsichtig daraufsetzen und leicht andrücken. Die Torte abgedeckt mindestens 2 Std. kühl stellen, damit die Creme fest wird.

Vor dem Servieren die Karpatka mit Puderzucker bestäuben.

One-Pot-Pasta mit Thunfisch, Mai 2025

2 Portionen

- 1 Zwiebel
- 1 mittelgroße Zucchini
- 2 EL Öl
- 4 EL Tomatenmark
- 1 TL Zucker
- 400 g Vollkornnudeln (z. B. Vollkorn-Farfalle oder -Penne)
- 1 Dose gehackte Tomaten (400 g)
- 700 ml Gemüsebrühe
- 1 Dose Thunfisch im eigenen Saft (ca. 185 g Abtropfgewicht)
- 200 g Frischkäse (natur)
- Salz und Pfeffer
- 10 g frische Basilikumblätter (ca. 1 kleiner Bund)

Zwiebel schälen, halbieren und in kleine Würfel schneiden. Die Zucchini waschen, die Enden entfernen und grob raspeln. Öl in einem großen Topf erhitzen. Zwiebel und Zucchini darin etwa 2 Min. anbraten. Dann das Tomatenmark und den Zucker hinzufügen und weitere 2 Min. mitrösten.

Die Vollkornnudeln, gehackten Tomaten und die Gemüsebrühe in den Topf geben. Alles gut umrühren und bei mittlerer Hitze etwa 13 Min. köcheln lassen, bis die Nudeln gar sind. Dabei gelegentlich umrühren.

Den Thunfisch abtropfen lassen und zusammen mit dem Frischkäse unter die Pasta heben. Alles gut vermengen und mit Salz und Pfeffer abschmecken. Zum Schluss das Basilikum waschen, trocken tupfen und in feine Streifen schneiden. Die Pasta portionsweise anrichten und mit Basilikum bestreuen.

Menemen, Mai 2025

2 Portionen

- 40 ml Olivenöl
- 80 g Zwiebeln, fein gehackt
- 150 g grüne Spitzpaprika, in Streifen geschnitten
- 400 g Tomaten, klein gewürfelt
- 40 g Tomatenmark
- ½ TL Salz
- ¼ TL schwarzer Pfeffer
- ¼ TL Chiliflocken (nach Geschmack)
- 5 Eier, verquirlt

Olivenöl in einer großen Pfanne erhitzen und die gehackten Zwiebeln darin bei mittlerer Hitze etwa 3 Min. glasig anschwitzen. Anschließend die Paprikastreifen dazugeben und 2–3 Min. mitbraten, bis sie leicht weich sind. Gewürfelte Tomaten und Tomatenmark hinzufügen. Alles gut verrühren und mit Salz, Pfeffer und Chiliflocken würzen. Die Mischung bei mittlerer Hitze etwa 8 Min. schmoren lassen, bis die Tomaten leicht eingekocht sind.

Nun die verquirlten Eier gleichmäßig über das Gemüse gießen, ohne sofort umzurühren. Kurz stocken lassen, dann vorsichtig unterheben und bei schwacher Hitze 1–2 Min. fertig garen, bis die Eier gestockt, aber noch leicht cremig sind. Heiß mit frischem Brot servieren.

Die folgenden Rezepte entstammen ebenfalls meinem Fundus. Ich habe sie damals aber aus der Nummerierung genommen, weil es sich teilweise um Videos handelte. Sie folgen hier ohne Nummerierung. Es kann sein, dass zwei oder drei dieser Rezepte bereits in anderen Bänden stehen. Das kann ich leider kaum noch kontrollieren.

Spitze Wirsing-Chips, 2012

Rohkost

- 1 Kopf Wirsing (verwertet: 450 g netto)
- 1 Kopf Spitzkohl (verwertet: 400 g)
- 8 g Essig-Peperoni (6/4403)
- 2 große Knoblauchzehen (16 g netto)
- 7 g Ingwer ungeschält
- 150 g Sonnenblumenöl
- 90 g Apfelessig
- 120 g Wasser
- 1 gestr. TL Kümmel (2 g)
- 1 TL Gemüsesalz (8 g) (3/1557)
- 100 g Sonnenblumenkerne
- 60 g Leinsamen

Wirsing waschen, abtropfen und evtl. trocknen lassen, vor allem die äußeren Blätter. Mit dem Spitzkohl dasselbe machen. Etwas „müde" Außenblätter eignen sich genauso gut. Die Blattrippen in der Mitte ausschneiden und sammeln (z. B. für die Cracker, auch Pesto geht damit oder Gemüsesalz). Blätter in grob gerechnet 4 x 4 cm große Stücke schneiden oder reißen und in eine große Schüssel geben. Leinsamen darüber streuen.

Die restlichen Zutaten in einem Hochleistungsmixer zu einer glatten Masse schlagen. Mit Leinsamen und Gemüse in einer großen Schüssel gut vermengen, dabei die Blätter auch schon mal feste drücken, damit sie die Soße aufnehmen. Darauf achten, dass alle Blätter von der Mayonnaise umhüllt sind.

Auf drei bis vier Excalibur-Einschübe verteilen und bei 41 °C (bzw. 38 °C Einstellung) trocknen, bis die Chips knackig sind, das dauert etwa 24 Std. In einer wirklich gut schließenden Metalldose aufbewahren. Falls sie weich werden, nochmals kurz in das Dörrgerät schieben.

Wirsing-Chia-Cracker, 2012-06

Nach einem Rezept von James Russell (oder wie er sich auch nennt „RawFoodChef")

- 450 g Wirsing- und Spitzkohlgerüst, d.h. die Rippen und Strunkteile
- 1 kleiner Apfel (85 g)
- 1 kleine Salatgurke (150 g)
- 35 g Apfelessig
- 2 Knoblauchzehen (6 g brutto)
- 1 geh. TL Gemüsesalz (3/1557)
- 50 g Chiasamen
- 50 g Leinsamen
- 50 g Mayonnaise von den Wirsing-Spitzkohl-Chips (7/5050; ein Pesto, Namari oder 20 g Öl/Essig geht ebenfalls; kann auch ganz wegbleiben)

Gemüse, Apfel und Gurke grob vorschneiden, in einen Hochleistungsmixer geben und mit den Knoblauchzehen (ungeschält) und dem Salz ganz fein pürieren. In einer Schüssel mit Chiasamen und Leinsamen 30-60 Min. quellen lassen. Dünn auf 3 Paraflexx-Folien ausstreichen, in Stücke vorschneiden und im Dörrgerät 8 Std. bei 40 °C trocknen lassen. Die Stücke umdrehen und weitere 14 Std. trocknen.

Und Eric greift gerade wieder zu ...

Rohkost-Bounties, 2012-007

Schokolade:

- 35 g Kakaobohnen
- 15 g Kakaonibs
- 50 g Naturreis
- 50 g Kokosraspel
- 30 g Honig
- 30 g Kokosöl
- 35 g Kakaobutter
- 2 cm Vanillestange

Herstellung im Vitamix, 0,9-Liter-Becher

Kokosschicht: Reis in der Mühle fein mahlen. Mit Salz, 100 g Kokosraspeln, Honig und Kokosöl möglichst fein mahlen (Temperatur kontrollieren!). In eine Schüssel geben und mit 50 g Kokosraspeln verkneten.

Kakaobohnen, Kakaonibs und Kokosraspeln zusammen im Vitamix mahlen, bis die Masse sich vom Rand löst und gut aus dem Becher nehmen lässt. Mehrmals vom Rand lösen. In eine Schüssel umfüllen. Honig und Öl in den Vitamix abwiegen. Kakaomasse dazugeben. Kakaobutter fein abraspeln und obenauf geben. Mit dem Stopfer mit langsam steigender Geschwindigkeit verarbeiten. Zwischendurch mit einem Spatel die Ecken „ausheben" und Reste vom Rand herunterdrücken. Immer wieder neu auf Höchststufe laufen lassen, bis die Schokolade flüssig und gleichmäßig braun und warm, aber noch nicht heiß ist. Eine größere Lasagneform (ca. 15 x 25 cm) mit Haushaltsfolie auslegen. Die Hälfte der Schokoladenmasse in die Lasagneformen löffeln und gleichmäßig verteilen. 10 Min. in den Tiefkühlschrank geben. Die Kokosmasse darauf verteilen, die restliche Schokolade darübergeben und vorsichtig mit einem Löffel verstreichen. Darauf achten, dass sich die Raspeln nicht abheben! 1 Stunde in den Kühlschrank stellen. Mit Hilfe der Folie aus der Form heben, Folie entfernen und die Masse mit einem Messer vorsichtig in rechteckige Stücke schneiden. Eventuell auch erst in Streifen schneiden und dann herausheben. Im Kühlschrank in einer geschlossenen Dose aufbewahren.

Muhammara, 2012-08

Rohkost

- 50 g Nacktgerste (3 EL)
- 45 g Olivenöl
- 35 g Zitronensaft
- 1 TL Kreuzkümmel
- 1 TL getr. Granatapfel-körner
- 100 g Pekannüsse
- 1 rote Paprika (205 g netto)
- 1 Tomate (90 g)
- 2 größere Knoblauchzehen (9 g)

- 1 TL Salz
- 1 TL Honig
- 6 g Essig-Peperoni (6/4403)
- 1 TL Paprika edelsüß
- Frische oder getrocknete Minze
- Evtl. 1-2 EL Mungbohnensprossen

Gerste flocken, mit Olivenöl und Zitronensaft verrühren und quellen lassen, bis die anderen Arbeitsschritte vollzogen sind. Kreuzkümmel und Granatapfelkörner im kleinen Mixer möglichst fein mahlen. Pekannüsse in einer Küchenmaschine mit Hackmesser hacken, nicht zu fein. Nüsse in eine Schüssel umfüllen. Paprika entkernen, in Stücke schneiden, Tomate vierteln. Knoblauchzehen abziehen, in Scheiben schneiden. Das Gemüse mit Salz, Honig, Peperoni und Paprikapulver gründlich mit dem Hackmesser zerkleinern. Dann die Paprikamasse in einer Schüssel mit Gerste und Nüssen verrühren.

Jede Portion mit etwas Minze bestreuen und am Rand nach Wunsch mit Mungbohnensprossen belegen. Mit Crackern servieren. Oder auch, wenn man nicht Rohkost macht, zu Fladen servieren, das schmeckt auch sehr gut.

Anmerkungen: *In den Originalrezepten werden Brotstückchen verwendet, die ersetze ich durch Gerstenflocken. Granatapfelsirup nehme ich natürlich nicht, daher habe ich die Granatapfelkörner gemahlen und etwas Honig hinzugegeben. Wer keine Granatapfelkörner im Haus hat, lässt sie weg.*

Roh-Twix, 2012-009

Teig:
- 50 g Mandeln
- 100 g Erdmandeln
- 100 g Buchweizen
- 1 Prise Salz
- 10 g Sonnenblumenöl
- 30 g Honig
- 50 g Wasser

Karamellschicht:
- 100 g Pekannüsse
- 20 g Sesamöl
- 5 g Carob
- 4-5 Datteln (80-100 g)
- 15 g Kokosöl
- 1 Prise gem. Vanille
- 1 Prise Salz
- 20 g Honig

Teig: Mandeln, Erdmandeln und Buchweizen im Trockenbecher des Vitamix fein mahlen. Besser ist es, erst die Erdmandeln zu mahlen, sie bleiben sonst teils ungemahlen! In eine Schüssel umfüllen und mit den restlichen Zutaten zu einem glatten Teig kneten. Auf eine Folie geben, zu einem Rechteck breitdrücken und in Streifen schneiden. Im Dörrgerät ca. 12-16 Std. bei 35 °C trocknen lassen.

Karamellschicht: Pekannüsse im Vitamix (0,9 L-Becher) fein mahlen. Mit Sesamöl und Carob nochmals mahlen. Restliche Zutaten hinzugeben und erst gegen Ende auf der Höchststufe zu einer teigigen Masse schlagen.

Zubereitung: Drei flache Lasagneformen (ca. 18 x 12 cm) mit Haushaltsfolie auslegen.

Kakaobohnen und Cashewnüsse im Vitamix (1,4 L-Becher) mahlen, bis die Masse sich vom Rand löst und gut aus dem Becher nehmen lässt. In eine Schüssel umfüllen. Öl, Honig und Salz in den Becher geben. Kakaomasse dazugeben, darauf lila Maismehl und Kokosöl. Kakaobutter fein abraspeln und obenauf geben. Mit dem Stopfer mit langsam steigender Geschwindigkeit verarbeiten. Immer wieder neu auf Höchststufe laufen lassen, bis die Schokolade flüssig und gleichmäßig braun und warm, aber noch nicht heiß ist.

Die Formen dünn mit Schokolade bestreichen. Die Teigstücke eng nebeneinander aufsetzen und 10 Min. tiefkühlen. Dann die Karamellmasse auf den Teig geben, eine ausreichende Menge auf die einzelnen Stückchen. Mit der restlichen Schokolade bestreichen, so dass die Schokolade auch zwischen die Teigstücke fließen kann (es soll ja möglichst von allen Seiten mit Schokolade umgeben sein).

Nach ca. 2 Std. (Zeit hängt von der Kühlschranktemperatur ab) mit einem Messer vorsichtig Stücke anschneiden. Dann mehrere Stunden in den Kühlschrank stellen.

Rohkost-Sesamdip, 2012-010
- 1/2 Zitrone
- 50 g Sesam, ungeschält
- 1 Prise Cumin (= Kreuzkümmel)
- 1 gute Prise Salz
- 10 g Olivenöl
- 1 Knoblauchzehe
- 1 kleine Tomate (60 g)

Die halbe Zitrone auspressen. Sesam mit Cumin und Salz im kleinen Mixer, flaches Messer, fein mahlen. Knoblauchzehe schälen und in Scheiben schneiden, Tomate achteln. Alles zusammen im Mixer, hochstehendes Messer, gut mischen. In eine kleine Schüssel umfüllen.

Johannesriegel roh, 2012-011

- 3 EL Nacktgerste
- 1 EL Leinsamen (gold und braun gemischt)
- 75 g Erdmandeln
- 125 g Schwarze Johannisbeeren netto
- 15 g Honig
- 25 g Kokosöl

Gerste und Leinsamen flocken. Erdmandel im Vitamix möglichst fein mahlen, mit einem Löffel die verdichteten Reste vom Rand lösen. Johannisbeeren, Honig und Kokosöl hinzugeben, gut durchmixen. In einer Schüssel mit einem Löffel die Flocken unterrühren. Ein Frühstücksbrettchen mit Haushaltsfolie überziehen, Masse darauf ausstreichen und in Streifen schneiden. Im Kühlschrank erkalten lassen.

Hinweis: *Es ist nicht sehr süß.*

Brokkolicreme (2013-001)

Rohkost

- 2 EL Essig (Apfelessig oder Peperoni-Essig)
- 1 cm eingelegte Peperoni (7/4573) nach Geschmack
- 1 gestr. TL Salz
- 35 g Cashewnüsse
- 1/2 Banane (60 g netto)
- 50 g Wasser
- 250 g Brokkoli
- 10 g Kokosraspel
- 1 kleine Tomate (80 g)

Essig, Peperoni, Salz, Cashewnüsse, Banane und Wasser im kleinen Mixer verquirlen und in eine Küchenmaschine mit Hackmesser geben. Brokkoli vorschneiden, hinzufügen und laufen lassen, bis der Brokkoli gleichmäßig fein zerkleinert ist. Auf einen Suppenteller geben. Am Rand mit Kokosraspeln bestreuen, die Tomate in Spalten schneiden und als Dekoration auflegen.

Sehr lecker schmeckt es auch, wenn man den Brokkoli nicht ganz so fein schneidet. Das geht gut im Thermomix, dann auch gleich mit dem Dressing.

Erdmandel-Creme (2013-002)

Rohkost

- 50 g Erdmandeln
- 50 g Banane
- 50 g Wasser
- 5 g Carob
- 2 Walnusshälften

Erdmandeln, Banane (in Stücken), Wasser und Carob im Becher eines kleinen Mixers mit dem hochstehenden Messer cremig schlagen. Gut festhalten, da die harten Erdmandeln durch Vibration die Messerhalterung und das Messer beschädigen können! In eine kleine Schüssel umfüllen und mit 2 Walnusshälften dekorieren.

Trockener Chutney (2013-006)

- 50 g Sonnenblumenkerne, in einer Pfanne ohne Fett rösten, gefolgt von:
- 50 g Nackthafer, geflockt
- 50 g Quinoa
- 25 g Kokosflocken
- 25 g Sesam
- 25 g schwarze Linsen
- 1 TL Kreuzkümmel zusammen mit
- 1 TL schwarze Senfkörner; dann in der Pfanne
- 1-2 TL Sonnenblumenöl erhitzen, darin
- 50 g grüne Rosinen rösten, bis sie alle aufgequollen sind, mit den anderen Zutaten und
- 1 geh. TL Salz (10 g)
- 1 TL gem. Zimt und
- 1 TL Paprika edelsüß (5 g) mischen

Zur Verwendung 1:1 mit Öl im kleinen Mixer schlagen; in dieser Form nach Belieben mit Obst, Gemüse, Chili und so weiter mixen.

Dinkel mit Chicorée-Erdnusssoße (2013-007)

Dinkel

Am Vorabend:

- 100 g Dinkel in
- 250 g Wasser einweichen

Am Kochabend: Restliche Einweichflüssigkeit in den Schnellkochtopf (2,5 L) geben, ergab etwa 205 g. Mit

- 1 Knoblauchzehe auf Stufe 2 für 15 Min. kochen, dann abdampfen lassen.

Chicorée:

- 1 Chicorée-Staude (120 g) in
- 50 g Wasser als Gemüsepfanne 5 Min. dünsten.

Soße:

- 30 g geröstete gesalzene Erdnüsse im kleinen Mixer mit
- 2 TL Dinkel- oder Weizenmehl (selbst gemahlen)
- 1 g gem. Kümmel
- 8 g (1 geh. TL) Paprika edelsüß
- 80 g Wasser
- 1 gestr. TL Salz
- 1 TL Honig (ca. 15 g) verquirlen.

Dinkel, Chicorée und Soße zusammengießen, aufkochen. Für eine festere Konsistenz (ist so eher ein Eintopf), nimmt das Wasser für die Soße von den restlichen Kochflüssigkeiten.

Gerstensaft für antialkoholische Veganer (2013-12)

Im 0,9-Liter-Vitamixbecher zubereiten.

In den Vitamixbecher geben:

- 3 cm Vanillestange
- 15 g Cashewkerne
- 15 g Nacktgerste
- 20 g Orangeat (oder Pampelmusat, das etwas herber ist)
- 310 g heißes Wasser

4-5 Min. laufen lassen. Gut dazu passen auch Ingwer oder ein wenig Zimt.

Frühstückseis vegan (2013-009)

Am Vorabend vorbereiten:

- 3 EL Getreide (z. B. Sechskorngetreide) grob schroten und über Nacht in
- 70 g Wasser einweichen.
- 1 Banane, geschält, in Scheiben (120 g netto) und
- 1 kleinen Äpfel in Stücken (75 g) einfrieren.
- Eiswürfel vorbereiten

Morgens:

Zubereitung im 0,9-Liter-Vitamixbecher. Ob das in anderen Mixern klappt, weiß ich nicht.

- 10 g Mandeln und
- 1 EL Leinsamen mit dem Getreideschrot pürieren,
- 1 Stück Banane (45 g) frisch hinzugeben, das gefrorene Obst grob getrennt sowie
- ca. 80-90 g Eiswürfel hinzugeben und mit dem Stößel auf der Höchststufe zu Eis verarbeiten, bis die Raute gebildet ist. In eine Schüssel geben und mit
- Mandeln (oder Carobpulver, Kakaonibs, Obststücken) dekorieren.

Das Obst ist natürlich beliebig austauschbar! Gefrorene Beeren geben eine nette Farbnuance.

Der einfachste Salat der Welt (2013-010)

Eine Schüssel, die 750 ml bzw. g fasst, reicht (wenn man sie nicht bis zum obersten Rand füllt) gut als Hauptspeise für eine Person mit einer Scheibe Brot.

Soße mit der Gabel verquirlen:

- 1-2 EL Zitronensaft
- 1/2 TL Salz
- 1 EL Sonnenblumenöl
- 2-3 EL Wasser

Gemüse (Mischung von dem, was gerade da ist):

- Gemischt, von dem, was gerade auf Vorrat ist, dabei
- 2 Blätter Salat
- Möglichst auch 1-2 EL Sprossen

Schmutziges Gemüse waschen, Salat waschen. Klein schneiden, Salat trocken wringen.

Wahlweise ein Topping:

- 2 EL Sonnenblumenkerne rösten, bis mittelbraun, anschließend
- 1 TL Kreuzkümmel hinzugeben; auf den Salat streuen

Waffelcracker (2013-11)

Nach einem Schweizer Rezept von Agnes.

- 35 g Weizen und
- 15 g Buchweizen mischen, mahlen, verrühren.
- 2 TL Leinsamen
- 2 Prisen Pizzakräuter
- 1-2 Prisen Salz unterrühren, dann mit
- 10 g Sonnenblumenöl und
- 25 g Wasser zu einem leicht klebrigen Nudelteig verarbeiten.

Mindestens 5-10 Min. stehen lassen. Dann das Waffeleisen erhitzen, in der Aufwärmzeit möglichst dünn ausrollen, und den Teig portionsweise im heißen Waffeleisen backen.

Aroma-Frühstück (2013-13)

- 2 EL Sechskorngetreide (oder anderes Getreide) mit
- 1 EL Leinsamen flocken. Im Vitamix
- 1 Stück getrocknete Orangenschale
- 2-3 cm Vanillestange
- 20 g Mandeln mit
- 110 g Wasser zu einer glatten Flüssigkeit schlagen, und mit den Flocken vermengen.
- 1 kleinen Apfel (85 g) in Stücke schneiden, auf die Flocken geben. Im „ungewaschenen" Vitamix
- 1 Orange (125 g netto)
- 1/2 Banane (45 g netto) pürieren, über die Apfelstücke gießen. Mit
- 10 g Kokosraspeln und
- 4 Cashewnüssen dekorieren.

Orangeat Professional Look (2013-14)

Früher war mein Orangeat ein wenig wirr :-) Außerdem musste ich erst die Schalen sammeln, dann verarbeiten. Dank meines Alligators (Nicer Dicer geht auch) kann ich das jetzt gemächlich herstellen, immer wenn ich eine Orange gegessen habe. Prinzip:

Schale von Orangen im Alligator würfeln.

Flüssigen Honig dazugeben, verrühren und in einem Schraubglas im Kühlschrank aufbewahren. Ab und an auf den Kopf stellen. Kommt eine neue Orange hinzu, auch etwas Honig hinzugeben.

Rotkohl-Quickie (2013-15)

Herstellung im Zerkleinerer, auch andere Geräte möglich.

- 1 EL Macadamianussöl
- 1 EL Zitronensaft
- 1 gute Prise Salz
- 1 EL Wasser in den Zerkleinerer geben.
- 1 kleinen Apfel (90 g)
- 40 g Möhre und
- 120 g Rotkohl vorschneiden, in den Mixer geben und in Wunschgröße zerkleinern. In eine Schüssel geben und optional mit
- 6 Mandeln (oder Petersilie usw.) dekorieren.

Salat als Vorspeise, 2012

Dressing:
- Macadamianussöl
- 10 g Zitronensaft
- Salz
- Wasser

Gemüse:
- 85 g geraspelte Kohlrabi-Möhrenmischung
- 75 g Tomate
- 40 g Chicorée
- 40 g Salat

Erdmandelkakao (2013-16)

Herstellung im Vitamix oder Ähnlichem. Wer keinen starken Mixer hat, muss die Zutaten einzeln vorher mahlen. Wobei das bei Erdmandeln recht schwierig ist, da sie sehr hart sind.

In den Vitamix geben:

- 1 Stück getrocknete Orangenschale
- 2-3 cm Vanillestange
- 15 g Erdmandeln
- 10 g Kakaobohnen
- 5 g Mandeln
- 5 g Nacktgerste (oder ein anderes Getreide)
- 1 geh. TL Honig (nach Geschmack; hier waren es 20 g)
- ca. 310 g Wasser

4-5 Min. im Vitamix schlagen. Wer mit heißem Wasser anfängt, braucht nur 4 Min.

Buchweizen-Pudding (2013-17)

2 Desserts.

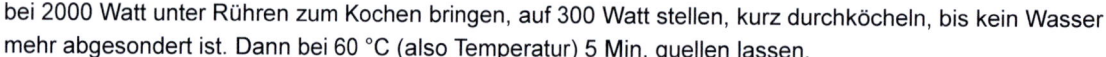

- 30 g Buchweizen flocken mit
- einigen Salzkörnchen und
- 1 Stück frischer Zitronenschale
- 2 cm Zimtstange
- 2 cm Vanillestange und
- 20 g grünen Rosinen in einen Topf geben. Im kleinen Mixer
- 20 g Cashewnüsse mit
- 200 g Wasser mixen (wer eine Creme möchte, nimmt mehr Wasser! Dies wird ein fester Pudding). Auch in den Topf geben. Auf einer Induktionsplatte bei 2000 Watt unter Rühren zum Kochen bringen, auf 300 Watt stellen, kurz durchköcheln, bis kein Wasser mehr abgesondert ist. Dann bei 60 °C (also Temperatur) 5 Min. quellen lassen.
- 1/2 Banane (45 g netto) in Stücke schneiden, unterrühren. Auf 2 Schüsselchen verteilen. Mit
- 1 EL Pistazien und
- 2 Prisen Carob bestreuen. Für Süßspechte:
- Jeweils noch etwas Honig daraufgeben.

Hinweis: Wem es nicht süß genug ist, kann 20-40 g Honig mitkochen.

Gemüsepfanne mit Roggen: Induktion (2013-018)

- 100 g Wasser (150 g wäre besser) in eine Pfanne geben.
- 270 g Gemüse (eine Sorte oder auch verschiedene, bunte Sorten, hier war es: Zucchini, Möhre, Chicorée, Rote Bete, Rotkohl) klein schneiden, in die Pfanne legen.
- 30 g Roggen flocken, darüber streuen. Deckel auflegen. Bei 2000 Watt ankochen, dann auf 300 Watt herunterstellen und die Zeit auf 12 Min. einstellen. Das Gemüse ist dann gerade noch bissfest, das Wasser verkocht. Mit
- etwas Salz bestreuen und
- 1 EL Macadamianussöl
- 1 EL Zitronensaft und

Etwas Wasser dazugeben, gut verrühren und servieren.

Vegane Schokolade Traubennuss
(Oktober 2012)

Vegane Rohkost

- 100 g Kakaonibs
- 100 g Mandeln
- 115 g Datteln (netto)
- 70 g Sonnenblumenöl
- 50 g Kokosöl
- 1 MS Vanille
- 1 kleine Prise Salz
- 50 g Kakaobutter
- 25 g grüne Rosinen
- 10 g Haselnüsse
- 20 g Mandeln

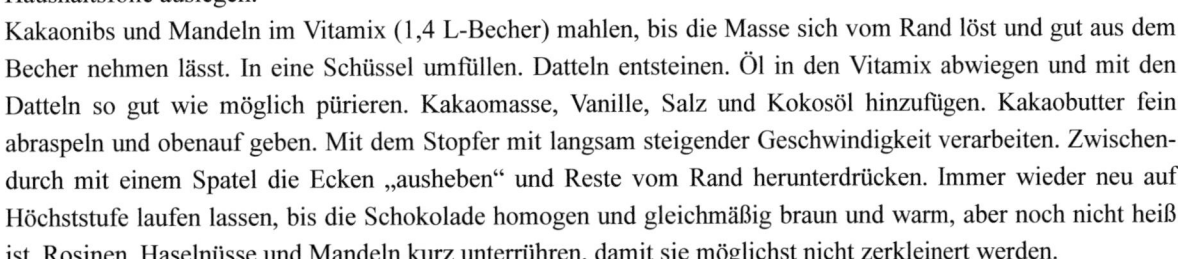

Zwei Lasagneformen (ca. 8 x 13 cm) mit Haushaltsfolie auslegen.

Kakaonibs und Mandeln im Vitamix (1,4 L-Becher) mahlen, bis die Masse sich vom Rand löst und gut aus dem Becher nehmen lässt. In eine Schüssel umfüllen. Datteln entsteinen. Öl in den Vitamix abwiegen und mit den Datteln so gut wie möglich pürieren. Kakaomasse, Vanille, Salz und Kokosöl hinzufügen. Kakaobutter fein abraspeln und obenauf geben. Mit dem Stopfer mit langsam steigender Geschwindigkeit verarbeiten. Zwischendurch mit einem Spatel die Ecken „ausheben" und Reste vom Rand herunterdrücken. Immer wieder neu auf Höchststufe laufen lassen, bis die Schokolade homogen und gleichmäßig braun und warm, aber noch nicht heiß ist. Rosinen, Haselnüsse und Mandeln kurz unterrühren, damit sie möglichst nicht zerkleinert werden.

Schokoladenmasse in die Lasagneformen gießen und gleichmäßig verteilen. Nach 12 Stunden mit einem Messer vorsichtig Stücke vorschneiden. Im Kühlschrank aufbewahren.

Trauben-Nuss-Schokolade aus dem
Vitamix (Oktober 2012)

- 100 g Kakaobohnen
- 100 g Cashewnüsse
- 50 g Sesamöl
- 65 g Honig
- Einige Salzkörnchen
- 20 g lila Maismehl
- 50 g Kokosöl
- 50 g Kakaobutter
- 30 g Haselnüsse
- 25 g grüne Rosinen

Eine große Lasagneform (ca. 24 x 13 cm) und eine kleine (18 x 12 cm) mit Haushaltsfolie auslegen.

Kakaobohnen und Cashewnüsse im Vitamix (1,4 L-Becher) mahlen, bis die Masse sich vom Rand löst und gut aus dem Becher nehmen lässt. In eine

Schüssel umfüllen. Öl, Honig und Salz in den Becher geben. Kakaomasse dazugeben, darauf lila Maismehl und Kokosöl. Kakaobutter fein abraspeln und obenauf geben. Mit dem Stopfer mit langsam steigender Geschwindigkeit verarbeiten. Immer wieder neu auf Höchststufe laufen lassen, bis die Schokolade flüssig und gleichmäßig braun und warm, aber noch nicht heiß ist.

Rosinen und Nüsse auf dem Boden der Formen verteilen. Schokoladenmasse in die Lasagneformen gießen und gleichmäßig fließen lassen. Nach ca. 2 Std. (Zeit hängt von der Kühlschranktemperatur ab) mit einem Messer vorsichtig Stücke anschneiden. Dann mehrere Stunden kaltstellen.

Vegane Bananen-Schokolade (Oktober 2012)

- 100 g Kakaobohnen
- 100 g Cashewnüsse
- 350 g Bananen netto
- 50 g Kokosöl
- 50 g Kakaobutter

Eine große Lasagneform (ca. 24 x 13 cm) und eine kleine (18 x 12 cm) mit Haushaltsfolie auslegen.

Kakaobohnen und Cashewnüsse im Vitamix (1,4 L-Becher) mahlen, bis die Masse sich vom Rand löst und gut aus dem Becher nehmen lässt. Zwischendurch mit dem Spatel vom Rand lösen. In eine Schüssel umfüllen. Bananen in den Becher geben. Kakaomasse dazugeben, darauf das Kokosöl. Kakaobutter fein abraspeln und obenauf geben. Mit dem Stopfer mit langsam steigender Geschwindigkeit verarbeiten. Immer wieder neu auf Höchststufe laufen lassen, bis die Schokolade flüssig und gleichmäßig braun und warm, aber noch nicht heiß ist.

Schokoladenmasse in die Lasagneformen gießen und gleichmäßig verteilen. Nach ca. 2 Std. (Zeit hängt von der Kühlschranktemperatur ab) mit einem Messer vorsichtig Stücke anschneiden. Dann mehrere Stunden kaltstellen.

Goji-Rum-Schokolade (Oktober 2012)

- 50 g Gojibeeren
- 65 g Rum
- 1 Prise Zimt
- 3 EL Kokosraspeln
- 100 g Cashewnüsse
- 75 g Kakaonibs
- 25 g Carobpulver
- 5 g Walnussöl
- 45 g Sesamöl
- 70 g Honig
- Einige Salzkörnchen
- 35 g Kokosöl
- 65 g Kakaobutter
- 30 g Buchweizen

Die Gojibeeren am Vorabend in eine kleine Schüssel geben, mit etwas Zimt bestäuben und mit Rum übergießen, sodass sie gut bedeckt sind. Über Nacht ziehen lassen, damit sie den Rum vollständig aufnehmen. Am nächsten Tag Kokosraspeln unter die eingeweichten Beeren mischen – die Masse sollte nun relativ trocken sein, der Rum vollständig aufgenommen.

In der Zwischenzeit die Cashewkerne zusammen mit Kakaonibs und Carobpulver in den 1,4-Liter-Behälter eines Hochleistungsmixers (z. B. Vitamix) geben. Die Mischung auf hoher Stufe fein mahlen, dabei gelegentlich anhalten, um die Masse mit einem Spatel vom Rand zu lösen. Sobald eine gleichmäßige, leicht ölige Nussmasse entstanden ist, in eine Schüssel umfüllen.

Anschließend im leeren Mixer Öl, Honig, eine Prise Salz und Kokosöl direkt abwiegen. Die Kakaomasse hinzufügen. Die Kakaobutter fein raspeln und obenauf geben – so wird sie beim Mixen besser eingearbeitet. Nun mit dem Stopfer arbeiten und den Mixer langsam starten, die Geschwindigkeit schrittweise erhöhen. Zwischendurch mit einem Spatel die Masse aus den Ecken lösen und wieder zum Messer schieben. Mehrmals erneut auf Höchststufe mixen, bis eine geschmeidige, gleichmäßig braune Schokoladenmasse entsteht. Sie sollte warm und weich, aber nicht zu heiß werden.

Die fertige Schokolade in eine große Schüssel umfüllen und mit der Gojibeer-Kokos-Mischung sowie gepufftem Buchweizen (falls verwendet) gründlich vermengen.

Zum Schluss die Masse in Eisriegel-Formen mit Holzstäbchen füllen, glatt streichen und mehrere Stunden kaltstellen. Im Kühlschrank aufbewahren.

Salat schlicht (2012)

Dressing (mit Gabel):

- 1 EL Sonnenblumenöl
- 2 EL Apfelessig
- Salz
- 1/3 TL Honig
- 2 EL Wasser

Gemüse:

- 55 g Orange netto
- 130 g Fenchel

Salat (2012)

Salatherstellung im Zerkleinerer

- Salz
- Zitronensaft 1/2 Zitrone
- 1 EL Macadamianussöl, insgesamt
- 260 g Möhre, Pastinake,
  gelbe Paprika (1/2)

Salz, Zitronensaft und Macadamianussöl direkt in den Zerkleinerer geben. Das grob vorbereitete Gemüse hinzufügen. Alles gemeinsam in kurzen Intervallen zerkleinern, bis die gewünschte Konsistenz erreicht ist – der Salat sollte fein gehackt, aber noch leicht stückig sein.

Anschließend servieren oder kurz ziehen lassen. Der Salat eignet sich als frische Beilage oder leichter Snack.

Salat zu Crêpes (August 2013)

- 5 g Zitronensaft
- 1 Prise Salz
- 20 g Wasser
- 10 g Sonnenblumenöl
- 5 g Zwiebeln, fein gehackt
- 1 Radieschen, in dünne Scheiben geschnitten
- 80 g Salat (z. B. Lollo Rosso oder Rucola), in feine Streifen geschnitten

Zitronensaft, Salz, Wasser und Sonnenblumenöl in einer kleinen Schüssel mit einem Schneebesen oder einer Gabel gründlich verquirlen, bis ein gleichmäßiges Dressing entsteht.

Die fein gehackten Zwiebeln, die Radieschenscheiben und den in Streifen geschnittenen Salat zum Dressing geben und alles gut vermengen. Kurz ziehen lassen und servieren.

Salat zu Fladen (August 2013)

Dressing:

- 45 g gekochte Sojabohnen (= 1 geh. EL)
- 1 gestr. TL Salz
- 2 EL Essig
- 1 Stück Essigpeperoni 7/4573
- 10 g Sonnenblumenöl
- 1 Aprikose ohne Stein (45 g)

Gemüse:

- 25 g Sonnenblumenkerne (48 Std. gekeimt)
- 150 g Chinakohl in Streifen
- 1 Tomate (130 g) in Stücken
- 1 Aprikose (45 g netto) in feinen Streifen

Dressingzutaten im kleinen Mixer mit dem hochstehenden Messer verquirlen. Gemüse den Vorgaben entsprechend klein schneiden und unter das Dressing mixen.

Salat zu Pfannkuchen (September 2013)

Dressing im kleinen Mixer mischen:

- 1 EL gekochte Sojabohnen
- 1 TL Cashewnussmus
- 1 gestr. TL Salz
- 1 gute Prise Pfeffer
- 50 g Wasser
- 20 g Apfelessig
- 20 g Essig

Gemüse klein schneiden und unter das Dressing mischen:

- Salatblätter
- Petersilienwurzel
- Salatgurke
- Möhre

Salat (September 2013)

- 80 g Kopfsalat
- 10 g Rucola
- 90 g Tomaten
- 4-6 EL Wasser
- 1-2 Prisen Salz
- 1 Prise schw. gem. Pfeffer
- 1 TL Senf
- 1 EL Apfelessig
- 1 TL Walnussöl

Gemüse waschen, klein schneiden und auf einen Teller geben. Aus den restlichen Zutaten im kleinen Mixer ein Dressing quirlen und über den Salat gießen. Ziehen lassen,

Salat zu Pfannkuchen (September 2013)

Dressing aus:

- Salz
- Pfeffer
- Senf
- 1 TL Walnussöl
- 4 EL Wasser

Gemüse:

- Möhre
- Wirsing
- Salatgurke (in Streifchen mit Raspel)
- 1 mittelgroße Tomaten mit dem Messer geschnitten.
- 3 Salatblätter, gewaschen, ausgewrungen, in Streifen. Alles miteinander mischen.

Salat zu Bratlingen (September 2013)

Dressing:

- 1 EL Zitronensaft
- 2 EL Wasser
- 1 EL Olivenöl
- 1 gute Prise Salz
- Etwas gem. schw. Pfeffer

Gemüse:

- 40 g Tomate
- 120 g Blumenkohl
- 70 g Endiviensalat

Dressing mit einer Gabel verquirlen. Gemüse klein schneiden und mit dem Dressing verrühren.

Salat in Mirabellendressing (September 2013)

Dressing:
- 20 g Reisbrei 8/5839
- 3 g Salz
- 1 Prise schw. gem. Pfeffer
- 10 g Peperoniessig 7/4573
- 1 Stück Essigpeperoni (2 g) (ebenda)
- 3-4 entsteinte Mirabellen (25 g netto)
- 50 g Wasser

Gemüse:
- 80 g Möhre
- 55 g rote Paprika
- 115 g Zucchini
- 3 Blätter Salat

Für das Dressing sämtliche Zutaten in den Becher eines kleinen Mixers geben und zu einer glatten, homogenen Flüssigkeit verquirlen. Die Möhre, die Paprika und die Zucchini zunächst grob vorschneiden, dann im Zerkleinerer je nach gewünschter Konsistenz raspeln. Den Salat gründlich waschen, in einer Salatschleuder trocken schleudern und anschließend in feine Streifen schneiden. Zum Schluss das vorbereitete Gemüse und den Salat in einer großen Schüssel mit dem Dressing gleichmäßig vermengen.

Mischsalat (Oktober 2013)
- 1 EL Sonnenblumenöl
- 1 EL Zitronensaft
- 1 EL Wasser
- 1 gute Prise Salz
- 1 Prise schw. gem. Pfeffer
- 235 g Gemüse
  - etwa die Hälfte Blumenkohl
  - Möhre
  - Fenchel
  - 60 g Blattsalat mit Radicchio

Öl, Zitronensaft, Wasser, Salz und Pfeffer in den Zerkleinerer geben und zu einem feinen Dressing verarbeiten (für größere Mengen eignet sich auch der Thermomix). Das Gemüse jeweils separat vorbereiten: Den Blumenkohlstrunk, den Fenchel und die Möhre grob zerkleinern, anschließend die Blumenkohlröschen hinzufügen und nach Belieben ebenfalls zerkleinern. Den Salat gründlich waschen, in einem sauberen Küchenhandtuch vorsichtig ausdrücken und anschließend in feine Streifen schneiden. Zum Schluss das vorbereitete Gemüse und den Salat in einer großen Schüssel mit dem Dressing vermengen.

Salat (Oktober 2013)

Salatdressing:
- 1 EL Zitronensaft
- 1 EL Walnussöl
- Salz
- schw. gem. Pfeffer
- 2 EL Wasser

Gemüse:
- 160 g Blumenkohl, netto, mit Messer in Stücke geschnitten
- 40 g Cocktailtomaten halbiert
- 50 g Zuckerhut (Salat) in feinen Streifen

Die Zutaten für das Dressing in einer kleinen Schüssel mit der Gabel gründlich verquirlen, bis sich Salz und Pfeffer gut verteilt haben. Das vorbereitete Gemüse hinzufügen und sorgfältig unter das Dressing heben, sodass alles gleichmäßig benetzt ist.

Salat zu Pfannkuchen (Oktober 2013)

- 4 Blatt Endiviensalat
- 2 mittelgroße Blätter Radicchio
- 3-4 kleinere Blätter Chinakohl
- 1 Tomate (80 g)
- 20 g Zwiebel
- 1 geh. TL Cashewnussmus
- 1/2 TL Salz
- 1/2 TL Senf
- 40 g Wasser
- 1/2 TL Honig

Den Blattsalat gründlich waschen, um eventuell anhaftenden Schmutz zu entfernen. Anschließend in ein sauberes Küchentuch geben und vorsichtig ausdrücken, um überschüssiges Wasser zu entfernen. Die gut abgetropften Blätter in feine Streifen schneiden. Die Tomate und die Zwiebel in kleine Würfel schneiden und zusammen mit dem Salat in eine große Schüssel geben. Die restlichen Zutaten – Cashewnussmus, Salz, Senf, Wasser und Honig – in einem kleinen Mixer zu einem cremigen Dressing verquirlen. Das fertige Dressing über den Salat geben und alles sorgfältig vermengen, bis das Gemüse gleichmäßig benetzt ist.

Salat (2013)

Dressing (im Zerkleinerer):

- 1 EL Olivenöl
- 1 EL Apfelessig
- 2 EL Wasser
- etwas Salz

Gemüse (im Zerkleinerer):

- 30 g Wirsing
- 80 g Weißkohl
- 90 g Fenchel
- auf 30 g Salat legen.

Salatteller (Februar 2013)

- 80 g Kopfsalat, in feine Streifen geschnitten
- 1 Tomate (ca. 75 g), in Stücke geschnitten
- 2 Prisen Salz
- 2 TL Apfelessig
- 3–4 TL Macadamianussöl

Den geschnittenen Kopfsalat auf einem Teller oder in einer Schüssel anrichten. Die Tomatenstücke gleichmäßig darüber verteilen. Anschließend mit Salz bestreuen, dann Apfelessig und Macadamianussöl darüberträufeln. Kurz durchziehen lassen oder direkt servieren.

Heinz-Sößchen (Oktober 2013)

Salatsoße

- 5 g Senf
- 20 g Cashewnussmus (15 % Öl)
- 10 g Öl
- 10 g Apfelessig
- 40 g Wasser
- 10 g Honig
- 1/2 TL Salz

Im kleinen Mixer gut verquirlen. Um den „Heinz-Soßen"-Geschmack zu bekommen. Salz sparsam dosieren.

Tipp: *Eventuell mal versuchen, die Soße mit Reisbrei 8/5839 zu strecken, weil so ein wenig fettig ist. Der Salat war eine Mittagsschüssel voll, Mischung geraffelt Rest plus Kopfsalat.*

Knoblauchsoße (Dezember 2013)

Im kleinen Mixer gut verquirlen:

- 1 Clementine (35 g netto)
- 6 g Knoblauch netto (2 Zehen)
- 1 gestr. TL Salz
- 4 g Essigpeperoni (7/4573)
- 1 Prise schw. Pfeffer
- 10 g Peperoniessig
- 10 g Sonnenblumenöl
- 10 g Cashewnussmus
- 40 g Wasser

Über eine Schüssel mit gemischtem Salat geben (Möhren, Sellerie, Apfel, grüner Salat, Radicchio, Tomate, Endiviensalat, Rucola).

Salat zu indischem Omelette (Dezember 2013)

Dressing:

- 15 g Sonnenblumenkerne
- 1 gute Prise Salz
- 1 Prise Pfeffer
- 1 kleine Knoblauchzehe
- 10 g Apfelessig
- 40 g Wasser
- 10 g Sonnenblumenöl

Gemüse:

- 125 g Chinakohl
- 50 g Blattgrün nach Wahl (z. B. Pimpinelle, Rucola oder Radicchio)

Für das Dressing die Sonnenblumenkerne, Salz, Pfeffer, Knoblauch, Apfelessig, Wasser und Sonnenblumenöl in einem Mixer oder Zerkleinerer fein pürieren, bis eine cremige Konsistenz entsteht.

Den Chinakohl und das gewählte Blattgrün gründlich waschen, trocken tupfen und fein schneiden. In eine Schüssel geben, das Dressing darüber gießen und alles gut vermengen. Kurz durchziehen lassen und servieren.

Salat mit Stützcreme (Dezember 2013)

Dressing:

- 15 g Sonnenblumenkerne
- 1 Clementine (50 g netto)
- 30 g Salatsoße (Öl/Essig/Wasser mit Salz, Pfeffer & etwas Gewürz)
- 30 g Reisbrei (8/5839)

Gemüse:

- 90 g Radicchio und Chinakohl, in feinen Streifen
- 90 g Möhre und
- 80 g Apfel, mit dem Alligator (Gerätename) zerkleinert

Dressingzutaten im kleinen Mixer verquirlen. Gemüse mit dem Dressing vermischen, einen Teller zur Hälfte füllen und darauf die Kartoffeln geben.

Salat mit Postelein (Januar 2014)

Hinweis: Ausgesprochen leckere Kombination!

- 25 g Postelein
- 75 g Blumenkohl
- etwas Salz
- 2 TL Apfelkernöl

Den Postelein gründlich waschen, gut abtropfen lassen und in mundgerechte Stücke schneiden. Den Blumenkohl in kleine Röschen teilen und ebenfalls in feine Stücke schneiden. Beides in eine Schüssel geben, mit etwas Salz bestreuen und das Apfelkernöl darüberträufeln. Alles sorgfältig vermengen, sodass das Gemüse gleichmäßig mit dem Öl und dem Salz überzogen ist.

Salat (Juni 2020)

- 1 EL Zitronensaft
- 2 EL Sonnenblumenöl
- 1,5 EL Wasser
- 1 gestr. TL Kräutersalz
- Frisch gemahlener schw. Pfeffer
- 1 Tomate (125 g)
- 25 g Wirsing
- 60 g Kopfsalat
- 25 g Sonnenblumenkernsprossen (48 Std. gekeimt)

Zitronensaft, Öl, Wasser, Pfeffer und Kräutersalz mit der Gabel gut verschlagen. Von der Tomate die Hälfte zur Seite legen. Gemüse waschen, trocknen und klein schneiden. Mit dem Dressing vermischen. Salat auf einen Teller geben. Die zweite Tomatenhälfte in Spalten schneiden und mit den Sprossen als Dekoration zum Salat geben.

Vorratsdressing edel (Dezember 2013)

Im Vitamix mixen, bis die Mischung lauwarm ist:

- 100 g Mandelöl
- 110 g Apfelessig
- 100 g Mandeln
- 18 g Salz
- 2 g gem. schw. Pfeffer
- 20 g Honig
- 300 g Wasser

Curry extrascharf (indisch), 2014

Ungemahlen:
- 1 geh. EL Koriandersamen
- 1 geh. EL Kreuzkümmel
- 1 TL weißer Pfeffer
- 1 TL grüner Pfeffer getr.
- ½ TL schwarze Senfkörner
- 1 TL gelbe Senfkörner
- 1 TL Bockshornkleesamen
- 5 Gewürznelken
- 3 getrocknete rote Chili

Gemahlen:
- 2 TL Kurkuma gemahlen
- 1/2 TL Zimt
- 1/2 TL ger. getr. Ingwer
- 1 MS Vanille

Die ungemahlenen Gewürze in einer keramikbeschichteten oder gusseisernen Pfanne unter Rühren auf mittlerer Einstellung erwärmen, bis sie gut duften. Wer zu lange röstet, erhält ein bitteres Curry. Kurz vor Ende noch 1 TL Kurkuma 10 Sekunden einrühren. Etwas abkühlen lassen. In einem kleinen Mixer 30 Sek. lang mahlen, noch 1 TL Kurkuma hinzugeben und weitere 30 Sek. mahlen.

Garam Masala kalt, 2014
- 12 braune und
- 3 grüne Kardamomkapseln
- 1 Lorbeerblatt
- 1 EL Kreuzkümmel
- 1 EL Korianderkörner
- 1 TL schwarze Pfefferkörner
- 1 TL Gewürznelken
- 1 Stück Zimtrinde
- ½ TL gem. Muskatblüte

Alle Zutaten in einem kleinen Mixer 45 Sek. mahlen. 15 Min. stehen lassen, nochmals 20 Sek. mahlen. Gewürz in ein kleines Schraubglas umfüllen.

Hinweis: Da dieses Garam Masala aus ungerösteten Zutaten hergestellt wird, sollte es mitgekocht werden, um sein Aroma zu entfalten. Bereits geröstetes Garam Masala wird am Ende der Mahlzeit hinzugegeben.

Peperonisalz, 2014
- 1 getrocknete Peperoni
- 100 g Salz

Die getrocknete Peperoni grob zerkleinern und in einem kleinen Mixer oder Zerkleinerer mahlen, dabei darauf achten, sie nicht zu fein zu verarbeiten – es sollen noch kleine Stückchen erkennbar bleiben. Anschließend das Salz hinzufügen und die Mischung noch einmal kurz mixen, bis sich alles gut verteilt hat.

Hinweis: Dieses Gewürzsalz ist eine einfache und elegante Möglichkeit, Speisen eine milde, aromatische Schärfe zu verleihen – ideal zum Nachwürzen am Tisch oder zum Verfeinern beim Kochen.

Dattelchutney scharf, 2014

- 4 größere, weiche Datteln (ca. 70 g netto)
- 3 g Salz
- 1 geh. TL Zitronenkonzentrat (13 g)
- 1,5 TL gem. Koriander
- 1 TL gem. Ingwer (2 g)
- 1 EL scharfer Essig
- 100 g Wasser

Datteln zerkleinern. Mit den restlichen Zutaten in den kleinen Becher eines kleinen Mixers geben und 50 Sek. mixen. Wer einen Hochleistungsmixer hat, kann mit drei- bis vierfacher Menge arbeiten.

Dattelchutney mild, 2014

- 4 größere, weiche Datteln (ca. 70 g netto)
- 1 gute Prise Salz
- 1 Prise gem. Koriander
- 1 TL Mangopulver
- 1 Prise gem. Chiliflocken
- 50 g Wasser
- 10 g Apfelessig

Datteln zerkleinern. Mit den restlichen Zutaten in den kleinen Becher eines kleinen Mixers geben und 50 Sek. mixen. Wer einen Hochleistungsmixer hat, kann mit drei- bis vierfacher Menge arbeiten.

Dattelchutney supersüß, 2014

5 größere, weiche Datteln (ca. 100 g netto)

1 knapper TL Salz

1 geh. TL Zitronenkonzentrat (12 g)

80 g Cashewkernmus

2 TL Chili-Essig (oder Peperoniessig 7/4573)

2 TL Apfelessig

1/2 TL gem. Koriander

40 g Wasser

5 g frischer Ingwer, ungeschält

Herstellung in einem Hochleistungsmixer, es sollte aber auch in einem anderen Mixer funktionieren, dann lieber 1 TL Ingwerpulver statt frischem Ingwer nehmen:

Datteln entsteinen und zerkleinern. Mit den restlichen Zutaten in den Mixer geben und zu einer glatten Paste schlagen lassen (gegebenenfalls Stopfer zu Hilfe nehmen).

Kokosnusschutney, 2014

Für die kalte Mischung:
- 1 EL weiße oder gelbe Linsen (10 g)
- 30 g Cashewnussbruch
- 4 g Ingwer, ungeschält
- 13 g Zitronenkonzentrat
- 15 g Rosinen
- 1 cm Peperoni in Essig
- 1/2 TL Kreuzkümmel
- 1/2 TL Salz (3 g)
- 60 g Kokosnussraspeln
- 120 g Wasser

Für die Pfanne:
- 2 EL Traubenkernöl
- 1 TL Cumin
- 2 TL weiße oder gelbe Linsen
- 1 TL braune Senfkörner
- 1 getr. Chilischote
- 1 Lorbeerblatt
- 2 Prisen Asafoetida (oder ger. Zitronenschale)
- Für die kalte Mischung:

1 EL Linsen ohne Fett in einer entsprechend geeigneten Pfanne hellbraun rösten. Mit den restlichen Mixerzutaten in einen Hochleistungsmixer geben und zu einer glatten Masse schlagen. In eine Schüssel geben.

Für die Pfanne: Öl auf große Einstellung erhitzen. Die restlichen Zutaten darin bei 2/3 Hitze anbraten, gelegentlich umrühren und den Deckel auflegen, wenn es anfängt zu spritzen. Wenn die Linsen hellbraun sind, Pfanne vom Herd nehmen. Nach Wunsch Lorbeerblatt und Chili entfernen, sofort zu der kalten Mischung geben und gut verrühren. Nach Wunsch kaltstellen. Wer es gerne scharf mag, nimmt einfach mehr Chili. So ist das Chutney recht mild.

Rhabarberchutney, 2014
- 235 g Rhabarber (netto)
- 2 Äpfel (195 g)
- 170 g Zwiebel (netto)
- 6 g Knoblauch (netto)
- 65 g Sellerie
- 60 g Feigen
- 100 g Rosinen
- 3 TL Zitronensalz
- 1/2 TL gem. Muskat
- 300 g Apfelessig
- 250 g Honig

Rhabarber und Äpfel in grobe Stücke schneiden. Zwiebel schälen und halbieren, Knoblauch schälen. Sellerie klein schneiden, von den Feigen die Stiele entfernen. Gemüse, Obst und Trockenobst zerkleinern, möglichst mit einer Küchenmaschine. Die restlichen Zutaten hinzufügen, zum Kochen bringen und auf kleiner Flamme köcheln lassen. Die gesamte Kochzeit beträgt etwa eine Stunde. Leere Gläser mit Schraubverschluss mit kochendem Wasser füllen und das Wasser erst kurz vor dem Befüllen ausgießen. Die heiße Masse in die Gläser füllen und sofort den Schraubverschluss aufschrauben. Die Gläser auf den Kopf stellen und abkühlen lassen. Anschließend im Kühlschrank aufbewahren.

Restechutney, Mai 2014

- 10 g Knoblauchzehen (netto)
- 115 g Datteln (netto)
- 45 g Cashewmus
- 10 g Ingwer, ungeschält
- 4 g Peperoni mit Kernen
- 6 g Peperoni-Essig
- 40 g Apfelessig
- 1 TL gem. Koriander
- 1 geh. TL Salz
- 1 MS gem. Zimt
- 200 g Gemüsereste (z. B.
  - 170 g Blumenkohlgrün
  - 30 g Rosenkohl)
- 75 g Wasser
- 20 g Sonnenblumenöl
- 40 g Mandeln

Je nach Mixer, den Knoblauch schälen. Datteln entsteinen. Alle Zutaten in einen Hochleistungsmixer geben, 30-35 Sekunden mit langsam ansteigender Geschwindigkeit schlagen. In ein großes Glas geben, das zuvor mit kochendem Wasser ausgespült wurde und im Kühlschrank aufbewahren.

Tipp: Schmeckt auch lecker in Soßen als Würzmittel.

Walnusschutney, 2014

Portion für eine Mahlzeit

- 25 g Walnüsse
- 1 TL Knoblauch-Ingwerpaste
- 2 x 25 g Mandel-Joghurt
- 10 g Wasser
- ¼ TL Paprikapulver edelsüß
- 1 Prise Chilipulver
- 1-2 Prisen Kräutersalz
- 1 cm Peperoni
- Einige Walnussstücke als Dekoration

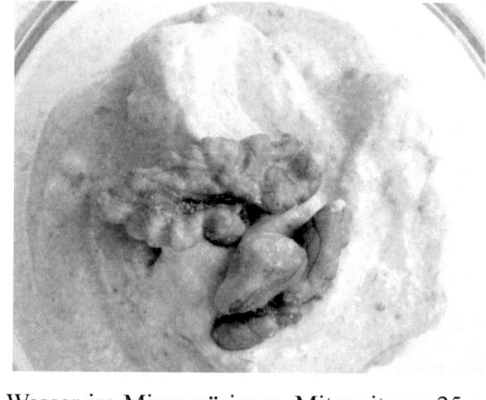

Walnüsse grob zerkleinern. Mit Paste, Peperoni, 25 g Joghurt und Wasser im Mixer pürieren. Mit weiteren 25 g Joghurt und den restlichen Zutaten verrühren. In eine kleine Schüssel umfüllen und eventuell mit Walnüssen dekorieren.

Kichererbsen-Fladen, 2014

Vorbereitung: Kichererbsen 12 Std. einweichen und 2 Tage keimen lassen.

- 55 g Kichererbsensprossen (Keimzeit ca. 3 Tage)
- 1 gestr. TL Kräutersalz
- 10 g Sonnenblumenöl
- 25 g Wasser
- 10 g Sesam
- 2 Prisen gem. Kreuzkümmel
- 45 g Gelbkornweizen
- 2-3 EL Erdnussöl

Kichererbsensprossen, Salz, Öl, Wasser, Sesam und Kreuzkümmel in einem kleinen Mixer zu einer glatten Paste schlagen. Gelbkornweizen fein mahlen und mit der Paste vorsichtig verkneten, ergibt einen sehr weichen Teig. Mindestens 15 Min. ruhen lassen, dann mithilfe von Streumehl zu zwei Fladen ausrollen (2-3 mm dick).

Erdnussöl in der Pfanne erhitzen, den ersten Pfannkuchen hineingeben. Hitze nun etwas herunterstellen. Falls sich Blasen bilden, den Rand des Fladens mit einem Holzschaber herunterdrücken. Nach ca. 2 Min. umdrehen.

Hefeflädchen, 2014

- 20 g Emmer
- 40 g Dinkel
- ½ TL Salz
- 10 g weißer Mohn
- 1 TL schwarze Zwiebelsamen
- 1 TL Trockenhefe (2 g)
- 5 g Sonnenblumenöl
- 25 g Wasser
- 1-2 TL Öl zum Backen

Emmer und Dinkel fein mahlen, mit Salz, Mohn, Zwiebelsamen und Trockenhefe verrühren. Öl und Wasser hinzugeben, gut 5 Min. verkneten, dabei gelegentlich die Hände einölen. Teig in einer Kugel unter Spannung in einem geschlossenen Plastiktopf ca. 20 Min. gehen lassen.

Teig in zwei Portionen (je 55 g) teilen, jeweils dünn ausrollen. Mit etwas Öl bestreichen, von zwei Seiten her zusammenklappen, den Streifen wieder mit etwas Öl bestreichen und von beiden Seiten zu einem Rechteck klappen. Wieder dünn ausrollen und beiseite legen, den zweiten Fladen genauso ausrollen. Eine Pfanne, idealerweise fettfrei, heiß werden lassen, Fladen hineingeben, braten, bis er unten leicht gefärbt ist. Oberseite leicht mit Öl einpinseln, drehen und nochmals braten. Erneut nochmals wenden und braten.

Korianderfladen, 2014

- 20 g Rundkorn-Naturreis
- 20 g Dinkel Fallzahl 62
- 1 Prise Salz
- 1 TL Scharfe Basilikumpaste Nr. 3 (Band 7)
- 2 EL Wasser
- 1 EL frischer geh. Koriander
- 2 TL Sonnenblumenöl

Getreide fein mahlen. Mit Salz, Paste und Wasser zu einem weichen Teig kneten. Koriander einarbeiten. Als Kugel geformt abgedeckt mindestens 1 Stunde ruhen lassen.

Eine beschichtete Pfanne heiß werden lassen. Teig mit Streumehl zu einem Fladen (ca. 13 cm Durchmesser) ausrollen, in die Pfanne gleiten lassen, nach einer Weile den Rand mit einem TL Öl bestreichen. Wenden und auf der anderen Seite wiederholen. Mehrmals wenden, bis beide Seiten gleichmäßig gebräunt sind.

Linsenfladen, 2014

- 20 g Urad dhal
- 40 g Weizen
- 1 TL Kräutersalz
- ½ TL gem. Kreuzkümmel
- 15 g Sonnenblumenöl
- 30 g Wasser
- 1-2 EL Erdnussöl zum Ausbacken

Linsen und Weizen fein mahlen, mit den anderen Zutaten gut verkneten. Als Kugel abgedeckt eine halbe Stunde ruhen lassen. Zu zwei nicht zu dünnen Fladen ausrollen, in etwas Öl von beiden Seiten goldbraun ausbacken.

Kardamomeis, 2014

- 25 g Rundkorn-Naturreis
- 10 g Sonnenblumenkerne
- 2 Kardamomkapseln
- 2-3 Safranfäden
- 2 TL Sonnenblumenöl
- 1/2 TL gemahlener Zimt
- 1/2 TL gemahlener Ingwer
- 20 g Honig
- 190 g Wasser
- 1 Dattel (20 g netto)
- 150-200 g Eiswürfel

Reis, Sonnenblumenkerne, Kardamomkapseln und Safran-fäden in einem Hochleistungsmixer ganz fein mahlen, dabei die Geschwindigkeit langsam erhöhen, jedoch nicht die Turbostufe verwenden. Anschließend die restlichen Zutaten hinzufügen und die Geschwindigkeit erneut langsam bis zur Höchststufe steigern. Die Masse etwa 5 Min. laufen lassen, bis sie eindickt – erkennbar daran, dass der Flüssigkeitspegel unverändert bleibt.

Diese Menge ergibt fünf Portionen; vier davon können bei Bedarf eingefroren werden. Für eine Portion eine ent-steinte Dattel und 200 g Eiswürfel hinzufügen und mithilfe des Stößels zu Eis verarbeiten. Das Eis ist sehr erfri-schend, aber nicht besonders süß.

Rotes Schokoladeneis, 2014

- 65 g Banane
- 25 g Kakaonibs
- 1 Esslöffel Haselnussöl
- 10-20 g Rosenwasser
- 55 g Cashewnussmus
- 10 g Nackthafer
- 20 g Rote Beete
- 190 g Eiswürfel

Alle Zutaten bis auf die Eiswürfel in einem Hochleistungs-mixer cremig schlagen. Dann Eiswürfel hinzugeben und mit-hilfe des Stopfers oder eines ähnlichen Werkzeugs so lange verarbeiten, bis ein cremiges Eis entsteht. Besser formbar wird das Eis aus 290 g Wasser, allerdings wird der Ge-schmack dadurch weniger intensiv. Wer möchte, kann das Eis zusätzlich mit Honig verfeinern.

Schokoingwereis vegan, 2014

- 1 geh. EL Kakao (13 g)
- 20 g Sonnenblumenöl
- 75 g Wasser
- 60 g getrocknete Birnen
- 65 g Sonnenblumenkerne
- 5 g Ingwer, ungeschält
- 160-190 g Eiswürfel

Alle Zutaten bis auf die Eiswürfel in der angegebenen Reihenfolge in den Vitamix geben. Bei niedriger Geschwin-digkeit starten und nach kurzer Zeit auf Höchststufe hoch-schalten. Mit dem Stopfer die Masse gleichmäßig arbeiten. Anschließend die Eiswürfel dazugeben und mit Hilfe des Stopfers sorgfältig einarbeiten, bis sie vollständig zerkleinert und untergemischt sind.

Exotische Kürbiscreme, 2014

- 200 g Hokkaido-Kürbis, ungeschält
- 50 g Sonnenblumenkerne
- 50 g Honig
- 20 g Dinkelmehl
- 2 cm Vanillestange
- 300 g Ananas (brutto)
- 1/2 Kaki (100 g netto)
- 40 g Pistazien

Kürbis mit Sonnenblumenkernen, Honig, Dinkelmehl und Vanillestange in einem Hochleistungsmixer solange pürieren, bis eine cremige, feste Masse entsteht. Ananas schälen, klein schneiden und auf 4 Tellerchen verteilen. Darüber den Pudding geben. Kaki längs halbieren, in feine Scheibchen schneiden und leicht versetzt auf den Pudding legen, mit Pistazien bestreuen.

Tipp: Ohne starken Mixer: Die entsprechenden Zutaten zerkleinern (Pürierstab, Mixer) in einem Topf unter Rühren aufkochen.

Kürbisreis, 2014

- 200 g Kürbis
- 1 Vanillestange
- 150 g Rundkorn-Naturreis
- 1 Zimtstange
- 350 g Wasser
- 1 EL Distelöl (optional Sonnenblumenöl)
- 45 g Honig
- 15 g Pistazien

Kürbis in Stücke schneiden, Vanillestange zweimal durchbrechen. Reis mit Kürbis, Vanille, Zimt, Wasser und Öl im Schnellkochtopf auf Stufe 1 (erster Ring) 25 Min. kochen. Auf der ausgestellten Herdplatte abdampfen lassen. Vanille- und Zimtstange entfernen, Honig und Pistazien unterrühren. Auf 3–4 Schüsselchen verteilen, mitsamt der restlichen Flüssigkeit.

Tipp: Ohne Schnellkochtopf muss der Reis doppelt so lange kochen; den Kürbis dann erst 20 Min. vor Ende der Kochzeit hinzufügen.

Dattelkonfekt deluxe fix, 2014

Pro Person:

- 1 große Dattel
- 2 gestr. TL weiches Nussmus
- Etwas Zimt

Dattel längs durchschneiden, Stein entfernen. Hälften mit der Schnittfläche nach oben auf einen Teller legen.

Jede Hälfte mit etwas Nussmus füllen. Mus auf den Dattelhälften und Teller mit etwas Zimt bestreuen.

Tipp: Ein echter Knüller – schnell gemacht und perfekt, wenn überraschend Besuch kommt. Die Zubereitung dauert nur wenige Minuten. Auch Variationen gelingen mühelos: Anderes Nussmus verwenden oder Kokosraspeln, gehackte Nüsse oder kleine Ingwerstückchen untermischen. So lässt sich das Rezept leicht anpassen und immer wieder neu abwandeln.

Gulab Jamun, 2014

10 Bällchen

- 250 g Wasser
- 150 g Honig
- 20 g Cashewnüsse
- 10 g Sonnenblumenöl
- 90 g Wasser
- 100 g Dinkel
- 25 g Rotkornweizen
- 1 TL Weinsteinbackpulver
- 1 TL gem. Kardamom
- 1 Prise Salz
- 400-500 g Kokosöl oder
- Erdnussöl zum Ausbacken

150 g Wasser und Honig in einem Topf zum Kochen bringen, 5 Min. köcheln lassen und in eine flache Schale geben. Cashewnüsse, Öl und 90 g Wasser in einem kleinen Mixer zu einer dickflüssigen Milch mixen. Getreide zusammen fein mahlen, mit Backpulver, Kardamom und Salz mischen. Nach und nach die „Milch" einrühren und zu einem recht weichen Teig kneten. Hände leicht einölen, mit einem Teelöffel Teigbröckchen abnehmen, zwischen den Händen zu Kugeln formen. Auf ein mit Haushaltsfolie bespanntes Brettchen setzen.

Kokosöl in einem kleinen Wok erhitzen und die Kugeln 15 Min. darin frittieren. Die Hitze sollte nicht zu stark sein, sonst werden die Kugeln zu schnell dunkel. Sind sie am Ende nicht dunkel genug, nochmals 2 Min. bei starker Hitze weiter backen.

Mit einem Schaumlöffel die fertigen Kugeln aus dem Fett heben, abtropfen lassen und in den Sirup legen. Es zischt! Mit einer Zange die Kugeln im Sirup wenden. Wenn alle Kugeln im Sirup sind, 10 Minuten warten. Ist dann aller Sirup aufgesogen, noch etwas heißes Honigwasser hinzugeben. Ansonsten aus dem Sirup nehmen und auf einem Teller aufbewahren.

Möhrenhalva, 2014

- 1 g Sonnenblumenöl
- 5 g Cashewnussbruch
- 1 kleine Prise Salz
- 200 g Wasser
- 1 Möhre (110 g)
- 30 g Honig
- 1 Kardamomkapsel
- 15 g Sonnenblumenöl
- 15 g Rosinen
- 15 g Cashewnussbruch
- 10 g Kokosraspeln

Für die „Milch" 1 g Öl, 5 g Cashewnüsse, Salz und 50 g Wasser im großen Becher eines kleinen Mixers mit flachem Messer sehr gut verquirlen, bis keine Körnchen mehr sichtbar sind. Anschließend 150 g Wasser hinzufügen und nochmals 30 Sekunden mixen. Möhre reiben (z. B. mit einem Zerkleinerer) und mit

der „Milch" sowie einer Kardamomkapsel aufkochen. Auf mäßig hoher Hitze ca. 15 Min. kochen lassen, bis die Flüssigkeit vollständig verdampft ist, dabei gelegentlich umrühren.

In einer 20-cm-Pfanne 15 g Öl erhitzen, Rosinen, Nussbruch und Kokosraspeln zugeben, dann die gegarten Möhren. Unter ständigem Rühren bei nicht zu niedriger Hitze ca. 10 Min. braten, bis die Mischung recht trocken und kräftig gefärbt ist. Warm oder kalt servieren.

Hirse mit Bananen, 2014

- 45 g Kokosraspeln
- 260 g Wasser
- 3 cm Vanillestange
- 40 g Hirse
- 1 Prise Salz
- 20 g Honig
- 1 Banane (130 g brutto)
- Einige Kokoschips als Dekoration

Eine Mahlzeit für eine Person oder Nachtisch für 2–3 Personen, die Portion ist recht sättigend.

Kokosraspeln mit Wasser und Vanillestange in einem Mixer schlagen, bis sich eine milchig-sahnige Flüssigkeit ergibt. Mit Hirse, Salz und Honig in einen Topf geben, unter Rühren zum Kochen bringen. Auf niedrigste Hitze stellen und rühren, bis es nur noch leicht köchelt. Deckel auflegen und 15 Min. quellen lassen. Die Banane schälen, in Scheiben schneiden und 2 Scheiben beiseitelegen. Den Rest 2–3 Min. vor Ende der Quellzeit vorsichtig unter die Hirse rühren. In eine Schüssel umfüllen und mit den Bananenscheiben und einigen Kokoschips dekorieren.

Dattel-Aprikosen-Kuchen, 2014

Teig:
- 115 g Hafer
- 35 g Emmer
- 35 g Distelöl
- 40 g Wasser
- 1 Prise Salz

Belag 1:
- 200 g Datteln (entsteint)
- 200 g getrocknete Aprikosen
- 200 g Wasser
- 200 g Mandeln
- 200 g Buchweizen
- 1 Prise Salz
- 2 TL Zitronensaft
- 1 TL Mangopulver
- 1-3 Prisen Kardamom

Belag 2:
- 1 Apfelsine (200 g netto)
- 2 EL Zitronensaft
- 75 g Honig
- 100 g Kokosöl
- 100 g Kokosraspeln
- 50 g Macadamianüsse

Hafer und Emmer fein mahlen, von Hand mit den restlichen Zutaten zu einem glatten Teig kneten. Eine Springform (26 cm) mit Backpapier überspannen, den Teig darin gleichmäßig verteilen. Ein kleiner Pizzateigroller ist dabei hilfreich. Einen kleinen Rand hochziehen.

Datteln und Aprikosen grob zerkleinert in 200 g heißem Wasser mehrere Stunden einweichen. Mandeln mahlen, Buchweizen mahlen und alle Zutaten gut miteinander verkneten. Auf dem Teigboden gleichmäßig verteilen. In den kalten (Heißluft-)Ofen schieben, mit Dauerbackfolie abdecken und 25–30 Min. bei 175 °C backen, abkühlen lassen.

Von der Apfelsine ein kleines Stück (etwa 3 cm²) dünn abhobeln. Apfelsine schälen, mit Zitronensaft, Honig und Kokosöl in einem Hochleistungsmixer zu einer feinen Paste verarbeiten. Dann die abgeraspelte Apfelsinenschale einarbeiten. Auf den kalten Kuchen streichen, mit Macadamianüssen dekorieren und in den Kühlschrank stellen. Hält im Kühlschrank gut eine Woche.

Sprossen und Keime, 2014

Die reichliche Verwendung von Sprossen und Keimen ist ein Einfluss aus der Vollwertküche und lässt sich prima in das indische Konzept integrieren. Sprossen bzw. Keime lassen sich aus Ölsaaten (z. B. Sonnenblumenkerne), Hülsenfrüchten (Linsen, Erbsen, Bohnen) und Getreide ziehen. Es gibt noch weitere Möglichkeiten, aber dies sind die, mit denen ich persönlich Erfahrungen gesammelt habe. Nicht alle Hülsenfrüchte sind in gekeimtem Zustand roh genießbar – aber eine Erbsensuppe aus Erbsensprossen ist in ca. 30 Min. fertig und schmeckt köstlich.

Sprossen lassen sich auch ohne spezielles Gerät ziehen. Die einfachste Methode, hier am Beispiel Dinkel: In einer kleinen Schüssel 3 EL Dinkel gut mit Wasser bedecken und über Nacht einweichen. Morgens die Körner in einem Sieb abspülen und ohne Wasser in der Schüssel stehen lassen. Abends nochmals 1–2 Std. einweichen, dann wieder abspülen und bis zum nächsten Tag stehen lassen. Danach jeweils morgens und abends in einem Sieb gut durchspülen, bis die Keime die gewünschte Länge erreicht haben.

Alternativ verwende ich gerne Keimgläser, um das Hantieren mit dem Sieb zu vermeiden. Die Methode bleibt grundsätzlich gleich: Im Keimglas 3 EL Weizen gut mit Wasser bedecken und über Nacht einweichen (Glas senkrecht stellen). Morgens das Wasser abgießen, durchspülen und das Glas schräg stellen. Morgens und abends wiederholen. Die Keime haben die ideale Länge, wenn sie etwa so lang sind wie der Samen selbst. Ziel ist es nicht, lange Sprossen oder gar Blattanlagen zu erhalten, da dabei wieder Nährstoffe verloren gehen.

Kichererbsensuppe im Eiltempo, 2014

- 1 TL Knoblauch-Ingwer-Paste (Bd. 6)
- 1/2 TL Kurkuma
- 1 TL gem. Cumin
- 50 g Kichererbsen
- 1 Topinambur (65 g)
- 400 ml Wasser
- 1 TL Kräutersalz
- 2 TL Zitronenschaum (Bd. 5)
- etwas glatte Petersilie

Zubereitung im Thermomix: Paste und Gewürze in den TM geben. Kichererbsen im kleinen Mixer fein mahlen. Topinambur klein schneiden, mit den Gewürzen und dem Wasser im TM kurz auf Stufe 10 laufen lassen (3–4 Sek.). Bei 100 °C/Stufe 1 für 15 Min. köcheln lassen. Sobald die Suppe deutlich blubbert, auf 90 °C herunterstellen. Mit Zitronensaft und Salz abschmecken, in einen Teller füllen und mit etwas Petersilie dekorieren.

Tipp: Man kann die Kichererbsen auch im Thermomix mahlen. Bei der kleinen Menge ist das aber schwierig und da es beim Hinzufügen von Wasser zum Klumpen neigt und man dann umfüllen muss. Wer keinen Thermomix hat, kann die Suppe im normalen Topf kochen – da ist aber häufigeres Umrühren angesagt, damit die Suppe nicht ansetzt.

Pintobohnensuppe mit Sellerie, 2014

- 100 g Pintobohnen
- 300 g Wasser, ggf. beim Kochen wieder auffüllen.
- 90 g Sellerie
- 20 g Frühlingszwiebel
- 1 Knoblauchzehe
- 2 Scheiben Ingwer (ca. 10 g)
- 200 g Wasser
- 1 TL Salbeicreme (Bd. 6)
- 1 TL Vindaloopaste (Bd. 6)
- 2 EL Sonnenblumenöl
- 1 TL Kräutersalz
- Sesam ungeschält zum Dekorieren

Pintobohnen 8–10 Std. in 300 g Wasser einweichen. Das Einweichwasser auf 300 g auffüllen. Bohnen in das aufgefüllte Einweichwasser geben und im Schnellkochtopf auf dem 2. Ring 10 Min. kochen. Danach langsam abdampfen lassen.

Sellerie und Frühlingszwiebel würfeln. Knoblauch schälen, Ingwer ungeschält lassen. Gemüse und Ingwer mit 200 g Wasser in den TM geben, kurz auf Stufe 5 zerkleinern. Dann bei 100 °C/11 Min./Stufe 1 kochen. Salbeicreme, Öl und Salz sowie die Bohnen mit dem Kochwasser hinzugeben und pürieren (15 Sek./Stufe 10). In einen Teller füllen und mit Sesam dekorieren.

Tipp: Ohne Thermomix: Die Zutaten separat in einem Topf zum Kochen bringen und bei mittlerer Hitze garen, bis sie weich sind. Anschließend in ein hohes Gefäß umfüllen und mit einem Stabmixer fein pürieren. Je nach gewünschter Konsistenz eventuell etwas Flüssigkeit nachgeben.

Klößchensuppe, 2014

Teig
- 100 g Gelbweizen
- 15 g Sonnenblumenkerne
- 1 EL Sonnenblumenöl
- 1 EL Zitronensaft
- 4 EL Wasser
- 1 TL Kräutersalz

Suppe
- 250 g Wasser
- 1 Prise Salz
- 15 g Sonnenblumenmus
- 10 g Sonnenblumenöl
- 30 g Wasser
- 1 EL Zitronensaft
- 1 Prise Salz
- 1 TL scharfe Basilikumpaste Nr. 2 (Band 6)
- 1 MS Vindaloopaste (Bd. 6)

Weizen fein mahlen. Die restlichen Zutaten in einem kleinen Mixer zu einer glatten Soße verarbeiten. Zum Mehl geben, zunächst mit einem Löffel verrühren, dann mit der Hand 2–3 Min. gut durchkneten. Zu einer Kugel formen und in einer geschlossenen Plastikdose bis zur Verwendung in den Kühlschrank stellen.

Für die Suppe wird ein Drittel dieser Menge benötigt. Der restliche Teig lässt sich einfrieren oder zu kleinen Broten verarbeiten. Das verwendete Teigdrittel nochmals gut durchkneten und in 16 kleine Stücke (ca. 4–6 g pro Stück) teilen. Daraus mit den Händen kleine Kugeln formen.

In einer kleinen Pfanne 250 ml Wasser mit einer Prise Salz zum Kochen bringen. Die Klößchen hineingeben und 5–7 Min. darin kochen. Die übrigen Zutaten in einem kleinen Mixer gut verschlagen, in die Pfanne geben und aufkochen.

Pakora, 2014

- 75 g Kichererbsen
- 1/2 TL Salz
- 1/2 TL gem. Kreuzkümmel
- 1/2 TL gem. Koriander
- 1/2 TL gem. Kurkuma
- 1/2 TL Paprikapulver, edelsüß
- 1 TL fein gehackte, tiefgekühlte Petersilie
- 120 g Wasser
- 1 Kartoffel (80 g)
- 115 g Champignons
- 40 g Möhre
- 300 g Kokosöl zum Frittieren

Kichererbsen in zwei Portionen in einem kleinen Mixer möglichst fein mahlen. Mit Salz, Gewürzen und Petersilie verrühren. Das Wasser portionsweise hinzugeben, immer gut mit einem Quirl durchschlagen. 5 Min. ruhen lassen. Kartoffel unter fließendem Wasser gut abbürsten, in dünne Scheiben (1–2 mm), Champignons in dickere Scheiben (5 mm) und Möhre in 2–3 mm dicke Scheiben schneiden. Mit dem Teig verrühren, sodass alles Gemüse vom Teig bedeckt ist. 15–20 Min. stehen lassen.

In einem kleinen Wok das Kokosöl stark erhitzen. Sobald an einem Holzlöffel Luftbläschen hochsteigen, das Gemüse einzeln mit einem Löffel aus der Schüssel vorsichtig in das heiße Fett gleiten lassen. Nach der Hälfte der Portion eine Pause einlegen, damit das Fett nicht zu stark abkühlt. Gemüsestücke im Fett frittieren, bis der Teig sich etwas dunkler verfärbt hat – zur Kontrolle ein Stück probieren.

Haushaltspapier auf ein Kuchengitter legen. Gemüsestücke mit einem Schaumlöffel aus dem Fett holen, auf das Haushaltspapier legen und abkühlen lassen. In der Zwischenzeit die zweite Portion Gemüse frittieren.

Blumenkohl-Kartoffel-Pfanne, 2014

- 1 Kartoffel (140 g)
- 120 g Blumenkohl
- 40 g Erdnussöl
- 1 Kardamomkapsel
- 1 TL schw. Zwiebelsamen
- 1 grüne Chilischote
- 1 gestr. TL Salz
- 40 g Wasser
- 1 EL Zitronensaft
- 1 TL Cashewnussmus

Kartoffel unter fließendem Wasser gründlich abbürsten und klein schneiden. Blumenkohl in 2 × 2 cm große Würfel schneiden. Öl in einem kleinen Wok stark erhitzen. Kardamomkapsel öffnen, Samen herausnehmen. Die Samen zusammen mit den Zwiebelsamen in das heiße Öl geben und unter Rühren 2–3 Min. erhitzen. Chilischote in Scheiben schneiden und untermischen.

Dann zuerst die Kartoffeln 3–4 Min. im Fett anbraten, anschließend den Blumenkohl 2–3 Min. mitbraten. Wasser hinzufügen, Deckel auflegen und 15 Min. auf niedriger Hitze köcheln lassen. Zitronensaft und Cashewnussmus unterrühren, nochmals kurz aufkochen. Dazu passt gut ein einfaches Fladenbrot.

Tipp: Wer keine schwarzen Zwiebelsamen hat, kann Kreuzkümmel oder Senfsamen verwenden.

Es folgende noch die Rezepte von Agnes Hug. Vor Jahren hatte ich auf meinem Blog jeden Tag ein Rezept, drei andere Vollwertlerinnen haben teilgenommen. Die Rezepte von Agnes habe ich aufbewahrt. Mit ihrer Erlaubnis binde ich diese Rezepte hier ein. Agnes kocht für viele Personen, damit sind ihre Rezepte für Familien einfach zu übernehmen.

Agnes 1. Birnbrot 2013

Ergibt zwei Brote

Brotteig herstellen aus:

- 500 g Dinkel fein mahlen
- 320 g Wasser
- 20 g (= ½ Würfel) frische Bio-Hefe
- Ein halber Esslöffel Salz (4 g)

Hefe im Wasser auflösen und dem Mehl zugeben, ebenso das Salz. Nun diese Zutaten ca. 8 bis 10 Min. zu einem geschmeidigen Teig kneten (bei mir verrichtet diese Arbeit die Teigknet-Maschine).

Füllung:

Am Vorabend:

- 500 g Dörrbirnen
- 100 g Dörrfeigen
- 50 g Kirschwasser (oder Obstsaft)
- 300 g Wasser

Dörrfrüchte in Stücke schneiden und im Kirschwasser über Nacht einweichen.

Am Backtag:

Die eingeweichten Dörrfrüchte durch den Fleischwolf drehen oder in einem Mixer zu einer geschmeidigen Masse pürieren. Hinzufügen:

- 80 g Rosinen
- 80 g Haselnüsse
- 80 g Walnüsse
- Abgeriebene Schale von einer Zitrone
- 60 g Honig
- 1 Teelöffel Zimt
- 1 Esslöffel Birnbrotgewürz

Alle Zutaten verrühren. Wenn der Brotteig gegangen ist, diesen in zwei Teile teilen. Die eine Hälfte unter die Birnbrotmasse geben und so lange kneten, bis sich der Brotteig gut mit dieser vermischt hat. Aus der nun entstandenen Masse zwei Laibe formen. Die zweite Hälfte des Brotteigs nochmals halbieren und jedes Stück auf der bemehlten Arbeitsfläche in ein Rechteck von ungefähr 25 x 35 cm auswallen.

Die Birnbrotlaibe auf je ein Teigstück legen und mit dem Teig einschlagen. Die Laibe mit Teigschluss nach unten auf ein mit Backfolie ausgelegtes Blech legen und zugedeckt 30 Min. gehen lassen. Anschließend die Laibe mit der Gabel mehrmals einstechen, mit Wasser besprühen und im vorgeheizten Ofen bei 200 °C 45 Min. backen. Nach dem Backen nochmals mit Wasser besprühen und auf einem Gitterrost auskühlen lassen.

Die Birnbrote sind lange haltbar.

Agnes 2. Blechkartoffeln mit Gemüsedip, 2014

Zutaten für 5 Personen

Blechkartoffeln:

- 1,5 kg festkochende, kleinere Kartoffeln (unter fließendem Wasser abgebürstet, ungeschält) der Länge nach halbieren. In eine Schüssel geben und mit
- 20 g Olivenöl
- 3 g (= 1 gehäufter EL) geriebene Provence-Kräuter (Rosmarin, Basilikum, Oregano, Thymian, Lavendel usw.)
- 2 g Salz (= 1 gestr. TL) und
- Gem. schw. Pfeffer mischen

Die Kartoffelhälften mit der Schnittfläche nach unten auf ein mit Backpapier ausgelegtes Blech legen und bei 220 °C Heißluft backen, bis die Schnittflächen goldbraun geworden sind (ca. 45 Min.).

Dip:

- 50 g CC-Nussmus (hergestellt aus 200 g Cashewkernen, 150 g gerösteten, gesalzenen Cashewkernen und 60 g Walnussöl) oder ein anderes Nussmus
- 5 g Ingwer ungeschält
- 4 g Knoblauchzehen geschält
- 1 gestr. TL Salz (2 g)
- 70 g Olivenöl
- 40 g Mandeln
- 100 g Sellerie ungeschält, gewaschen
- 80 g Karotten
- 20 g Petersilie (kraus oder glatt je nach Geschmack)

Für den Dip die Dipzutaten im Vitamix pürieren.

Agnes 3. Karotten-Schnitten, 2014

Für 5 Personen

Als Rohkost vorher einen gemischten Salat servieren.

- 600 g Vollkornbrot in dünne Scheiben (ca. 18 Stück) geschnitten; am besten eignet sich Brot vom Vortag
- 650 g Karotten gewaschen & ungeschält an der Bircherraffel gerieben
- 20 g Olivenöl
- 8 Knoblauchzehen, geschält, gepresst (netto 15 g)
- 100 g gemahlene Cashewkerne
- 1 Teelöffel Salz
- Pfeffer (schwarz, gemahlen)

Alle Zutaten vermischen und auf die Brotscheiben verteilen und verstreichen. Ergibt ungefähr 18 Scheiben.

Die Scheiben auf ein mit Backpapier belegtes Blech geben und im Ofen (Heißluft) bei 220 °C ungefähr 20 Min. backen. Die Backzeit hängt von der Dicke des Belages ab. Wenn sich der Belag zu bräunen beginnt, sind die Schnitten fertig gebacken.

Anstelle der Cashewkerne können auch gemahlene Sonnenblumenkerne verwendet werden. Diese schmecken sehr gut, doch die Schnitten erhalten dadurch eine leicht gräuliche Farbe.

Agnes 4. Löwenzahnsalat, 2013

Ein Rezept für 6 Personen

- 110 g junge Löwenzahnblätter (pro Person eine Handvoll) frisch geerntet auf einer ungedüngten Wiese
- 18 kleine Tomaten geviertelt (Cherry-Tomaten) 330 g
- 100 g Maiskörner, gekocht (aus der Dose)
- 1 Avocado klein gewürfelt (95 g netto)

Die ganzen Löwenzahnblätter auf einen Teller geben, die geviertelten Tomaten, die Maiskörner und die Avocado-Würfelchen darüber verteilen und einen Esslöffel der Salatsauce darüber giessen.

Sauce: (pro Portion 1 Esslöffel über den Salat gießen):

Die folgenden Zutaten für die Sauce in einem Mixer pürieren:

- 60 g Mandelmus
- 45 g Olivenöl
- 70 g Wasser
- 15 g Essig
- 5 g Senf
- ½ TL Salz
- Wenig Oregano

Agnes 5. Linsenbratlinge, 2014

Für 7 Personen. Dieses Rezept eignet sich zum Verwerten von altem, hart gewordenen Brot.

Bratlinge
* 250 g hartes Brot
* 250 g kochendes Wasser

Das Brot in kleine Würfel schneiden und mit dem kochenden Wasser übergiessen. Wenn das Brot noch nicht ganz hart ist, nehme man weniger Wasser. Nach 30 Min. Ruhezeit soll alles Wasser aufgesogen sein, gelegentlich rühren, damit alle Brotstücke weich werden.

* 200 g Linsen (braun, auch Tellerlinsen genannt)
* 550 g Wasser
* 1 Lorbeerblatt

Linsen und Wasser mit dem Lorbeerblatt weichkochen (ca. 30 Min.) Lorbeerblatt anschliessend entfernen. Brotmasse und Linsen zusammengeben und würzen mit:

* 1 Teelöffel Salz (2 g)
* 1 gehäufter Teelöffel Rosmarin,
* 1 gehäufter Teelöffel Oregano und
* Pfeffer (schwarz, gemahlen)

Aus der Masse 21 Bratlinge formen und in heissem Öl knusprig braten. Das dauert nicht lange, denn Brot und Linsen sind bereits speisefertig.

Gemüse
* 1 kg Karotten (netto) gewaschen, ungeschält in
* 200 g Wasser weich dünsten und
* Wenig Salz zugeben.

Sauce:
* 400 g Wasser,
* 2 g Salz (1 flach gestrichener Teelöffel),
* Pfeffer, schwarz, frisch gemahlen,
* 2 Messerspitzen Kurkuma und
* 50 g Mandelmus im Mixer pürieren. (Personal Blender)
* Sauce in eine Pfanne geben und mit
* 45 g Dinkelmehl (1 gehäufter Esslöffel) verrühren und kurz aufkochen, bis die Sauce dicker wird.

Agnes 6. Bohneneintopf, 2013

(Für 8 Personen)

* 500 g Kidney-Bohnen
* 600 g Kartoffeln
* 300 g Karotten
* 150 g Sellerie, geschält
* 500 g Tomaten
* 800 g Bohnen-Kochwasser
* 4 TL Salz

* 2 TL Paprika
* 2 TL getrockneter Oregano
* 200 g Tomatenmark
* Pfeffer, schwarz, frisch gemahlen
* 30 g Olivenöl
* evtl. Cayennepfeffer nach Geschmack

Die Bohnen am Abend in reichlich kaltem Wasser einweichen. Am Morgen das Einweichwasser abgiessen, die Bohnen spülen, in den Dampfkochtopf geben und mindestens 1000 g Wasser zugeben. Das Wasser soll ungefähr 1 bis 2 cm über den Bohnen stehen. Die Bohnen 10 Min. im Dampfkochtopf weichkochen. Anschliessend die Bohnen in ein Sieb geben und das Kochwasser auffangen.

Die Kartoffeln, die Karotten und den Sellerie in kleine Würfelchen schneiden (5 mm Kantenlänge). Die Tomaten in grössere Würfel schneiden (1 cm). 800 g Bohnen-Kochwasser in eine Pfanne geben und das gewürfelte Gemüse zugeben und den Deckel aufsetzen. Inhalt zum Kochen bringen, Hitze reduzieren und bei geschlossenem Deckel 30 Min. kochen (so lange, bis das Gemüse richtig weich ist). Nun die Bohnen, die Gewürze und Tomatenmark beifügen. Vorsicht: zuerst nur 3 TL Salz und je nach Geschmack noch 1 TL hinzufügen. Wer es gerne scharf mag, gibt noch ein wenig Cayennepfeffer hinzu. Nochmals ca. 5 Min. kochen und während dieser Zeit mehrmals rühren, damit die Sauce sämig wird. Vor dem Servieren das Olivenöl beigeben.

Agnes 7. Kartoffel-Karotten-Pfanne, 2013

(Für 6 Personen)

Gemüse:

- 300 g grosse weisse Bohnen (Jumbo- oder Soisson-Bohnen)
- 650 g Kartoffeln, gewaschen (ungeschält)
- 650 g Karotten, gewaschen (ungeschält)
- 200 g Wasser

Die Bohnen über Nacht in kaltem Wasser einweichen und am nächsten Morgen spülen und mit frischem Wasser im Dampfkochtopf weich-kochen (Dauer: wenn das Ventil gestiegen ist, 10 Min. kochen)

Kartoffeln und Karotten in kleine Würfel schneiden und zusammen mit dem Wasser in eine Pfanne geben. Pfanne mit Deckel schliessen und als Gemüsepfanne kochen, d. h. so lange auf höchster Stufe kochen, bis Dampf unter dem Deckel entweicht. Nun Hitze reduzieren und das Gemüse 30 Min. kochen. Danach die gekochten Bohnen zugeben. Nur wenig oder kein Salz beifügen, denn die Sauce enthält genügend Salz.

Man kann aber auch das Gemüse mehr salzen und entsprechend bei der Sauce das Salz reduzieren.

Sauce:

- 30 g frische Petersilie
- 1 ½ TL Paprikapulver
- 1 ½ TL Salz
- 120 g Sellerie, gewaschen, ungeschält
- 75 g Karotten, gewaschen, ungeschält
- 60 g Cashewnüsse
- 90 g Olivenöl
- 160 g Wasser

Alle Zutaten im Vitamix so lange pürieren, bis die Masse ein wenig warm geworden ist. Das Gemüse auf den Tellern anrichten und die Sauce darübergeben.

Agnes 8. Kichererbsen-Küchlein, 2013

(Für 6 Personen)

Zutaten:

- 500 g Kichererbsen
- 2 Zwiebeln, geschält (210 g)
- 5 Knoblauchzehen geschält (15 g)
- 2 EL ganzer Kümmel (13 g)
- 1 EL getrockneter, geriebener Majoran
- 2 Messerspitzen Muskatnuss frisch gemahlen
- 2 TL Salz (10 g)
- 1 TL Backpulver
- Erdnussöl zum Braten

Die Küchlein auf einem Teller mit diversen Salaten nach Wunsch anrichten. (Zum Beispiel Feldsalat, Gurken und Fenchel klein geschnitten, Karotten und Randen durch den Spaghetti-schneider gedreht)

Die Kichererbsen am Abend in reichlich kaltem Wasser einweichen, so dass sie gut bedeckt sind. Am nächsten Morgen das Einweichwasser abgiessen und die Kichererbsen spülen. Nun die Kichererbsen, die Zwiebeln und den Knoblauch durch den Fleischwolf drehen. Die Masse mit Kümmel, Majoran, Muskatnuss, Salz und Backpulver mischen.

Aus der Masse ca. 60 kleine Kugeln, ungefähr so gross wie eine Walnuss, formen, ein wenig flach drücken und in 3 beschichtete Bratpfannen geben. Die Kichererbsen-Küchlein in heissem Erdnussöl (pro Pfanne 4 Esslöffel) auf jeder Seite ungefähr 5 Min. braten, bis sie knusprig sind. Wenn nach dem Wenden der Küchlein zu wenig Öl in der Bratpfanne verblieben ist, nochmals 1 bis 3 Esslöffel Öl nachgeben.

Agnes 9. Lauchwähe, 2013

(Für 8 Personen)

Teig:

- 400 g Dinkel
- 1 TL Salz
- 220 g Wasser
- 20 g frische Bio-Hefe (= 1/2 Würfel)
- 40 g Olivenöl

Den Dinkel fein mahlen und das Salz und das Olivenöl zugeben. Die Hefe im Wasser auflösen und zum Mehl geben. Nun diese Zutaten während 7 Min. zu einem geschmeidigen Teig kneten. Den Teig zugedeckt 60 Min. gehen lassen.

Belag:

- 1100 g Lauch
- 200 g Wasser
- 1 TL Paprika
- 1 TL Salz
- Pfeffer, schwarz, frisch gemahlen
- 100 g saure Sahne

Zum Bestreuen:

- 100 g rote Peperoni in kleine Würfel geschnitten
- 100 g gelbe Peperoni in kleine Würfel geschnitten
- 1 TL Provence-Kräuter, getrocknet, gerieben (Rosmarin, Thymian, Majoran, Oregano)
- Kräutersalz nach Belieben

Den Lauch waschen und anschliessend in etwa 1 cm breite Streifen schneiden, mit dem Wasser in eine Pfanne geben und den Deckel aufsetzen. Herd auf Höchststufe stellen und den Inhalt zum Kochen bringen. Nun Hitze reduzieren und den Lauch 5 Min. dünsten, danach den Lauch ein wenig auskühlen lassen. Anschliessend die Gewürze und den Sauerrahm unter den Lauch mischen.

Den Teig auf der bemehlten Arbeitsfläche zu einem Rechteck ausrollen und auf ein mit Backpapier ausgelegtes Blech von ca. 35 x 40 cm legen und die Ränder ungefähr 1 cm hochziehen.

Den Belag auf dem Teig verteilen und mit den Peperoniwürfeln und Provence-Kräutern bestreuen. Wer es gerne etwa salzig mag, streut noch Kräutersalz darüber.

Die Wähe bei 220 °C Ober- und Unterhitze 30 bis 40 Min. backen.

Agnes 10. Reis-Lauchküchlein mit Borlotti-Bohnen an Tomatensauce, 2013

(Für 4 Personen)

Küchlein:

- 200 g Borlotti-Bohnen
- 220 g Naturreis
- 660 g Wasser
- 220 g Lauch, in dünne Halbringe geschnitten
- 2 TL Salz
- 40 g geschälte Mandeln
- 30 g Naturreis, gemahlen
- 150 g Wasser

Die Bohnen 12 Std. einweichen und anschliessend im Schnellkochtopf 12 Min. kochen. Einweichwasser abgiessen und auffangen.

Reis und Wasser in einen Topf geben, aufkochen und 60 Min. auf kleinstem Feuer köcheln. Reis in eine Schüssel geben und die Lauchringe beifügen. Die restlichen Zutaten in den Vitamix-Becher füllen und zu einer homogenen Masse mixen. Die Creme unter die Reis-Lauchmasse mischen und daraus mit nassen Händen 16 Küchlein formen. Diese auf ein mit Backpapier belegtes Blech legen und im vorgeheizten Ofen bei 220 °C 35 Min. backen.

Sauce:

- 10 g Knoblauch (2 Zehen)
- 60 g altes, trockenes Hefebrot
- 25 g Tomatenmark
- 10 g Senf
- 1,5 TL Salz
- 200 g Bohnen-Kochwasser
- 80 g Bohnen-Kochwasser

Alle Zutaten in den Mixbehälter des Vitamix geben und auf hoher Stufe zu einer glatten, cremigen Sauce verarbeiten. Sobald die gewünschte Konsistenz erreicht ist, die Sauce vollständig zu den vorbereiteten Borlotti-Bohnen in den Topf geben. Anschließend den Mixbehälter mit den restlichen 80 g Wasser gründlich ausspülen, damit auch die letzten Reste der Sauce genutzt werden. Das Spülwasser ebenfalls in den Topf geben. Alles gut vermengen und unter gelegentlichem Rühren kurz aufkochen, sodass sich die Aromen verbinden und die Sauce leicht eindickt.

Agnes 11. Kartoffelbrot, 2013

- 230 bis 240 g mehlig kochende Kartoffeln (gekocht und geschält: 200 g)
- 800 g Weizen
- 1 EL Salz (10 g)
- 40 g Olivenöl
- 1 Würfel frische Bio-Hefe (42 g)
- 1 TL Honig, flüssig
- 500 g Wasser
- 50 g Cashewkerne
- 90 g Wasser nach Bedarf, evtl. weniger

Die Kartoffeln im Dampfkochtopf 10 Min. kochen, anschliessend schälen und durch die Kartoffelpresse drücken und auskühlen lassen. Den Weizen fein mahlen, in eine Schüssel geben und mit dem Salz vermischen. Die abgekühlte Kartoffelmasse zum Weizen geben.

Die Hefe im Honig auflösen und zur Mehl-Kartoffelmasse geben. Das Wasser mit den Cashewkernen im Vitamix zu einer Milch mixen und in die Schüssel giessen; ebenso das Olivenöl. Nun von Hand die Masse kneten. Die 90 g Wasser bereitstellen und bei Bedarf in kleinen Mengen dem Teig zugeben. Vorsicht, der Teig scheint anfangs trocken zu sein, wird aber mit dem Kneten immer klebriger. (Ich habe meinem Teig 90 g zugegeben, was etwas viel war.) Den Teig 10 Min. kneten und anschliessend mit einer Folie zugedeckt 60 Min. gehen lassen. Danach den Teig nochmals durchkneten und in 16 Portionen teilen. Jede Portion auf der bemehlten Arbeitsfläche zu einem länglichen Brötchen formen, dieses der Länge nach einschneiden und auf ein mit Backpapier belegtes Blech legen (ergibt zwei Bleche). Nun die Bleche mit einer Folie zudecken und 15 Min. gehen lassen. Die Brötchen mit Wasser besprühen und im vorgeheizten Backofen 20 Min. bei 220 °C Ober- und Unterhitze backen. Mein Backofen bäckt einseitig bei Heißluft, deshalb bevorzuge ich Ober- und Unterhitze. Wer Heißluft hat, bäckt beide Bleche gleichzeitig. Nach dem Backen die Brötchen nochmals mit Wasser besprühen und auf einem Gitter auskühlen lassen. Anstelle der Brötchen können auch zwei Brote gebacken werden. Dafür den Teig in zwei Portionen teilen, zwei Brot daraus formen, diese in je eine mit Backpapier ausgelegte Kastenform (25 cm Länge) geben, Oberfläche einschneiden, 20 Min. in Folie verpackt gehen lassen, einsprühen und im vorgeheizten Ofen bei 220 °C 45 Min. backen. Danach die Brote nochmals mit Wasser einsprühen und zum Auskühlen auf ein Gitter geben.

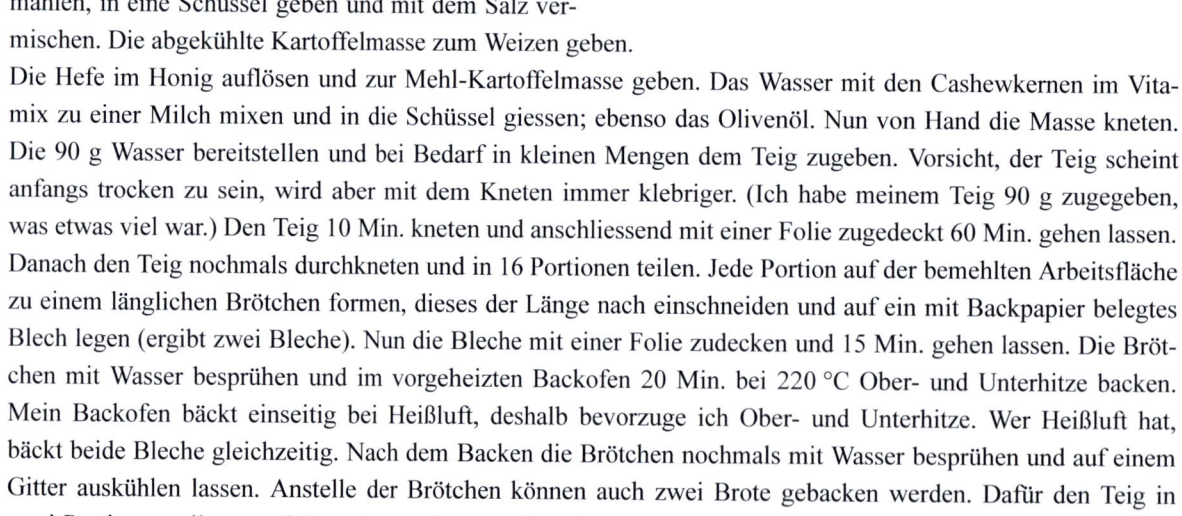

Agnes 12. Dörrtomaten-Pesto, 2013

- 100 g Dörrtomaten in Stücke geschnitten
- 85 g Olivenöl
- 10 g Kapern
- 2 Knoblauchzehen (8 g)
- Basilikum: ½ TL getrocknet, gerieben oder 4 frische Blätter
- Pfeffer, schwarz, frisch gemahlen
- Eventuell Salz (Meine Dörrtomaten sind bereits gesalzen, deshalb füge ich kein Salz mehr hinzu.)

Wer es gerne scharf mag, fügt noch wenig frische Peperoncini (Peperoni/Chilis) bei. Alle Zutaten mit dem Stabmixer oder einem anderen geeigneten Gerät so lange pürieren, bis eine noch leicht körnige Masse entstanden ist.

Tipp: Dieses Pesto eignet sich gut als Brotaufstrich, zu Teigwaren, Reis, Gemüse oder als Beigabe in Eintopf-Gerichte.

Agnes 13. Gemüseschnecken, 2013

(Für 6 Personen, ergibt ca. 20 Stück)

Teig:

- 500 g Dinkel, fein gemahlen
- ½ Würfel frische Bio-Hefe (21 g)
- 25 g Sesamsamen
- ½ EL Salz (6 g)
- 275 g Wasser
- 25 g Olivenöl
- 1 EL frische Thymianblättchen (kann auch durch getrockneten Thymian ersetzt werden)

Dinkelmehl, Sesamsamen, Salz, Olivenöl und Thymianblättchen in eine Schüssel geben. Die Hefe im Wasser auflösen und zum Mehl giessen. Alle Zutaten 8 Min. mit der Knetmaschine oder entsprechend länger von Hand kneten. Den Teig zugedeckt 1 Std. ruhen lassen. Dann diesen zu einem Rechteck ausrollen (ca. 40 x 50 cm).

Belag:

- 10 g Erdnussöl
- 140 g Zwiebeln, geschält, fein gehackt
- 500 g Peperoni, netto gelb und rot, (je 2 Stück) in kleine Würfel geschnitten
- 80 g entsteinte grüne Oliven, gehackt
- 50 g Sonnenblumenkerne, gehackt
- 1 TL Paprikapulver, edelsüss
- 1 TL Salz
- Pfeffer, schwarz, frisch gemahlen

Für den Belag das Erdnussöl in einer Pfanne erhitzen und die Zwiebeln darin anbraten, die Peperoni zufügen, Hitze reduzieren und 5 Min. dünsten.

Die Oliven fein hacken (ich mache das von Hand, da ich keine geeignete Maschine habe), ebenso die Sonnenblumenkerne fein hacken (im Personal Blender); Vorsicht: Nicht mahlen, da sonst die Füllung eine breiige Konsistenz erhält.

Gewürze beifügen und die Masse gut vermischen und etwas auskühlen lassen. Nun die Füllung auf das Teigrechteck geben und flach streichen. Die bestrichene Teigplatte von der Längsseite her aufrollen und die Rolle in 2,5 cm breite Stücke schneiden (ergibt ca. 20 Stück). Die Scheiben auf zwei mit Backpapier belegte Bleche verteilen und im vorgeheizten Backofen bei 220 °C Ober- und Unterhitze 20 bis 25 Min. backen. Ich schalte den Backofen nach 20 Min. aus und lasse die Schnecken noch 5 Min. im Backofen stehen lassen.

Agnes 14. Kartoffel-Peperoni-Pfanne, 2013

[Anmerkung: Die Schweizer sagen Peperoni zu unserer Paprika.]

(Für 6 Personen)

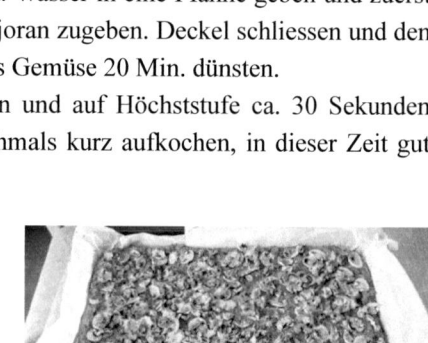

Gemüse:
*   400 g Wasser
*   325 g Zwiebeln, geschält
*   2 rote Peperoni, netto 410 g
*   2 gelbe Peperoni, netto 420 g
*   1200 g Kartoffeln gewaschen, ungeschält
*   1 gehäufter EL Majoran (2 g), getrocknet, gerieben

Sauce:
*   500 g Wasser
*   1 leicht gehäufter EL Salz (13 g)
*   90 g Cashewkerne
*   45 g geröstete, gesalzene Cashewkerne

Zwiebeln, Peperoni und Kartoffeln in nicht zu kleine Würfel schneiden. Wasser in eine Pfanne geben und zuerst die Zwiebeln und die Peperoni, dann die Kartoffeln und zuletzt den Majoran zugeben. Deckel schliessen und den Inhalt auf höchster Stufe zum Kochen bringen. Hitze reduzieren und das Gemüse 20 Min. dünsten.

In der Zwischenzeit alle Zutaten für die Sauce in den Vitamix geben und auf Höchststufe ca. 30 Sekunden mixen. Wenn das Gemüse weich ist, die Sauce dazu giessen und nochmals kurz aufkochen, in dieser Zeit gut rühren, damit die Sauce sämig wird.

Agnes 15. Zucchini-Champignon-Pizza, 2013

(Für 6 Personen)

Teig *:
*   330 g Weizen (1000 g)
*   215 g Wasser (650 g)
*   15 g frische Hefe (40 g)
*   Knapp ein TL Salz (12 g = 1 Esslöffel)

Den Weizen fein mahlen und mit dem Salz vermischen. Die Hefe im Wasser auflösen und zum Mehl giessen. Die Zutaten 5 Min. mit der Teigknet-Maschine zu einem geschmeidigen Teig kneten. Mit Folie bedeckt 1 Std. ruhen lassen. Danach den Teig auf der mit Mehl bestreuten Arbeitsfläche zu einem Rechteck von 33 x 39 cm ausrollen und in ein mit Backpapier belegtes Blech geben. Während der Teig ruht, den Belag vorbereiten.

Belag:
*   700 g Zucchini netto
*   175 g Wasser
*   20 g Knoblauch, geschält
*   1 TL Salz
*   200 g Tomatenmark (aus dem Glas, reines Tomatenkonzentrat)
*   Schwarzer Pfeffer, frisch gemahlen
*   ½ TL Oregano
*   250 g Champignons
*   40 g Kapern

> **Wenn ich Pizza backe, dann stelle ich immer einen Teig aus 1000 g Weizen her und backe aus dem restlichen Teig Brot, so ist der Aufwand geringer.*

Zum Bestreuen:
*   Kräutersalz
*   Schwarzer Pfeffer, frisch gemahlen
*   Majoran, Oregano

Die Zucchini an der Rösti-Raffel reiben, mit dem Wasser zusammen aufkochen und als Gemüsepfanne 1 Min. dünsten, dann die Pfanne vom Herd nehmen. Nun den Knoblauch durch die Presse drücken und zu den gekochten Zucchini geben; ebenso Tomatenmark, Salz und Gewürze. Die Masse auf dem Pizzaboden verteilen. Die Champignons in feine Scheiben schneiden (Scheibentrommel der Handraffel) und auf der Tomaten-Zucchini-Masse verteilen. Die Kapern darüber streuen und die Pizza mit Pfeffer, Kräutersalz, Majoran und Oregano bestreuen. Bei 220 °C Ober- und Unterhitze 35 Min. backen.

Agnes 16. Spinatsalat, 2013

(Für 3 Personen)

- 100 g braune Linsen in 220 g Wasser 25 Min. kochen
- Knapp 1/2 TL Salz
- Und eine MS Currypulver zu den gekochten Linsen geben
- 100 g junge Spinatblätter ganz, gewaschen
- 270 g Ananas, netto, in kleine Würfel geschnitten
- 100 g rote Peperoni in kleine Würfel geschnitten
- 1 Orange geschält, ohne Kerne (180 g netto) grob gewürfelt
- 25 g Zitronensaft
- 20 g Olivenöl
- 1 Prise Salz

Für die Sauce Orangenwürfel mit Zitronensaft in einem kleinen Mixer pürieren. Dann Olivenöl und Salz hinzufügen und nochmals kurz verrühren. Spinat auf drei Teller verteilen, in die Mitte je einen Drittel der gekochten, noch lauwarmen Linsen geben und Ananas- und Peperoniwürfel darum herum verteilen. Sauce darüber giessen.

Agnes 17. Früchte-Brötchen, 2013

Ergibt 16 Brötchen.

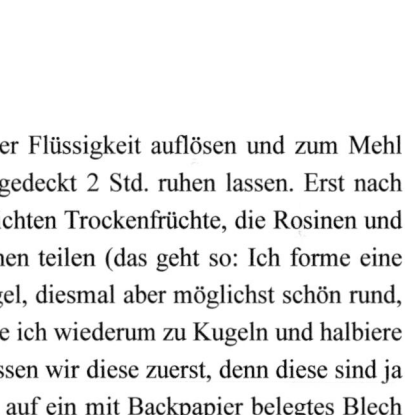

- 250 g getrocknete Feigen, klein geschnitten
- 125 g Datteln, klein geschnitten
- 125 g Rosinen
- 100 g Haselnüsse, grob gehackt (von Hand)

Die zerkleinerten Feigen und Datteln in 300 g Wasser 30 Min. einweichen, dann das Einweichwasser abgiessen und auffangen. Das Einweichwasser mit Wasser auf 320 g ergänzen und für die Herstellung des Hefeteiges verwenden.

Teig:
- 500 g Dinkel, fein gemahlen
- 320 g Flüssigkeit (Einweichwasser ergänzt mit Wasser)
- 1/2 Würfel frische Bio-Hefe (21 g)
- 1 TL Salz

Das Mehl in eine Schüssel geben und das Salz zufügen. Die Hefe in der Flüssigkeit auflösen und zum Mehl geben. Die Zutaten 8 Min. kneten (mit der Knetmaschine) und dann zugedeckt 2 Std. ruhen lassen. Erst nach dieser Zeit war bei mir der Teig schön luftig geworden. Nun die eingeweichten Trockenfrüchte, die Rosinen und die Haselnüsse zugeben und in den Teig kneten. Den Teig in 16 Portionen teilen (das geht so: Ich forme eine leicht längliche Kugel, halbiere diese, dann forme ich nochmals eine Kugel, diesmal aber möglichst schön rund, teile diese durch Kreuzschnitt in 4 Teile und jedes dieser nun 8 Teile forme ich wiederum zu Kugeln und halbiere diese nochmals; falls einige Brötchen etwas kleiner ausgefallen sind, so essen wir diese zuerst, denn diese sind ja nun etwas mehr gebacken) und aus jeder Portion eine Kugel formen und auf ein mit Backpapier belegtes Blech geben, mit Folie zudecken und nochmals 20 Min. gehen lassen. Danach die Brötchen mit Wasser besprühen und im vorgeheizten Backofen bei 220 °C Ober- und Unterhitze 20 Min. backen. Nach dem Backen die Brötchen nochmals mit Wasser einsprühen und auf einem Gitter auskühlen lassen.

Agnes 18. Pilz-Risotto, 2013

(Für 5 Personen)

- 300 g Zwiebeln netto klein gehackt
- 300 g Gartenerbsen (TK-Ware)
- 30 g Steinpilze in kleine Stücke geschnitten
- 500 g Vollreis (Rundkorn)
- 2 Briefchen Safran
- 1 EL Salz (15 g)
- 1300 g Wasser

Alle Zutaten in eine Pfanne *[Schweizer Deutsch für Topf]* geben, bei geschlossenem Deckel zum Kochen bringen, Hitze reduzieren und den Inhalt 50 bis 60 Min. weichkochen.

Agnes 19. Kichererbsen-Gemüse mit Hirse, 2013

(Für 3 Personen)

Gemüse:

• 100 g Kichererbsen

12 Std. einweichen und anschliessend im Dampfkochtopf 20 Min. weichkochen, das Kochwasser abgiessen und auffangen.

• 100 g Wasser
• 2 Knoblauchzehen (6 g netto) fein gehackt
• 1 Aubergine (270 g) in Würfel geschnitten
• 3 Tomaten (280 g) in Würfel geschnitten
• 150 g Kichererbsen-Einweichwasser
• 30 g Tomatenmark
• Pfeffer, schwarz, frisch gemahlen
• 1 TL Salz
• 1 TL frische Thymianblättchen
• 6 frische Basilikumblätter
• 8 g Olivenöl

Wasser, Knoblauch, Aubergine und Tomaten in einer Pfanne bei geschlossenem Deckel zum Kochen bringen. Hitze reduzieren und 12 Min. dünsten. Nun Kichererbsen, Einweichwasser, Tomatenmark, Salz, Pfeffer, Olivenöl und Kräuter hinzufügen und nochmals kurz aufkochen.

Hirse:

• 400 g Wasser
• 1 kleine Zwiebel (75 g netto) in kleine Würfel geschnitten
• 10 g Olivenöl
• 160 g Hirse
• 1/2 TL Salz

Für die Hirse alle Zutaten in eine Pfanne geben, Deckel schliessen, aufkochen, Hitze reduzieren und auf kleiner Stufe 15 Min. weichkochen.

Agnes 20. Kartoffel-Gemüse-Gratin, 2013

(Für 6 Personen); dieses Rezept ist eine Abänderung von Utes „Schnelle Ofenpfanne".

• 1 kg Kartoffeln, gewaschen
• 500 g Karotten, gewaschen
• 500 g Zwiebeln geschält
• 3 EL Olivenöl (37 g)
• 3 TL Kräutersalz
• 1000 g kochendes Wasser
• 3 TL Gemüsebrühextrakt
• 300 g Wasser
• 60 g Cashewkerne
• 40 g Cashewkerne, geröstet, gesalzen

Kartoffeln, Karotten und Zwiebeln in dünne Scheiben schneiden, in eine grosse Schüssel geben und mit dem Olivenöl und Kräutersalz gut vermischen. In eine Gratinform mit Deckel geben, das Gemüsebrühextrakt im kochenden Wasser auflösen, über den Gratin giessen und den Deckel aufsetzen. Im vorgeheizten Backofen bei 225 °C (Heißluft) 45 Min. backen.

In der Zwischenzeit das Wasser mit den Cashewkernen im Vitamix pürieren und nach der Backzeit über den Gratin giessen. Nun nochmals 10 Min. ohne Deckel weiter backen.

172

Agnes 21. Sesam-Kartoffeln, Juli 2013

Mengenangaben für eine Person

- 300 g festkochende Kartoffeln, gewaschen
- 30 g Sesam, ungeschält
- 10 g Olivenöl
- Kräutersalz

Salat:

- 15 g Zucchini, in Spaghetti geschnitten
- 30 g Randen, gewaschen, in Spaghetti geschnitten
- 20 g Fenchel, klein gewürfelt
- 30 g gelbe Paprika, klein gewürfelt
- 30 g Karotten, gewaschen, in Stäbchen geschnitten
- 2 Schnitze Orangen zur Dekoration

Salat-Sauce:

- 8 g Essig
- 15 g Olivenöl
- Wenig Mandelmus (3 g)
- Wenig Senf
- Pfeffer, schwarz, frisch gemahlen
- Kräutersalz

Die Kartoffeln im Dampfkochtopf 10 Min. kochen.

In der Zwischenzeit die Sesamsamen in einer beschichteten Bratpfanne rösten, bis sie zu duften beginnen und springen. Nun die Bratpfanne vom Herd nehmen und Olivenöl und Kräutersalz dazugeben und alles miteinander vermischen. Die heissen Kartoffeln in grosse Würfel schneiden und in die Sesampfanne geben, kurz rühren und auf einem Salatteller anrichten.

Für die Salatsauce alle Zutaten in ein Schüsselchen geben und mit einer Gabel verrühren. Das Gemüse auf einem Teller anrichten und die Sauce darüber giessen.

Agnes 22. Ofenpommes mit Laucheintopf, Juli 2013

(Für 4 Personen)

- 1200 g Kartoffeln
- Kräutersalz

Die Kartoffeln der Länge nach in Stifte schneiden und auf einem mit Backpapier belegten Blech im vorgeheizten Ofen bei 220 °C Ober- und Unterhitze 35 Min. backen.

- 100 g rote Bohnen
- 150 g Wasser
- 400 g Lauch, netto, in dünne Halbringe geschnitten
- 300 g Champignons, in 5 mm dicke Scheiben geschnitten

Die Bohnen 12 Std. einweichen und anschliessend im Schnellkochtopf 12 Min. kochen.

Wasser und Lauch in einen Topf geben und 6 Min. als Gemüsepfanne dünsten. (Deckel auf den Topf legen und den Inhalt auf Höchststufe zum Kochen bringen. Wenn Dampf unter dem Deckel entweicht, Hitze auf kleinste Einstellung reduzieren und das Gemüse bei geschlossenem Deckel dünsten.) Champignons und gekochte Bohnen zugeben, nochmals aufkochen und weitere 2 Min. als Gemüsepfanne dünsten.

Sauce:

- 50 g Sonnenblumenkerne
- 30 g Cashewkerne
- 15 g Zitronensaft
- 10 g Olivenöl
- 1 Knoblauchzehe
- 2 gestrichene Teelöffel Salz
- 200 g Wasser
- 20 g Wasser, zum Ausspülen des Bechers

Alle Zutaten im Vitamix zu einer homogenen Sauce mixen. Diese zum Gemüse geben und nochmals kurz aufkochen. Vor dem Servieren die Ofenpommes mit Kräutersalz bestreuen.

Agnes 23. Linsen-Kartoffeleintopf, Juli 2013

(Für 4 Personen)

- 250 g grüne Linsen
- 450 g Wasser

Linsen und Wasser in einen Topf geben und während 30 Min. weichkochen.

- 200 g Wasser
- 400 g Karotten, in ganz kleine Würfel schneiden
- 630 g Kartoffeln, in ganz kleine Würfel schneiden

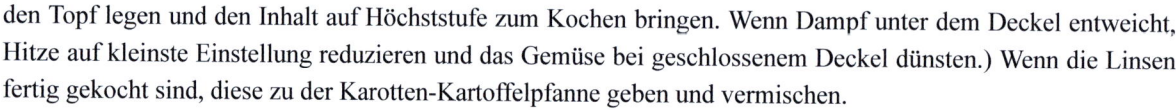

Wasser, Karotten und Kartoffeln in der angegebenen Reihenfolge in einem Topf geben und als Gemüse-pfanne während 10 Min. weichkochen. (Deckel auf den Topf legen und den Inhalt auf Höchststufe zum Kochen bringen. Wenn Dampf unter dem Deckel entweicht, Hitze auf kleinste Einstellung reduzieren und das Gemüse bei geschlossenem Deckel dünsten.) Wenn die Linsen fertig gekocht sind, diese zu der Karotten-Kartoffelpfanne geben und vermischen.

Sauce:

- 100 g Wasser
- 100 g Linsengemüse
- 50 g Tomatenpüree
- 2,5 TL Salz

Diese Zutaten in den Becher eines kleinen Mixers füllen und gut durchmixen, zum Gemüse geben und ver-rühren.

Agnes 24. Linsen-Zucchini-Pfanne, Juli 2013

Zutaten für 6 Personen:

- 250 g grüne Linsen
- 500 g Wasser
- 1 TL Salz
- 500 g Vollkorn-Röhrennudeln
- 1300 g Wasser
- 2 TL Salz
- 15 g Olivenöl
- 2 grosse Zwiebeln, geschält (300 g), gehackt
- 4 Knoblauchzehen, geschält (15 g) gepresst
- 100 g Wasser
- 1000 g Zucchini in kleine Würfel geschnitten
- 3 TL Salz
- 1 TL Paprikapulver, edelsüss
- 1 TL getrockneter Majoran

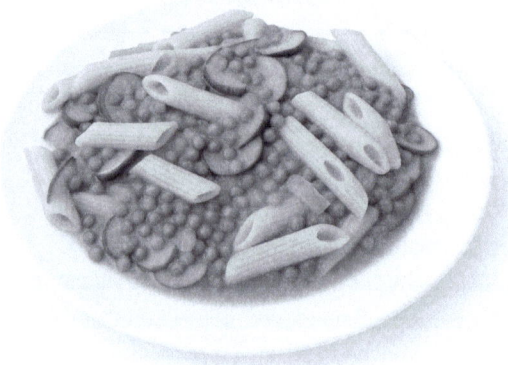

Die Linsen und 500 g Wasser in eine Pfanne geben, bei geschlossenem Deckel aufkochen und 40 Min. weich-kochen. Die Vollkorn-Röhrennudeln mit dem Salz und 1300 g Wasser in einer grossen Pfanne weichkochen. (8 Min.). Für die Zucchini alle restlichen Zutaten in eine dritte Pfanne geben, den Deckel schliessen und den Inhalt zum Kochen bringen. Wenn Dampf entweicht, Hitze reduzieren und das Gemüse 3 bis 5 Min. dünsten, je nach-dem, wie weich man die Zucchini mag. Nun die gekochten Linsen und die Zucchini zu den Nudeln geben und alle Zutaten vermischen. Falls nötig, nochmals kurz aufkochen.

Agnes 25. Kartoffelstock mit Rosenkohl an roter Sauce, Juli 2013

(Für 3 Personen); Hochdeutsch für Kartoffelstock ist Kartoffelpüree.

Kartoffelstock:

- 1000 g Kartoffeln, mehlige Sorte
- 170 g Wasser
- 40 g geschälte Mandeln
- 1,5 TL Salz
- Muskatnuss

Die Kartoffeln im Schnellkochtopf während 12 Min. weichkochen. Die restlichen Zutaten im Vitamix zu einer Milch mixen. Die Milch in einen Topf giessen, aufkochen und anschliessend die noch heissen, durch die Kartoffelpresse gedrückten Kartoffeln zur Mandelmilch geben und kräftig durchmischen. Die Schalen der Kartoffeln bleiben in der Presse zurück.

Rosenkohl:

- 600 g Rosenkohl (netto: 585 g)
- 120 g Wasser

Den Rosenkohl mit dem Wasser in einen Topf geben und als Gemüsepfanne 12 Min. dünsten, d. h. Deckel auf den Topf legen und den Inhalt auf Höchststufe zum Kochen bringen. Wenn Dampf unter dem Deckel entweicht, Hitze auf kleinste Einstellung reduzieren und das Gemüse bei geschlossenem Deckel dünsten.

Sauce:

- 45 g geschälte Mandeln
- 1,5 TL Salz
- 0,75 TL Paprikapulver
- 100 g Tomaten (ich hatte noch Tomaten aus dem Garten, die an der Wärme nachgereift sind)
- 180 g Wasser

Alle Zutaten im Vitamix zu einer homogenen Sauce mixen und über den heissen Rosenkohl giessen.

Hinweis: *Die Anregung für diese Sauce habe ich dem Rezept von Ute „Schneller Rosenkohl-Kartoffel-Topf" entnommen.*

Agnes 26. Oliven-Nuss-Röllchen, August 2013

(Für 4 Personen)

Teig:

- 250 g Dinkel fein gemahlen
- 1/2 TL Salz
- 10 g frische Bio-Hefe (1/4 Würfel)
- 2 EL Olivenöl (25 g)
- 130 g Wasser

Die Hefe im Wasser auflösen und zusammen mit den restlichen Zutaten in eine Schüssel geben und 5 Min. kneten. Dann den Teig zugedeckt 1 Std. ruhen lassen.

Füllung:

- 200 g Walnusskerne
- 150 g grüne Oliven entsteint
- 50 g rote Paprika

Die Walnusskerne fein hacken. Ich habe sie durch die Rösti-Trommel der Handraffel gedreht. Die Oliven und die Paprika in kleine Stücke schneiden und zu den Walnusskernen geben.

Nun den gegangenen Teig in 4 gleich grosse Stücke teilen und jedes Stück auf der bemehlten Arbeitsfläche zu einem länglichen Rechteck (15 mal 35 cm) auswallen. Auf jede Platte ein Viertel der Füllung geben, darauf gleichmässig verteilen, ein wenig andrücken und die Platte von der Längsseite her aufrollen. Das Teigende mit einem Pinsel mit Wasser bestreichen, so dass die Rolle gut zusammenhält. Nun diese auf ein Backblech legen. Ebenso mit den drei anderen Teigplatten verfahren. Vor dem Backen die Rollen mit Wasser besprühen. Diese im vorgeheizten Ofen bei 200 °C Ober- und Unterhitze 20 Min. backen. Nach dem Backen die Rollen nochmals sparsam mit Wasser einsprühen. Diese Rollen schmecken lauwarm und auch kalt sehr gut. Vor dem Servieren die Röllchen je nach Vorliebe in 2 bis 4 cm breite Stücke schneiden.

Wir haben sie zu einem Salatteller gegessen.

Agnes 27. Auberginenröllchen mit Risotto, August 2013

(Für 6 Personen)

- 2 dicke Auberginen, Stielansatz entfernt, 580 g

Für die Füllung:

- 380 g Kartoffeln, gewaschen
- 150 g Champignons, fein gehackt
- 2 Zwiebeln, netto, 220 g, fein gehackt
- 40 g Dörrtomaten, fein gehackt
- 2 EL Pinienkerne (35 g)
- 25 g glatte Petersilie, fein gehackt

- 15 g Olivenöl
- 1,5 TL Salz
- Klein gehackte Auberginen-Reste
- 400 g kochendes Wasser
- 1 TL Gemüsebrühextrakt
- Ungefähr 35 Zahnstocher

Die Kartoffeln im Dampfkochtopf 10 Min. weichkochen, auskühlen lassen und anschliessend in kleine Würfelchen schneiden. Die Auberginen der Länge nach in dünne Scheiben schneiden (2 bis 3 mm dick); ergibt 30 bis 35 Scheiben. Ich habe diese mit dem Gemüsehobel geschnitten. Die kleinen Anfang- und End-Teile klein hacken und zur Füllung geben.

Für die Füllung alle Zutaten in eine Schüssel geben, gut vermischen und je ein gehäufter Esslöffel davon auf eine Auberginenscheibe geben (ca. 30 g). Diese von der Schmalseite her aufrollen, mit einem Zahnstocher fixieren und in eine Gratinform stellen. Das Gemüsebrühextrakt im kochenden Wasser auflösen, in die Gratinform giessen und im vorgeheizten Ofen bei 220 °C Ober- und Unterhitze 50 Min. backen. Erst nach dieser Zeit waren bei mir die Auberginenscheiben weich.

Die eine Hälfte der Auberginenscheiben habe ich vor dem Füllen dünn mit Kräutersalz bestreut, habe dann aber beim Essen keinen Unterschied festgestellt.

Dazu gab es bei uns *Gemüsereis*. Normaler Reis ginge auch, aber ich musste unbedingt ein Stück Weisskohl verwenden.

- 250 g Naturreis
- 400 g Weißkohl, in dünne Streifen geschnitten
- 650 g Wasser
- 1 Briefchen Safran
- 2 TL Salz

Alle Zutaten in einen Topf geben, Deckel aufsetzen und den Inhalt zum Kochen bringen. Wenn Dampf entweicht, Hitze reduzieren und den Gemüsereis auf kleiner Stufe 50 Min. weichkochen.

Agnes 28. Auberginen-Pizza, August 2013

(Für 4 Personen)

- Für den Teig:
- 330 g Weizen
- 215 g Wasser
- 15 g frische Bio-Hefe
- Knapp 1 TL Salz

Belag 1:

- 5 Zwiebeln (netto 510 g) in Halbringe geschnitten
- 3 Tomaten (410 g) in Würfel geschnitten
- 2 Knoblauchzehen (9 g) klein gehackt
- 15 g Olivenöl
- 100 g Wasser

Belag 2:

- 240 g Auberginen in kleine Würfel geschnitten
- 10 g Olivenöl
- Pfeffer. Schwarz, frisch gemahlen
- Kräutersalz
- 1 TL Pizzagewürz (Oregano, Majoran, Rosmarin, Basilikum)

Belag 3:
- 260 g Flüssigkeit (Kochwasser von Belag Nr. 1 ergänzt mit Wasser)
- 30 g Tomatenmark
- Knapp 1 TL Salz
- schw. frisch gem. Pfeffer
- 30 g Reis, frisch gemahlen

Den Weizen fein mahlen und mit dem Salz vermischen. Die Hefe im Wasser auflösen und zum Mehl giessen. Die Zutaten 5 Min. mit der Teigknet-Maschine zu einem geschmeidigen Teig kneten. Teig in der Schüssel zugedeckt 1 Std. ruhen lassen. Danach den Teig auf der mit Mehl bestreuten Arbeitsfläche zu einem Rechteck von 33 x 39 cm ausrollen und in ein mit Backpapier belegtes Blech legen.

Alle Zutaten für den Belag 1 in einen Topf geben, Deckel aufsetzen und auf Höchststufe zum Kochen bringen. Wenn Dampf entweicht, Hitze reduzieren und Inhalt 5 Min. dünsten. Das Kochwasser anschliessend abgiessen und beiseite stellen. Die Auberginenwürfelchen zusammen mit dem Öl und den Gewürzen in eine Schüssel geben und gut verrühren. Die Koch-Flüssigkeit mit Wasser auf 260 g ergänzen und mit allen anderen Zutaten für den Belag 3 im Vitamix gut durchmixen.

Nun zuerst das Gemüse, dann die Auberginenwürfelchen und zuletzt die Sauce auf den Pizzateig geben. Die Pizza im vorgeheizten Ofen bei 220 °C Ober- und Unterhitze 35 Min. backen.

Agnes 29. Kartoffel-Zucchini-Wähe, August 2013

(Für 4 Personen); runde Quiche-Form (oder rundes Wähenblech) Durchmesser 28 cm.

Für den Teig:
- 260 g Dinkel, frisch gemahlen
- 1/2 TL Salz
- 40 g Olivenöl
- 120 g Wasser

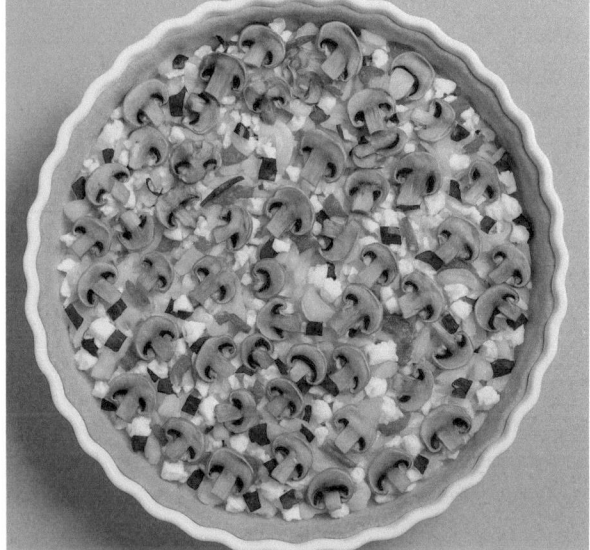

Alle Zutaten in eine Schüssel geben und mit dem elektrischen Handrührgerät zu einem Teig mixen. Diesen auf der bemehlten Unterlage oder zwischen zwei Backpapieren rund auswallen.

Die Quiche-Form mit etwas Butter einstreichen und mit Mehl ausstreuen. Nun den Teig in die Form geben, gleichmäßig auseinander drücken und einen Teigrand hochziehen. Mit einer Gabel den Teigboden mehrmals stechen.

Für den Belag:
- 360 g Kartoffeln, gewaschen
- 360 g Zucchini, Stielansatz entfernt, klein gewürfelt
- 40 g Dörrtomaten, fein gehackt
- 5 Knoblauchzehen (11 g), fein gehackt
- 1 TL getrocknete Thymianblätter
- frisch gem. schw. Pfeffer
- 120 g Champignons in feine Scheiben geschnitten

Für den Guss:
- 50 g Cashewkerne
- 20 g Reis, frisch gemahlen
- 150 g Wasser
- 1 TL (6 g) Salz
- 65 g Wasser

Die Kartoffeln im Dampfkochtopf 10 Min. weichkochen, auskühlen lassen, in kleine Würfel schneiden und in eine Schüssel geben. Nun alle anderen Zutaten für den Belag ausser den Champignons ebenfalls in die Schüssel geben.

Für den Guss alle Zutaten ausser den 65 g Wasser in den Vitamix geben und 1 Minute auf Höchststufe mixen. Den Guss zum Gemüse in die Schüssel giessen, den Vitamix-Becher mit den 65 g Wasser ausspülen und ebenfalls in die Schüssel giessen. Nun alle Zutaten gut verrühren und anschliessend auf dem Teigboden verteilen. Zuletzt die Champignonscheiben darauf verteilen. Die Wähe im vorgeheizten Backofen bei 220 °C Ober- und Unterhitze 40 Min. backen.

Agnes 30. Eingelegte gedörrte Zucchinischeiben, September 2013

Wenn es in unserem Gemüsegarten viele Zucchini zu ernten gibt, dann dörre ich diese nach folgendem Rezept, fülle sie in Schraubgläser und verarbeite sie dann im Winter bei Bedarf zu eingelegten Zucchini.

Gedörrte Zucchini:

*   700 g Zucchini netto

Die Zucchini mit dem Gemüsehobel in 3 Millimeter dünne Scheiben schneiden. Die Zucchinischeiben nebeneinander auf die Gitter des Dörrgerätes legen und bei 40 °C etwa 7 bis 8 Std. dörren. Übrig bleiben ca. 65 g gedörrte Zucchinischeiben.

Weiterverarbeitung:

In einem Topf ungefähr 1 Liter Wasser auf 40 °C erwärmen, die gedörrten Zucchinischeiben hineingeben, gut verrühren (ca. 5 Sekunden) und den Topfinhalt unverzüglich in ein Sieb giessen. Die Zucchinischeiben nehmen im Sieb die Restflüssigkeit noch auf, sollten also nach dem Abtropfen nicht mehr nass, sondern nur feucht sein. Allenfalls mit einem Papiertuch trocknen.

Nun die Zucchinischeiben in ein Schraubglas füllen (1 Liter) und mit folgenden Zutaten mischen:

*   12 g Knoblauch gepresst
*   Kräutersalz
*   Schwarzer Pfeffer, frisch gemahlen
*   Gartenkräuter: Rosmarin, Majoran, Bohnenkraut; je 2 Zweiglein, nicht einzelne Blättchen oder Nadeln, denn vor dem Essen entferne ich diese.
*   180 g Olivenöl

Die Zucchini und die Kräuter sollen mit Öl bedeckt sein. Nun den Deckel aufsetzen und das Glas im Kühlschrank mindestens zwei Tage stehen lassen. Die Zucchini halten sich im Kühlschrank mehrere Wochen. Wenn alle Scheiben gegessen sind, verwende ich das Öl für eine Salatsauce. Die eingelegten Zucchini essen wir am liebsten zu Brot, sie schmecken aber auch zum Beispiel zu Salat oder auf der Pizza (erst ganz am Schluss des Backens darübergeben).

Agnes 31. Hafermilch, September 2013

(Für 1 Person)

*   200 g Wasser
*   20 g Kokosflocken
*   40 g Bananen
*   3 Datteln (18 g)
*   20 g Hafer
*   2 cm Vanillestange
*   70 g Eiswürfel

Alle Zutaten im Vitamix zu Milch mixen (ca. 1 Min.). Wer keinen Vitamix hat, kann zuvor den Hafer mahlen, die Datteln einweichen und anstelle der Vanillestange gemahlene Vanille nehmen.

Agnes 32. Nudeleintopf, September 2013

(Für 4 Personen)

- 100 g Kichererbsen 12 Std. in Wasser einweichen und anschliessend im Schnellkochtopf 20 Min. weichkochen.
- 300 g Zucchini, netto, in Würfel geschnitten
- 200 g Tomaten, in Würfel geschnitten
- 1/2 Aubergine (170 g netto), in Würfel geschnitten
- 3 Knoblauchzehen (8 g netto), fein gehackt
- 150 g Wasser
- 1 TL Salz
- 20 g Tomatenmark
- 250 g Vollkorn-Röhrennudeln

Wasser, Zucchini, Tomaten, Aubergine und Knoblauch in einen Topf geben und als Gemüsepfanne 10 Min. dünsten, anschliessend Salz und Tomatenmark unterrühren und die gekochten Kichererbsen beifügen.

Die Röhrennudeln in Salzwasser weichkochen und zum gekochten Gemüse geben.

Agnes 33. Nussrollen, September 2013

Teig:
- 250 g Dinkel fein gemahlen
- 1/2 TL Salz
- 10 g frische Bio-Hefe
- 2 EL Olivenöl (25 g)
- 130 g Wasser

Hefe im Wasser auflösen und zusammen mit den restlichen Zutaten in eine Schüssel geben und 5 Min. kneten. Dann den Teig zugedeckt 1 Std. ruhen lassen.

Füllung:
- 200 g Haselnüsse
- 50 g Orangeat
- 100 g milder, flüssiger Honig
- 50 g Kokosöl
- 1 TL Vanillepulver

Das *Orangeat* wie folgt zubereiten: Frische Orangenschale in kleine Würfelchen schneiden, in ein Schraub-

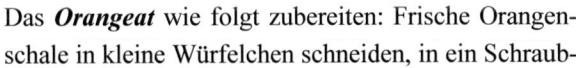
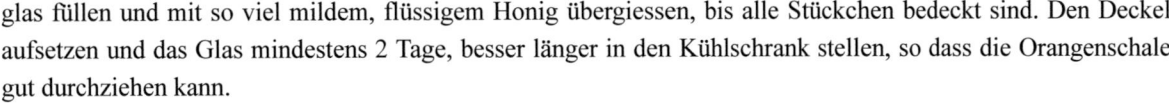

glas füllen und mit so viel mildem, flüssigem Honig übergiessen, bis alle Stückchen bedeckt sind. Den Deckel aufsetzen und das Glas mindestens 2 Tage, besser länger in den Kühlschrank stellen, so dass die Orangenschale gut durchziehen kann.

Die Haselnüsse in einem kleinen Mixer fein mahlen und in eine Schüssel geben und anschliessend alle anderen Zutaten für die Füllung unter die gemahlenen Haselnüsse mischen.

Nun den gegangenen Teig in 4 gleich grosse Stücke teilen und jedes Stück auf der bemehlten Arbeitsfläche zu einem länglichen Rechteck (15 mal 35 cm) auswallen. Auf jede Platte einen Viertel der Füllung geben, gleichmässig darauf verteilen, ein wenig andrücken und die Platte von der Längsseite her aufrollen. Das Teigende mit einem Pinsel mit Wasser bestreichen, so dass die Rolle gut zusammenhält. Nun diese auf ein mit Backpapier belegtes Blech legen. Ebenso mit den drei anderen Teigplatten verfahren. Vor dem Backen die Rollen mit Wasser besprühen. Diese im vorgeheizten Ofen bei 200 °C Ober- und Unterhitze 20 Min. backen. Nach dem Backen die Rollen nochmals mit Wasser einsprühen und auf einem Gitterrost auskühlen lassen. Die Rollen noch lauwarm in 2 Zentimeter breite Scheiben schneiden und in einer Dose aufbewahren.

Agnes 34. Gnocchi an Krautstielgemüse

Hinweis: Krautstiel ist übrigens dasselbe wie Mangold; (Für 2 Personen).

Gnocchi:
- 350 g mehlig kochende Kartoffeln
- 100 g Weizen, frisch gemahlen
- 10 g Olivenöl
- 1 TL Salz

Die Kartoffeln im Schnellkochtopf 10 Min. weichkochen und noch warm durch die Kartoffelpresse drücken. Alle weiteren Zutaten zur Masse geben, gut durchkneten und 20 Min. zugedeckt ruhen lassen. In einem grossen Topf genügend Salzwasser zum Kochen bringen. In der Zwischenzeit die Kartoffelmasse zu einer Rolle formen und in 32 Stücke teilen. Jedes Stück zu einer abgeflachten Kugel formen, diese mit einer Gabel flachdrücken und im kochenden Salzwasser so lange kochen, bis die Gnocchi an die Oberfläche steigen; Dauer ungefähr 3 bis 4 Min. Wenn die Gabel beim Eindrücken der Gnocchi kleben bleibt, diese jeweils in wenig Mehl wenden.

Gemüse:
- 1 Zwiebel (70 g) fein gehackt
- 60 g Wasser
- 1/2 Tomate (65 g) in kleine Würfel geschnitten
- 3 Krautstiel-Blätter total 195 g: 110 g Stielanteil, 85 g grüner Blattanteil
- 8 g Dörrtomaten, in kleine Stücke geschnitten

Die weissen Krautstiel-Stücke in längliche Rechtecke schneiden und zusammen mit den gehackten Zwiebeln, den gehackten Tomaten und dem Wasser als Gemüsepfanne 10 Min. dünsten. Die grünen Krautstiel-Blattteile grob hacken und zusammen mit den Dörrtomaten zum gekochten Gemüsegeben, verrühren und nochmals 5 Min. dünsten.

Sauce:
- 40 g Sonnenblumenkerne
- 40 g Cashewnüsse
- 4 TL Zitronensaft (16 g)
- 1 TL Salz
- 1 Knoblauchzehe (4 g), geschält
- 1 dünne Scheibe Ingwer
- 160 g Wasser

Alle Zutaten für die Sauce im Vitamix zu einer cremigen Sauce mixen. Wenn das Gemüse fertig gedünstet ist, die Flüssigkeit abgiessen und beiseite stellen. Nun die Sauce zum Gemüse giessen und mit der abgegossenen Gemüseflüssigkeit den Vitamix-Becher ausspülen und ebenfalls zum Gemüse giessen.

Agnes 35. Kartoffelgemüse mit Bohnen, Okt. 2013

(Für 4 Personen)

- 800 g Kartoffeln, ungeschält
- 200 g Sellerie netto
- 250 g Karotten
- 250 g Wasser
- 1 TL Salz

Das Gemüse in kleine Stücke schneiden und in eine Gratinform geben. (Masse meiner Form: 26 x 34 cm). Salz im Wasser auflösen und über das Gemüse giessen; im vorgeheizten Backofen bei 220 °C Ober- und Unterhitze 45 Min. backen.

- 100 g Wasser
- 500 g Tomaten fein gehackt
- 4 Knoblauchzehen, fein gehackt

Diese Zutaten in einen Topf geben und als Gemüsepfanne 15 Min. dünsten. Nun folgende Zutaten beifügen und nochmals kurz aufkochen:

- 50 g Tomatenmark
- 2 TL Salz
- frisch gem. schwarzer Pfeffer
- 400 g gekochte Kidneybohnen (ca. 180 g getrocknete Bohnen 12 Std. einweichen und im Schnellkochtopf 10 Min. weichkochen)

Agnes 36. Kartoffel-Kichererbsen-Küchlein, Oktober 2013

(Für 6 Personen)

- 750 g Kartoffeln, gewaschen
- 500 g Zucchini, netto
- 250 g Kichererbsen, 12 Std. eingeweicht
- 4 Knoblauchzehen (13 g), durch die Presse gedrückt
- 2 EL Kümmel
- 4 TL Salz (14 g)
- ger. Muskatnuss
- 60 g Erdnussöl

Die Kartoffeln im Dampfkochtopf 10 Min. weichkochen, auskühlen lassen und anschliessend schälen.

Kartoffeln, Kichererbsen und Zucchini durch die Bircherraffel drehen oder mit einem anderen geeigneten Gerät zerkleinern. Alle Gewürze zufügen und die Masse gut durchmischen. Daraus ungefähr 30 Küchlein formen und in drei Durchgängen in einer beschichteten Bratpfanne im heissen Erdnussöl beidseitig je 6 Min. auf Stufe 4 von 6 braten. Die Küchlein auf einem Teller mit ungefähr je 180 g rohem Gemüse anrichten.

Agnes 37. Kichererbsen-Gemüsepfanne, Okt. 2013

(Für 4 Personen)

- 100 g Kichererbsen

Kichererbsen in kaltem Wasser 12 Std. einweichen und anschliessend im Dampfkochtopf 20 Min. kochen. Die Erbsen in ein Sieb geben und das Kochwasser auffangen.

- 600 g Kartoffeln, gewaschen, in kleine Würfel geschnitten
- 300 g Karotten, gewaschen, in dünne Scheiben geschnitten
- 240 g Lauch, gewaschen, in ca. 5 mm breite Ringe geschnitten
- 250 g Wasser

Das Wasser in einen Topf geben und die Karotten, dann den Lauch und zuletzt die Kartoffeln einfüllen. Den Deckel aufsetzen und den Inhalt auf Höchststufe zum Kochen bringen, Hitze reduzieren und das Gemüse 12 Min. garen. Wenn das Gemüse fertig gekocht ist, die Kichererbsen hinzufügen. Während das Gemüse kocht, alle Zutaten für die Sauce in den Vitamix geben und gut durchmixen. Die Sauce zum fertig gegarten Gemüse giessen und verrühren.

Sauce:

- 250 g Erbsen-Einweichwasser
- 2 kleine Tomaten, 170 g
- 2 TL Salz
- Pfeffer, schwarz, frisch gemahlen
- 30 g Mandelmus (oder 30 g Mandeln)
- 25 g Erbsen-Einweichwasser zum Ausspülen des Vitamix

Agnes 38. Zucchini-Brötchen, Nov. 2013

- 20 g frische Bio-Hefe
- 135 g Wasser
- 300 g Weizen, frisch gemahlen
- 200 g Zucchini an der Bircherraffel gerieben
- 1 TL Salz
- 70 g Nackthafer, geflockt

Die Hefe im Wasser auflösen und zusammen mit allen anderen Zutaten in eine Schüssel geben. Die Zutaten während 8 Min. mit der Maschine zu einem Teig kneten. Diesen zugedeckt während einer Stunde gehen lassen.

Den Teig nochmals gut durchkneten und anschliessend auf der bemehlten Arbeitsfläche in 12 Stücke teilen (abwiegen). Aus jedem Stück eine Kugel formen und diese in der Mitte einschneiden. Die Brötchen auf ein mit Backpapier belegtes Blech legen, mit Wasser einsprühen und im vorgeheizten Ofen bei 220 °C Ober- und Unterhitze 25 Min. backen. Nach dem Backen die Brötchen nochmals mit Wasser einsprühen und anschliessend auf einem Gitter auskühlen lassen.

Agnes 39. Nudeln Kastanien-Pilz-Sauce, Nov. 2013

(Für 4 Personen)

Zutaten:

- 200 g Kastanien (geschält, tiefgekühlt)
- 150 g Wasser
- 50 g Pinienkerne

Das Wasser in einen Topf giessen, die Kastanien im Siebeinsatz dazugeben und Deckel aufsetzen. Wasser zum Kochen bringen und wenn Dampf unter dem Deckel entweicht, Hitze reduzieren und die Kastanien 15 Min. weichkochen. Die gefrorenen Kastanien, die ich kaufen kann, sind in 400 g-Portionen abgepackt.

Ich habe 400 g Kastanien gekocht und 200 g für die Kastanien-Pilz-Sauce verwendet und 200 g für die Kastaniencreme (Rezept steht unten). Die Pinienkerne in eine Bratpfanne geben und ohne Öl hellbraun rösten.

- 1 Zwiebel (120 g), netto
- Wenig Olivenöl (6 g)
- 180 g Wasser
- 400 g Champignons, geputzt und in feine Scheiben geschnitten
- 1 Teelöffel mildes Currypulver
- Pfeffer, schwarz, frisch gemahlen
- 1 Teelöffel Salz

Die Zwiebel fein hacken und zusammen mit dem Olivenöl und dem Wasser in einen separaten Topf geben, Deckel aufsetzen und den Inhalt auf Höchststufe zum Kochen bringen. Nun die Hitze reduzieren und bei geschlossenem Deckel 5 Min. dünsten. Anschliessend die geschnittenen Champignons dazugeben, nochmals aufkochen und weitere 3 Min. dünsten. Nun die Gewürze zufügen.

- 60 g Cashewkerne
- 150 g Wasser

Die Cashewkerne zusammen mit dem Wasser zu einer Milch pürieren (im Vitamix) und zu den Champignons geben; ebenso die gekochten Kastanien, ohne Kochwasser, und nun alles nochmals kurz aufkochen, denn zu langes Kochen bewirkt, dass die Kastanien zerfallen.

- 350 g Vollkornnudeln
- Salzwasser

Für die Nudeln reichlich Salzwasser zum Kochen bringen, die Nudeln zugeben, weichkochen und anschliessend das Wasser abgiessen. Die Nudeln auf den Tellern anrichten, Sauce darübergeben und mit den gerösteten Pinienkernen bestreuen.

Agnes 40. Kastaniencreme, November 2013

(ergibt 6 kleine Desserts)

Meine Portion gefrorene Kastanien wiegt 400 g. So habe ich mit der Hälfte der Kastanien das Nudelgericht und mit dem Rest die Kastaniencreme gekocht.

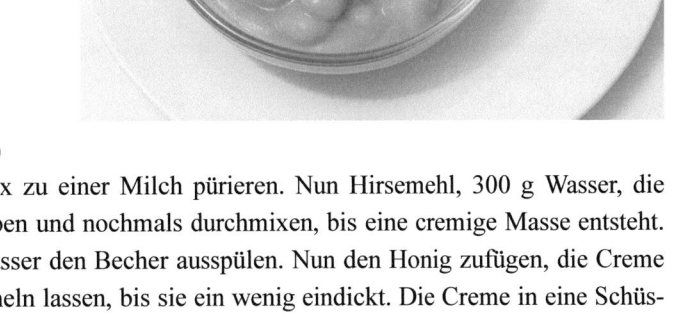

- 50 g Cashewnüsse
- 50 g Hirse, fein gemahlen
- 300 g Wasser + 50 g Wasser zum Ausspülen
- 1 TL Vanillepulver
- 1 Prise Salz
- 200 g gekochte Kastanien
- 80 g Honig
- 4 Birnen (460 g) netto (Kerngehäuse entfernt)

Die Cashewnüsse mit 300 g Wasser im Vitamix zu einer Milch pürieren. Nun Hirsemehl, 300 g Wasser, die Kastanien, das Vanillepulver und das Salz zugeben und nochmals durchmixen, bis eine cremige Masse entsteht. Diese in einen Topf geben und mit den 50 g Wasser den Becher ausspülen. Nun den Honig zufügen, die Creme aufkochen und ungefähr 2 bis 3 Min. leicht köcheln lassen, bis sie ein wenig eindickt. Die Creme in eine Schüssel geben und kaltstellen. Die Birnen in kleine Würfel schneiden und unter die abgekühlte Creme mischen. Nun die Birnen-Kastaniencreme in 6 kleine Schälchen verteilen und servieren.

Agnes 41. Krautstielwähe, November 2013

(Für 4 Personen)

Teig:

- 260 g Weizen
- 1/2 Teelöffel Salz
- 25 g Olivenöl
- 140 g Wasser
- Wenig Butter und Streumehl für die Form

Alle Zutaten in eine Schüssel geben und mit dem Handrührgerät zu einem Teig verarbeiten. Ein Wähenblech oder eine Quiche-Form von 28 cm Durchmesser mit Butter ausstreichen und mit Vollkornmehl ausstreuen. Nun den Teig zwischen zwei Backpapieren oder Haushaltsfolie ausrollen und in die Form geben. Mit der Gabel den Teigboden mehrmals einstechen.

Belag:

- 100 g Wasser
- 1 grosse Zwiebel, 150 g netto, fein gehackt
- 630 g Krautstiel, (wenn nötig gewaschen) in feine Streifen geschnitten
- 100 g Flüssigkeit, (Kochflüssigkeit ergänzt mit Wasser)
- 1 dünne Scheibe Ingwer, 6 g
- 2 kleine Knoblauchzehen, 4 g
- 1 TL Salz, 5 g
- 25 g Sonnenblumenkerne
- 50 g Cashewkerne
- 10 g Wasser zum Ausspülen des Vitamix
- 30 g Dörrtomaten, fein gehackt

Wasser, Zwiebeln und Krautstiel in einen Topf geben und als Gemüsepfanne 7 Min. dünsten. (Deckel auf den Topf legen und den Inhalt auf Höchstufe zum Kochen bringen. Wenn Dampf unter dem Deckel entweicht, Hitze reduzieren und das Gemüse bei geschlossenem Deckel dünsten.) Nun die Kochflüssigkeit abgiessen und auffangen. Diese mit Wasser auf 100 g auffüllen und in den Vitamix geben. Ingwer, Knoblauch, Salz, Sonnenblumenkerne und Cashewkerne in die Flüssigkeit geben und auf Höchstufe zu einer homogenen Masse mixen. Diese zum Gemüse geben, und den Mixbecher mit wenig Wasser ausspülen und ebenfalls zum Gemüse geben. Nun die gehackten Dörrtomaten beifügen und alles gut vermischen. Die Gemüsemasse auf den Wähenteig geben. Die Krautstielwähe im vorgeheizten Ofen bei 220 °C Ober- und Unterhitze 35 Min. backen.

Agnes 42. Lebkuchenbrot, November 2013

(Dieses „Kuchenbrot" ergibt ein Abendessen für 8 Personen, wenn zuvor ein Salat serviert wird.)

- 250 g entsteinte Datteln
- 250 g Wasser
- 500 g Dinkel
- 1 leicht gehäufter EL Kakao
- 1 TL Zimt
- 1 Messerspitze Nelkenpulver
- 1 Prise Salz
- 1 Päckchen Backpulver
- 350 g Wasser
- 80 g Cashewkerne

Datteln zusammen mit dem Wasser im Vitamix zu einer Crème mixen. Den Dinkel fein mahlen und die Gewürze, das Salz und das Backpulver zugeben und mischen. Nun die Dattelmasse hinzufügen. Das Wasser und die Cashewkerne im Vitamix pürieren und zur Mehl-Dattel-Masse geben. Masse gut verrühren (mit dem Handrührgerät) und in eine mit Backpapier ausgelegte Kastenform (35 bis 38 cm) füllen. Den Backofen auf 190 °C Ober- und Unterhitze vorheizen und das Brot 60 Min. backen.

Agnes 43. Kartoffel-Kichererbsen-Lauch-Pfanne, Dezember 2013

(Für 4 Personen)

- 150 g Kichererbsen

Die Kichererbsen über Nacht in reichlich kaltem Wasser einweichen und anschliessend im Schnellkochtopf 20 Min. kochen.

- 30 g Olivenöl
- 200 g Zwiebeln netto, klein gehackt
- 400 g Kartoffeln, in Würfel geschnitten (ca. 1 cm)
- 330 g Lauch, geputzt, in Stücke von knapp 1 cm Breite geschnitten
- 200 g Wasser

Olivenöl, Wasser, Zwiebeln, Kartoffeln und Lauch in eine Pfanne geben, Deckel aufsetzen und auf Höchststufe den Inhalt zum Kochen bringen. Nun Hitze reduzieren und das Gemüse 10 Min. dünsten. Ich habe meine Kartoffelwürfel kleiner als 1 cm geschnitten, was nachteilig war, denn sie waren vor dem Lauch weich und wurden deshalb etwas zu weich.

- 100 g gekochte Sojabohnen
- 2 TL Salz
- 2 TL Currypulver, mild
- 100 g Wasser und 50 g Wasser

Sojabohnen, Salz, Currypulver und 100 g Wasser pürieren (Vitamix). Die Sauce zum fertig gegarten Gemüse geben und mit 50 g Wasser den Becher ausspülen und ebenfalls zum Gemüse giessen. Die gekochten Kichererbsen dem Gemüse beifügen und alles nochmals kurz aufkochen.

Agnes 44. Pfannkuchen mit Spinatfüllung, Dezember 2013

(Für 4 Personen)

Pfannkuchen:

- 400 g Weizen, fein gemahlen
- 1,5 TL Salz
- 30 g Olivenöl
- 800 g Wasser

Alle Zutaten in eine Schüssel geben und gut verrühren. Den Pfannkuchenteig 30 Min. zugedeckt ruhen lassen. Anschliessend aus dem Teig 10 Pfannkuchen mit einem Durchmesser von 14 cm backen:

2 kleine Schöpflöffel voll Teig (ungefähr 120 g Teig) in eine beschichtete Bratpfanne geben und auf Stufe 5 von 6 beidseitig goldbraun backen, und zwar so lange, dass sie nicht mehr ganz weich sind. In meiner Bratpfanne kann ich Pfannkuchen problemlos ohne Öl backen. Die Pfannkuchen wende ich erst, wenn auf der Oberseite der Teig gebacken ist. Grössere Pfannkuchen als solche mit einem Durchmesser von 14 cm backe ich nicht mit diesem Teig, da sie mir sonst beim Wenden reissen.

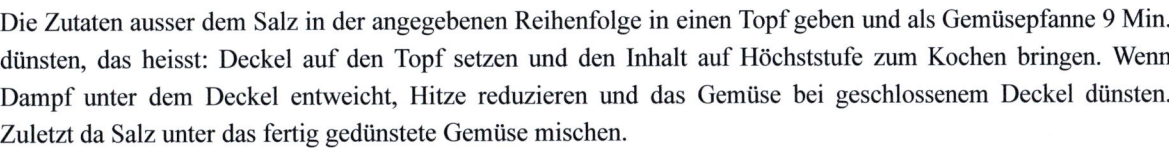

Am besten nimmt man zum Backen, sofern vorhanden, gleich zwei beschichtete Bratpfannen, so dass in fünf Durchgängen die Pfannkuchen gebacken sind.

Spinatfüllung:

- 120 g Wasser
- 2 Zwiebeln, netto 215 g, fein gehackt
- 500 g Blattspinat
- 1 TL Salz

Die Zutaten ausser dem Salz in der angegebenen Reihenfolge in einen Topf geben und als Gemüsepfanne 9 Min. dünsten, das heisst: Deckel auf den Topf setzen und den Inhalt auf Höchststufe zum Kochen bringen. Wenn Dampf unter dem Deckel entweicht, Hitze reduzieren und das Gemüse bei geschlossenem Deckel dünsten. Zuletzt da Salz unter das fertig gedünstete Gemüse mischen.

Sauce:

- 250 g gekochte Sojabohnen
- 50 g Cashewkerne
- 10 g Zitronensaft
- 2 Knoblauchzehen, 4 g
- 1 TL Salz
- Schwarzer Pfeffer, frisch gemahlen
- 300 g Wasser
- 50 g Wasser zum Ausspülen des Vitamix

Alle Zutaten ausser den 50 g Wasser in den Becher des Vitamix geben und so lange durchmixen, bis eine homogene Masse entstanden ist. Diese in einen Topf giessen und vor dem Servieren kurz aufkochen. Mit 50 g Wasser den Becher ausspülen, und ebenfalls zur Sauce giessen.

Für die Dekoration:

- 2 Tomaten, 275 g, in Schnitze geschnitten

Die Pfannkuchen mit dem Spinat füllen, Sauce darübergeben und mit Tomatenschnitzen garnieren.

Agnes 45. Zwiebel-Kartoffel-Gratin, Dezember 2013

(Für 4 Personen)

- 800 g Zwiebeln, netto, in Halbringe geschnitten
- 15 g Erdnussöl
- 850 g kleine Kartoffeln, gewaschen
- 70 g Cashewkerne
- 30 g gesalzene Cashewkerne
- 250 g Wasser
- 2 TL Salz
- 200 g Wasser
- Optional: 1 TL Kümmelsamen

Die Zwiebeln in einer beschichteten Bratpfanne in heissem Erdnussöl 5 Min. glasig braten.

Im Vitamix das Wasser mit dem Salz und den Cashewkernen zu einer Milch mixen und zu den Zwiebeln giessen. Mit den restlichen 200 g Wasser den Vitamix ausspülen und ebenfalls zu den Zwiebeln giessen. Optional Kümmelsamen dazugeben, verrühren und die Masse in eine Gratinform (Innenmaße 20 x 30 cm) geben. Die Kartoffeln halbieren und mit der Schnittfläche nach unten auf die Zwiebelmasse legen. Im vorgeheizten Ofen bei 220 °C Ober- und Unterhitze 45 Min. backen.

Agnes 46. Festtagsbrot, Dezember 2013

Zutaten für den Hefeteig:

- 500 g Weizen, fein gemahlen
- 1 Teelöffel Salz
- 320 g Wasser
- 1/2 Würfel frische Bio-Hefe (20 g)

Das Mehl in eine Schüssel geben, das Salz hinzufügen und vermischen. Die Hefe im Wasser auflösen, zum Teig geben und von Hand 5 Min. kneten. Anschliessend den Teig zudecken und 1,5 Std. gehen lassen.

Für die Dekoration:

- 2 Teelöffel Sonnenblumenkerne (für zwei Kugeln)
- 1 Teelöffel Sesamsamen
- 1 Teelöffel Mohnsamen
- 1 Teelöffel Leinsamen
- 1 Teelöffel Nackthafer, frisch geflockt
- Streumehl

Vom fertigen Teig 90 g für die Dekoration wegnehmen, beiseitelegen und den restlichen Teig in 7 gleich schwere Stücke teilen (bei mir waren es 7 x 108 g) und diese zu Kugeln formen. Eine Kugel ohne Verzierung in die Mitte eines mit Backpapier belegten Bleches legen.

Die restlichen Kugeln wie folgt verzieren: Mit einem Pinsel Wasser auf die obere Hälfte einer Kugel streichen und diese in ein Schüsselchen mit einer Sorte Samen oder Flocken tauchen, so dass die Samen am Teig kleben bleiben. Das verzierte Teigstück dicht an die Kugel auf dem Blech legen. Alle weiteren 5 Kugeln auf die gleiche Weise verzieren. Das Brot mit etwas Wasser besprühen, damit die Teig-Verzierungen gut haften.

Die 90 g Teig auf etwas Streumehl dünn ausrollen und mit einem Glas 9 Kreise ausstechen. Ich habe ein Weissweinglas von 5 cm Durchmesser genommen. Jeweils drei Kreise mit etwas Wasser bestreichen und ziegelartig aufeinanderlegen, aufrollen und in der Mitte durchschneiden, so dass zwei Rosen entstehen. Diese zwischen die Teigkugeln setzen.

Aus den Teigresten mit einer Küchenschere Blätter schneiden und, mit dem Messerrücken eines Rüstmessers, nicht zu zaghaft die Blattrippen eindrücken. Die Blätter neben die Rosen auf die Teigkugeln setzen.

Nun habe ich das fertige Brot nochmals mit Wasser eingesprüht und im vorgeheizten Backofen (Ober- und Unterhitze) 35 Min. gebacken: 25 Min. bei 220 °C und 10 Min. bei 200 °C. Es ist vielleicht ratsam, das Brot von Anfang an bei 200 °C zu backen, denn mein Backofen backt nicht sehr gut. Das fertige Brot nochmals mit Wasser einsprühen und auf einem Gitterrost auskühlen lassen.

Agnes 47. Utes Spätzle mit Wintersalat, Januar 2014

(Für 4 Personen)

Spätzle:

- 400 g Dinkel, fein gemahlen
- 80 g Weizen, grob geschrotet
- 1/4 TL Kurkuma für die Farbe
- 4 TL Salz, 20 g
- 20 g Olivenöl
- 500 g Wasser

Zum Bestreuen der fertigen Spätzle:

- 40 g Dörrtomaten, klein gehackt

Zuerst die trockenen Zutaten in eine Schüssel geben und gut vermischen, dann die flüssigen Zutaten zugeben und nochmals gut verrühren. Nun den Teig (ohne Ruhezeit) durch ein Spätzlesieb in kochendes Salzwasser streichen. Die Spätzle sind fertig, wenn sie an die Oberfläche gestiegen sind.

Salat:
- 100 g Nüsslisalat (Feldsalat), gewaschen
- 110 g Karotten, in Stäbchen geschnitten
- 70 g Rettich, in Stäbchen geschnitten
- 50 g Cicorino rosso (= Radicchio), klein geschnitten

Sauce:
- 50 g Olivenöl
- 20 g Essig
- 70 g Wasser
- 5 g Senf
- 1 TL Mandelmus, 10 g
- 1/2 TL Salz

Alle Zutaten in einen kleinen Mixer geben, gut durchmixen und über den Salat giessen.

Hinweis: *Vor langer Zeit habe ich Utes Spätzle-Rezept entdeckt und bereits unzählige Male nachgekocht, denn diese Spätzle ohne Ei schmecken sehr gut und sind im Nu zubereitet!*

Agnes 48. Kichererbsen-Karotten-Schnitten, Januar 2014

(Für 1 Person)
- 50 g Kichererbsen
- 100 g Karotten
- 12 g Olivenöl
- 1 kleine Knoblauchzehe, gepresst
- 1/2 TL Salz
- Pfeffer, schwarz, frisch gemahlen
- 4 dünne Scheiben Hefebrot, 160 g

Die Kichererbsen 12 Std. einweichen und anschliessend das Einweichwasser abgiessen.

Nun die Kichererbsen und die Karotten an der Bircherraffel reiben oder mit einem anderen geeigneten Gerät zerkleinern, alle anderen Zutaten beifügen und gut durchmischen. Die Masse in vier Portionen teilen und auf je eine Scheibe Brot streichen. Die Brote auf ein mit Backpapier belegtes Blech legen und im vorgeheizten Ofen bei 220 °C Ober- und Unterhitze 20 Min. backen. Die Schnitten sind fertig, wenn sich die Brote und der Belag zu bräunen beginnen.

Hinweis: *Die Menge der Zutaten ist für eine Person recht gut bemessen.*

Agnes 49. Birnen mit Schokohaube, Januar 2014

(Für 1 Person)
- 45 g Reisbrei (Verhältnis: 100 g gemahlener Reis, 300 g Wasser; 8/5839)
- 10 g Honig
- 5 g Mandelmus
- 3 g Kakao
- 1 Messerspitze Zimt
- 1 Birne, 120 g, klein gewürfelt

Alle Zutaten für die Schokohaube in ein Schüsselchen geben und gut vermischen. Die Birnenstückchen in ein Schälchen füllen und die Schokomasse darübergeben.

Agnes 50. Kürbissauerkraut mit Klössen, Januar 2014

(Für 4 Personen, mit beinahe unveränderten Mengenangaben)

Klösse:

- 200 g Dinkel
- 100 g Hartweizen
- 1 TL Salz
- 1 TL Honig
- 150 g Reisbrei (Langkorn, 100 : 400 Wasser)
- 100 g Wasser

Kürbissauerkraut:

- 160 g Zwiebel
- 15 g Knoblauch (mehrere kleine Zehen)
- 325 g Butternusskürbis, netto, geschält, an der Röstiraffel in dünne Streifen geschnitten
- 180 g Sauerkraut

Sauce:

- 65 g Reisbrei (Langkorn, 100 : 400 g Wasser)
- 50 g Sonnenblumenkerne
- 35 g Olivenöl
- 1 gestr. TL Salz
- Schwarzer Pfeffer, frisch gemahlen
- 1 TL Essig
- 460 g Wasser

Da ich weder Einkorn noch Emmer besitze, habe ich Dinkel und Hartweizen genommen. Die Zubereitung der Klösse war sehr einfach und ging schnell. Ich habe 16 Klösse geformt, also nur halb so grosse, denn ich dachte, dass diese schneller gekocht sind.

Für das Kürbissauerkraut verwendete ich zwei Zwiebeln, deshalb ergab es 160 g und nicht wie angegeben 115 g. Vorrätig habe ich immer noch Butternusskürbis, somit habe ich diesen verwendet, aber auch, weil ich keinen Hokkaido kaufen konnte.

Der Sauce habe ich anfänglich 400 g Wasser zugefügt. Als das Gemüse in der Pfanne zu kochen begann, drohte es anzubrennen, deshalb fügte ich noch 60 g Wasser hinzu. Da ich keinen Peperoniessig habe, nahm ich wenig gewöhnlichen Essig.

Hinweis: Ich habe mich an Utes Angaben für die Zubereitung gehalten, was sehr gut ging, denn im Rezept war alles genau beschrieben. Die angegebenen Mengen rechten bei uns für vier Personen. Ich fand das Gericht ausgesprochen lecker, denn ich mag Klösse mit Gemüse an viel Sauce. Begeistert bin ich von der Kombination Kürbis-Sauerkraut. Der Geschmack zusammen mit den anderen Zutaten ist sehr harmonisch, denn das Sauerkraut dominiert nicht. Wieder einmal habe ich etwas dazu gelernt, nämlich, wie lecker Sauerkraut zusammen mit anderen Gemüsen schmeckt!

Agnes 51. Kichererbsen-Gemüsebratlinge, Januar 2014

(Für 1 Person)

- 2 kleinere Kartoffeln, roh, 140 g
- 75 g Zucchini
- 70 g ungekochte, jedoch 12 Std. eingeweichte Kichererbsen (35 g getrocknete Kichererbsen)
- 20 g Weizen, fein gemahlen
- 1 grosse Knoblauchzehe, gepresst
- Knapp 1/2 TL Salz
- Frisch gemahlener schwarzer Pfeffer
- 20 g Erdnussöl zum Braten

Kartoffeln, Zucchini und Kichererbsen an der Elektro- oder Hand-Bircherraffel reiben und mit allen anderen Zutaten vermischen und aus der Masse sieben Bratlinge formen. In einer beschichteten Bratpfanne 20 g Erdnussöl erhitzen und die Bratlinge ins heisse Öl geben. Auf beiden Seiten goldbraun backen = etwa 20 Min.

- 45 g Zuckerhut, in feine Streifen geschnitten
- 50 g Karotten, in Stäbchen geschnitten

Sauce:

- 2 EL Olivenöl
- 1 TL Essig
- 1 EL Wasser
- Wenig Senf
- 1 Messerspitze Salz

Für die Sauce alle Zutaten gut miteinander vermischen und über den Salat giessen.

Agnes 52. Brotküchlein mit Rosenkohl und Dip, Februar 2014

(Für 6 Personen)

Bratlinge:

- 320 g altes, hartes Brot, in Würfel geschnitten
- 270 g kochendes Wasser
- 120 g Nackthafer, geflockt
- 120 g Wasser
- 250 g gekochter Reis (Rest vom Vortag)
- 20 g Schnittlauch, in kleine Röllchen geschnitten
- 1 TL Salz
- Erdnussöl zum Braten der Brotküchlein

Die Brotwürfel in eine Schüssel geben und das kochende Wasser darüber giessen, verrühren und 30 Min. ziehen lassen, bis die harten Brocken ein wenig weich geworden sind. Mein Brot war sehr hart, wer frischeres verwendet, braucht weniger Wasser. Den geflockten Hafer 30 Min. im Wasser einweichen. Nun alle Zutaten für die Brotküchlein zusammen mischen und aus der Masse ungefähr 30 Bratlinge formen. Diese in zwei Durchgängen in einer beschichteten Bratpfanne in heissem Erdnussöl beidseitig ungefähr 5 Min. braten (Stufe 4 von 6)

Rosenkohl:

- 750 g Rosenkohl
- 200 g Wasser

Das Wasser in einen Topf geben und den Rosenkohl in einem Sieb hinzufügen. Den Rosenkohl als Gemüsepfanne 20 Min. dünsten. (Deckel auf den Topf legen und den Inhalt auf Höchststufe zum Kochen bringen. Wenn Dampf unter dem Deckel entweicht, Hitze reduzieren und das Gemüse bei geschlossenem Deckel dünsten.) Den Rosenkohl nicht salzen, denn der Dip ist würzig genug.

Dip (Erdnuss-Aufstrich von Ute):

Ich habe die Zutaten ein wenig abgeändert, da ich keine Essigpeperoni vorrätig habe. Anstatt 60 g Erdnüsse habe ich 90 g genommen, denn das war der Rest einer Packung. Anlehnung an einen Erdnussdip von Ute.

- 50 g Reis, gemahlen
- 90 g Erdnüsse, gesalzen & geröstet
- 20 g Olivenöl
- 10 g Knoblauch, geschält
- 3 cm Peperoncini
- 10 g Essig (2 TL)
- 5 g Salz (1 TL)
- 15 g getrocknete Tomaten
- 250 g Wasser

Alle Zutaten im Vitamix so lange mixen, bis die Masse stockt.

Agnes 53. Bratkartoffeln mit Ananas-Linsen, Februar 2014

(Für 5 Personen)

- 1000 g Kartoffeln
- 35 g Olivenöl

Die Kartoffeln ungeschält im Schnellkochtopf 10 Min. kochen. Anschliessend noch heiss in Würfel schneiden. Das Olivenöl in einer beschichteten Bratpfanne erhitzen. Die Kartoffelwürfel ins erhitzte Öl geben und auf Stufe 4 von 6 fünf Minuten anbraten; mit Kräutersalz bestreuen.

- 220 g grüne Linsen
- 500 g Wasser
- 1/2 TL Salz
- Kräutersalz
- 1 Ananas, netto 590 g in kleine Würfel geschnitten

Die Linsen zusammen mit dem Wasser in einen Topf geben, aufkochen und während 40 Min. weichkochen. Das Salz unter die fertig gekochten Linsen rühren. Die Ananaswürfel unter die heissen Linsen mischen, nicht mehr aufkochen und sofort zusammen mit den Kartoffeln auf den Tellern anrichten.

Agnes 54. Wintergemüse-Eintopf, Februar 2014

(Für 4 Personen)

- 100 g schwarze Bohnen

Die schwarzen Bohnen 12 Std. in kaltem Wasser einweichen und anschliessend im Schnellkochtopf 10 Min. weichkochen. Das Kochwasser abgiessen und die Bohnen beiseitestellen.

- 250 g Spiralnudeln
- Salzwasser zum Kochen der Nudeln
- 130 g Wasser
- 180 g Karotten
- 80 g Sellerie, geschält
- 170 g Schwarzwurzeln, geschält
- 1 Zwiebel, 120 g
- 1 TL Salz

Das Gemüse in ganz kleine Würfel schneiden oder an der Röstiraffel reiben. Anschliessend in einen Topf geben und als Gemüsepfanne 12 Min. dünsten. (Deckel auf den Topf legen und den Inhalt auf Höchststufe zum Kochen bringen. Wenn Dampf unter dem Deckel entweicht, Hitze reduzieren und das Gemüse bei geschlossenem Deckel dünsten.)

Die Spiralnudeln in Salzwasser knapp weichkochen. Danach das Gemüse und die schwarzen Bohnen zu den gekochten Nudeln geben, alles gut vermischen und nochmals kurz aufkochen.

Agnes 55. Kichererbsen-Kartoffel-Schnitten mit Tomatensauce, Februar 2014

(Für 5 Personen)

- 250 g Kichererbsen
- 700 g Kartoffeln
- 230 g Weisskohl
- 50 g Olivenöl
- 1 EL Salz (9 g)
- Schwarzer Pfeffer, frisch gemahlen

Die Kichererbsen 12 Std. einweichen und anschliessend das Einweichwasser abgiessen.

Kichererbsen, Kartoffeln und Weisskohl an der Bircherraffel (Trommel-Handraffel oder eine andere geeignete Küchenmaschine) reiben. Der Masse Öl, Salz und Pfeffer hinzufügen, gut mischen und auf einem mit Back-

papier belegten Blech (34 x 39 cm) verteilen. Im vorgeheizten Backofen bei 220 °C Ober- und Unterhitze
30 Min. backen.

Tomatensauce:
- 700 g pürierte Tomaten aus dem Glas
- 3 Knoblauchzehen, gepresst, ca. 3 g
- 1 TL italienische Kräutermischung (Oregano, Majoran, Rosmarin, Basilikum, Thymian)
- 1/2 TL Salz

Alle Zutaten in einen Topf geben, verrühren und kurz
aufkochen. Nun die Sauce zusammen mit den Schnitten auf den Tellern anrichten.

Agnes 56. Weisskohl-Fruchtsalat, März 2014

(Für 2 Personen als Vorspeise)
- 1 Orange, netto 160 g, sehr klein gewürfelt
- 1 kleine Birne, 105 g, in Würfel geschnitten
- Knapp ein Viertel einer Ananas, 155 g, in Würfel geschnitten
- 100 g Weisskohl, fein geschnitten
- Saft einer halben Zitrone (2 Esslöffel), 20 g
- 10 g Akazienhonig, flüssig
- 35 g ganze Haselnüsse

Alle Zutaten in eine Schüssel geben, gut vermischen
und in zwei Schälchen füllen. Ich habe die Orange
ganz klein gewürfelt, damit genügend Saft austritt und
so der Salat zusammen mit dem Zitronensaft und dem
Honig ausreichend Sauce erhält.

Agnes 57. Kernenbrot, März 2014

- 500 g Weizen, fein gemahlen
- 100 g Roggen, fein geflockt
- 20 g Sesamsamen
- 20 g Sonnenblumenkerne
- 20 g Leinsamen
- 20 g Kürbiskerne
- 2 Teelöffel Salz
- 60 g frische Bio-Hefe
- 20 g Honig
- 410 g Wasser
- 50 g Baumnüsse (Walnüsse), grob gehackt
- 50 g Mandeln, grob gehackt
- 50 g Haselnüsse, grob gehackt

Die trockenen Zutaten in eine Schüssel geben und vermischen. Die Hefe mit dem Honig zusammen in einem
kleinen Schüsselchen verrühren, bis sie sich aufgelöst hat und danach zu der Mehlmischung geben, ebenso das
Wasser. Nun alle Zutaten während 10 Min. von Hand zu einem geschmeidigen Teig kneten, dabei mehrmals die

Hände benetzen, so dass der Teig weniger klebt. Nun den Teig zugedeckt 1 Std. gehen lassen. Nach der Gehzeit die gehackten Nüsse hinzufügen und in den Teig kneten. Nun ein längliches Brot formen und auf ein mit Backpapier belegtes Blech legen und mit Folie zugedeckt nochmals 20 Min. gehen lassen. Anschliessend das Brot mit Wasser besprühen und im vorgeheizten Backofen bei 220 °C Ober- und Unterhitze 40 Min. backen. Das fertige Brot auf einen Rost geben, nochmals mit Wasser einsprühen und auskühlen lassen.

Agnes 58. Zimtkuchen, März 2014

Für eine Springform von 26 cm Durchmesser

Teig:

- 200 g Dinkel, fein gemahlen
- 1 Prise Salz
- 50 g Honig
- 30 g Olivenöl
- 40 g Wasser

Alle Zutaten mit dem Handrührgerät zu einem Teig mixen. Nun 150 g vom Teig beiseite stellen und den restlichen Teig zwischen zwei Backpapieren zu einem Kreis in der Grösse des Springform-Bodens ausrollen und auf den mit Backpapier* belegten Boden der Springform legen. Aus dem restlichen Teig ganz dünne Rollen formen, die aneinandergelegt in der Länge ungefähr den Umfang der Springform ergeben. Die Rollen an den Innenrand der Springform legen und mit den Fingern an den Rand drücken. Der Teigrand sollte maximal 2 cm hoch sein. Den Boden mit einer Gabel mehrmals einstechen.

*Die Springform folgendermassen mit Backpapier belegen: Den Springform-Boden als Schablone auf ein Backpapier legen und mit Bleistift dem Rand nachfahren. Anschliessend im Abstand von 3 bis 4 cm dem Bleistiftkreis nach ausschneiden. Den Ring, der nun entstanden ist, mehrmals bis zum Bleistiftstrich einschneiden, und zwar ungefähr alle 3 bis 4 cm. Nun wird das Papier auf den Boden der Form gelegt und die Randteile leicht überlappend nach oben geklappt, so dass nun auch der Rand mit Papier belegt ist.

Belag:

- 200 g Mandeln, an der Nussraffel gerieben
- 35 g Semmelbrösel (4 Esslöffel)
- 1 TL Backpulver
- 1 leicht gehäufter Esslöffel Zimt, 10 g
- 50 g Orangeat
- 180 g flüssiger Honig
- 150 g weisse Bohnen, gekocht
- 50 g Cashewkerne
- 150 g Wasser und
- 30 g Wasser zum Ausspülen des Vitamix

Alle trockenen Zutaten in eine Schüssel geben, gut miteinander vermischen und dann das Orangeat zugeben. Wasser und Cashewkerne in den Vitamix-Becher geben und zu einer Milch mixen. Die restlichen Zutaten in den Becher zu der Cashewmilch geben, alles gut durchmixen und anschliessend die Masse zu der Nussmischung geben. Mit den 30 g Wasser den Becher nachspülen.

Die Masse mit dem Handrührgerät verrühren, auf den Teigboden geben und gleichmässig darauf verteilen. Im vorgeheizten Backofen bei 180 °C Ober- und Unterhitze 40 Min. backen. (Mein Backofen bäckt eher langsam.)

Agnes 59. Gemüsehirse, März 2014

(Für 5 Personen)

- 650 g Wasser
- 2 Zwiebeln (240 g netto), fein gehackt
- 350 g Karotten, klein gewürfelt
- 250 g Erbsen, tiefgekühlt
- 250 g Hirse
- 2,5 TL Salz
- 1 Briefchen Safran (130 mg)
- Schwarzer Pfeffer, frisch gemahlen

Alle Zutaten in einen Topf geben und als Gemüsepfanne 12 Min. dünsten. (Deckel auf den Topf legen und den Inhalt auf Höchststufe zum Kochen bringen. Wenn Dampf unter dem Deckel entweicht, Hitze reduzieren und das Gemüse bei geschlossenem Deckel dünsten.)

Agnes 60. Rezente Brötchen, 2013

Hefeteig:

- 500 g Dinkel, fein gemahlen
- 1 TL Salz
- 325 g Wasser
- 20 g frische Bio-Hefe

Zutaten für die Füllung:

- 50 g Dörrtomaten, fein gehackt
- 50 g Kapern
- 50 g geröstete, gesalzene Cashew-kerne, grob gehackt
- Pfeffer, schwarz, frisch gemahlen

Das Dinkelmehl mit dem Salz in eine Schüssel geben, die Hefe im Wasser auflösen und zum Mehl giessen. Die Masse von Hand oder mit der Knetmaschine während 8 Min. zu einem geschmeidigen Teig kneten. Zugedeckt 1 Std. ruhen lassen. Anschliessend die Zutaten für die Füllung so lange in den Hefeteig einkneten, bis alles gut durchmischt ist.

Nun den Teig in 16 Stücke teilen und daraus je ein rundes Brötchen formen und auf ein mit Backpapier belegtes Blech legen. Die Brötchen nochmals 10 Min. gehen lassen und anschliessend mit Wasser einsprühen. Nun das Blech in den vorgeheizten Backofen schieben und bei 220 °C Ober- und Unterhitze knapp 20 Min. backen. Anschliessend auf ein Gitterrost geben und nochmals mit Wasser besprühen.

Anmerkung: Agnes wollte den Nichtschweizern entgegenkommen und hat ihre „Rezenten Brötchen" umbenannt in „Leckere Brötchen". Das finde ich schade. Also sind sie wieder „rezent", was nichts mit dem Englischen „recent" zu tun hat. Es bedeutet pikant oder würzig.

Agnes 61. Gemischter Salat, Oktober 2013

(Für 2 Personen als Hauptmahlzeit am Abend)

Sauce:

- 70 g gekochte Sojabohnen
- 40 g Apfelessig
- 30 g Olivenöl
- 5 g Senf
- 2 Knoblauchzehen, 6 g
- 1 TL getrocknete, geriebene Salat-kräuter-Mischung (Petersilie, Schnittlauch, Liebstöckel, Estragon)
- 1/2 TL Salz
- 1 MS Kurkuma (für die Farbe)
- Schwarzer Pfeffer, frisch gemahlen
- 80 g Wasser

Alle Zutaten gut durchmixen (im Personal Blender).

Salat:

- 16 Blätter Chicorée (74 g)
- 80 g Zuckerhut, in dünne Streifen geschnitten
- 80 g Karotten, in Stäbchen geschnitten
- 2 Tomaten (254 g), in Schnitze geschnitten
- 60 g gelbe Peperoni, in Würfel geschnitten
- 160 g grosse weisse, gekochte Bohnen

Das Gemüse auf zwei Tellern anrichten und die Sauce darüber giessen.

Agnes 62. Lauchpizza, März 2014

(Für 4 Personen)

Teig:

- 250 g Weizen, fein gemahlen
- 1/2 TL Salz
- 160 g Wasser
- 10 g frische Bio-Hefe

Das Mehl in eine Schüssel geben, das Salz hinzufügen und vermischen. Die Hefe im Wasser auflösen, zur Mehlmischung geben und von Hand 5 Min. kneten. Anschliessend die Schüssel zudecken und den Teig 1 Std. gehen lassen. Den Teig auf der bemehlten Arbeitsfläche ausrollen und auf ein mit Backpapier belegtes Blech (34 x 40 cm) geben.

Belag:

- 500 g Lauch, gewaschen, in schmale Halbringe geschnitten

Sauce:

- 100 g gekochte Sojabohnen
- 80 g Sonnenblumenkerne
- 15 g Zitronensaft
- 40 g Olivenöl
- 2 TL Salz
- 1 Knoblauchzehe, 5 g
- 180 g Wasser
- 40 g Wasser zum Ausspülen des Vitamix

Alle Zutaten für die Sauce in den Vitamix-Becher geben und zu einer homogenen Masse mixen. Die Sauce zum Lauch giessen, mit dem restlichen Wasser den Becher ausspülen und ebenfalls zum Lauch giessen. Die Masse gut verrühren und auf dem Teig verteilen. Die Pizza im vorgeheizten Ofen bei 220 °C Ober- und Unterhitze 30 Min. backen.

Agnes 63. Salatteller mit Knoblauchkartoffeln, April 2014

(Für 1 Person als Hauptmahlzeit)

Salat

- 75 g grüner Blattsalat (Endivien), gerüstet, in Streifen geschnitten
- 70 g Karotten, in Stäbchen geschnitten
- 45 g Randen (Rote Bete), ungeschält, in Stäbchen

Ich mag diese Randensorte „Bettraves Chioggia" besser, denn diese schmeckt weniger erdig als die bekanntere, dunkelrote Rande. Blattsalat, Karotten- und Randen-Stäbchen auf einem Teller anrichten.

Salatsauce:

- 2 EL Olivenöl, 25 g
- 1 EL Apfelessig, 15 g
- 5 g Senf
- Schwarzer Pfeffer, frisch gemahlen
- Kräutersalz

Alle Zutaten für die Salatsauce in ein Schüsselchen geben, verrühren und über den Salat giessen.

Knoblauchkartoffeln

- 100 g Kartoffelpüree
- 4 Knoblauchzehen, geschält, 10 g, durch die Knoblauchpresse gedrückt
- 10 g Olivenöl
- 1/2 TL Salz
- Schwarzer Pfeffer, frisch gemahlen
- 1 Messerspitze scharfes Paprikapulver

Da ich mehrere Kartoffeln gekocht habe, habe ich vergessen, die rohe Knolle zu wägen. Sie war ungefähr 120 g schwer.

Die Kartoffel (mehlig kochende Sorte) im Schnellkochtopf 10 Min. weichkochen und noch warm durch die Kartoffelpresse drücken. Alle anderen Zutaten mit dem Kartoffelpüree vermischen. Aus der Masse 8 Kugeln formen und auf den Salat legen. Die Kugeln habe ich kalt gegessen.

Agnes 64. Kartoffel-Brot-Schnitten, April 2014

(Für 3 Personen)

Schnitten:

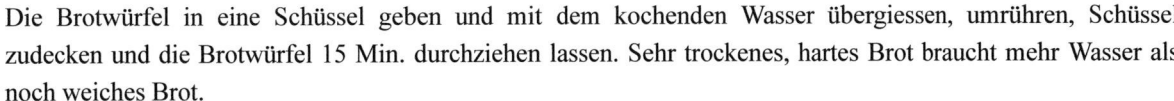

- 280 g altes Hefebrot, in Würfel geschnitten
- 280 g kochendes Wasser
- 400 g rohe Kartoffeln, an der Bircherraffel gerieben
- 2 kleine Zwiebeln, 160 g, in kleine Würfel geschnitten
- 110 g rote Paprika, in kleine Würfel geschnitten
- 2 gestr. TL Salz (8-9 g)
- 40 g Olivenöl
- Schwarzer, frisch gemahlener Pfeffer

Die Brotwürfel in eine Schüssel geben und mit dem kochenden Wasser übergiessen, umrühren, Schüssel zudecken und die Brotwürfel 15 Min. durchziehen lassen. Sehr trockenes, hartes Brot braucht mehr Wasser als noch weiches Brot.

Anschliessend alle anderen Zutaten hinzufügen und gut durchmischen. Die Masse auf einem mit Backpapier belegten Blech ausstreichen (ca. 25 x 30 cm). Im vorgeheizten Ofen bei 220 °C Ober- und Unterhitze 40 Min. backen.

Salat:

- 90 g Feldsalat
- 150 g Karotten, in Stäbchen geschnitten
- 1 kleiner Fenchel, 120 g netto

Sauce:

- 30 g Sonnenblumenkerne
- 50 g Olivenöl
- 40 g Wasser
- 30 g Essig
- 5 g Senf, mild
- schwarzer frisch gem. Pfeffer
- Kräutersalz
-

Für die Sauce zuerst die Sonnenblumenkerne in einem kleinen Mixer mahlen. Alle weiteren Zutaten hinzufügen und gut durchmixen.

Agnes 65. Schoko-Ostereier, April 2014

- 100 g Weizen
- 130 g Nackthafer
- 100 g Haselnüsse
- 1/2 TL Vanille
- 15 g Kakao
- 200 g Honig
- 2 EL Wasser
- 35 g Kakaobutter
- Kakao zum Bestreuen

Den Weizen zusammen mit dem Hafer in der Getreidemühle möglichst fein mahlen. Die Haselnüsse in einem kleinen Mixer mahlen (Personal Blender). Alle trockenen Zutaten in eine Schüssel geben und vermischen. Die Kakaobutter bei niedriger Temperatur schmelzen und zusammen mit dem Honig und dem Wasser unter die Mehlmischung geben. Die Masse mit dem Handrührgerät mischen und dann daraus kleine Schokoladeneier formen. Diese auf einen Teller nebeneinanderlegen und im Kühlschrank 2 Std. kaltstellen. Kakao in ein Schälchen geben und die Eier darin drehen. In einer gut verschliessbaren Dose kühl aufbewahren.

Tipp: *Wer Nackthafer hat, der zum Bitterwerden neigt, kann ihn durch Buchweizen ersetzen.*

Agnes 66. Spinat-Kichererbsen-Eintopf, April 2014

(Für 3 Personen)

- 200 g Kichererbsen (Rohgewicht), 12 Std. eingeweicht
- 400 g Kichererbsen-Kochwasser (evtl. auffüllen)
- 1 Zwiebel, netto 160 g, in Würfel geschnitten
- 300 g Tomaten, 4 Stück
- 10 g Ingwer, ungeschält, klein gehackt
- 1 Knoblauchzehe, geschält, 8 g, klein gehackt
- 1 TL mildes Currypulver
- 2 TL Salz
- 200 g frischer Blattspinat, gewaschen und gut abgetropft

Die Kichererbsen mit dem Einweichwasser in den Dampfkochtopf geben und 20 Min. weichkochen, Kochwasser abgiessen und auffangen.

Alle Zutaten ausser dem Spinat in einen Topf geben und als Gemüsepfanne 10 Min. dünsten. (Deckel auf den Topf legen und den Inhalt auf Höchststufe zum Kochen bringen. Wenn Dampf unter dem Deckel entweicht, Hitze möglichst weit reduzieren und das Gemüse bei geschlossenem Deckel dünsten.) Nun den Spinat zugeben und weitere 2 Min. dünsten, bis die Blätter zusammengefallen sind.

Agnes 67. Haselnussecken, April 2014

Mandelmilch:

- 80 g geschälte Mandeln
- 200 g Wasser

Mandeln und Wasser in den Becher des Vitamix geben und während 90 Sek. zu einer Milch mixen.

Teig:

- 250 g Dinkel, frisch gemahlen
- 3 TL Backpulver
- 1 TL Zimt
- 1 Prise Salz
- 160 g flüssiger Honig
- 100 g Mandelmilch

Alle trockenen Zutaten in eine Schüssel geben und

vermischen. Honig und Mandelmilch zugeben und zu einem Teig kneten. Die Masse auf ein mit Backpapier belegtes Blech geben und den Teig mit nassen Händen zu einem Rechteck von ungefähr 24 x 27 cm ausstreichen.

Belag:

- 250 g Haselnüsse
- 0,5 TL Zimt
- 130 g flüssiger Honig
- 160 g Mandelmilch (der ganze Rest aus dem Vitamix-Becher)

Die Haselnüsse nicht allzu fein mahlen. Ich habe dazu die Nussreibe der Handraffel genommen. Alle Zutaten für den Belag in eine Schüssel geben und verrühren. Die Masse mit einem Teigspachtel gleichmässig auf die Teigplatte streichen. Mit einem Messer Rechtecke vorschneiden. Im vorgeheizten Backofen bei 170 °C 40 Min. backen. Rechtecke nach dem Backen mit dem Messer voneinander trennen. Auf Gitterrost auskühlen lassen.

Agnes 68. Sellerieschnitzel mit Salat, April 2014

(Für 3 Personen)

Für die Sellerieschnitzel:

- 450 g Sellerie, netto, in Scheiben von ca. 7 mm Dicke geschnitten
- 100 g Paniermehl (Semmelbrösel), in ein flaches Schälchen gefüllt
- 50 g Weizen, frisch gemahlen, in ein flaches Schälchen gefüllt
- 50 g Cashewnüsse
- Knapp 1 TL Salz

Salat

- 110 g Wasser
- 50 g Erdnussöl
- 200 g Kopfsalat, netto, klein geschnitten
- 250 g Karotten, netto, in Stäbchen geschnitten

Sauce:

- 90 g Olivenöl
- 35 g Essig
- 15 g Senf, mild
- Kräutersalz
- Pfeffer, schwarz, frisch gemahlen

In einen Topf 200 g Wasser füllen und die Selleriescheiben in einem Siebeinsatz dazugeben und als Gemüsepfanne 30 Min. dünsten. (Deckel auf den Topf legen und den Inhalt auf Höchststufe zum Kochen bringen. Wenn Dampf unter dem Deckel entweicht, Hitze stark reduzieren und das Gemüse bei geschlossenem Deckel dünsten.)

Cashewkerne mit dem Salz und dem Wasser im Vitamix zu einer Sauce mixen und diese in ein Schälchen giessen. Die etwas abgekühlten Selleriescheiben zuerst im Mehl, dann in der Cashewmilch und zuletzt im Paniermehl wenden.

In einer beschichteten Bratpfanne das Erdnussöl erhitzen und die Scheiben beidseitig ungefähr 5 Min. braten. Ich benötigte zwei Durchgänge, denn drei Schnitzel passten nicht mehr in die Pfanne.

Für die Salatsauce alle Zutaten vermischen und über den Salat giessen.

Agnes 69. Schokonusskuchen mit Äpfeln, Mai 2014

- 85 g Sojabohnen
- 250 g Haselnüsse
- 250 g Dinkel, fein gemahlen
- 1 Päckchen Backpulver
- 0,5 TL Vanille
- 1 Prise Salz
- 2 EL Kakaopulver
- 1 EL Carobpulver, gesiebt
- 250 g Honig
- 150 g Mineralwasser
- 2 Äpfel, 290 g

Die Sojabohnen 12 Std. einweichen und anschliessend im Schnellkochtopf 10 Min. kochen. Kochwasser abgiessen und die Sojabohnen zusammen mit dem Honig im Vitamix zu einer homogenen Masse mixen. Die Haselnüsse fein mahlen. Dazu habe ich die Elektro-Raffel mit Nussreibe-Einsatz genommen. Alle trockenen Zutaten in eine Schüssel geben, verrühren und die Honig-Sojamasse und das Mineralwasser zugeben. Mit dem Handrührgerät gut vermischen. Eine Springform von 24 cm Durchmesser mit Backpapier auslegen und knapp die Hälfte des Teiges mit feuchten Händen auf dem Boden der Springform ausstreichen. Die Äpfel mit Kerngehäuse klein würfeln und auf dem Teigboden verteilen. Den restlichen Teig auf die Äpfel geben und wiederum mit nassen Händen glattstreichen. Im vorgeheizten Ofen bei 180 °C Ober- und Unterhitze 50 Min. backen. Auf einem Gitterrost auskühlen lassen.

Agnes 70. Wirz-Kartoffel-Pfanne, Mai 2014

(Für 3 Personen)

Zutaten:

- 150 g Wasser
- 240 g Wirz, in dünne Streifen geschnitten
- 260 g Tomaten, 3 Stück, klein gewürfelt
- 600 g Kartoffeln, gewaschen, klein gewürfelt

Sauce:

- 100 g Wasser
- 150 g Reisbrei (Verhältnis: 100 g Naturreis zu 300 g Wasser)
- 30 g Olivenöl
- 30 g Cashewkerne
- 2 TL Salz
- Schwarzer Pfeffer, frisch gemahlen
- 15 g Schnittlauch, fein gehackt

Wasser, Gemüse und Kartoffeln in einen Topf geben und als Gemüsepfanne 12 Min. dünsten. (Deckel auf den Topf legen und den Inhalt auf Höchststufe zum Kochen bringen. Wenn Dampf unter dem Deckel entweicht, Hitze auf kleinste Einstellung reduzieren und das Gemüse bei geschlossenem Deckel dünsten.)

Alle Zutaten für die Sauce in den Becher des Vitamix geben und zu einer homogenen Masse mixen. Die Sauce über das Gemüse giessen, verrühren und mit Schnittlauch garnieren.

*[**Hinweis**: Wer wissen will, was Wirz ist, sollte wie ich in Wikipedia nachschauen.]*

Agnes 71. Knusperkugeln, Mai 2014

(ca. 40 Stück)

- 100 g Dinkel, fein gemahlen
- 50 g Buchweizenkörner, ganz
- 50 g Kokosflocken
- 1 TL Backpulver
- 0,5 TL gemahlene Vanille
- 1 Prise Salz
- 50 g Dörräpfel, in ganz kleine Stücke geschnitten
- 50 g Dörraprikosen, in ganz kleine Stücke geschnitten
- 100 g gekochte Sojabohnen (35 g getrocknete Bohnen)
- 125 g flüssiger Honig
- 20 g Olivenöl

Alle Zutaten bis und mit den Dörrfrüchten in eine Schüssel geben und vermischen. Die Sojabohnen zusammen mit dem Honig im Vitamix mixen und mit dem Olivenöl zu den übrigen Zutaten geben und gut verrühren. Aus der Masse mit feuchten Händen ungefähr 40 Kugeln formen und auf einem mit Backpapier belegten Blech bei 200 °C Ober- und Unterhitze 18 Min. backen.

Diese Kugeln habe ich mit Reisbrei nachgebacken, was sehr gut möglich ist. Wer es versuchen will, der nehme anstelle der 100 g Sojabohnen 100 g Reisbrei, im Verhältnis 100 g Naturreis zu 300 g Wasser gemixt (bis zum Stocken).

Agnes 72. Lauch-Tomaten-Wähe, Mai 2014

(Für 4 Personen)

Wähenteig:

- 260 g Weizen, fein gemahlen
- 1/2 TL Salz
- 40 g Olivenöl
- 120 g Wasser

Alle Zutaten in eine Schüssel geben und mit dem Handrührgerät zu einem Teig verarbeiten. Ein Wähen-blech oder eine Quiche-Form von 28 cm Durchmesser mit Butter bestreichen und mit Vollkornmehl ausstreu-en. Den Teig auf der mit Mehl ausgestreuten Arbeits-fläche ausrollen und in die Form geben. Mit der Gabel den Teigboden mehrmals einstechen.

Belag:

- 100 g Reis
- 400 g Wasser
- 500 g Lauch (netto), gewaschen, in dünne Halbringe geschnitten
- 1 Tomate, 150 g
- 1,5 TL Salz
- Schwarzer Pfeffer, frisch gemahlen
- 1 EL Kräutermischung, getrocknet, gerieben (Rosmarin, Basilikum, Oregano, Majoran, Thymian)

Den Reis und das Wasser im Vitamix mixen, bis die Masse stockt (ca. 4 Min.). Den Reisbrei in eine Schüssel füllen, mit allen anderen Zutaten vermischen. Die Masse auf dem Wähenteig verteilen und im vorgeheizten Ofen bei 220 °C Ober- und Unterhitze 40 Min. backen.

Agnes 73. Kartoffelküchlein mit Champignon-spinat, Juni 2014

(Für 4 Personen)

Küchlein:

- 900 g Kartoffeln, mehlige Sorte
- 100 g Nackthafer, grob geschrotet
- 1 EL Kümmel
- 2 TL Salz
- schw. frisch gemahlener Pfeffer
- 55 g Erdnussöl zum Braten

Die Kartoffeln im Schnellkochtopf 10 Min. weich-kochen und noch warm durch die Kartoffelpresse drü-

cken. Alle Zutaten beifügen, die Masse gut verrühren und 24 Küchlein formen. Diese in zwei Durchgängen in einer beschichteten Bratpfanne im Erdnussöl auf Stufe 4 von 6 auf beiden Seiten je 5 Min. goldbraun braten.

Gemüse:

- 370 g Champignons, in dünne Scheiben geschnitten
- 300 g Spinat
- 120 g Wasser
- 35 g Sonnenblumenkerne
- 20 g Dinkel, frisch gemahlen
- 1 TL Salz

Die Champignons und den Spinat mit dem Wasser in einem Topf als Gemüsepfanne 2 Min. dünsten. (Deckel auf den Topf legen und den Inhalt auf Höchststufe zum Kochen bringen. Wenn Dampf unter dem Deckel entweicht, Hitze auf kleinste Einstellung reduzieren und das Gemüse bei geschlossenem Deckel dünsten.)

Die Sonnenblumenkerne in einem kleinen Mixer mahlen und zusammen mit dem Mehl und dem Salz zum Gemüse geben und verrühren. Kurz aufkochen, bis die Flüssigkeit eindickt.

Agnes 74. Himbeereis, Juni 2014

(4 Portionen)

Süsser Brei:

- 60 g Vollkornreis, fein gemahlen
- 40 g Speisemais, fein gemahlen
- 1 Prise Salz
- 70 g Datteln
- 350 g Wasser

Alle Zutaten für den süssen Brei in den Becher des Vitamix geben und auf Höchststufe mixen, bis die Masse stockt. Den Brei erkalten lassen und anschliessend so lange in den Kühlschrank stellen, bis er ganz kalt ist.

Speiseeis:

- 200 g süsser Brei (siehe oben)
- 40 g Banane
- 60 g Honig
- 270 g gefrorene Himbeeren

Vom Brei 200 g in den Vitamixbecher füllen und zusammen mit dem Honig und der Banane kurz mixen. Die gefrorenen Himbeeren hinzufügen und mithilfe des Stopfers so lange mixen, bis eine cremige, relativ feste Masse entstanden ist.

Agnes 75. Nusskuchen, Juni 2014

(Für eine Springform von 26 cm Durchmesser)

Teig:

- 300 g Weizen
- 150 g Reis
- 1 MS Salz
- Abgeriebene Schale einer Zitrone
- 50 g Honig
- 60 g Sonnenblumenöl
- 175 g Wasser

Füllung:

- 250 g Walnüsse, grob gehackt
- 50 g Mandeln, grob gehackt
- 350 g süsser Brei (siehe Agnes 74)
- 150 g flüssiger Honig

Alle Zutaten für den süssen Brei in den Becher des Vitamix geben und so lange auf Höchststufe mixen, bis die Masse stockt. Von der Masse 350 g in eine Schüssel füllen und die restlichen Zutaten für die Füllung hinzufügen und verrühren.

Weizen und Reis zusammen fein mahlen, alle anderen Zutaten beifügen und mit dem Handrührgerät zu einem Teig mixen. Knapp die Hälfte des Teiges mithilfe von Streumehl zu einem Kreis ausrollen und den Springformboden sorgfältig als Schablone auf den Teig legen. Mit einem Messer dem Boden nach einschneiden und den Teigkreis beiseitelegen. Diesen Vorgang nochmals wiederholen und den einen Kreis in die mit Backpapier ausgelegte Springform legen. Mit den Teigresten eine Rolle in der Länge des Springformumfanges formen. Damit der Rand besser am Teigboden haftet, diesen mit einem Pinsel mit Wasser bestreichen und die Rolle darauflegen und andrücken. Der Rand sollte ungefähr 2 cm hoch sein. Nun die Füllung auf dem Boden verteilen und den Teigdeckel darauf legen. Diesen sorgfältig mit einer Gabel auf den Rand drücken und den Teigdeckel mehrmals einstechen. Den Nusskuchen im vorgeheizten Backofen bei 180 °C 35 Min. backen. Auf einem Gitterrost auskühlen lassen.

Agnes 76. Maisbrötchen, Juni 2014

- 100 g Speisemais
- 300 g Wasser
- 400 g Dinkel, fein gemahlen
- 1 TL Salz
- 20 g frische Bio-Hefe
- 1 TL Honig (15 g)
- 35 g Wasser

Den Speisemais relativ fein mahlen und zusammen mit den 300 g Wasser im Vitamix so lange mixen, bis die Masse stockt; in eine Schüssel umfüllen und ein wenig abkühlen lassen.

Die Hefe zusammen mit dem Honig in einem kleinen Schälchen auflösen und mit dem gemahlenen Dinkel zum Maisbrei geben. Mit den 35 g Wasser zuerst das Hefe-Schälchen und dann den Vitamix-Becher ausspülen und in die Schüssel giessen. Alle Zutaten mit der Knet-Maschine 8 Min. kneten und den Teig zugedeckt 1 Std. gehen lassen.

Aus dem Teig 9 Brötchen formen, auf ein mit Backpapier belegtes Blech legen, mit Wasser einsprühen und im vorgeheizten Ofen bei 220 °C Ober- und Unterhitze 20 Min. backen. Nach dem Backen nochmals mit Wasser einsprühen und auf einem Gitterrost auskühlen lassen.

Agnes 77. Fruchttörtchen, Juli 2014

(Für 6 Förmchen mit einem Durchmesser von 10 cm)

Teig:

- 35 g Mandeln
- 35 g Haselnüsse
- 35 g Cashewkerne
- 30 g Nackthafer, frisch geflockt
- 25 g Buchweizen, ganz
- 1 EL Walnussöl
- 35 g Honig
- 25 g Wasser

Die Nüsse nicht zu fein mahlen. Ich habe die Nussreibe der Hand-Trommel-raffel genommen. Alle Zutaten in eine

Schüssel geben und vermischen. Die Masse in 6 Portionen teilen und jede Portion gleichmässig als Boden in ein Förmchen drücken.

Belag:

- 700 g Früchte, je nach Saison auswählen, ich habe 300 g Melone, 200 g Erdbeeren und 30 Kirschen (200 g) genommen. Die Früchte in kleine Stücke schneiden und dekorativ auf den Boden legen.

Creme:

- 60 g geschälte Mandeln
- 50 g Wasser
- 40 g Honig
- 15 g Zitronensaft
- 10 g Walnussöl

Alle Zutaten in den Vitamixbecher geben, zu einer homogenen Creme mixen und über die Früchte geben.

Die Creme war etwas knapp berechnet, deshalb kann man auch die doppelte Menge herstellen. Wir haben diese Fruchttörtchen an einem heissen Mittag nach einem nicht allzu grossen Salat gegessen.

Anmerkung Ute: Von Sylvia S. habe ich den Tipp, wie man Mandeln in Rohkostqualität ohne Erhitzen schälen kann: einfach 12 Std. in Wasser einweichen, dann lässt sich mit einem scharfen Messer die Haut gut abziehen. Ein bisschen mehr Geduld als beim Blanchieren ist natürlich schon angesagt. – Die Törtchen sind durchaus Rohkost – wenn alle Zutaten Rohkostqualität haben.

Agnes 78. Spätzle-Salat, Juli 2014

(Für 5 Personen)

Spätzle:

- 400 g Weizen, fein gemahlen
- 450 g Reiscreme
- 20 g Olivenöl
- 1,5 TL Salz

Reiscreme:

- 65 g Reis, fein gemahlen
- 400 g heisses Wasser

Die Zutaten für die Reiscreme im Vitamix-Becher so lange mixen, bis die Masse stockt; erkalten lassen.

Alle Zutaten für die Spätzle in eine Schüssel geben und gut verrühren; 30 Min. zugedeckt ruhen lassen. Die Masse ist viel fester als Spätzleteig mit Eiern.

In einem grossen Topf reichlich Salzwasser zum Kochen bringen und den Teig in zwei Durchgängen durch ein Spätzlesieb streichen. Sobald die Spätzle an die Oberfläche steigen, diese mit einem Schaumlöffel herausnehmen und die abgetropften Spätzle auf drei Tellern ausgebreitet abkühlen lassen. So kleben sie nicht aneinander. Sobald die Spätzle erkaltet sind, diese in eine grosse Schüssel geben und das Gemüse hinzufügen.

Gemüse für den Salat:

- 5 Tomaten, 670 g, in Würfel geschnitten
- 1 Gurke, 520 g, in Stücke geschnitten
- 150 g Oliven, mit Stein, grüne und schwarze gemischt (oder auch nur eine Sorte)
- 35 g Basilikum, fein gehackt

Salatsauce:

- 60 g Olivenöl
- 30 g Apfelessig
- 20 g Senf
- Kräutersalz
- Schwarzer, frisch gemahlener Pfeffer

Diese Zutaten in eine kleine Schüssel geben, gut verrühren und über den Spätzle-Salat giessen. Den Salat sofort servieren. Wenn er einige Zeit gestanden hat, dann saugen die Spätzle Flüssigkeit auf und erhalten dadurch eine zu weiche Konsistenz.

Agnes 79. Laugen-Kartoffel-Brötchen, Juli 2014

- 550 g mehligkochende Kartoffeln
- 500 g Weizen, frisch gemahlen
- 1 EL Salz
- 30 g Hefe
- 40 g Wasser
- Streumehl
- 3 Liter Wasser
- 30 g Natron

Die Kartoffeln im Schnellkochtopf 10 Min. weichkochen und noch warm durch die Kartoffelpresse drücken.

Die Hefe im Wasser auflösen. Alle Zutaten mit der Knetmaschine 10 Min. lang zu einem Hefeteig kneten. Da der Teig sehr klebrig ist, weiss ich nicht, ob das Kneten von Hand gut geht.

In einem grossen Topf das Wasser zum Kochen bringen. Das Natron zufügen. Vorsicht: Das Wasser beginnt für kurze Zeit zu schäumen.

Aus dem Teig (ohne Ruhezeit) auf der mit Mehl ausgestreuten Arbeitsfläche 12 längliche Brötchen formen und diese in das kochende Natronwasser geben. Die Brötchen so lange im Wasser ziehen lassen, bis sie an die Oberfläche steigen, was bei mir 75 Sekunden gedauert hat. Ich habe während dieser Zeit die Herdplatte auf der höchsten Stufe belassen. Die Brötchen mit einem Schaumlöffel aus dem Wasser nehmen, auf ein mit Backpapier belegtes Blech legen und mit einem scharfen Messer der Länge nach etwa 5 mm tief einschneiden. Die Klinge immer wieder in Wasser tauchen. Die Brötchen im vorgeheizten Ofen bei 220 °C Ober- und Unterhitze 20 Min. backen. Auf einem Gitterrost auskühlen lassen. Frisch gebacken sind sie knusprig.

Agnes 80. Blechkartoffeln mit Tomaten und roter Sauce, Juli 2014

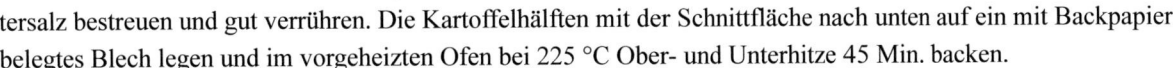

(Für 5 Personen) – Das Rezept für die Sauce habe ich dem Buch von Ute „Immer öfter vegetarisch" entnommen, denn eine so harmonisch schmeckende Sauce herzustellen, ist mir bisher nicht gelungen.

Blechkartoffeln:

- 1300 g Kartoffeln, gewaschen
- 25 g Erdnussöl
- Kräutersalz

Die Kartoffeln der Länge nach halbieren, zusammen mit dem Erdnussöl in eine Schüssel geben, mit Kräutersalz bestreuen und gut verrühren. Die Kartoffelhälften mit der Schnittfläche nach unten auf ein mit Backpapier belegtes Blech legen und im vorgeheizten Ofen bei 225 °C Ober- und Unterhitze 45 Min. backen.

- 5 längliche Tomaten, 625 g (Sorte San Marzano, denn diese saften kaum)

Die Tomaten in dünne Scheiben schneiden und auf den Tellern anrichten.

Rohkost-Sauce:

- Saft einer kleinen Zitrone (50 g Zitronensaft)
- 1 kleine rote Paprika, netto 115 g
- 50 g Karotten
- 3 Knoblauchzehen, geschält, 10 g
- 90 g Cashewnüsse
- 60 g Haselnüsse
- 1,5 TL Salz
- 200 g Wasser
- 70 g Sonnenblumenöl

Dekoration:

- 10 g Petersilie, gehackt

Alle Zutaten ausser dem Sonnenblumenöl in den Vitamix-Becher geben und zu einer homogenen Masse mixen. Das Sonnenblumenöl hinzufügen und nochmals kurz verrühren.

Die Sauce über die Tomaten giessen, mit Petersilie dekorieren und die heissen Blechkartoffeln auf die Teller legen.

Agnes 81. Kichererbsen-Kartoffel-Brot, August 2014

- 500 g Dinkel, fein gemahlen
- 200 g Kartoffeln, roh
- 100 g Kichererbsen, 12 Std. eingeweicht (=200 g)
- 250 g Wasser
- 40 g frische Bio-Hefe
- 1 EL Salz, knapp gestrichen

Die Kartoffeln und die eingeweichten Kichererbsen an der Bircherraffel (Trommel-Handraffel oder eine andere geeignete Küchenmaschine) reiben und zusammen mit dem Mehl und dem Salz in eine Schüssel geben. Die Hefe im Wasser auflösen und zum Mehl giessen. Alle Zutaten mit der Knetmaschine 8 Min. lang kneten. Den Teig in der Schüssel zugedeckt eine Stunde gehen lassen. Danach nochmals gut durchkneten und in zwei Stücke teilen. Aus jedem Stück ein längliches Brot formen und in eine mit Backpapier ausgelegte Kastenform geben. Oberseite mit einem Messer einschneiden, mit Wasser besprühen und im vorgeheizten Ofen bei 220 °C Ober- und Unterhitze 40 Min. backen. Anschliessend die zwei Brote auf ein Gitter geben, nochmals mit Wasser besprühen und auskühlen lassen.

Hinweis: *Ich habe dieses Brot auch mit gekochten und durch die Kartoffelpresse gedrückten Kartoffeln gebacken. Das Ergebnis war auch sehr gut, doch ich finde, dass sich der Aufwand nicht lohnt, denn der Geschmacksunterschied ist gering.*

Agnes 82. Pfannkuchen mit Fruchtsauce, August 2014

(Für 4 Personen als Hauptmahlzeit)
Stützcreme:

* 50 g Reis, gemahlen
* 30 g Mandeln, geschält
* 300 g Wasser

Alle Zutaten in den Vitamix-Becher geben und so lange mixen, bis die Masse stockt; auskühlen lassen.

Pfannkuchen:

* 300 g Dinkel, frisch gemahlen
* 400 g Wasser
* Stützcreme (siehe oben, komplett)
* 1/2 TL Salz

Alle Zutaten in eine Schüssel geben, verrühren und 30 Min. zugedeckt stehen lassen.

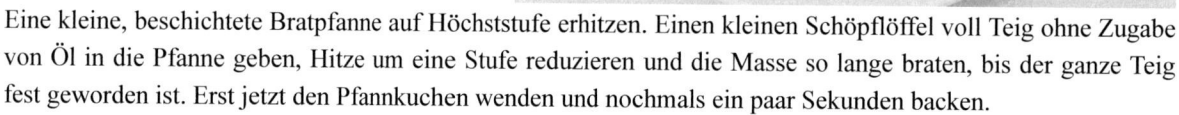

Eine kleine, beschichtete Bratpfanne auf Höchststufe erhitzen. Einen kleinen Schöpflöffel voll Teig ohne Zugabe von Öl in die Pfanne geben, Hitze um eine Stufe reduzieren und die Masse so lange braten, bis der ganze Teig fest geworden ist. Erst jetzt den Pfannkuchen wenden und nochmals ein paar Sekunden backen.

Ich konnte aus dem Teig 17 Pfannkuchen mit einem Durchmesser von ca. 15 cm backen.

Fruchtsauce:

* 2 Bananen, 250 g
* 4 Pfirsiche, 580 g
* 180 g Himbeeren, gefroren
* 150 g Wasser

Alle Zutaten in den Vitamix-Becher geben und pürieren. Mit gefrorenen Himbeeren wird die Fruchtsauce angenehm erfrischend. Es können aber auch frische Himbeeren genommen werden.

Hinweis: Die Pfannkuchen haben eine längere Geschichte. Die erste Serie wurde sehr lecker. Die zweite versuchte ich ohne Mandeln in der Stützcreme. Das Ergebnis war mehr als enttäuschend, denn die Pfannkuchen klebten am Pfannenboden und zerrissen beim Wenden. Also startete ich einen dritten Versuch, diesmal wieder mit Mandeln. Das Ergebnis war wiederum genauso befriedigend wie der erste Versuch. Was 30 g Mandeln ausmachen, ich hätte es nie gedacht.

Agnes 83. Gemüseschnecken, August 2014

(Für 6 Personen)
Teig:

* 200 g Weizen, fein gemahlen
* 200 g Wasser
* 20 g frische Bio-Hefe
* 250 g Weizen, fein gemahlen
* 2 gestrichene Teelöffel Salz
* 20 g Sonnenblumenöl
* 20 g Apfelessig
* 30 g Wasser

Die Hefe in 200 g Wasser auflösen und mit den 200 g Mehl verrühren. 30 Min. zugedeckt stehen lassen. Nun alle anderen Zutaten hinzufügen und mit der Maschine 8 Min. lang zu einem Hefeteig kneten. Nochmals 30 Min. gehen lassen.

Füllung:

- 300 g Zwiebeln, netto, fein gehackt
- 400 g Tomaten, San Marzano, klein gewürfelt, diese Sorte saftet weniger
- 300 g weisse Champignons, klein gehackt oder an der Röstiraffel gerieben
- 40 g Petersilie, klein geschnitten
- 10 g Knoblauch, netto, fein gehackt
- 2 TL Salz
- Schwarzer Pfeffer, frisch gemahlen

Alle Zutaten für die Füllung in eine Schüssel geben und vermischen. Den Teig auf der mit Mehl ausgestreuten Arbeitsfläche dünn ausrollen und die Füllung gleichmässig darauf verstreichen. An der Längsseite einen Zentimeter Teig frei lassen und diesen mit einem Pinsel mit Wasser einstreichen, so dass die Schnecken gut zusammenhalten. Die Teigplatte von der Längsseite her aufrollen und zuletzt die mit Wasser bestrichene Längsseite gut andrücken. Die Rolle mit einem scharfen Messer in ungefähr 24 Stücke schneiden, diese auf zwei mit Backpapier belegte Bleche legen und nacheinander im vorgeheizten Ofen bei 220 °C Ober- und Unterhitze 40 Min. backen.

Tipp: Wer Heißluft hat, bäckt beide Bleche zusammen. Da wir nicht alle gemeinsam gegessen haben, musste ich in zwei Etappen backen. Für das Backen mit Heißluft kann ich keine verbindlichen Angaben machen.

Agnes 84. Gemüse mit Nudeln und Petersiliensauce, August 2014

(Für 4 Personen)

Nudelteig:

- 500 g Dinkel, fein gemahlen
- 250 g Wasser

Dinkelmehl und Wasser zusammenmischen und zu einem geschmeidigen Teig verkneten. Diesen in einer Schüssel zugedeckt 30 Min. ruhen lassen. Den Teig dünn auswallen und zu Nudeln schneiden. Ich habe das mit der Nudelmaschine von Atlas gemacht.

In einem Topf reichlich Salzwasser zum Kochen bringen und die Nudeln darin zwei Min. weichkochen.

Gemüse:

- 350 g Fenchel, netto, in kleine Würfel geschnitten
- 300 g Karotten, in kleine Würfel geschnitten
- 100 g Wasser
- 1 TL Salz

Alle Zutaten in einen Topf geben und als Gemüsepfanne 10 Min. dünsten. (Deckel auf den Topf legen und den Inhalt auf Höchststufe zum Kochen bringen. Wenn Dampf unter dem Deckel entweicht, Hitze auf kleinste Einstellung reduzieren und das Gemüse bei geschlossenem Deckel dünsten.) Salz zufügen und vermischen.

Sauce:

- 50 g Sonnenblumenkerne
- 25 g Mandeln, ungeschält
- 20 g Petersilie
- 20 g Olivenöl
- 1 TL Salz
- 1 TL Paprikapulver, edelsüss
- 1 Knoblauchzehe, geschält
- Schwarzer Pfeffer, frisch gemahlen
- 200 g Wasser

Alle Zutaten in den Vitamix-Becher geben und zu einer homogenen Sauce mixen, und über das Gemüse geben.

Agnes 85. Apfeltörtchen, September 2014

(16 Stück für 4 Personen)

Teig:

- 250 g Weizen, frisch gemahlen
- 1/4 TL Salz
- 25 g flüssiger Honig
- 10 g Sonnenblumenöl
- 115 g Wasser

Alle Zutaten mit dem Handrührgerät zu einem festen Teig mixen. Diesen in 16 gleich grosse Stücke teilen und jedes zu einer Kugel formen. Jede Kugel auf der mit Mehl bestreuten Arbeitsfläche zu einem sehr dünnen Kreis ausrollen.

16 Förmchen (Durchmesser Boden: 8 cm, Rand: 10 cm) mit Butter ausstreichen, mit Mehl bestreuen und mit Teig belegen.

Die Förmchen auf zwei Backbleche setzen und im vorgeheizten Ofen bei 200 °C Heißluft 12 Min. backen. Auf einem Gitter auskühlen lassen. Der Teig ist sehr knusprig!

Creme für den Belag:

- 120 g Mais, frisch gemahlen
- 80 g Mandeln
- 1 Prise Salz
- 180 g Honig
- 500 g Wasser

Alle Zutaten im Vitamix so lange mixen, bis die Masse stockt. Auskühlen lassen.

- 750 g säuerliche Äpfel
- Saft einer Zitrone, 35 g
- 550 g Mais-Mandelcreme

Die Äpfel an der Röstiraffel reiben und mit dem Zitronensaft vermischen. Die Creme zufügen, verrühren und auf den Teigböden verteilen und mit Traube, anderen Früchten oder Beeren dekorieren.

Agnes 86. Lauwarmer Kartoffelsalat, September 2014

(Für 4 Personen)

- 900 g Kartoffeln, gewaschen und klein gewürfelt
- 250 g Wasser

Kartoffelwürfel und Wasser in einen Topf geben und 10 Min. als Gemüsepfanne kochen. (Deckel auf den Topf legen und den Inhalt auf Höchststufe zum Kochen bringen. Wenn Dampf unter dem Deckel entweicht, Hitze auf kleinste Einstellung reduzieren und das Gemüse bei geschlossenem Deckel dünsten.) Das Kochwasser abgiessen und auffangen.

- 550 g Tomaten, in Würfel geschnitten
- 260 g gelbe Paprika, in Würfel geschnitten
- 20 g frische Petersilie, gehackt

Sauce:

- 50 g Haselnüsse
- 50 g Cashewnüsse
- 50 g Sonnenblumenöl

- 4 Knoblauchzehen, 6 g
- 1,5 TL Salz
- 230 g Wasser
- 30 g Essig

Alle Zutaten für die Sauce in den Vitamix-Becher geben und zu einer homogenen Masse mixen.

- Kartoffelkochwasser

Das Gemüse in eine Schüssel geben, die noch heissen Kartoffelwürfel zugeben und die Sauce darüber giessen. Den Vitamix-Becher mit dem Kartoffelkochwasser ausspülen und ebenfalls zum Gemüse giessen und verrühren. Den Kartoffelsalat lauwarm servieren.

Agnes 87. Fladenbrot mit Knoblauch-Aufstrich und Tomaten, September 2014

(Für 4 Personen)

Teig:
- 200 g Weizen, fein gemahlen
- 200 g Wasser
- 20 g frische Bio-Hefe
- 250 g Weizen, fein gemahlen
- 2 gestrichene Teelöffel Salz
- 20 g Sonnenblumenöl
- 20 g Apfelessig
- 30 g Wasser

Die Hefe in 200 g Wasser auflösen und mit 200 g Weizen verrühren. 30 Min. zugedeckt stehen lassen. Nun alle anderen Zutaten hinzufügen und mit der Maschine 8 Min. lang zu einem Hefeteig kneten. Nochmals 30 Min. gehen lassen. Nun den Teig in 12 Portionen teilen und jede Portion mithilfe von Streumehl zu einem runden Fladen mit einem Durchmesser von ungefähr 13 cm ausrollen. Zwei Backbleche mit Backpapier belegen und die Fladen darauf verteilen. Im vorgeheizten Ofen bei 220 °C Heißluft 20 Min. backen.

Aufstrich:
- 60 g Mais, frisch gemahlen
- 50 g Mandeln, ungeschält
- 2 Knoblauchzehen, geschält, 8 g
- Knapp 1/2 TL Salz
- Schwarzer Pfeffer, frisch gemahlen
- 250 g Wasser

Alle Zutaten in den Vitamix-Becher geben und so lange mixen, bis die Masse stockt. In ein Schälchen füllen und kühl stellen.

- 600 g Tomaten

Aufstrich und Tomaten zu den Fladenbroten servieren.

Agnes 88. Krautstielgratin, Oktober 2014

(Für 5 Personen)

- 100 g Kichererbsen

Die Kichererbsen 12 Std. einweichen und anschliessend im Schnellkochtopf 35 Min. weichkochen.

- 700 g Kartoffeln, mehlige Sorte

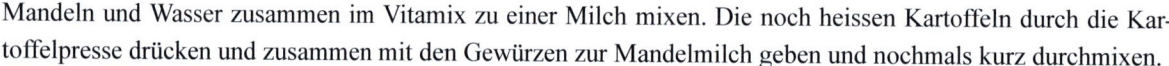

Die Kartoffeln im Schnellkochtopf 12 Min. weichkochen. 250 g Kartoffeln wegnehmen und den Rest in grobe Würfel schneiden.

- 250 g Kartoffeln
- 50 g geschälte Mandeln
- 500 g Wasser
- Muskat
- 1 TL Salz

Mandeln und Wasser zusammen im Vitamix zu einer Milch mixen. Die noch heissen Kartoffeln durch die Kartoffelpresse drücken und zusammen mit den Gewürzen zur Mandelmilch geben und nochmals kurz durchmixen.

- 150 g Wasser
- 310 g Zwiebeln, klein gehackt
- 600 g Krautstiel, netto, in Würfel geschnitten
- 1,5 TL Salz
- 30 g Tomatenmark
- 3 Zweiglein Rosmarin

Wasser, Zwiebeln und Krautstiel in einen Topf geben und als Gemüsepfanne 10 Min. dünsten. (Deckel auf den Topf legen und den Inhalt auf Höchststufe zum Kochen bringen. Wenn Dampf unter dem Deckel entweicht, Hitze auf kleinste Einstellung reduzieren und das Gemüse bei geschlossenem Deckel dünsten.) Salz, Tomatenmark, Kichererbsen und Kartoffelwürfel zufügen, verrühren und in eine Gratinform geben. Die Kartoffelsauce darüber giessen, die Rosmarinnadeln darüber streuen und im vorgeheizten Ofen bei 220 °C Ober- und Unterhitze 35 Min. backen.

Hinweis: Auf dem Bild ist kein Blattgrün vom Krautstiel zu sehen, denn das Gemüse stammt aus dem eigenen Garten und die Blätter waren zu schadhaft, so dass ich nur die Stiele verwendet habe.

Agnes 89. Nudeln mit Kürbis an weisser Sauce

(Für 7 Personen)

Nudeln:

- 750 g Weizen, frisch gemahlen
- 375 g Wasser

Weizenmehl und Wasser in eine Schüssel geben und so lange kneten, bis ein geschmeidiger Teig entstanden ist. Diesen in einer Schüssel zugedeckt 30 Min. ruhen lassen.

Mit der Nudelmaschine (Marke Atlas) dünne Platten ausrollen (bis Stufe 5/7) und zu Nudeln schneiden. Diese in kochendem Salzwasser 5 Min. weichkochen.

Wer keine Nudelmaschine hat, rollt den Teig möglichst dünn von Hand aus und schneidet ihn in Streifen.

- 1000 g Kürbis (Butternuss oder eine andere Sorte), in grosse Würfel geschnitten
- 150 g Wasser

Wasser und Kürbis in einen Topf geben und als Gemüsepfanne 12 Min. dünsten. (Deckel auf den Topf legen und den Inhalt auf Höchststufe zum Kochen bringen. Wenn Dampf unter dem Deckel entweicht, Hitze auf kleinste Einstellung reduzieren und das Gemüse bei geschlossenem Deckel dünsten.)

Sauce:

- 220 g Kartoffeln, mehlige Sorte
- 50 g Mandeln, geschält
- 250 g + 300 g + 30 g Wasser

- 1,5 TL Salz
- Muskatnuss, frisch gemahlen

Die Kartoffeln im Schnellkochtopf 10 Min. weichkochen und noch warm durch die Kartoffelpresse drücken. Die Mandeln und 250 g Wasser im Vitamix zu einer Milch mixen. Nun Salz, Muskatnuss, 300 g Wasser und die gepressten Kartoffeln hinzufügen und nur noch kurz durchmixen. Die Sauce in einen Topf giessen und erwärmen, nicht kochen. Den Vitamixbecher mit 30 g Wasser ausspülen.

Hinweis: Diese Sauce schmeckt ähnlich wie Rahmsauce. Den Kürbis habe ich nicht gesalzen, denn die Sauce ist ausreichend gesalzen.

Agnes 90. Lasagne, Oktober 2014

(Für 6 Personen)
- 380 g Weizen, frisch gemahlen
- 190 g Wasser

Mehl und Wasser in eine Schüssel geben, vermischen und so lange kneten, bis ein geschmeidiger Nudelteig entstanden ist. Diesen in eine Schüssel geben und zugedeckt 30 Min. ruhen lassen. Mit der Nudelmaschine oder von Hand dünne Platten ausrollen und in Rechtecke schneiden. Ich habe eine Atlas-Nudelmaschine, da habe ich bis zur Stufe 5 von 7 ausgerollt. Die Teigplatten auf ein Küchentuch legen und über Nacht trocknen lassen.

- 500 g Bohnen, netto, in 3 bis 4 cm lange Stücke geschnitten
- 150 g Wasser

Bohnen und Wasser in einen Topf geben und als Gemüsepfanne 12 Min. dünsten. (Deckel auf den Topf legen und den Inhalt auf Höchststufe zum Kochen bringen. Wenn Dampf unter dem Deckel entweicht, Hitze auf kleinste Einstellung reduzieren und das Gemüse bei geschlossenem Deckel dünsten.) Wenn die Bohnen fertig gegart sind, die nachfolgenden Zutaten in den Topf geben und mischen.

- 700 g pürierte Tomaten aus dem Glas
- 2 TL Salz
- Schwarzer Pfeffer, frisch gemahlen
- 1 TL Kräutermischung (Oregano, Basilikum, Majoran, Rosmarin)

Weisse Sauce:
- 400 g Kartoffeln, mehlige Sorte
- 60 g geschälte Mandeln
- 300 g Wasser
- 1,5 TL Salz
- 1 MS gem. Muskatnuss
- 200 g Wasser
- 30 g Wasser

Die Kartoffeln im Schnellkochtopf 10 Min. weichkochen und anschliessend noch warm durch die Kartoffelpresse drücken. Die Mandeln mit 300 g Wasser im Vitamix zu einer Milch mixen und die durchgepressten Kartoffeln sowie die Gewürze geben. Nochmals kurz durchmixen.

Die getrockneten Lasagneblätter in reichlich Salzwasser 8 Min. weichkochen und das Wasser abgiessen.

Eine Lasagneform (25 x 34 cm) einfetten und eine Schicht Lasagneblätter auf dem Boden verteilen. Die Hälfte der Tomaten-Bohnenmischung darauf verteilen und mit einer Lasagneblätterschicht belegen. Diesen Vorgang nochmals wiederholen. Als Abschluss die weisse Sauce darüber giessen. Den Mixbecher mit den 30 g Wasser ausspülen und ebenfalls in die Form giessen.

Im vorgeheizten Ofen bei 220 °C Ober- und Unterhitze 40 Min. backen.

Hinweis: Ich habe die Lasagneblätter über Nacht trocknen lassen, da ich mit frischen Blättern ein schlechtes Ergebnis erzielt habe – die Konsistenz teigig geworden.

Agnes 91. Haselnuss-Kekse, Oktober 2014

(Ergibt ca. 40 Stück)

Kartoffel-Mandel-Milch:

*   140 g Wasser
*   30 g geschälte Mandeln
*   50 g gekochte Kartoffeln, mehlige Sorte, durch die Kartoffelpresse gedrückt

Wasser und Mandeln im Vitamix zu einer Milch mixen. Kartoffeln zugeben und nochmals kurz durchmixen.

Teig:

*   200 g Weizen
*   100 g Haselnüsse
*   150 g Honig
*   40 g Sonnenblumenkerne
*   3 TL Backpulver
*   1 MS Vanille
*   1 Prise Salz
*   200 g Kartoffel-Mandel-Milch

Die Haselnüsse nicht zu fein mahlen. Ich habe sie durch die Nussreibe der Hand-Trommelraffel gedreht.

Die trockenen Zutaten in eine Schüssel geben und vermischen. Danach alle anderen Zutaten zufügen und zu einem Teig verkneten. Mit einem Löffel kleine Teighäufchen auf ein mit Backpapier belegtes Blech setzen. Mit einer in Wasser getauchten Gabel die Häufchen ein wenig flach drücken. Die Kekse im vorgeheizten Backofen bei 160 °C Ober- und Unterhitze 30 Min. backen. Auf einem Gitterrost auskühlen lassen.

Agnes 92. Bohnen-Zucchini-Eintopf, November 2014

(Für 4 Personen) – Alle Gewichtsangaben netto vor dem Kochen

*   150 g grosse weisse Bohnen

Die Bohnen 12 Std. einweichen und anschliessend in den Schnellkochtopf geben, gut mit Wasser bedecken und während 15 Min. weichkochen.

*   500 g Zucchini, in grosse Würfel geschnitten
*   150 g Zwiebeln, netto, klein gewürfelt
*   200 g rote Paprika, klein gewürfelt
*   200 g Wasser

Wasser und Gemüse in einen Topf geben und als Gemüsepfanne 10 Min. dünsten. (Deckel auf den Topf legen und den Inhalt auf Höchststufe zum Kochen bringen. Wenn Dampf unter dem Deckel entweicht, Hitze auf kleinste Einstellung reduzieren und das Gemüse bei geschlossenem Deckel dünsten.) Das Kochwasser abgiessen und auffangen.

*   750 g Kartoffeln, mehlige Sorte

Die Kartoffeln 10 Min. im Schnellkochtopf weichkochen. 300 g Kartoffeln für die Sauce beiseitelegen. Die restlichen Kartoffeln in grosse Würfel schneiden.

Sauce:

*   300 g Kartoffeln, mehlige Sorte
*   40 g geschälte Mandeln
*   2,5 TL Salz
*   1 Messerspitze Muskatnuss
*   400 g Flüssigkeit (Zucchinikochwasser mit Wasser ergänzt)
*   100 g Wasser zum Ausspülen des Vitamixbechers

Die noch warmen Kartoffeln durch die Kartoffelpresse drücken. Mandeln, Salz, Muskatnuss und 400 g Flüssigkeit in den Vitamixbecher geben und zu einer Milch mixen. Die Kartoffeln zugeben und nur noch kurz durchmixen. Bohnen, Kartoffelwürfel und die Sauce zum Zucchinigemüse geben und verrühren.

Agnes 93. Maisküchlein mit Tomaten-Pilzsauce, November 2014

(Für 5 Personen)

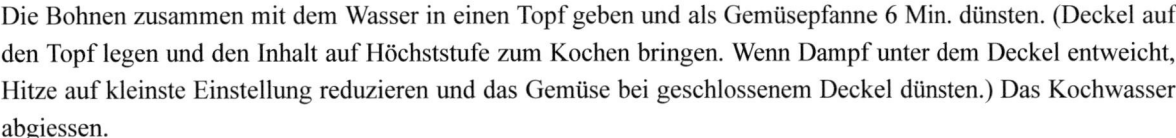

- 250 g Mais, grob geschrotet
- 1000 g Wasser

Wasser in einen Topf geben, aufkochen und unter Rühren den Mais einrieseln lassen. Hitze reduzieren (auf Stufe 1 von 6), und unter regelmässigem Rühren den Mais 30 Min. quellen lassen.

- 250 g Gartenbohnen, netto, in 1 cm breite Stückchen geschnitten
- 150 g Wasser

Die Bohnen zusammen mit dem Wasser in einen Topf geben und als Gemüsepfanne 6 Min. dünsten. (Deckel auf den Topf legen und den Inhalt auf Höchststufe zum Kochen bringen. Wenn Dampf unter dem Deckel entweicht, Hitze auf kleinste Einstellung reduzieren und das Gemüse bei geschlossenem Deckel dünsten.) Das Kochwasser abgiessen.

- 2 TL Salz
- 10 g Knoblauch, durch die Presse gedrückt
- 150 g rote Paprika, in kleine Würfel geschnitten

Alle Zutaten unter den Maisbrei mischen und aus der Masse 35 Küchlein formen. Auf ein mit Backpapier belegtes Blech legen und im vorgeheizten Backofen 35 Min. backen.

- 300 g Champignons, in dünne Scheiben geschnitten
- 90 g Wasser
- 650 g pürierte Tomaten aus dem Glas
- 1/2 TL Salz

Die Champignons zusammen mit dem Wasser in einen Topf geben und 30 Sekunden als Gemüsepfanne dünsten. Tomatensauce und Salz zufügen und nochmals kurz aufkochen.

Agnes 94. Pilz-Gemüseschnitten, November 2014

(Für 5 Personen)

- 440 g altes Hefebrot

Das Brot in 15 ganz dünne Scheiben schneiden.

Belag:

- 300 g Champignons, in dünne Scheiben geschnitten
- 100 g rote Paprika, in kleine Würfel geschnitten
- 250 g Gartenbohnen, netto, in 1 cm breite Stückchen geschnitten
- 150 g Wasser

Die Bohnen zusammen mit dem Wasser in einen Topf geben und als Gemüsepfanne 6 Min. dünsten. (Deckel auf den Topf legen und den Inhalt auf Höchststufe zum Kochen bringen. Wenn Dampf unter dem Deckel entweicht, Hitze auf kleinste Einstellung reduzieren und das Gemüse bei geschlossenem Deckel dünsten.) Das Kochwasser abgiessen.

- 300 g Wasser
- 50 g geschälte Mandeln
- 160 g gekochte Kartoffeln, mehlige Sorte, durch die Presse gedrückt, oder klein geschnitten
- 2 TL Salz
- 1 MS Muskatnuss

Wasser und Mandeln im Vitamix zu einer Milch mixen. Kartoffeln und Gewürze hinzufügen und kurz durchmixen. Die Sauce in eine Schüssel geben und das Gemüse unterrühren. Die Masse auf die Brote verteilen und glatt streichen. Die Brote auf ein mit Backpapier belegtes Blech legen und im vorgeheizten Ofen bei 220 °C Ober- und Unterhitze 35 Min. backen.

Agnes 95. Blechkartoffeln mit Bohnen und Dip, November 2014

(Für 5 Personen)

- 1500 g Kartoffeln, halbiert
- 40 g Olivenöl

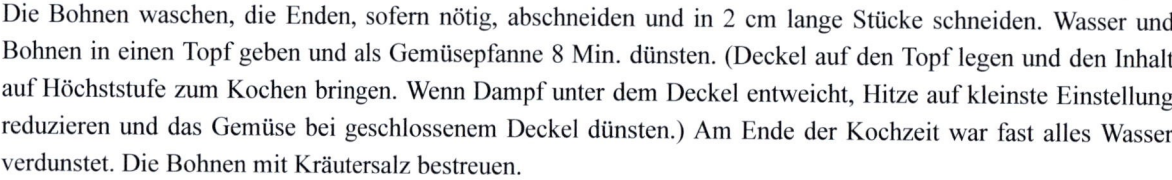

Die Kartoffelhälften in eine Schüssel geben, Öl dazu giessen und verrühren. Die Kartoffelhälften mit der Schnittfläche nach unten auf ein mit Backpapier belegtes Blech legen und im vorgeheizten Backofen bei 220 °C 40 Min. backen.

- 500 g Bohnen
- 160 g Wasser
- Kräutersalz zum Bestreuen der Bohnen

Die Bohnen waschen, die Enden, sofern nötig, abschneiden und in 2 cm lange Stücke schneiden. Wasser und Bohnen in einen Topf geben und als Gemüsepfanne 8 Min. dünsten. (Deckel auf den Topf legen und den Inhalt auf Höchststufe zum Kochen bringen. Wenn Dampf unter dem Deckel entweicht, Hitze auf kleinste Einstellung reduzieren und das Gemüse bei geschlossenem Deckel dünsten.) Am Ende der Kochzeit war fast alles Wasser verdunstet. Die Bohnen mit Kräutersalz bestreuen.

Dip:
- 60 g Mais, frisch gemahlen
- 60 g Mandeln, geschält
- 300 g Wasser
- 1 Teelöffel Salz
- 1 gehäufter Teelöffel Kräutermischung (Oregano, Basilikum, Majoran, Rosmarin)
- Schwarzer Pfeffer, frisch gemahlen

Mais, Mandeln und Wasser in den Vitamixbecher geben und so lange mixen, bis die Masse stockt. Gewürze zugeben und nur noch kurz durchmixen.

Agnes 96. Lebkuchen, Dezember 2014

Stützcreme:
- 60 g Mais, gemahlen
- 60 g Mandeln, geschält
- 300 g Wasser

Alle Zutaten im Vitamix so lange mixen, bis die Masse stockt.

Teig:
- 400 g Dinkel, gemahlen
- 2 EL Kakao
- 1 EL Zimt
- 1 leicht gehäufter EL Lebkuchengewürz
- 1 Prise Salz
- 1 Päckchen Backpulver
- 250 g flüssiger Honig
- 150 g Wasser

Die trockenen Zutaten in eine Schüssel geben und vermischen. Honig, Wasser und Stützcreme hinzufügen und mit dem Handrührgerät durchmischen. Den Teig auf einem mit Backpapier belegten Blech gleichmässig mit einem feuchten Spachtel zu einem Rechteck von 30 x 37 cm ausstreichen. Im vorgeheizten Ofen bei 180 °C Ober- und Unterhitze 25 Min. backen. Den Lebkuchen auf einem Gitterrost auskühlen lassen und anschliessend in Rechtecke schneiden.

Agnes 97. Kichererbsenbällchen mit Rosenkohl an Currysauce, Dezember 2014

(Für 4 Personen)

Rosenkohl:

- 600 g Rosenkohl, brutto
- 120 g Wasser

Die Röschen rüsten, in einen Topf geben und zusammen mit dem Wasser als Gemüsepfanne 15 Min. dünsten. (Deckel auf den Topf legen und den Inhalt auf Höchststufe zum Kochen bringen. Wenn Dampf unter dem Deckel entweicht, Hitze auf kleinste Einstellung reduzieren und das Gemüse bei geschlossenem Deckel dünsten.)

Currysauce:

- 40 g Mandeln, geschält
- 1,5 TL Salz
- 1 TL Curry
- 300 g Wasser
- 220 g gekochte Kartoffeln, mehlige Sorte
- 50 g Wasser

Alle Zutaten für die Sauce ausser den Kartoffeln im Vitamix zu einer Milch mixen. Die frisch gekochten Kartoffeln durch die Kartoffelpresse drücken, zur Mandelmilch geben und nochmals kurz durchmixen. Die Sauce in einen Topf giessen und den Vitamixbecher mit 50 g Wasser ausspülen und ebenfalls in den Topf giessen. Die Sauce vor dem Servieren kurz aufkochen.

Kichererbsenbällchen:

Stützcreme (am Vortag, oder einige Zeit vor dem Kochen zubereiten, damit diese noch kalt werden kann):

- 85 g Mais, gemahlen
- 400 g Wasser

Mais und Wasser im Vitamix so lange mixen, bis die Masse zu stocken beginnt. Wirklich fest wird sie erst, wenn sie kalt geworden ist. (Die Zubereitung der halben Menge hätte gereicht.)

- 400 g Kichererbsen
- 180 g Zwiebeln, netto
- 3 Knoblauchzehen, 7 g, durch die Presse gedrückt
- 2 TL Salz
- 1 leicht gehäufter TL Kümmel
- schwarzer Pfeffer, frisch gemahlen
- 150 g Maisstützcreme
- 2 TL Backpulver

Die Kichererbsen in reichlich Wasser 12 Std. einweichen. Das Wasser abgiessen. Die Kichererbsen und die Zwiebeln durch den Fleischwolf drehen oder mit einem anderen geeigneten Gerät zerkleinern. Alle Zutaten für die Kichererbsenbällchen in eine Schüssel geben, vermischen und aus der Masse ungefähr 50 Bällchen formen. Diese auf ein mit Backpapier belegtes Blech legen und im vorgeheizten Backofen bei 220 °C Ober- und Unterhitze 30 Min. backen. (Die Menge der Kichererbsenbällchen hätte für 5 Personen gereicht.)

Agnes 98. Sesamkartoffeln mit weissen Bohnen, Dezember 2014

(Für 4 Personen)

- 220 g grosse, weisse Bohnen

Die Bohnen 12 Std. einweichen und anschliessend im Schnellkochtopf 12 Min. weichkochen. Das Kochwasser abgiessen.

Sauce:

- 50 g Sonnenblumenkerne
- 30 g geschälte Mandeln
- 10 g Zitronensaft
- 1,5 TL Salz
- 2 Knoblauchzehen, geschält
- 250 + 20 g Wasser

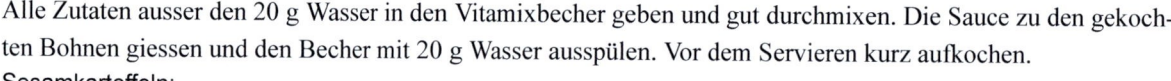

Alle Zutaten ausser den 20 g Wasser in den Vitamixbecher geben und gut durchmixen. Die Sauce zu den gekochten Bohnen giessen und den Becher mit 20 g Wasser ausspülen. Vor dem Servieren kurz aufkochen.

Sesamkartoffeln:

- 650 g Kartoffeln
- 70 g Sesamsamen
- 30 g Olivenöl
- Kräutersalz

Die Kartoffeln im Schnellkochtopf während 12 Min. weichkochen. Die Sesamsamen in der trockenen Pfanne so lange rösten, bis sie zu springen beginnen. Die fertig gekochten Kartoffeln noch heiss in grosse Würfel schneiden und zusammen mit dem Olivenöl zu den gerösteten Sesamsamen in die Pfanne geben und umrühren. Mit Kräutersalz bestreuen.

Agnes 99. Weizen-Kartoffel-Nuss-Brötchen, Januar 2015

- 450 g Kartoffeln, mehlige Sorte

Die Kartoffeln im Schnellkochtopf 10 Min. kochen und noch heiss durch die Kartoffelpresse drücken.

- 40 g Sonnenblumenkerne
- 20 g Cashewkerne
- 45 g Sonnenblumenöl
- 4 TL Salz
- 700 g Wasser
- 1 Löffelspitze Muskatnuss

Diese Zutaten im grossen Becher des Vitamix gut mixen. Nun die durchgepressten Kartoffeln zugeben und nochmals kurz durchmixen.

- 1500 g Weizen, gemahlen
- 60 g frische Bio-Hefe
- 2 gestrichene Teelöffel flüssiger Honig

Hefe und Honig in ein Schälchen geben und so lange rühren, bis die Hefe flüssig geworden ist. Mehl und die aufgelöste Hefe in eine Schüssel geben und die Kartoffelmilch dazu giessen. Den Teig mit der Knetmaschine 10 Min. kneten. Zugedeckt eine Stunde ruhen lassen. Aus dem Teig 32 Brötchen formen und auf zwei mit Backpapier belegte Bleche geben. Mit Wasser einsprühen und bei 220 °C Heißluft 25 Min. backen. Die Brötchen auf einen Gitterrost geben und nochmals mit Wasser einsprühen, auskühlen lassen.

Agnes 100. Haselnuss-Schoko-Kuchen, Februar 2015

Reiscreme:
- 65 g Reis, gemahlen
- 350 g Wasser

Im Vitamix so lange mixen, bis die Masse stockt.

Teig:
- 320 g Dinkel, gemahlen
- 200 g Haselnüsse
- 15 g Kakao
- 1 Päckchen Backpulver
- 1 gestrichener Teelöffel Natron
- 1 Prise Salz
- 150 g Butter
- 250 g cremiger Blütenhonig
- 320 g Reiscreme
- 70 g Wasser

Die Haselnüsse auf ein Backblech geben und im vorgeheizten Ofen bei 220 °C 7 Min. rösten. Nach dem Auskühlen die Nüsse in ein Küchentuch geben und die Nusshäutchen abreiben. Die geschälten Nüsse nicht zu fein mahlen. Ich habe die Nussreibe der Handtrommelraffel genommen.

Alle trockenen Zutaten in eine Schüssel geben und mit dem Schwingbesen vermischen. Butter, Blütenhonig und Reiscreme in einer zweiten Schüssel mit dem Handrührgerät gut verrühren. Anschliessend das Wasser und die trockenen Zutaten zugeben und nochmals gut durchmischen.

Eine Kastenform (30 cm) mit Backpapier belegen und den Teig einfüllen. Den Kuchen im vorgeheizten Ofen bei 180 °C Ober- und Unterhitze 65 Min. backen.

Die restliche im Vitamix-Becher verbliebene Reiscreme habe ich unter Zugabe von 35 g Datteln, 25 g geschälten Mandeln, 1 gestrichenen TL Kakao und 300 g Wasser zu einem warmen *Kakao* weiterverarbeitet.

Agnes 101. Brokkoli im Teig, Februar 2015

(Als Beilage zu einem Salat für 3 Personen)
- 380 g Brokkoli (2 Stück)

Brokkoli in kleine Röschen teilen, Strunk würfeln.

Reis-Mandel-Creme:
- 60 g Vollreis, gemahlen
- 30 g Mandeln, geschält
- 300 g Wasser

Im Vitamix mixen, bis es stockt.

Teig:
- 150 g Dinkel, gemahlen
- 1,25 TL Salz
- Reiscreme (siehe oben)
- 0,5 TL Kurkuma (für die Farbe)
- 2 TL italienische Kräutermischung
- Schwarzer, frisch gemahlener Pfeffer
- 50 g Wasser zum Spülen des Vitamix-Bechers

Alle Zutaten für den Teig in eine Schüssel geben und gut verrühren. Zugedeckt den Teig 30 Min. ruhen lassen.

Zuerst die Brokkoli-Röschen in den Teig geben und darin wenden, bis sie rundum damit bedeckt sind. Die Röschen aus dem Teig nehmen und auf ein mit Backpapier belegtes Blech legen. Nun die Strunkwürfel zugeben, vermischen und die Masse ebenfalls auf das Blech geben. Im vorgeheizten Backofen bei 220 °C Ober- und Unterhitze 40 Min. backen.

Agnes 102. Dattelblümchen, Februar 2015

- 200 g Datteln
- 15 g Orangeat (hergestellt aus in Würfel geschnittener Orangenschale und flüssigem Honig)
- 80 g Mandeln
- 0,5 TL Vanille

Die Datteln und das Orangeat durch den Fleischwolf drehen. Ich kenne kein anderes Gerät, mit dem man die Datteln so homogen verarbeiten kann. Die Mandeln in einem kleinen Mixer fein mahlen und zusammen mit der Vanille zu der Dattelmasse geben und gut durchkneten. Die Masse mit dem Wallholz dünn ausrollen und kleine Blümchen oder andere Formen ausstechen. Bei meiner Blümchenform von 2,5 cm Durchmesser ergab es ca. 70 Blümchen.

Orangendessert mit Dattelblümchen

(Für 4 Personen)

- 4 Orangen, netto 600 g, ganz klein gewürfelt
- 3 Clementinen, netto 300 g, in einem kleinen Mixer zu einer Sauce pürieren
- 110 g Dattelblümchen

Die Orangenwürfel auf vier Schälchen verteilen, die Clementinensauce darüber giessen und mit Dattelblümchen verzieren.

Agnes 103. Samen-Kräuter-Kräcker, Februar 2015

- 60 g Dinkel, frisch gemahlen
- 60 g Hafer, frisch geflockt
- 40 g Buchweizen, ganz
- 25 g Leinsamen
- 25 g Sonnenblumenkerne
- 1 TL getrocknete Kräutermischung (Oregano, Basilikum, Majoran, Rosmarin)
- 1 MS Salz
- 10 g Sonnenblumenöl
- 100 g Wasser

Alle Zutaten in eine Schüssel geben und verrühren. Ein Backblech mit Backpapier belegen und dieses mit

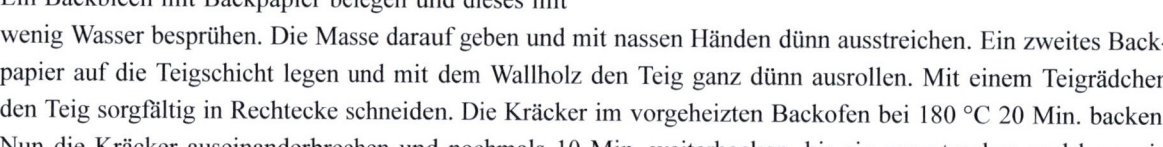

wenig Wasser besprühen. Die Masse darauf geben und mit nassen Händen dünn ausstreichen. Ein zweites Backpapier auf die Teigschicht legen und mit dem Wallholz den Teig ganz dünn ausrollen. Mit einem Teigrädchen den Teig sorgfältig in Rechtecke schneiden. Die Kräcker im vorgeheizten Backofen bei 180 °C 20 Min. backen. Nun die Kräcker auseinanderbrechen und nochmals 10 Min. weiterbacken, bis sie ganz trocken und knusprig sind.

Agnes 104. Gemüse-Kichererbsen-Eintopf, März 2015

(Für 5 Personen)

- 150 g Kichererbsen

Die Kichererbsen zunächst in reichlich kaltem Wasser einweichen und mindestens 12 Stunden, idealerweise über Nacht, quellen lassen. Nach der Einweichzeit das Wasser abgießen und die Kichererbsen gründlich abspülen. Anschließend die Kichererbsen in einen Schnellkochtopf geben, mit frischem Wasser bedecken und unter Druck für etwa 30 Minuten garen, bis sie weich sind. Nach dem Kochvorgang das Kochwasser durch ein Sieb abgießen und dabei auffangen, da es später noch weiterverwendet werden kann.

Gemüsepfanne:

- 150 g Wasser
- 500 g Lauch, in Halbringe geschnitten
- 450 g Karotten, klein gewürfelt
- 600 g Kartoffeln, in Würfel geschnitten
- 450 g Champignons, in Scheiben geschnitten

Wasser, Lauch, Karotten und Kartoffeln in einen Topf geben und als Gemüsepfanne 5 Min. dünsten. (Deckel auf den Topf legen und den Inhalt auf Höchststufe zum Kochen bringen. Wenn Dampf unter dem Deckel entweicht, Hitze auf kleinste Einstellung reduzieren und das Gemüse bei geschlossenem Deckel dünsten.)

Champignons und gekochte Kichererbsen zugeben, nochmals aufkochen und weitere 3 Min. dünsten.

Sauce:

- 50 g geschälte Mandeln
- 15 g Olivenöl
- 15 g Salz
- 2 cm Essigpeperoni
- 1 MS Muskatnuss
- 300 g Erbsen-Kochwasser

Alle Zutaten im Vitamix-Becher zu einer homogenen Sauce mixen, zum Gemüse giessen und kurz aufkochen.

Agnes 105. Gemüseschnecken, März 2015

(Für 6 Personen)

Teig:

- 450 g Weizen
- 260 g Flüssigkeit (Gemüsekochwasser ergänzt mit Wasser)
- 20 g frische Bio-Hefe (1/2 Würfel)
- 2 gestrichene TL Salz
- 20 g Sonnenblumenöl
- 2 gehäufte EL Weizen-Streumehl

Den Weizen fein mahlen, Salz, Sonnenblumenöl und die im Wasser aufgelöste Hefe dazugeben und mit der Maschine 8 Min. kneten. Die Schüssel mit einem Tuch zudecken und 60 Min. ruhen lassen.

Gemüse:

- 350 g Sellerie, netto, klein gewürfelt
- 350 g Karotten, klein gewürfelt
- 350 g Lauch, geputzt, in schmale Halbringe geschnitten
- 150 g Wasser
- 150 g Sojabohnen, gekocht
- 2 ganz leicht gehäufte TL Salz
- 60 g Wasser
- 20 g Olivenöl

Das Gemüse mit den 150 g Wasser in einen Topf geben und als Gemüsepfanne 5 Min. dünsten. (Deckel auf den Topf legen und den Inhalt auf Höchststufe zum Kochen bringen. Wenn Dampf unter dem Deckel entweicht, Hitze auf kleinste Einstellung reduzieren und das Gemüse bei geschlossenem Deckel dünsten.) Das Gemüse in ein Sieb geben und das Kochwasser auffangen. Dieses dem Hefeteig zufügen. Die restlichen Zutaten in den Vitamix-Becher geben und mithilfe des Stopfers pürieren und die Masse zum Gemüse geben, gut vermischen.

Den Hefeteig mithilfe des Streumehls zu einer rechteckigen Platte von ungefähr 38 x 45 cm ausrollen. Die Gemüsefüllung darauf verteilen. Dabei an einer Längskante einen 3 cm breiten Streifen frei lassen. Diesen mit Wasser bepinseln und die Teigplatte von der gegenüberliegenden Längsseite her aufrollen. Mit einem scharfen Messer 2,5 bis 3 cm breite Scheiben abschneiden und auf ein mit Backpapier belegtes Blech legen.

Im vorgeheizten Backofen bei 220 °C Ober- und Unterhitze 30 Min. backen.

Agnes 106. Kichererbsen-Kartoffel-Bratlinge für 6 Personen, März 2015

- 400 g Kichererbsen
- 550 g gekochte, ungeschälte Kartoffeln vom Vortag
- 4 mittlere Zwiebeln, netto 330 g, fein gehackt
- 45 g Petersilie, fein gehackt
- 80 g Weizen, fein gemahlen
- 1 gestrichener TL Paprika edelsüss
- 4 gestrichene TL Salz
- 40 g Wasser
- 8 mittelgrosse Tomaten, 630 g, in ganz dünne Scheiben geschnitten
- 70 g Naturreis, fein gemahlen
- 55 g geschälte Mandeln
- 470 g Wasser
- Kräutersalz
- 3 TL Italienische Kräutermischung
- Schwarzer Pfeffer, frisch gemahlen

Die Kichererbsen 12 Std. einweichen und anschliessend im Schnellkochtopf 25 Min. weichkochen. Das Kochwasser abgiessen.

Die gekochten Kichererbsen und die Kartoffeln in einer geeigneten Küchenmaschine zerkleinern. Ich habe die Handtrommelraffel mit Röstiraffel-Einsatz verwendet. Vorsichtig reiben, damit die Masse nicht verschmiert.

Die Zwiebelwürfel und das Wasser in einen Topf geben und als Gemüsepfanne 5 Min. dünsten. (Deckel auf den Topf legen und den Inhalt auf Höchststufe zum Kochen bringen. Wenn Dampf unter dem Deckel entweicht, Hitze auf kleinste Einstellung reduzieren und das Gemüse bei geschlossenem Deckel dünsten.) Anschliessend die gehackte Petersilie zufügen und bei ausgeschalteter Platte so lange mitdünsten, bis diese zusammenfällt.

Die Gewürze, das Mehl und die Zwiebelmischung ohne Kochwasser zur Kichererbsenmasse geben. Bei mir gab es keinen Kochwasser-Rest mehr im Topf. Die Masse gut vermischen und daraus 32 ganz dünne Bratlinge formen. Diese auf drei mit Backpapier belegte Bleche legen und im Backofen bei 200 °C Heißluft 20 Min. und weitere 20 Min. bei 220 °C backen. Reis, Mandeln und Wasser im Vitamix so lange mixen, bis die Masse stockt. Diese in eine Schüssel geben und die Gewürze zufügen. Auf jeden Kichererbsen-Kartoffel-Bratling ein bis zwei Tomatenscheiben legen und einen Esslöffel Sauce darüber giessen.

Agnes 107. Linsensugo an Röhrennudeln, März 2015

(Für 6 Personen)

- 600 g Tomaten, klein gewürfelt
- 550 g rote Paprika, netto, klein gewürfelt
- 260 g Karotten, klein gewürfelt
- 12 g Knoblauch, geschält, klein gewürfelt
- 250 g grüne Linsen
- 500 g Wasser
- 120 g Tomatenmark
- 25 g gekrauste Petersilie, fein gehackt
- 2,5 TL Salz
- Schwarzer Pfeffer, frisch gemahlen
- 350 g Vollkorn-Röhrennudeln

Die Linsen mit dem Wasser in einen grossen Topf geben und als Gemüsepfanne 15 Min. dünsten. (Deckel auf den Topf legen und den Inhalt auf Höchststufe zum Kochen bringen. Wenn Dampf unter dem Deckel entweicht, Hitze auf kleinste Einstellung reduzieren und das Gemüse bei geschlossenem Deckel dünsten.) Nach 15 Min. den Deckel abheben und das klein geschnittene Gemüse und den Knoblauch zugeben und erneut als Gemüsepfanne 12 Min. dünsten. Am Ende der Kochzeit die Petersilie, das Tomatenmark, das Salz und den Pfeffer hinzugeben, verrühren und nochmals kurz aufkochen lassen.

Die Röhrennudeln in ausreichend Salzwasser weichkochen und zusammen mit dem Linsensugo anrichten.

Agnes 108. Kartoffelbrot, März 2015

- 400 g Kartoffeln, mehlige Sorte
- 600 g Weizen, frisch gemahlen
- 1 Würfel frische Bio-Hefe, 42 g
- 1 gestrichener EL Salz
- 150 g Wasser

Die Kartoffeln im Schnellkochtopf 10 Min. weichkochen und noch heiss durch die Kartoffelpresse drücken. Die Hefe im Wasser auflösen. Alle Zutaten in die Knetschüssel geben und mit der Maschine 8 Min. kneten. Eine Knetmaschine ist von Vorteil, denn der Teig klebt an den Fingern. Den fertigen Teig eine Stunde gehen lassen. Zwei Kastenformen mit Backpapier auskleiden. Aus dem Teig zwei Laibe formen, in die Formen geben, einschneiden und mit Wasser besprühen. Im vorgeheizten Ofen bei 220 °C Ober- und Unterhitze 40 Min. backen. Die Brote nochmals mit Wasser besprühen und auf einem Gitterrost auskühlen lassen. Es kann bei gleicher Hitze und Backdauer auch nur ein langes Brot geformt und gebacken werden.

Aus dem Teig können auch Brötchen gebacken werden. Den gleichen Teig in 16 Stücke teilen und zu länglichen Brötchen formen. Der Länge nach mit einem Küchenmesser einschneiden und auf ein mit Backpapier belegtes Blech legen, mit Wasser einsprühen und im vorgeheizten Ofen bei 220 °C Ober- und Unterhitze 25 Min. backen. Nochmals mit Wasser einsprühen und auf einem Gitterrost auskühlen lassen.

Agnes 109. Spätzle mit Gemüse, März 2015

(Für 8 Personen)

Stützcreme:
- 100 g Reis, frisch gemahlen
- 60 g geschälte Mandeln
- 600 g Wasser

Alle Zutaten im Vitamix so lange mixen, bis die Masse stockt.

Spätzle:
- 600 g Dinkel, fein gemahlen
- 2 TL Salz
- 1 TL Kurkuma
- 200 g Wasser
- Stützcreme

Die trockenen Zutaten in eine Schüssel geben und mischen. Stützcreme und Wasser zugeben und mit einem Holzlöffel gut schlagen, bis der Teig ganz homogen ist. Anfangs ist er recht zäh, bekommt aber nach der Ruhezeit die richtige Konsistenz. Den Teig zugedeckt mindestens 3 Std. ruhen lassen.

In einem Topf reichlich Salzwasser zum Kochen bringen und den Teig durch ein Sieb ins Wasser streichen. Das Wasser sollte nun nicht mehr kochen. Nachdem die Spätzle an die Oberfläche gestiegen sind, noch ungefähr zwei Min. ziehen lassen. Mit einem Schaumlöffel abschöpfen und direkt in die Teller geben. Kurkuma habe ich wegen der schönen Farbe beigefügt. Die Menge der Spätzle ist für 8 Personen grosszügig berechnet.

Gemüse:
- 700 g Bohnen (Tiefkühlware), in Stücke geschnitten
- 500 g Karotten, netto, in Würfel geschnitten
- Kräutersalz

Beide Gemüse in je einen Topf geben und als Gemüsepfanne je 10 Min. dünsten. (Deckel auf den Topf legen und den Inhalt auf Höchststufe zum Kochen bringen. Wenn Dampf unter dem Deckel entweicht, Hitze auf kleinste Einstellung reduzieren und das Gemüse bei geschlossenem Deckel dünsten.) Mit Kräutersalz bestreuen und das Gemüse zu den Spätzle auf die Teller geben.

Agnes 110. Dinkelbrot mit Reis und Sojabohnen, April 2015

- 500 g Dinkel, fein gemahlen
- 310 g Wasser
- 40 g frische Bio-Hefe
- 225 g gekochter Vollkornreis, ungewürzt (ca. 80 g Vollkornreis)
- 100 g gekochte Sojabohnen (ca. 40 g getrocknete Bohnen)
- 1/2 EL Salz

Dinkelmehl und Salz in eine Schüssel geben und mischen. Die Hefe im Wasser auflösen. Alle Zutaten zum Mehl geben und 8 Min. mit der Knetmaschine kneten. Zugedeckt 1 Std. gehen lassen. Eine Kastenform (33 cm) mit Backpapier auslegen. Den Teig nochmals gründlich durchkneten, zu einem länglichen Laib formen und in die Form geben. Den Backofen auf 220 °C Ober- und Unterhitze vorheizen. Während dieser Zeit das Brot in der Form, mit Folie zugedeckt, nochmals gehen lassen. Mit Wasser einsprühen und im Backofen 40 Min. backen. Nochmals mit Wasser einsprühen und auf einem Gitterrost auskühlen lassen.

Der gekochte Reis ist ein Rest vom Vortag. Ich habe ihn nach Utes Anweisung im Verhältnis 200 g Reis zu 350 g Wasser gekocht.

Tipp: Kochanleitung Ute: Reis und Wasser in den Schnellkochtopf geben. Auf höchster Herdstufe erhitzen, bis das Ventil auf Stufe 2 steht. Zeituhr auf 12 Min. stellen. In diesen 12 Min. muss das Ventil ständig auf Stufe 2 stehen, d.h. die Herdeinstellung allmählich herunterschalten (bei mir: 4). Nach den 12 Min. den Herd auf die kleinste Einstellung drehen und auf dieser Einstellung langsam abdampfen lassen. Ich habe einen Induktionsherd mit 14 Stufen und P (Power), das Abdampfen mache ich auf Stufe 2.

Agnes 111. Pizza mit Kichererbsen und Tomatensauce, April 2015

(Für 8 Personen)
Hefeteig:
- 450 g Weizen, frisch gemahlen
- 260 g Wasser
- 20 g frische Bio-Hefe
- 20 g Sonnenblumenöl
- 2 TL Salz

Die Hefe im Wasser auflösen und alle Zutaten in die Knetschüssel geben. Den Teig mit der Maschine 8 Min. kneten und zugedeckt eine Stunde gehen lassen.

Den Teig in zwei Stücke teilen, mithilfe von Streumehl dünn ausrollen und auf zwei mit Backpapier belegte Backbleche legen.

Kichererbsenbelag:
- 200 g gekochte Kichererbsen
- 270 g Erbsenkochwasser
- 40 g Sonnenblumenkerne
- 20 g Olivenöl
- 2 TL Salz
- 3 Zehen Knoblauch, 8 g

Alle Zutaten in den Becher des Vitamix geben, mithilfe des Stopfers zu einer homogenen Masse mixen und auf die beiden Pizzateige verteilen.

Tomatenbelag:
- 1200 g gehackte Tomaten aus dem Glas
- 2 TL Salz
- 2 EL getrocknetes Pizzagewürz
- 200 g Oliven gemischt, grün und schwarz, mit Stein

Die Tomaten mit den Gewürzen mischen und je zur Hälfte auf dem Kichererbsenbelag verteilen.

Die beiden Pizzas im vorgeheizten Ofen bei 220 °C Heißluft 15 Min. backen, dann die Oliven gleichmässig auf dem Tomatenbelag verteilen und weitere 15 Min. backen.

Agnes 112. Hirse-Apfel-Dessert mit Crunchy-Haube, April 2015

(Für 6 Personen)

Hirsemasse:
- 125 g Hirse
- 470 g Wasser
- 1 Prise Salz
- 80 g Honig
- 1 MS Zimt

Wasser und Salz in einen Topf geben, aufkochen und die Hirse ins kochende Wasser einrühren. Nochmals aufkochen, Deckel aufsetzen, Herdplatte ausschalten und die Hirse 30 Min. quellen lassen. Honig und Zimt zufügen und verrühren.

Eine Gratinform von minimal 16 x 22 cm mit Butter einfetten und die Hälfte der Hirsemasse einfüllen und glattstreichen.

Apfelfüllung:
- 2 säuerliche Äpfel, Stiel und Blütenansatz entfernt
- Saft einer Zitrone, 25 g
- 1 TL Zimt

Die Äpfel an der Hand-Röstiraffel reiben und mit Zitronensaft und Zimt mischen. Gleichmässig auf der Hirsemasse verteilen. Die Hälfte der Hirsemasse darübergeben und wiederum glattstreichen.

Mandel-Crunchy:
- 80 g Mandeln
- 40 g Honig
- 20 g Butter
- 30 g Nackthafer, frisch geflockt
- 1 TL Zimt

Die Mandeln in einem kleinen Mixer grob hacken. Es können auch noch wenig ganze Mandeln in der Masse sein. Honig und Butter in einem kleinen Topf schmelzen und Haferflocken, Mandeln und Zimt unterrühren. Die Masse auf der Hirseschicht verteilen und im vorgeheizten Ofen bei 180 °C Ober- und Unterhitze 30 Min. backen. Lauwarm servieren. Ist der Hirseauflauf noch heiss, so lässt er sich nicht in schöne Stücke teilen, weil er zerfällt.

Agnes 113. Gemüsekuchen an Tomatensauce, April 2015

(Für 4 Personen)

- 300 g Weizen, fein gemahlen
- 1 TL Salz
- 15 g Sonnenblumenöl
- 20 g frische Hefe (½ Würfel)
- 180 g Wasser

Die Hefe im Wasser auflösen und alle Zutaten in eine Schüssel geben. Während 8 Min. zu einem Hefeteig kneten. Ich habe die Knetmaschine dafür benutzt. Den Teig zugedeckt eine Stunde ruhen lassen.

- 250 g Wirz, klein gehackt (hochdeutsch: Wirsing)
- 270 g Karotten, klein gewürfelt
- 100 g Wasser
- 20 g Petersilie, fein gehackt
- 1/2 TL Salz
- Schwarzer Pfeffer, frisch gemahlen

Wasser, Wirz und Karotten in einen Topf geben und als Gemüsepfanne 8 Min. dünsten. (Deckel auf den Topf legen und den Inhalt auf Höchststufe zum Kochen bringen. Wenn Dampf unter dem Deckel entweicht, Hitze auf kleinste Einstellung reduzieren und das Gemüse bei geschlossenem Deckel dünsten.) Petersilie, Salz und Pfeffer zugeben, verrühren und das Gemüse etwas abkühlen lassen. Anschliessend das Gemüse zum Hefeteig geben und von Hand gut in den Teig kneten.

Eine Springform von 26 cm Durchmesser mit Backpapier auskleiden und Teig-Gemüse-Mischung in die Form geben. Mit der nassen Hand glattstreichen.

Zugedeckt nochmals 15 Min. gehen lassen. Im vorgeheizten Ofen bei 200 °C 45 Min. backen.

Tomatensauce:

- 800 g Tomaten, klein gehackt
- 12 g Knoblauch, in dünne Scheiben geschnitten
- 80 g Wasser
- 1 EL italienische Kräutermischung
- 1 TL Salz

Wasser, Tomaten und Knoblauch in einen Topf geben und als Gemüsepfanne 5 Min. dünsten. (Deckel auf den Topf legen und den Inhalt auf Höchststufe zum Kochen bringen. Wenn Dampf unter dem Deckel entweicht, Hitze auf kleinste Einstellung reduzieren und das Gemüse bei geschlossenem Deckel dünsten.) Gewürze zugeben. Die Sauce mit dem Stabmixer kurz pürieren, so dass es noch stückig bleibt.

Agnes 114. Apfel-Dattelcreme, Mai 2015

(Für 7 Personen)

Creme:

- 55 g Vollreis, gemahlen
- 30 g geschälte Mandeln
- 300 g Wasser

Alle Zutaten in den Becher des Vitamix geben und so lange mixen, bis die Masse stockt. In eine Schüssel füllen und den Becher, ohne auszuwaschen, neu füllen.

- 170 g gekochte Sojabohnen
- 150 g Wasser
- 70 g Honig
- 0,75 TL gemahlene Vanille

Im Becher des Vitamix alle Zutaten ausser der Vanille zu einer homogenen Masse mixen, Vanille unterrühren und zu der Reis-Mandelcreme geben. Becher wiederum ohne auszuwaschen neu füllen.

- 120 g Datteln
- 120 g Wasser
- 0,75 TL Zimt

Datteln und Wasser zu einer glatten Masse mixen. Das geht knapp ohne Hilfe des Stopfers. Zimt beigeben und die Masse in eine Schüssel füllen.

- 3 säuerliche Äpfel, ungeschält, 450 g
- Saft einer halben Zitrone, 25 g

Die Äpfel an der Röstiraffel reiben, mit dem Zitronensaft vermischen und unter die Dattelcreme rühren.

Die Hälfte der Apfeldattelmasse in 7 Gläser füllen, die Hälfte der Creme (ca. je 2 Esslöffel) darübergeben, wiederum Apfeldattelmasse und zum Abschluss die Creme einfüllen.

Agnes 115. Borlotti-Karotten-Küchlein, Mai 2015

(Für 4 Personen)

- 200 g Borlotti-Bohnen (oder Kidneybohnen)
- 250 g Karotten, an der Bircherraffel gerieben
- 2 Zwiebeln, 145 g netto, fein gehackt
- 80 g Wasser
- 30 g Petersilie, fein gehackt
- 70 g Nackthafer, frisch geflockt
- 100 g Weizen, fein gemahlen
- 15 g Tomatenmark
- 1 leicht gehäufter TL Paprikapulver, edelsüss
- 2 TL Salz
- Schwarzer Pfeffer, frisch gemahlen

Die Bohnen 12 Std. in Wasser einweichen und anschliessend im Schnellkochtopf 15 Min. kochen. Das Kochwasser abgiessen.

Zwiebel und Wasser in einen kleinen Topf geben und als Gemüsepfanne 3 Min. dünsten. (Deckel auf den Topf legen und den Inhalt auf Höchststufe zum Kochen bringen. Wenn Dampf unter dem Deckel entweicht, Hitze auf kleinste Einstellung reduzieren und das Gemüse bei geschlossenem Deckel dünsten.) Das Kochwasser abgiessen.

Die gekochten Bohnen in eine Schüssel geben und mit

den Händen zu Mus zerdrücken. Es müssen nicht alle Bohnen zerquetscht werden. Alle Zutaten zufügen und die Masse gut durchkneten. 20 flache Küchlein formen, auf ein mit Backpapier belegtes Blech legen und im vorgeheizten Backofen bei 200 °C Ober- und Unterhitze 35 Min. backen.

Sauce:

- 70 g Vollreis, frisch gemahlen
- 50 g geschälte Mandeln
- 450 g Wasser
- Kräutersalz
- 2 EL Pizzagewürz

Reis, Mandeln und Wasser im Vitamix so lange mixen, bis die Masse stockt. Gewürze zufügen und die Sauce warm zu den Küchlein und zum Gemüse servieren.

Gemüse:

- 200 g Gurken, in Stäbchen geschnitten
- 200 g Karotten, in Stäbchen geschnitten
- 200 g gelbe Paprika, in Stäbchen geschnitten
- 200 g Cherrytomaten, halbiert

Agnes 116. Reis mit Gemüse an Currysauce, Mai 2015

(Für 6 Personen)

Reis:

- 400 g Vollkornreis
- 700 g Wasser
- 1 TL Gemüsebrühextrakt

Alle Zutaten in den Schnellkochtopf geben und 12 Min. kochen. Herdplatte ausschalten und den Topf auf der Herdplatte abdampfen lassen.

Gemüse:

- 700 g Bohnen (TK-Ware), in ca. 3 cm lange Stücke geschnitten
- 350 g Karotten, in Würfel geschnitten
- 130 g Wasser
- Kräutersalz

Alle Zutaten ausser dem Kräutersalz in einen Topf geben und als Gemüsepfanne 12 Min. dünsten. (Deckel auf den Topf legen und den Inhalt auf Höchststufe zum Kochen bringen. Wenn Dampf unter dem Deckel entweicht, Hitze auf kleinste Einstellung reduzieren und das Gemüse bei geschlossenem Deckel dünsten.) Vor dem Servieren mit Kräutersalz bestreuen.

Sauce:

- 400 g Kartoffeln, mehlige Sorte
- 50 g geschälte Mandeln
- 700 g Wasser
- 2 TL Salz
- 1 leicht gehäufter TL mildes Currypulver

Die Kartoffeln im Schnellkochtopf 12 Min. weichkochen. Noch heiss durch die Kartoffelpresse drücken. Wasser und Mandeln in den grossen Becher des Vitamix geben und zu einer Milch mixen. Durchgepresste Kartoffeln und Gewürze zufügen und kurz durchmixen. Die Sauce in einen Topf giessen und vor dem Servieren kurz aufkochen.

Agnes 117. Badischer Flammkuchen, Juni 2015

(Für 3 Personen)

Teig:

- 300 g Weizen, fein gemahlen
- 200 g Wasser
- 20 g Mandeln, geschält
- 1/2 TL Salz

Weizenmehl und Salz in eine Schüssel geben. Wasser und Mandeln zusammen im Vitamix zu einer Milch mixen und zum Mehl giessen. Zu einem Teig kneten und zugedeckt 30 Min. ruhen lassen.

500 g weisse Spargeln, brutto

Marinade für die Spargelringe nach Utes Idee:

1/2 TL Salz

0,5 TL Honig

Die holzigen Enden der Spargeln abschneiden. Enden schälen und die Spargeln in 3 bis 5 mm dicke Scheiben schneiden. In eine Schüssel geben und mit Salz und Honig marinieren. 15 Min. stehen lassen. Marinadeflüssigkeit abgiessen.

Weiße Sauce:

- 100 g gekochte Sojabohnen
- 200 g Stützcreme (60 g Reis, 300 g Wasser)
- 10 g Olivenöl
- 1/2 TL Salz

- Schwarzer Pfeffer, frisch gemahlen
- 1 TL Pizzagewürz
- 20 g Wasser zum Spülen des Bechers

Sojabohnen und Olivenöl im Vitamix durchmixen, in eine Schüssel umfüllen und Reiscreme und Gewürze zugeben. Den Vitamixbecher mit dem Wasser ausspülen und ebenfalls zur Sauce giessen.

- 80 g Zwiebelgrün, in Ringe geschnitten
- 230 g Kirschtomaten, in je 4 Scheiben geschnitten
- Schwarzer Pfeffer
- Kräutersalz

Den Teig dritteln und zu Kugeln formen. Jede Kugel zu einem dünnen, ovalen Teigstück ausrollen und auf zwei mit Backpapier belegte Bleche legen. Die weisse Sauce darauf verteilen und glattstreichen. Zuerst die Zwiebelringe und dann die Spargelscheiben darüber verteilen und zuletzt die Tomatenscheibchen darauf legen. Mit Pfeffer und Kräutersalz bestreuen und im vorgeheizten Backofen bei 200 °C Heißluft 15 Min. backen.

Agnes 118. Lauchwähe mit Tomaten, Juni 2015

(Für 8 Personen); 2 Quiche-Formen 28 cm

Teig:
- 150 g Nackthafer
- 450 g Dinkel
- 1,5 TL Salz
- 1 Würfel frische Bio-Hefe, 40 g
- 150 g Stützcreme (60 g Reis, 350 g Wasser)
- 250 g Wasser
- Butter und Streumehl für die Form

Vollreis mahlen und zusammen mit dem Wasser im Vitamix so lange mixen, bis die Masse stockt. In eine Schüssel füllen und 150 g davon zum Teig geben. Den Vitamix-Becher ohne auszuwaschen für die Herstellung des Gusses weiterverwenden.

Dinkel und Hafer zusammen fein mahlen, Salz zufügen. Hefe im Wasser auflösen und zusammen mit der Stützcreme zum Mehl geben. Mit der Maschine 8 Min. kneten und zugedeckt 1 Stunde ruhen lassen. Die Quiche-Formen mit Butter einstreichen und mit Mehl bestreuen. Den Teig in zwei Teile teilen und mithilfe von Streumehl rund ausrollen. Die Formen damit auslegen und einen Rand hochziehen.

Lauch:
- 150 g Wasser
- 900 g Lauch, netto, in Halbringe geschnitten

Wasser und Lauch in einen Topf geben und 5 Min. als Gemüsepfanne dünsten. (Deckel auf den Topf legen und den Inhalt auf Höchststufe zum Kochen bringen. Wenn Dampf unter dem Deckel entweicht, Hitze auf kleinste Einstellung reduzieren und das Gemüse bei geschlossenem Deckel dünsten.) Das Kochwasser abgiessen.

Guss:
- 180 g gekochte Sojabohnen
- 60 g Cashewkerne
- 20 g Zitronensaft
- 2 leicht gehäufte TL Salz
- Reiscreme-Rest im Vitamix-Becher von der Creme-Herstellung für den Teig

Alle Zutaten in den Vitamix-Becher füllen, durchmixen, zum Lauch geben und verrühren. Die Lauchmasse auf beide Formen verteilen und glatt streichen.

- 5 Tomaten, 430 g, in Scheiben geschnitten
- 1 gelbe Paprika, 165 g netto, in kleine Würfel geschnitten
- Schwarzer Pfeffer
- Kräutersalz
- Pizzagewürz

Am Rand der Quiche einen Ring mit Tomatenscheiben legen und in die Mitte die Paprikawürfel streuen.

Mit den Gewürzen und dem Salz bestreuen und im vorgeheizten Backofen bei 200 °C Heißluft 30 Min. backen.

Agnes 119. Orangenschale, Juni 2015

(Für 6 Personen)

- 900 g Orange, netto (7 Stück), gewürfelt

Auf sechs Schälchen verteilen.

Honigmarzipan:

- 100 g geschälte Mandeln
- 60 g fester Blütenhonig
- 1 TL Wasser

Die Mandeln in einem kleinen Mixer fein mahlen und mit Honig und Wasser gut verkneten.

Creme:

- 85 g Vollreis, gemahlen
- 500 g Wasser

Wasser und Reis im Vitamix so lange mixen, bis die Masse stockt. In eine Schüssel füllen. 120 g davon für die Schokosauce wegnehmen und in eine kleine Schüssel geben. Die Reiscreme etwas auskühlen lassen und dann das Marzipan in kleine Stücke brechen und zur Creme geben. Verrühren, aber nur so lange, dass noch Marzipanstücke übrigbleiben. Die Creme über die Orangen geben.

Getreidemix (Alle Zutaten in eine Schüssel geben, vermischen und auf die Creme streuen):

- 30 g Nackthafer, geflockt
- 20 g Sonnenblumenkerne
- 20 g Buchweizen
- 40 g Honig

Schokosauce:

- 120 g Reiscreme
- 10 g Kakao
- 50 g Honig

Kakao und Honig zur Reiscreme geben, verrühren und als Abschluss je ein Esslöffel voll davon auf den Orangen-Creme-Getreidemix tropfen.

Agnes 120. Maispizza, Juni 2015

(6 Personen)

Teig:

- 300 g Dinkel
- 200 g Speisemaiskörner
- 1 TL Salz
- 1 gehäufter TL getrockneter Thymian
- 1 Würfel frische Bio-Hefe, 42 g
- 300 g Wasser
- 15 g Olivenöl
- Streumehl

Mais und Dinkel nacheinander in der Getreidemühle fein mahlen. Alle trockenen Zutaten vermischen. Hefe im Wasser auflösen und zusammen mit dem Öl zum Mehl geben. Den Teig 8 Min. mit der Maschine kneten und anschliessend zugedeckt 1 Stunde ruhen lassen.

Roter Belag:

- 300 g gekochte Kidneybohnen (ungefähr 140 g getrocknete Bohnen)
- 50 g Dörrtomaten, grob geschnitten
- 1 Knoblauchzehe, 8 g netto
- 190 g Bohnenkochwasser
- Schwarzer, frisch gemahlener Pfeffer

Alle Zutaten in einen Becher geben und mit dem Pürierstab mixen.

- 330 g Zwiebeln, netto
- 380 g Tomaten, in sehr dünne Scheiben geschnitten
- 200 g Maiskörner, aus der Dose, ohne Zuckerzusatz
- Schwarzer, frisch gemahlener Pfeffer
- Kräutersalz

Die Zwiebeln in ganz dünne Scheiben schneiden. Ich habe dazu die Scheibenraffel der elektrischen Küchenmaschine genommen.

Den Teig nochmals kurz durchkneten, er ist etwas brüchig, und mithilfe von Streumehl zu einem Rechteck in der Grösse eines Backbleches ausrollen. Das Blech mit Backpapier belegen und den Teig hineinlegen. Nun den roten Belag auf dem Teig gleichmässig verstreichen. Zuerst die Zwiebelscheiben und dann die Maiskörner darüber streuen und die Tomatenscheiben gleichmässig darauf verteilen. Zum Schluss die Maispizza mit schwarzem Pfeffer und Kräutersalz bestreuen.

Im vorgeheizten Backofen bei 220 °C Ober- und Unterhitze 35 Min. backen.

Agnes 121. Wraps mit rohem Gemüse, Juni 2015

(Für 6 Personen)

Teig:
- 70 g Speisemais
- 300 g Wasser
- 380 g Weizen, gemahlen
- 1 TL Salz
- ca. 60 g Streumehl

Mais mahlen und zusammen mit dem Wasser im Becher des Vitamix so lange mixen, bis die Masse stockt. Vor dem Weiterverarbeiten ein wenig auskühlen lassen. Maiscreme mit Weizenmehl und Salz in eine Schüssel geben, vermischen und zu einem geschmeidigen Teig verkneten. Zugedeckt 30 Min. ruhen lassen. Den Teig in 9 gleich grosse Stücke von ungefähr 80 g teilen, Kugeln formen und mit dem Wallholz mithilfe des Streumehls rund ausrollen. (Durchmesser ca. 23 cm). Wenn vorhanden zwei beschichtete Bratpfannen erhitzen, Stufe 4 von 6, und die Wraps ohne Zugabe von Öl beidseitig backen. Total ungefähr 5 Min. Die Wraps sind nun nicht mehr ganz weich, aber auch nicht knusprig und hart. Die gebackenen Wraps auf einen Teller schichten. Nach

zwei gebackenen Wraps mit einem trockenen Lappen das Streumehl aus der Pfanne wischen.

Gemüse:
- 1 Gurke, 340 g
- 200 g Karotten
- 4 Tomaten, 320 g
- Kräutersalz
- Pfeffer
- Salatgewürz

Belag:
- 2 Knoblauchzehen, netto 12 g
- 200 g Kichererbsen
- 1,5 TL Salz
- 270 g Kichererbsenkochwasser

Die Kichererbsen im Schnellkochtopf 30 Min. weichkochen, Kochwasser abgiessen, auffangen und 270 g dieses Kochwassers in den Becher des Vitamix giessen und zusammen mit den Kichererbsen, dem Knoblauch und dem Salz mithilfe des Stopfers zu einer homogenen Masse mixen.

Je ein Wrap auf einen Teller legen und einen Esslöffel voll von der Kichererbsenmasse darauf gleichmässig verstreichen.

Gurken und Karotten mit dem Sparschäler in Streifen schneiden und auf die Wraps legen. Tomaten in hauchdünne Scheiben schneiden und ebenfalls darauf legen. Mit Kräutersalz, Pfeffer und Salatkräutern bestreuen. Nun die Wraps so lange durchziehen lassen, bis der Teig so weich geworden ist, dass er sich rollen lässt. Bei 9 Wraps dauert das ungefähr 30 Min. Wer weniger Wraps macht, muss mehr Zeit einberechnen, denn die Herstellung dauert nicht so lang.

Agnes 122. Karottenecken, Juni 2015

(Für 6 bis 7 Personen)

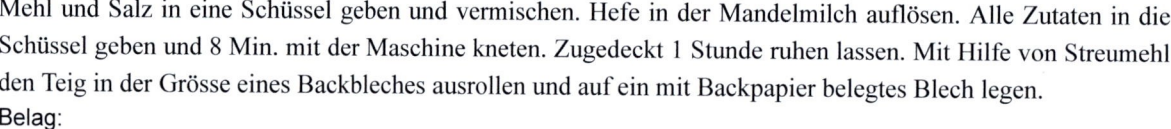

Mandelmilch:

- 30 g geschälte Mandeln
- 300 g Wasser
- Mandeln und Wasser im Vitamix zu einer Milch mixen.

Teig:

- 500 g Dinkel, frisch gemahlen
- 30 g frische Bio-Hefe
- 1 TL Salz
- Mandelmilch, siehe oben
- 25 g Olivenöl
- Streumehl

Mehl und Salz in eine Schüssel geben und vermischen. Hefe in der Mandelmilch auflösen. Alle Zutaten in die Schüssel geben und 8 Min. mit der Maschine kneten. Zugedeckt 1 Stunde ruhen lassen. Mit Hilfe von Streumehl den Teig in der Grösse eines Backbleches ausrollen und auf ein mit Backpapier belegtes Blech legen.

Belag:

- 600 g Karotten
- 180 g gekochte Sojabohnen
- 2 Knoblauchzehen, mittelgross
- 3 TL Salz
- 30 g Olivenöl
- 70 g Wasser

Die Karotten an der Bircherraffel reiben. Alle anderen Zutaten im Vitamix mithilfe des Stopfers gut durchmixen und mit den Karotten vermischen. Die Masse auf den Teigboden geben und gleichmässig darauf verstreichen. Im vorgeheizten Backofen bei 220 °C Ober- und Unterhitze 35 Min. backen.

Salat: (für 6 Personen)

- 180 g Kopfsalat
- 240 g Gurken, in dünne Scheiben geschnitten
- 300 g kleine Tomaten, grob zerteilt
- 1 gelbe Paprika, netto 160 g
- 150 g Karotten, in Stäbchen geschnitten

Über das Gemüse habe ich unsere Standard-Salatsauce gegossen.

Agnes 123. Schoko-Marzipan-Kugeln, Juni 2015

(35 bis 40 Stück)

Marzipan:

- 200 g geschälte Mandeln
- 150 g fester, milder Blütenhonig

Die Mandeln in einem kleinen Mixer ganz fein mahlen. Den Honig zufügen und zusammenkneten. Aus der Masse Kugeln in der Grösse einer kleinen Walnuss formen und für eine Stunde ins Gefrierfach geben.

Schokoglasur nach „Immer öfter vegetarisch":

- 100 g Kakaobutter
- 80 g fester, milder Blütenhonig
- 80 g Cashewnussmus
- 3 gestr. Teelöffel Kakaopulver (6 g)

Kakaobutter auf niedriger Temperatur schmelzen und in den Becher eines kleinen Mixers giessen. Alle anderen Zutaten zufügen und durchmixen und einen Teil davon in ein tiefes Schüsselchen giessen. Die Marzipankugeln aus dem Gefrierfach nehmen, auf einen Zahnstocher spiessen, in die Schokoglasur tauchen, abtropfen und mit einem zweiten Zahnstocher auf ein mit Backpapier belegtes Gitter abstreifen. Sobald die Glasur hart geworden ist, die Kugeln in eine Dose geben und im Kühlschrank aufbewahren.

Die restliche Schokoglasur für die Schoko-Knusperecken verwenden.

Agnes 124. Schoko-Knusper-Ecken, Juni 2015

- 70 g Sonnenblumenkerne
- 70 g Buchweizen
- 40 g Nackthafer
- 70 g geschälte Mandeln
- 160 g Honig
- 0,5 TL Vanille

Nackthafer flocken und die Mandeln in einem kleinen Mixer fein mahlen. Alle Zutaten in eine Schüssel geben und verkneten. Die Masse auf eine Haushaltfolie geben, mit einer zweiten Folie bedecken und mit dem Wallholz dünn zu einem Rechteck (ca. 20 x 25 cm) ausrollen. Mit einem scharfen Messer Rechtecke in die Masse drücken (ca. 3 cm x 4 cm).

Schokoglasur:

- 100 g Kakaobutter
- 80 g fester, milder Blütenhonig
- 80 g Cashewnussmus
- 3 gestr. Teelöffel Kakaopulver (6 g)

Kakaobutter auf niedriger Temperatur schmelzen und in den Becher eines kleinen Mixers giessen. Alle anderen Zutaten zufügen und durchmixen. Ungefähr die Hälfte der Glasur mit einem Pinsel auf die Teigplatte streichen und kaltstellen. Wenn die Glasur hart geworden ist, die Rechtecke sorgfältig voneinander trennen, in eine Dose füllen und im Kühlschrank aufbewahren.

Tipp: Die zweite Hälfte der Glasur für die Schoko-Marzipan-Kugeln verwenden.

Agnes 125. Hirseküchlein mit Grünkern-gemüse, Juli 2015

(Für 4 Personen)

Hirseküchlein:

- 300 g Hirse
- 600 g Wasser
- 1 TL Salz
- 25 g Schnittlauch, in Röllchen geschnitten

Hirse und Wasser in einen Topf geben, aufkochen und 10 Min. leicht köcheln lassen. Salz und Schnittlauch zufügen und gut verrühren, sodass die Masse klumpig wird. Etwas abkühlen lassen und 16 flache Küchlein formen. Auf ein mit Backpapier belegtes Blech legen und im vorgeheizten Ofen bei 220 °C Ober- und Unterhitze 15 Min. backen.

Grünkerngemüse:

- 300 g Wasser
- 125 g Zwiebeln (2 Stück), netto, klein gehackt
- 400 g gelbe Paprika (2 Stück), netto, klein gehackt
- 275 g Tomaten, 3 Stück, gehackt
- 50 g Grünkern, geflockt
- 20 g Tomatenmark
- 2 TL Salz

Wasser, Zwiebeln, Paprika und Tomaten in einen Topf geben, die Grünkernflocken darüber streuen und als Gemüsepfanne 10 Min. dünsten. (Deckel auf den Topf legen und den Inhalt auf Höchststufe zum Kochen bringen. Wenn Dampf unter dem Deckel entweicht, Hitze auf kleinste Einstellung reduzieren und das Gemüse bei geschlossenem Deckel dünsten.) Salz und Tomatenmark zugeben, verrühren und nochmals kurz aufkochen.

Agnes 126. Aprikosenecken, Juli 2015

Stützcreme:

- 30 g geschälte Mandeln
- 60 g Vollreis, gemahlen
- 300 g Wasser

Im Vitamix so lange mixen, bis die Masse stockt.

Biskuit nach einem Rezept von Ute:

- 250 g Dinkel, fein gemahlen
- 50 g Haselnüsse, in einem kleinen Mixer gemahlen
- 1 Prise Salz
- 1 Päckchen Weinsteinbackpulver
- 1 MS Vanille
- 170 g Honig
- 40 g Sonnenblumenöl
- 200 g Stützcreme
- 190 g Wasser
- Belag: 20 halbe Aprikosen, gefroren, 350 g

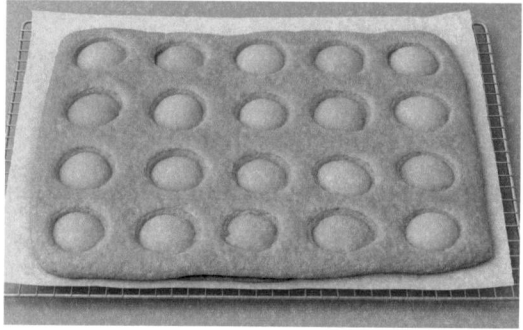

Alle trockenen Zutaten in eine Schüssel geben, vermischen, die restlichen Zutaten zufügen und mit dem Handrührgerät gut durchrühren. Ein Backblech mit Backpapier auslegen, den Teig aufs Blech giessen und mit einem Spachtel zu einem Rechteck ausstreichen. Die Aprikosenhälften gleichmässig in Reihen auf den Teig legen. Im vorgeheizten Backofen bei 180 °C 40 Min. backen. Auf einem Gitterrost auskühlen lassen und in Quadrate schneiden, sodass sich je eine Aprikosenhälfte in der Mitte befindet.

Creme:

- 70 g Vollreis, gemahlen
- 70 g Pekannüsse
- 450 g Wasser
- 120 g gekochte weisse Bohnen
- 100 g Wasser
- 100 g Honig

Reis, Nüsse und Wasser im Vitamix mixen, bis die Masse stockt. In eine Schüssel füllen. Bohnen und Wasser ebenfalls mixen und zusammen mit dem Honig zur Reiscreme geben, verrühren.

Agnes 127. Pizzarollen, Juli 2015

(Für 4 Personen)

Hefeteig:

- 450 g Weizen
- 1/2 TL Salz
- 0,5 Würfel Hefe (21 g)
- 280 g Wasser
- 30 g Olivenöl

Weizen fein mahlen, Hefe im Wasser auflösen und alle Zutaten unter das Weizenmehl mischen. Den Teig 10 Min. kneten und anschliessend zugedeckt 60 Min. ruhen lassen.

Den Teig in vier gleich grosse Kugeln teilen und jede Kugel auf der bemehlten Arbeitsfläche zu einem möglichst grossen, dünnen Rechteck auswallen (Grösse ca. 32 x 38 cm) und auf ein mit Backpapier belegtes Blech legen (ergibt vier Backbleche).

Belag:

- 330 g Champignons
- 1 Zwiebel netto 140 g
- 1 grosse Tomate 150 g

230

- 10 g frische, glatte Petersilie
- 35 g Kapern
- schwarzer Pfeffer, frisch gemahlen
- Kräutersalz

Die Champignons in dünne Scheiben schneiden (Scheibentrommel einer Handraffel oder ähnlich) Die Zwiebel und die Tomate in ganz kleine Stückchen schneiden, die Petersilie fein hacken und alle Zutaten für den Belag vermischen.

Nun je einen Viertel des Belages dünn auf je einem Teigstück verteilen. Den Backofen auf 220 °C Ober- und Unterhitze vorheizen und die dünnen Pizzas je 10 Min. backen. Wer einen Heißluftofen hat, kann zwei oder drei Bleche zusammen backen.

Nach dem Backen die Teigstücke sofort von der schmalen Seite her aufrollen, in zwei Stücke schneiden, in eine Papierserviette einschlagen und warm servieren.

Tipp: *Die Pizzarollen schmecken warm und kalt sehr gut.*

Agnes 128. Spinatlasagne, Juli 2015

(Für 4 Personen und eine Gratinform von 20 x 29 cm)

Nudelteig:

- 180 g Dinkel
- 90 g Wasser

Dinkel mahlen und mit dem Wasser zu einem Nudelteig verkneten. In eine Schüssel geben und zugedeckt 30 Min. ruhen lassen. Wenn alle anderen Arbeitsschritte erledigt sind, Nudelteig in Stücke teilen und durch die Nudelmaschine (Atlas Marcato) bis Stufe 6 von 7 drehen. Die fertigen Streifen sofort in die Form legen, denn sie sind dünn und reissen schnell.

Tomatensauce:
- 400 g gehackte Tomaten aus der Dose
- 2 Knoblauchzehen (6 g), geschält und zerdrückt
- 0,5 TL italienische Kräutermischung
- 1/2 TL Salz

Alle Zutaten in eine Schüssel geben, verrühren und beiseite stellen.

Spinat:
- 500 g Blattspinat, tiefgekühlt
- 70 g Wasser
- 1 TL Salz

Den gefrorenen Spinat rechtzeitig auftauen oder bei Bedarf in einem Topf bei niedriger Temperatur auftauen. Wasser und Salz zugeben.

Weisse Sauce:
- 300 g gekochte Sojabohnen (ca. 130 g getrocknete Bohnen)
- 35 g Cashewkerne
- 10 g Olivenöl
- 150 g Wasser
- 1,5 TL Salz
- Muskatnuss, gemahlen
- 100 g Wasser zum Ausspülen des Bechers

Alle Zutaten im Vitamix mithilfe des Stopfers zu einer Creme mixen. In eine Schüssel füllen. 100 g Wasser in den Becher füllen, nochmals durchmixen und ebenfalls in die Schüssel giessen und verrühren.

Auf den Boden der Gratinform die Hälfte der Tomatensauce geben, mit einer Schicht Lasagneblättern belegen, die restliche Tomatensauce darüber verteilen und mit einer Schicht Lasagneblättern bedecken. Nun die ganze Menge Spinat darauf verteilen, mit Lasagneblättern belegen, die Hälfte der weissen Sauce darauf geben, mit den restlichen Teigstreifen bedecken und die zweite Hälfte der Sauce darüber verteilen.

Im vorgeheizten Backofen bei 220 °C 30 Min. backen.

Agnes 129. Tomaten-Zucchini-Ecken, Juli 2015

(Für 7 Personen)

Mandelmilch:

- 30 g geschälte Mandeln
- 300 g Wasser

Mandeln und Wasser im Vitamix zu Milch mixen.

Teig:

- 500 g Dinkel, frisch gemahlen
- 30 g frische Bio-Hefe
- 1 TL Salz
- Mandelmilch
- 30 g Olivenöl
- Streumehl

Mehl und Salz in eine Schüssel geben und vermischen. Hefe in der Mandelmilch auflösen. Alle Zutaten in die Schüssel geben und 8 Min. mit der Maschine kneten. Zugedeckt 1 Stunde ruhen lassen. Mit Hilfe von Streumehl den Teig in der Grösse eines Backbleches ausrollen und auf ein mit Backpapier belegtes Blech legen.

Weisser Belag:

- 100 g Stützcreme (65 g Reis und 350 g Wasser)
- 80 g gekochte Sojabohnen
- 80 g gekochte Kichererbsen
- 30 g Cashewkerne, geröstet und gesalzen
- 80 g Kichererbsenkochwasser
- 1 leicht gehäufter TL Salz
- Schwarzer Pfeffer, frisch gemahlen
- 1 gehäufter TL Pizzagewürz
- 50 g Wasser

Im Becher des Vitamix mithilfe des Stopfers alle Zutaten ausser dem Pizzagewürz zu einer glatten Masse mixen. Die Masse in eine Schüssel giessen, den Becher mit den 50 g Wasser ausspülen und in die Schüssel giessen. Das Pizzagewürz zufügen, vermischen und die Sauce auf dem Teig verstreichen.

- 580 g Tomaten, in ganz dünne Scheiben geschnitten
- 200 g Zucchini, in ganz dünne Scheiben geschnitten
- Schwarzer Pfeffer, frisch gemahlen
- Kräutersalz
- Pizzagewürz

Tomaten reihenweise auf den Belag schichten und auf jede Tomate eine Zucchinischeibe legen. Mit Kräutersalz, Pfeffer und Pizzagewürz bestreuen. Im vorgeheizten Backofen bei 220 °C Ober- und Unterhitze 40 Min. backen. Das Gebäck in Quadrate schneiden, so dass auf jedem Teigstück eine Tomate mit Zucchini liegt und somit Tomaten-Zucchini-Ecken entstehen. Kann warm, lauwarm oder kalt gegessen werden.

Salat als Beilage (pro Person 160 g Gemüse) mit unserer Standard-Salatsauce:

- 350 g Kopfsalat
- 280 g Gurke, in Würfel geschnitten
- 280 g gelbe Paprika, netto
- 210 g Karotten, in Stäbchen geschnitten

Agnes 130. Wassermelonen-Mango-Püree mit Zitronencreme, Juli 2015

(Für 6 Personen als Nachspeise)

- Eine halbe Wassermelone, netto 1150 g
- 2 reife Mangos, netto 615 g

Im grossen Vitamixbecher zu einer Creme mixen und auf 6 kleine Schüsseln verteilen.

- 250 g Stützcreme
- 150 g Lemon Curd (nach Utes Rezept 9/7393)
- ca. 30 g Wasser, sofern die Stützcreme zu fest ist

Alle Zutaten in eine Schüssel geben und mit einem Schwingbesen verrühren und zum Wassermelonen-Mango-Püree servieren.

Agnes 131. Gemüseblumen, August 2015

(Für 4 Personen)

- 4 längliche Tomaten (560 g), in je 12 Scheiben geschnitten
- 560 g Gurken, in 48 Scheiben von 1 cm Dicke geschnitten

Die Gurken- und Tomatenscheiben zu je zwei Blumen auf den Tellern anrichten.

Grünes Pesto:

- 150 g gekochte Kidneybohnen
- 50 g Sesamsamen ungeschält
- 15 g Petersilie
- 2 Knoblauchzehen, netto 7 g
- 1/2 TL Salz
- 80 g Wasser

Alle Zutaten in einen Becher geben und mit dem Pürierstab gut durchmixen.

Rotes Pesto:

- 100 g gekochte Kidneybohnen
- 50 g Dörrtomaten
- 40 g Sesamsamen ungeschält
- 120 g Wasser

Alle Zutaten in einen Becher geben und mit dem Pürierstab gut durchmixen. Vom roten Pesto je einen Esslöffel auf die Gurken und vom grünen Pesto je einen Esslöffel auf die Tomaten geben.

Agnes 132. Blechkartoffeln mit Zucchini und Dörrtomatenpesto, August 2015

(Für 6 Personen)

- 1500 g Kartoffeln
- 10 g Olivenöl
- Kräutersalz

Die Kartoffeln waschen und je nach Grösse halbieren oder vierteln. In eine Schüssel geben, das Olivenöl darüber giessen und mit einem Löffel die Kartoffeln mit dem Öl vermischen. Auf zwei mit Backpapier belegte Bleche legen und im vorgeheizten Ofen (Heißluft) 35 Min. bei 220 °C backen. Nach dem Backen mit Kräutersalz bestreuen.

- 110 g Wasser
- 1 Zwiebel, netto 105 g, in Würfel geschnitten
- 860 g Zucchini, in 1 bis 2 cm dicke Scheiben geschnitten
- 1 TL Salz

Alle Zutaten in einen Topf geben und als Gemüsepfanne 12 Min. dünsten. (Deckel auf den Topf legen und den Inhalt auf Höchststufe zum Kochen bringen. Wenn Dampf unter dem Deckel entweicht, Hitze auf kleinste Einstellung reduzieren und das Gemüse bei geschlossenem Deckel dünsten.)

Dörrtomatenpesto:

- 150 g gekochte Kidneybohnen
- 70 g Dörrtomaten
- 10 g Knoblauch
- 10 g Zitronensaft
- 10 g frische Petersilie, grob gehackt
- Schwarzer Pfeffer, frisch gemahlen
- 215 g Bohnenkochwasser
- 50 g Zucchini-Kochwasser

Alle Zutaten in einen Mixbecher geben und mit einem Stabmixer zu einem Pesto verarbeiten.

Agnes 133. Sommersalat, August 2015

(Für 6 Personen)

- 720 g gekochte Kartoffeln vom Vortag

Die Kartoffeln in kleine Würfel schneiden, auf ein mit Backpapier belegtes Blech legen und im vorgeheizten Ofen bei 220 °C Heißluft 30 Min. backen, bis sie knusprig sind. Mit Salz bestreuen.

- 400 g Kidneybohnen, gekocht (ca. 170 g getrocknete Bohnen)
- 600 g Tomaten, in Würfel geschnitten
- 1 Salatgurke, 380 g, in Würfel geschnitten
- 3 Avocados, netto 390 g, in Würfel geschnitten
- 200 g Eisbergsalat, grob geschnitten
- 25 g Schnittlauch, in Ringe geschnitten
- 30 g Gemüsebrühextrakt
- 180 g kochendes Wasser

Das Gemüse in eine Schüssel geben. Den Gemüsebrühextrakt im heissen Wasser auflösen, über das Gemüse giessen, umrühren, auf 6 Teller verteilen und die heissen Kartoffelwürfelchen darübergeben.

Agnes 134. Gemüse-Flammkuchen, August 2015

(Für 6 Personen)

Teig:
- 500 g Dinkel
- 250 g Wasser

Dinkel mahlen und mit dem Wasser zu einem Nudelteig verkneten. In eine Schüssel geben und zugedeckt 1 Stunde ruhen lassen. Den Nudelteig durch die Nudelmaschine (Atlas Marcato) bis zur Stufe 5 von 7 drehen. Die fertig ausgerollten Teigplatten in der Länge so zuschneiden, dass sie auf 4 mit Backpapier belegte Backbleche passen.

Weisser Belag:
- 300 g gekochte Sojabohnen
- 35 g Cashewkerne
- 10 g Knoblauch, netto
- 1,5 TL Salz
- 180 g Wasser

Alle Zutaten in den Becher des Vitamix geben und mithilfe des Stopfers zu einer Creme mixen. Diese gleichmässig auf die Teigstreifen verteilen.

Gemüse:
- 3 Tomaten, 250 g
- 110 g Champignons
- 1 Zwiebel, 105 g netto
- 50 g Zwiebelgrün
- 25 g Petersilie
- schwarzer Pfeffer, frisch gemahlen
- Kräutersalz

Tomaten, Champignons, Zwiebeln und Petersilie ganz fein hacken, das Zwiebelgrün in dünne Ringe schneiden und in eine Schüssel geben. Gewürze zufügen und verrühren. Die Gemüsemischung gleichmässig auf die Teigstreifen verteilen.

Die Gemüse-Flammkuchen in zwei Durchgängen im vorgeheizten Backofen bei 200 °C Heißluft 10 bis 12 Min. backen, bis sie sich an den Rändern zu bräunen beginnen.

Agnes 135. Tomatenbackküchlein, August 2015

(Für 6 Personen)

Reiscreme:

- 75 g Vollreis
- 450 g Wasser

Im Vitamix mixen, bis die Masse stockt.

Teig:

- 450 g Dinkel
- Gesamte Menge Reiscreme
- Knapp 1 TL Salz
- 450 g Wasser

Alle Zutaten in eine Schüssel geben, gut verrühren und zugedeckt 2 Std. ruhen lassen.

Drei Backbleche mit Backpapier belegen und mit einem Schöpflöffel ca. 40 kleine Teighäufchen auf die Bleche geben und zu Kreisen mit einem Durchmesser von ungefähr 7 cm ausstreichen. Im vorgeheizten Backofen bei 200 °C Heißluft 30 Min. backen. Zwischendurch, nach ungefähr 15 Min., die Bleche der Reihe nach herausnehmen, die Küchlein wenden und in den Backofen zurückschieben.

- 580 g Tomaten, in 40 Scheiben geschnitten
- 15 g frische Majoranblätter ohne Stiele, gehackt,
- schwarzer Pfeffer
- Kräutersalz

Rote Sauce:

- 1,5 TL Salz
- 1,5 TL Paprika, edelsüss
- 110 g Wasser
- 60 g Tomatenmark
- 60 g Stützcreme (80 g Reis, 20 g geschälte Mandeln, 400 g Wasser)
- 180 g gekochte Sojabohnen

Die Sauce auf die 40 Backküchlein streichen und nochmals im Backofen bei 220 °C Heißluft 8 Min. überbacken. Alle Küchlein mit einer Tomatenscheibe belegen, Majoran darüber verteilen und mit Pfeffer und Kräutersalz bestreuen.

Agnes 136. Blitz-Buchweizen-Pfannkuchen, September 2015

(Für 8 Personen als Nachspeise)

- 200 g Buchweizen
- 400 g Wasser
- 1 süsser Apfel, 150 g
- 1/4 TL Salz

Alle Zutaten im Vitamix zu einer Creme mixen. 30 Min. ruhen lassen.

Eine beschichtete Bratpfanne auf Stufe 4.5 von 6 erhitzen, einen Schöpflöffel voll Teig (ca. 45 g) hineingeben und so lange backen, bis der Teig fest geworden ist. Wenden und noch einmal backen. Auf einem Gitterrost auskühlen lassen. Aus dem Teig können 16 Pfannkuchen mit einem Durchmesser von 10 bis 12 cm gebacken werden.

Soße und Füllung

- 560 g süsse Pfirsiche oder Nektarinen, klein gewürfelt
- 300 g Himbeeren, meine waren gefroren und aufgetaut
- 80 g Honig

Himbeeren und Honig im Vitamix mixen. Je zwei Pfannkuchen auf einen Dessertteller legen, Fruchtstückchen darauf verteilen, Pfannkuchen zusammenklappen und mit 2 Esslöffeln Himbeersauce übergiessen.

Agnes 137. Tomaten-Basilikum-Tarte, September 2015

(Für 4 Personen)

Teig:

- 290 g Dinkel, fein gemahlen
- Mandelmilch aus 20 g Mandeln und 100 g Wasser
- 80 g Stützcreme (Verhältnis 1 Teil Vollreis, 6 Teile Wasser)
- 1/2 TL Salz
- Butter und Streumehl für die Form

Alle Zutaten in eine Schüssel geben und von Hand zu einem Teig kneten. Zugedeckt 30 Min. kühl stellen.

Den Teig auf der mit Mehl bestäubten Fläche rund ausrollen. Eine Tarte-Form von 28 cm Durchmesser mit Butter einstreichen und mit Mehl ausstreuen. Den Teig in die Form legen und einen Rand hochziehen. Den Teigboden mit einer Gabel sehr gut einstechen und im vorgeheizten Ofen bei 200 °C Ober- und Unterhitze 20 Min. backen. Den Boden aus der Form nehmen und auf einem Gitterrost auskühlen lassen. Wenn er ganz kalt ist, zum Füllen wieder in die Form legen.

Erste Schicht:

- 200 g rote Linsen
- 440 g Wasser
- Knapp ein TL Salz

Linsen und Wasser in einen Topf geben, aufkochen und auf kleiner Hitze 20 Min. kochen, bis kein Wasser mehr vorhanden ist. Salz unterrühren und auskühlen lassen.

Zweite Schicht:

- 50 g Vollreis, gemahlen
- 20 g Cashewkerne
- 300 g Wasser
- 1/2 TL Salz
- 2 gehäufte TL Pizzagewürz
- Schwarzer, frisch gemahlener Pfeffer

Reis, Cashewkerne und Wasser in den Becher des Vitamix geben und so lange mixen, bis die Masse stockt. In eine Schüssel umfüllen, die Gewürze unterrühren und die Creme auskühlen lassen.

Gemüseschicht:

- 140 g Gurke, in dünne Scheiben geschnitten
- 400 g kleine Tomaten, je in drei Scheiben geschnitten
- 10 g frische Basilikumblätter, gehackt
- Pfeffer, frisch gemahlen
- Kräutersalz

Die gekochten Linsen auf dem Teigboden gleichmässig verstreichen, danach ebenso die weisse Creme. Diese mit Gurkenscheiben dicht belegen, darauf die Tomatenscheiben verteilen und mit Basilikum und Gewürzen bestreuen.

Agnes 138. Gemüse-Rollen, September 2015

(Für 4 Personen)

Nudelteig:

- 250 g Dinkel
- 125 g Wasser

Dinkel mahlen und mit dem Wasser zu einem Nudelteig verkneten. In eine Schüssel geben und zugedeckt 30 Min. ruhen lassen. Den Nudelteig durch die Nudelmaschine (Atlas Marcato) bis zur Stufe 6 von 7 drehen. Wenn alle Teigplatten durch die 5. Stufe gedreht worden sind, die Teigplatten in 10 bis 11 cm lange Streifen schneiden. Nun diese Streifen durch die 6. Stufe drehen. Nun sollte jedes Stück ca. 15 bis 17 cm lang sein, bei einer Breite von 14 cm. Das ergibt ungefähr 15 Stück. Die fertigen Streifen auf Küchentüchern oder auf der mit Mehl bestäubten Ablage zwischenlagern. Dies ist wichtig, weil sonst der Teig beim Einrollen auf der Unterlage klebt und reisst.

Gemüse:

- 300 g Erbsen, gefroren
- 200 g Karotten, in Stäbchen geschnitten
- 120 g Wasser
- 1,5 TL Salz

Die Erbsen mit dem Wasser in einen Topf geben und als Gemüsepfanne 10 Min. dünsten. (Deckel auf den Topf legen und den Inhalt auf Höchststufe zum Kochen bringen. Wenn Dampf unter dem Deckel entweicht, Hitze auf kleinste Einstellung reduzieren und das Gemüse bei geschlossenem Deckel dünsten.) Nun die Karotten zufügen und nochmals 5 Min. als

Gemüsepfanne weiter dünsten. Kochwasser abgiessen und auffangen. Gemüse salzen.

Sauce:

- 180 g gekochte Sojabohnen
- 120 g Gemüsekochwasser, ggf. ergänzt mit Wasser
- 20 g Cashewnüsse
- 1/2 TL Salz
- Schwarzer Pfeffer, frisch gemahlen

Alle Zutaten in den Becher des Vitamix geben und mithilfe des Stopfers zu einer Creme mixen. Diese zum Gemüse geben und verrühren.

Auf jedes Teigstück ungefähr einen Esslöffel Füllung geben und so einrollen, dass die Streifenenden unten überlappen. Auf zwei mit Backpapier belegte Bleche legen und im vorgeheizten Ofen bei 200 °C Heißluft 20 Min. backen.

Tipp: Diese Gemüserollen schmecken warm und kalt sehr gut. Wenn sie kalt gegessen werden, die Rollen nach dem Backen auf einem Gitterrost auskühlen lassen. Lauwarm ist der Teig immer noch knusprig.

Agnes 139. Kürbis-Kichererbsen-Bratlinge, September 2015

(Für 7 bis 8 Personen)

- 450 g Kichererbsen
- 560 g Hokkaido, (0,5 Kürbis), netto, entkernt und ungeschält
- 2 Zwiebeln, netto 170 g
- 10 g Knoblauch, geschält
- 1 leicht gehäufter TL getrockneter Thymian
- 25 g Zitronensaft (2 EL)
- 2 gestrichene TL Backpulver
- 15 g Petersilie, fein gehackt

Kichererbsen über Nacht einweichen. Einweichwasser abgiessen. Im Vitamix in mehreren kleineren Portionen körnig mixen. Ebenso die Zwiebeln und den Knoblauch. Kürbis an der Nussreibe raffeln. Alle Zutaten von Hand verkneten. Aus der Masse ca. 32 Küchlein formen und auf zwei mit Backpapier belegte Bleche legen. Flach drücken und im vorgeheizten Ofen bei 220 °C Heißluft 15 bis 20 Min. backen, bis die Bratlinge am Rand leicht gebräunt und knusprig sind.

- 200 g gekochte rote Linsen (300 g Linsen, 650 g Wasser)
- 1,5 TL Salz
- 50 g Mandeln, geschält
- 300 g lauwarmes Wasser

Im Vitamix zu einer Creme schlagen.

Salatbeilage:

- 400 g Blattsalat (Eisberg), grob geschnitten
- 320 g Gurke, in dünne Scheiben geschnitten
- 490 g Tomaten, in Scheiben geschnitten

Gemüse auf den Tellern verteilen und die Bratlinge mit der Sauce darauf verteilen.

Agnes 140. Linsen-Gemüsepizza, Oktober 2015

(Für 5 Personen)

Teig:

- 340 g Weizen, fein gemahlen
- 1,5 TL Salz
- 15 g Sonnenblumenöl
- 20 g frische Bio-Hefe
- 195 g Wasser

Hefe im Wasser auflösen und zusammen mit den restlichen Zutaten in eine Schüssel geben. 8 Min. (mit der Knetmaschine) kneten. Zugedeckt 1 Std. ruhen lassen.

Teig nochmals gut durchkneten, auf der mit Mehl bestreuten Arbeitsfläche zu einem Rechteck in der Grösse eines Backbleches ausrollen. Auf ein mit Backpapier belegtes Blech legen.

Linsen-Karottenbelag:

- 200 g rote Linsen
- 440 g Wasser
- 280 g Karotten
- 1 TL Salz

Linsen und Wasser in einen grossen Topf geben und als Gemüsepfanne 20 Min. weichkochen. Jetzt sollte alles Wasser verbraucht sein. Die Karotten an der Bircherraffel reiben, zusammen mit dem Salz unter die gekochten Linsen rühren und gleichmässig auf dem Pizzaboden verteilen.

Zucchinibelag

- 280 g Zucchini
- 80 g ausgepresster Zucchinisaft
- 2 Knoblauchzehen, 9 g
- 25 g Cashewkerne
- 1/2 TL Salz
- 4 feste Tomaten, 350 g, in sehr dünne Scheiben geschnitten
- Schwarzer Pfeffer, frisch gemahlen
- Kräutersalz
- Pizzakräuter

Zucchini an der Bircherraffel raffeln und so fest ausdrücken, dass 80 g Zucchinisaft gewonnen werden kann. Diesen Saft in den Becher eines kleinen Mixers geben, restliche Zutaten ausser den Tomaten beifügen, mixen, zu den Zucchini geben und verrühren.

Die Zucchini gleichmässig auf dem Linsenbelag verstreichen. Mit Pfeffer, Kräutersalz und Pizzakräutern bestreuen. Im vorgeheizten Backofen bei 220 °C Heißluft 25 Min. backen.

Agnes 141. Gefüllte Kohlrabi überbacken, Okt. 2015

(Für 6 Personen)

- 3 grosse Kohlrabi, 1410 g
- 180 g Wasser
- Kräutersalz
- 100 g Pinienkerne
- 4 Tomaten, 540 g, gehackt
- 12 g Knoblauch, fein gehackt
- 8 g Petersilie, gehackt
- 12 g Basilikum, gehackt
- Schwarzer Pfeffer, frisch gemahlen
- Knapp 1 TL Salz

- 100 g Reiscreme (55 g Vollreis, 25 g Cashewnüsse, 350 g Wasser)
- 10 g Kohlrabi-Tomaten-Kochwasser

Von den Kohlrabi Blätter, Stielansätze, sowie Strunkrest entfernen und halbieren. Sie müssen nicht geschält werden. Nun die Kohlrabihälften aushöhlen, so dass die Wände noch maximal 1 cm dick sind, je dünner, desto besser. Das Aushöhlen gelingt am besten mit einem Kugelausstecher. Nach dem Aushöhlen wogen die 6 Hälften noch 800 g. Das Wasser in einen Topf geben, einen Gemüsesiebeinsatz hineingeben und darauf die Kohlrabihälften legen. Als Gemüsepfanne 20 Min. dünsten. (Deckel auf den Topf legen und den Inhalt auf Höchststufe zum Kochen bringen. Wenn Dampf unter dem Deckel entweicht, Hitze auf kleinste Einstellung reduzieren und das Gemüse bei geschlossenem Deckel dünsten.) Die Kohlrabi aus dem Topf nehmen, in eine passende Gratinform legen, mit Kräutersalz bestreuen und den Siebeinsatz aus dem Topf entfernen.

Die gehackten Tomaten und den Knoblauch in den Topf geben und im Kohlrabi-Kochwasser als Gemüsepfanne 3 Min. dünsten. Das Kochwasser abgiessen und auffangen. 10 g für die Reiscreme beiseitestellen. Die Pinienkerne in einer Pfanne auf Stufe 5 von 6 rösten, bis sie leicht angebräunt sind. (3 bis 4 Min.). Petersilie, Basilikum, Pinienkerne und Salz zu den gekochten Tomaten geben und verrühren.

Die Füllung gleichmäßig auf die Kohlrabihälften verteilen. Das Kohlrabi-Tomaten-Kochwasser mit Kräutersalz würzen und in die Form giessen. Reiscreme

mit dem Gemüse-Kochwasser verrühren, mit Kräutersalz und Pfeffer gut würzen und je einen Esslöffelvoll auf die Füllung geben. Im vorgeheizten Backofen bei 200 °C Ober- und Unterhitze 20 Min. überbacken.

Dazu haben wir Reis gegessen. (300 g in 580 g Wasser im Schnellkochtopf gekocht.)

Die Kohlrabi-Aushöhlreste habe ich gleichentags an der Röstiraffel gerieben, mit 120 g Wasser als Gemüsepfanne 5 Min. gedünstet, 700 g passierte Tomaten aus dem Glas zugefügt, mit Salz, Pfeffer und italienischer Kräutermischung gewürzt und am Tag darauf zu Teigwaren serviert.

Agnes 142. Kürbis-Flammkuchen, Oktober 2015

(Für 5 bis 6 Personen)

- 500 g Weizen, gemahlen
- 300 g Wasser
- 1 gestrichener TL Salz
- 15 g Honig
- 1/4 TL schwarzer Pfeffer, frisch gemahlen
- 2 MS Muskat

Alle trockenen Zutaten in eine Schüssel geben, vermischen, Wasser und Honig zufügen und 8 Min. mit der Maschine kneten. Zugedeckt bei Zimmertemperatur 1 Stunde ruhen lassen. Den Teig in 5 Stücke teilen. Jedes Stück mithilfe von Streumehl zu einem dünnen Oval ausrollen und je zwei auf ein mit Backpapier belegtes Blech legen.

Weisser Belag:

- 230 g gekochte rote Linsen (200 g Linsen, 450 g Wasser)
- 200 g Linsenstützcreme (55 g Reis, 60 g gekochte rote Linsen, 350 g Wasser)
- 30 g bröseliges Cashewnussmus (im Vitamix, ohne Zugabe von Öl hergestellt)
- 50 g Wasser
- 1 TL Salz
- Schwarzer Pfeffer, frisch gemahlen
- 1/4 TL Muskat

Alle Zutaten mithilfe des Stopfers im Vitamix zu einer Creme mixen.

- 6 Lauchzwiebeln, weisse Teile netto 200 g
- 380 g Hokkaido, netto, entkernt, geschält
- 15 g Olivenöl
- 70 g Zwiebelgrün
- Kräutersalz

Weisser Teil der Lauchzwiebeln an einer Scheibenraffel in ganz dünne Ringe schneiden, bis sich das Grün nicht mehr schneiden lässt. In eine Schüssel geben und mit Kräutersalz bestreuen. Vom Grün 70 g in dünne Ringe schneiden. Hokkaido ebenfalls in sehr dünne Scheiben schneiden. Diese zusammen mit Öl und Kräutersalz in eine Schüssel geben und vermischen. Weisse Sauce auf den Flammkuchen ausstreichen, Danach darauf die Zwiebelringe und dann die Kürbisscheiben verteilen. Mit dem Lauchgrün bestreuen.

Wer die grünen Lauchringe gerne roh isst, streut sie erst nach dem Backen auf die Flammkuchen. Im vorgeheizten Ofen bei 220 °C Heißluft ca. 15 Min. backen oder so lange, bis sich der Teig am Rand zu bräunen beginnt.

Agnes 143. Lauch-Linsen-Wähe, Oktober 2015

(Für 4 Personen)

- 300 g Dinkel, fein gemahlen
- 1 TL Salz
- 20 g Olivenöl
- 160 g Wasser
- 20 g frische Bio-Hefe
- Butter für die Form
- Streumehl

Hefe im Wasser auflösen, alle Zutaten in eine Schüssel geben und 8 Min. mit der Knetmaschine kneten. 30 Min. ruhen lassen. Ein rundes Wähenblech (Durchmesser des Bodens 28 cm) mit Butter einstreichen und mit Mehl ausstreuen. Den Teig mithilfe von Streumehl rund ausrollen, in das Wähenblech legen und einen Rand hochziehen.

- 970 g Lauch, netto
- 120 g Wasser

Den Lauch waschen und in ca. 1 bis 2 cm breite Halbringe schneiden. Wasser und Lauch in einen Topf geben und als Gemüsepfanne 5 Min. dünsten. (Deckel auf den Topf legen und den Inhalt auf Höchststufe zum Kochen bringen. Wenn Dampf unter dem Deckel entweicht, Hitze auf kleinste Einstellung reduzieren und das Gemüse bei geschlossenem Deckel dünsten.) Den Lauch in ein Sieb geben und das Kochwasser auffangen.

- 100 g rote Linsen
- 225 g Wasser
- 30 g geschälte Mandeln
- 5 g Knoblauch, netto (3 kleine Zehen)
- 2 gestrichene TL Salz, 10 g
- 100 g Lauchkochwasser

Linsen und Wasser in einen Topf geben, aufkochen und bei kleiner Hitze 15 Min. weichkochen. Gekochte Linsen und alle anderen Zutaten in den Vitamix geben und zu einer Creme mixen. Unter den Lauch rühren und auf dem Teig verteilen.

- 3 Tomaten, 330 g, in ganz dünne Scheiben geschnitten
- Pfeffer, frisch gemahlen
- Kräutersalz
- 2 leicht gehäufte TL Pizzakräuter, getrocknet

Die Tomaten in ganz dünne Scheiben schneiden, auf dem Lauch verteilen und die Gewürze darüber streuen. Im vorgeheizten Ofen bei 220 °C Ober- und Unterhitze 30 Min. backen.

Agnes 144. Kichererbsengemüse, November 2015

(Für 4 Personen)

- 400 g Kartoffeln, in Würfel geschnitten
- 130 g Wasser
- Kräutersalz

Kartoffeln und Wasser in einen Topf geben und als Gemüsepfanne 10 Min. dünsten. Mit Kräutersalz bestreuen.

- 80 g Wasser
- 2 Stangen Lauch, netto 375 g, in Halbringe geschnitten
- 340 g Tomaten, 4 Stück, in Würfel geschnitten
- 1 rote Paprika, 180 g netto, in Würfel geschnitten
- 1 Zwiebel, netto 110 g, gehackt
- 90 g Wasser

Wasser und Lauch in einen Topf geben und als Gemüsepfanne 10 Min. dünsten. Alle anderen Zutaten in einen zweiten Topf geben und ebenfalls als Gemüsepfanne 10 Min. dünsten. Das gesamte Kochwasser abgiessen und auffangen. Das Gemüse mit einem Stabmixer nicht allzu fein pürieren.

- 240 g Gemüsekochwasser
- 20 g Mandeln, geschält
- 100 g weisse, gekochte Bohnen
- 1 TL Paprikapulver, edelsüss
- 2,5 TL Salz

Alle Zutaten im Vitamix mixen.

- 300 g gekochte Kichererbsen

Püriertes Gemüse, weisse Sauce und gekochte Kichererbsen zum Lauch geben und nochmals kurz aufkochen.

Agnes 145. Kürbis-Maultaschen, November 2015

(Für 7 Personen)

Teig:

- 400 g Dinkel, fein gemahlen
- 200 g Wasser
- Streumehl

Die Zutaten in die Schüssel der Knetmaschine geben und 8 Min. kneten. Zugedeckt 30 Min. ruhen lassen. Den Teig in 14 gleich grosse Stücke teilen, zu einer Kugel formen und jede Kugel mithilfe von Streumehl zu einem Kreis ausrollen.

Füllung:

- 600 g Kürbis, netto, ungeschält, entkernt
- 160 g Wasser
- 80 g Kürbiskerne
- 200 g Stützcreme (60 g Reis, 350 g Wasser)
- 120 g Semmelbrösel
- 2 EL Kokosraspeln, 13 g
- 2 TL Salz
- 1 TL Currypulver, mild
- Schwarzer Pfeffer, frisch gemahlen

Den Kürbis an der Röstiraffel raffeln, mit dem Wasser in einen Topf geben und als Gemüsepfanne 10 Min. dünsten. Den Kürbis in ein hohes Gefäss geben und mit dem Stabmixer pürieren.

Die Kürbiskerne in einer Pfanne trocken rösten, bis sie knacken. Etwas auskühlen lassen und ganz kurz in einem kleinen Mixer hacken, nicht mahlen. Alle Zutaten in eine Schüssel geben und gut verrühren. Die Füllung in 14 Portionen teilen. Auf jeden Teigkreis auf die eine Hälfte ein Stück Füllung geben, mit einem Pinsel die Teigränder mit Wasser befeuchten und den Teig zusammenklappen. Den Rand mit einer Gabel andrücken und die Maultaschen dreimal einstechen. Mit Wasser einsprühen. Im vorgeheizten Ofen bei 200 °C Ober- und Unterhitze 20 Min. backen.

Tipp: Wir haben dazu Salat mit unserer Standard-Salatsauce gegessen.

Agnes 146. Kürbis-Gnocchi mit Krautstielgemüse (= Mangold), November 2015

(Für 5 Personen)

Gnocchi:

- 320 g Butternuss-Kürbis, netto (geschält, entkernt)
- 220 g mehlig kochende Kartoffeln
- 200 g Wasser
- 400 g Dinkel, frisch gemahlen
- 1,5 TL Salz
- 30 g Reiscreme (55 g Vollreis, 25 g Cashewnüsse, 325 g Wasser)
- 1 Löffelspitze gemahlene Muskatnuss

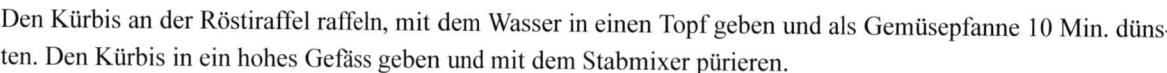

Kürbis und Kartoffeln in kleine Würfel schneiden. Wasser in einen Topf geben, einen Siebeinsatz hineinlegen, die Gemüsewürfel hinzugeben und bei geschlossenem Deckel 15 Min. dünsten. Das abgetropfte Gemüse in einen Becher füllen und mit dem Pürierstab cremig mixen. Mit allen anderen Zutaten in eine Schüssel füllen und zu einem weichen Teig verkneten. Den Teig in vier Teile teilen, jedes Stück zu einer Rolle von ungefähr 1,5 cm Dicke formen, 2 cm breite Stücke abschneiden und mit einer Gabel eindrücken, so dass ein Rillenmuster entsteht. Ergibt ca. 45 Stück. In einem grossen Topf Salzwasser aufkochen, die Gnocchi hineingeben und so lange kochen, bis sie an die Oberfläche steigen.

Gemüse:

- 800 g Krautstiel, gewaschen
- 200 g Wasser
- 1 gestrichener TL Salz
- Kichererbsen-Avocado-Creme

Den Krautstiel in dünne Streifen schneiden und zusammen mit dem Wasser in einen Topf geben. Als Gemüsepfanne 15 Min. dünsten. Salz und die gesamte Kichererbsen-Avocado-Creme hinzufügen. Nochmals kurz aufkochen.

Kichererbsen-Avocado-Creme:

- 150 g Stützcreme (55 g Reis, 25 g Cashewkerne, 325 g Wasser)
- 65 g Avocado, netto (hier: eine halbe)
- 1 Tomate, 140 g
- 200 g gekochte Kichererbsen
- 1 gestrichener TL Salz
- 0,5 TL Paprika
- 2 Knoblauchzehen, netto 5 g

Alle Zutaten im Vitamix mithilfe des Stopfers zu einer Creme mixen.

Agnes 147. Kürbis-Burger, November 2015

Roggen-Sonnenblumenkerne-Brötchen

(14 Stück)

- 350 g Dinkel
- 150 g Roggen
- 1 Würfel frische Bio-Hefe (42 g)
- 1 gestrichener TL Salz
- 120 + 250 g Wasser
- 15 g Sonnenblumenöl
- 150 g Sonnenblumenkerne
- 50 g Leinsamen

Getreide mischen und fein mahlen. Hefe in 100 g Wasser auflösen und mit 100 g vom Mehl verrühren. Zugedeckt 30 Min. gehen lassen. Restliches Mehl, Wasser, Salz, Öl und Samen zum Vorteig geben und 10 Min. mit der Knetmaschine kneten. Den Teig zugedeckt über Nacht an einem kühlen Ort gehen lassen. Am nächsten Morgen den Teig nochmals durchkneten und in 14 gleich grosse Stücke teilen. Jedes Stück zu einer Kugel formen und diese ganz flach drücken. Auf ein mit Backpapier belegtes Blech legen, mit Wasser einsprühen und mit Folie bedeckt nochmals 1 Stunde gehen lassen. Im vorgeheizten Ofen bei 180 °C Ober- und Unterhitze 20 Min. backen.

Kürbis-Burger

(Für 4 Personen)

- 8 Roggen-Sonnenblumenkerne-Brötchen
- 1 Butternusskürbis mit möglichst langem, dünnem „Hals" (verwendeter Teil: ca. 450 g netto)

Den schlanken Kürbisteil vom Stielansatz her schälen und in 8 Scheiben von 1 cm Dicke schneiden. 1 Scheibe Butternusskürbis, 1 cm dick, geschält, roh, wiegt ca. 60 g. Auf ein mit Backpapier belegtes Blech legen und im vorgeheizten Ofen bei 220 °C Ober- und Unterhitze 25 Min. backen. Auf einem Gitterrost auskühlen lassen.

Die Brötchen in der Mitte durchschneiden und nach Belieben mit Gemüse und gebackenen Kürbisscheiben belegen. Ich habe die Schnittflächen der Brötchen mit mildem Senf bestrichen, je ein Salatblatt und eine dünne Tomatenscheibe darauf gelegt, mit Pfeffer und Kräutersalz bestreut, auf die eine Brötchenhälfte eine Kürbisscheibe gelegt und wiederum mit Pfeffer und Kräutersalz bestreut und zusammengeklappt.

Agnes 148. Linsenschnecken, November 2015

(Für 8 Personen, ca. 24 Stück)

Teig:

- 450 g Weizen
- 260 g Wasser
- 20 g frische Bio-Hefe
- 2 gestrichene TL Salz
- 20 g Sonnenblumenöl
- 2 gehäufte EL Weizen-Streumehl

Den Weizen fein mahlen, Salz, Sonnenblumenöl und die im Wasser aufgelöste Hefe dazugeben und mit der Maschine 8 Min. kneten. Die Schüssel mit einem Tuch zudecken und 60 Min. ruhen lassen.

- 250 g Linsen
- 500 g Wasser

Die Linsen und das Wasser in einen Topf geben und 20 Min. weichkochen. Jetzt sollte kein Restwasser mehr im Topf sein.

- 1300 g Lauch, netto, in Halbringe geschnitten
- 100 g Wasser
- 100 g altes, recht trockenes Brot
- 3 TL Salz
- Schwarzer, frisch gemahlener Pfeffer

Den Lauch und das Wasser in einen Topf geben und als Gemüsepfanne 5 Min. dünsten. Den Lauch in ein Sieb geben und das Kochwasser abgiessen.

Das Brot zu Paniermehl mahlen. Ich habe dafür die Handtrommelraffel mit dem Bircher-Einsatz verwendet. Den gut abgetropften Lauch mit den Linsen, dem geriebenen Brot und den Gewürzen vermischen.

Den Hefeteig mithilfe des Streumehls zu einer rechteckigen Platte von ungefähr 38 x 45 cm ausrollen. Die Gemüsefüllung darauf verteilen. Dabei an einer Längskante einen 3 cm breiten Streifen frei lassen. Diesen mit Wasser bepinseln und die Teigplatte von der gegenüberliegenden Längsseite her aufrollen. Mit einem scharfen Messer 2,5 bis 3 cm breite Scheiben abschneiden und auf zwei mit Backpapier belegte Bleche legen. Im vorgeheizten Backofen bei 220 °C Heißluft 25 bis 30 Min. backen.

Agnes 149. Gefüllte Kürbisnestchen, Dezember 2015

(Für 8 Personen)

- 500 g Butternusskürbis, geschält, ohne Kerne
- 150 g Wasser

Kürbis in kleine Stücke schneiden. Das Wasser in einen Topf geben, einen Siebeinsatz hineinlegen und die Kürbiswürfel darauf geben. Deckel auflegen und auf höchster Einstellung zum Kochen bringen. Sobald Dampf unter dem Deckel austritt, auf kleinste Einstellung drehen und 10 Min. dünsten. Kochflüssigkeit abgiessen. Die Kürbiswürfel kaltstellen. In einen Mixbecher geben und mit dem Stabmixer pürieren.

- 450 g Dinkel, gemahlen
- 1 Würfel frische Bio-Hefe, 40 g
- 20 g Wasser
- 1 leicht gehäufter TL Salz (8 g)
- Streumehl

Mehl in eine Schüssel geben, Hefe im Wasser auflösen und zusammen mit dem Salz und dem Kürbismus zum Mehl geben. Mit der Maschine 10 Min. kneten. Zugedeckt eine Stunde ruhen lassen. Den Teig nochmals durchkneten und in 32 Stücke teilen. Dazu teile ich den Teig in zwei Stücke, jedes Stück teile ich wiederum in zwei

Teile. Diesen Vorgang wiederhole ich insgesamt fünfmal. Jedes Teigstück mithilfe von Streumehl zu einer Kugel formen, zwischen den Handballen zu einem Kreis drücken. Diese auf zwei mit Backpapier belegte Bleche legen und mit den Fingern die Teigrondellen in der Mitte eindrücken, so dass Teignester entstehen. In jede Vertiefung einen gehäuften Esslöffel Füllung geben. Im vorgeheizten Ofen bei 200 °C Heißluft 20 Min. backen.

Füllung:

- 3 Zwiebeln, netto 280 g, gehackt
- 70 g Wasser
- 2 Tomaten, 250 g, klein gehackt
- 320 g Champignons, klein gehackt
- 25 g glatte Petersilie, gehackt
- 60 g Kapern
- 1 leicht gehäufter TL Salz (8 g)
- Schwarzer Pfeffer, frisch gemahlen

Zwiebeln und Wasser in einen Topf geben. Deckel auflegen und auf höchster Einstellung zum Kochen bringen. Sobald Dampf unter dem Deckel austritt, auf kleinste Einstellung drehen und 10 Min. dünsten. Das Wasser sollte jetzt verdampft sein. Alle Zutaten für die Füllung in einer Schüssel mischen.

Agnes 150. Schoko-Lebkuchen, Dezember 2015

(ca. 55 Stück)

- 150 g schwarze Bohnen (ergibt 325 g gekochte Bohnen)

Die Bohnen 12 Std. in kaltem Wasser einweichen und im Schnellkochtopf 15 Min. kochen. Wasser abgiessen und auskühlen lassen.

- 30 g Chiasamen
- 50 g Wasser
- 1 süsser Apfel, 155 g
- 30 g Kokosöl
- 160 g fester Blütenhonig
- 1 Prise Salz
- 15 g Kakaopulver
- 7 g Lebkuchengewürz
- 65 g Mandeln, in einem kleinen Mixer grob gemahlen
- 2 gestrichene TL Backpulver

Chiasamen im Wasser 10 Min. einweichen. Zusammen mit dem vorgeschnittenen Apfel und dem Kokosöl im Vitamix pürieren. Gekochte Bohnen zugeben und mithilfe des Stopfers zu einer Creme mixen. Die Masse in eine Schüssel geben und mit den restlichen Zutaten vermischen. Mit Hilfe eines Esslöffels kleine Teighäufchen auf ein mit Backpapier belegtes Blech dicht nebeneinander setzen (8 Reihen à 7 Häufchen) und im vorgeheizten Ofen bei 180 °C Ober- und Unterhitze 35 Min. backen. Auf einem Gitterrost auskühlen lassen.

Glasur:

- 20 g Walnussöl
- 30 g fester Blütenhonig
- 10 g Carobpulver
- 5 g Kakaopulver
- 40 g Kakaobutter
- 15 g Kokosöl

Kakaobutter und Kokosöl in einem Topf bei niedriger Temperatur schmelzen. Zusammen mit den restlichen Zutaten in einem kleinen Mixer zu einer Creme mixen. Die Glasur mit einem Pinsel auf die Lebkuchen streichen und an einem kühlen Ort hart werden lassen. In einer Dose kühl aufbewahren. Ein kleiner Rest Glasur blieb übrig.

Agnes 151. Kichererbsen-Erdnuss-Cookies, Dezember 2015

(ca. 40 Stück)

- 250 g gekochte Kichererbsen
- 130 g Erdnussmus
- 200 g Datteln
- 0,5 TL gemahlene Vanille
- 0,5 TL Backpulver
- 60 g Kakaonibs

Zuerst die Kichererbsen und dann die restlichen Zutaten ausser den Kakaonibs im Vitamix zu einer homogenen Masse mixen. Kakaonibs unterrühren und die Masse etwa 2 cm dick auf ein mit Backpapier belegtes Blech streichen. Im vorgeheizten Backofen bei 180 °C Ober- und Unterhitze 25 Min. backen. Auf einem Gitterrost auskühlen lassen und dann in Quadrate schneiden.

Agnes 152. Kürbisbrot, Dezember 2015

- 500 g Butternusskürbis, netto, geschält, ohne Kerne
- 170 g Wasser
- 450 g Dinkel, gemahlen
- 40 g Hefe
- 20 g Wasser
- 1 TL Salz
- 70 g Kürbiskerne, grob gehackt

Den Kürbis in kleine Würfel schneiden. In einen Topf mit Siebeinsatz das Wasser geben und die Kürbiswürfel darauf legen. Deckel auflegen und auf höchster Einstellung zum Kochen bringen. Sobald Dampf unter dem Deckel austritt, auf kleinste Einstellung drehen und 10 Min. dünsten. Wasser abgiessen und die ausgekühlten Kürbiswürfel mit dem Stabmixer zu Mus pürieren. Hefe im Wasser auflösen und zusammen mit allen anderen Zutaten in eine Schüssel geben. Den Teig mit der Maschine 10 Min. kneten. Zugedeckt eine Stunde ruhen lassen.

Eine Kastenform (35 cm) mit Backpapier auslegen. Den Teig nochmals durchkneten und zu einer Rolle formen. In die Kastenform geben und mit einem Messer dreimal schräg einschneiden. Im vorgeheizten Backofen bei 220 °C Ober- und Unterhitze 30 Min. backen. Aus der Form nehmen und weitere 10 Min. backen. Auf einem Gitterrost auskühlen lassen.

Agnes 153. Haselnusstaler, Dezember 2015

(ca. 40 Stück)

- 200 g gekochte weisse Bohnen
- 150 g süsser Apfel (zwei kleine oder ein grosser)
- 100 g flüssiger Honig
- 20 g Kokosöl
- 20 g Kokosflocken
- 10 g Wasser
- 1 MS Zimt
- 0,5 TL gemahlene Vanille
- 1 gestrichener TL Backpulver
- 1 Prise Salz
- 45 g Buchweizenkörner
- ca. 40 Haselnüsse, als Dekoration

Alle Zutaten ausser dem Buchweizen im Vitamix zu einer Creme mixen. Die Buchweizenkörner unterrühren. Mit einem Esslöffel kleine Taler auf ein mit Backpapier belegtes Blech setzen. Jeweils eine Haselnuss in die Mitte stecken und die Taler im vorgeheizten Ofen bei 180 °C Ober- und Unterhitze 40 Min. backen. Auf einem Gitterrost auskühlen lassen.

Agnes 154. Fruchtdessert mit Apfel-Crunchy, Januar 2016

(Für mehr als 3 Personen)
Crunchy:

- 100 g Nackthafer
- 40 g Sonnenblumenkerne
- 40 g Kürbiskerne
- 40 g Buchweizen
- 110 g fester Honig
- 50 g getrocknete Apfelstücke
- 2 Prisen Salz

Apfelstücke klein schneiden. Nackthafer flocken und zusammen mit Sonnenblumenkernen, Kürbiskernen und Buchweizen in eine beschichtete Pfanne geben, auf Stufe 5 von 6 erhitzen und rösten, bis sich die Masse leicht bräunt. Nun die restlichen Zutaten zufügen und unter ständigem Rühren den Honig verflüssigen und unter die Masse mischen. Einen Gitterrost mit Backpapier belegen und die Masse darauf ausbreiten und abkühlen lassen.

Creme:
- 55 g Vollreis, gemahlen
- 25 g geschälte Mandeln
- 350 g Wasser
- 75 g fester Blütenhonig
- Saft von einer Zitrone, 45 g

Gemahlen Vollreis, Mandeln und Wasser im Vitamix so lange mixen, bis die Masse stockt. In eine Schüssel füllen und auskühlen lassen. Honig und Zitronensaft unterrühren.

Früchte:
- 3 Orangen, netto 420 g, in Scheiben
- 4 Kiwis, netto 170 g, in Scheiben

Die Früchte auf drei Tellern anrichten, Creme in die Mitte geben und mit Apfel-Crunchy dekorieren. Den Rest separat dazu servieren.

Agnes 155. Süsskartoffel-Gemüse-Taschen, Januar 2016

(5 Personen)

Teig:
- 250 g Süsskartoffeln, gewaschen
- 160 g Wasser
- 300 g Dinkel, gemahlen
- 1/2 TL Salz
- 20 g frische Bio-Hefe
- 15 g Wasser
- 90 g Kochwasser mit Wasser ergänzt
- Streumehl

Die Süsskartoffeln klein schneiden. Ich habe die Stäbchenraffel verwendet. Wasser und Süsskartoffeln in einen Topf geben, Deckel auflegen, auf höchster Einstellung zum Kochen bringen. Sobald Dampf unter dem Deckel austritt, auf kleinste Einstellung drehen und 5 Min. dünsten. Wasser abgiessen, auffangen und auf 90 g ergänzen. Süsskartoffeln mit dem Wasser mithilfe des Pürierstabs pürieren. Hefe in 15 g Wasser auflösen. Alle Zutaten in eine Knetschüssel geben. 10 Min. mit der Maschine kneten. Bei Bedarf den Teig von der Schüsselwand lösen. Zugedeckt 30 Min. ruhen lassen.

Füllung:
- 500 g Zwiebeln, netto, klein gehackt
- 400 g Karotten, in dünne Stäbchen geschnitten
- 160 g Wasser
- 1 leicht gehäufter TL Salz
- Schwarzer Pfeffer, frisch gemahlen
- Kochwasser zum Einstreichen

Alle Zutaten in einen Topf geben, Deckel auflegen, auf höchster Einstellung zum Kochen bringen. Sobald Dampf unter dem Deckel austritt, auf kleinste Einstellung drehen und 10 Min. dünsten. Kochwasser abgiessen und auffangen. Gewürze zufügen.

Den Teig in 11 Stücke teilen, jedes Stück zu einer Kugel formen und auf Streumehl zu einem Kreis von 16 bis 18 cm Durchmesser auswallen. Den Rand des Kreises mit Kochwasser einstreichen, ca. 80 g Füllung auf die eine Kreishälfte legen. Den Teigkreis überschlagen und den Rand mit einer Gabel festdrücken. Die Oberfläche dreimal mit einer Gabel einstechen und mit Kochwasser einstreichen. Die Taschen auf zwei mit Backpapier belegte Bleche legen und im vorgeheizten Ofen bei 220 °C Ober- und Unterhitze 20 Min. nacheinander backen. Wer beide Bleche gleichzeitig backen will, wählt Heißluft.

Agnes 156. Marzipanknöpfe, Januar 2016

(Knapp 200 Stück)

Teig:

- 250 g Weizen, fein gemahlen
- 1 Prise Salz
- 1 Päckchen Backpulver
- 150 g fester Honig
- 130 g gekochte rote Linsen
- 20 g Wasser

Marzipan:

- 400 g geschälte Mandeln
- 260 g fester Honig

Mandeln in einem kleinen Mixer in zwei Durchgängen fein mahlen und mit dem Honig verkneten. Einen Tag im Kühlschrank durchziehen lassen. Mehl, Salz und Backpulver vermischen. Die restlichen Zutaten in eine zweite Schüssel geben, 50 g von der Mehlmischung zufügen, damit es beim Rühren nicht spritzt, und mit dem Hand-rührgerät durchmischen. Restliches Mehl zufügen und weiter rühren, bis eine krümelige Masse entstanden ist. Diese von Hand zusammenkneten. Den Teig in zwei Stücke teilen und jedes Stück zwischen Haushaltfolie dünn ausrollen. In Folie verpackt im Kühlschrank 30 Min. ruhen lassen. Mit einem kleinen Ausstechförmchen (zum Beispiel ein Blumenförmchen mit einem Durchmesser von 2.5 bis 3 cm) aus beiden Teigplatten je nach Teig-dicke insgesamt 150 bis 200 „Knöpfe" ausstechen. Die Teigreste zusammenkneten, erneut ausrollen und wiede-rum „Knöpfe" ausstechen. Auf zwei mit Backpapier belegte Bleche legen. Mit dem Marzipan genauso verfahren. Auf jeden Teigknopf ein Marzipanstück legen. Leicht andrücken. Im vorgeheizten Ofen bei 150 °C Ober- und Unterhitze 35 Min. backen. Auf einem Gitterrost auskühlen lassen. Sobald das erste Blech belegt ist, backen, anschliessend das zweite backen.

Agnes 157. Gemüsesterne, Januar 2016

(Für 5 Personen)

Brötchen: (ev. am Vortag herstellen)

- 250 g Süsskartoffeln, gewaschen
- 160 g Wasser
- 300 g Dinkel, gemahlen
- 1/2 TL Salz
- 20 g frische Bio-Hefe
- 15 g Wasser
- 100 g Süsskartoffel-Kochwasser

Die Süsskartoffeln klein schneiden. Ich habe die Stäb-chenraffel verwendet. Wasser in einen Topf geben und die Süsskartoffeln in einem Siebeinsatz zugeben. Deckel auflegen, auf höchster Einstellung zum Kochen brin-gen. Sobald Dampf unter dem Deckel austritt, auf kleinste Einstellung drehen und 5 Min. dünsten. Wasser abgiessen und auffangen. Hefe in 15 g Wasser auflösen. Alle Zutaten in eine Knetschüssel geben. 10 Min. mit der Maschine kneten. Bei Bedarf den Teig von der Schüsselwand lösen. Zugedeckt 60 Min. ruhen lassen. Bei Verwendung einer Knetmaschine ist das Pürieren der Süsskartoffeln nicht nötig. Den Teig nochmals durchkneten und in 6 Stücke teilen. Jedes Stück zu einer Kugel formen. Diese möglichst flach drücken und auf ein mit Back-papier belegtes Blech legen. Mit Wasser einsprühen und im vorgeheizten Ofen 25 Min. bei 200 °C Ober- und Unterhitze backen. Nochmals mit Wasser einsprühen und auf einem Gitterrost auskühlen lassen.

Vor dem Essen 5 Brötchen quer durchschneiden und jede Scheibe wie eine Torte in 6 Stücke teilen. Diese Stücke auf ein Backblech legen und im vorgeheizten Ofen 8 bis 10 Min. bei 220 °C backen, so dass sie aussen knusprig, innen aber noch weich sind. Die Dreieckbrötchen sternförmig anrichten. Gemüse und Sauce in die Mitte geben.

Gemüse:

- 500 g Karotten
- 500 g Sellerie, geschält
- 220 g Wasser
- Kräutersalz

Das Gemüse in Würfel schneiden und zusammen mit dem Wasser in einen Topf geben. Deckel auflegen, auf höchster Einstellung zum Kochen bringen. Sobald Dampf unter dem Deckel austritt, auf kleinste Einstellung drehen und 12 Min. dünsten. Kochwasser abgiessen und auffangen. Das Gemüse mit Kräutersalz bestreuen.

Sauce:

- 40 g Cashewkerne
- 10 g Olivenöl
- 80 g gekochtes Gemüse
- 0,5 TL mildes Currypulver
- 1 TL Salz
- 250 g Gemüsekochwasser, evtl. mit heissem Wasser ergänzt

Alle Zutaten in den Vitamix-Becher geben. Gemüse und Kochwasser sollten noch ganz heiss sein, so dass die Sauce nicht mehr aufgewärmt werden muss.

Agnes 158. Kartoffelschnecken, Februar 2016

(Für 4 Personen)

Teig:

- 1000 g mehlig kochende Kartoffeln
- 140 g Dinkel, gemahlen
- 2 TL Salz
- Streumehl
- Butter für die Form

Kartoffeln im Schnellkochtopf 15 Min. weichkochen und durch die Kartoffelpresse drücken. Salz und Mehl zugeben und verkneten. Auskühlen lassen. Mit Hilfe von grosszügig bemessenem Streumehl die Masse zu einem ca. 35 x 38 cm grossen Rechteck ausrollen.

Gemüse:

- 2 rote Paprika, netto 330 g, klein gewürfelt
- 1 Zwiebel, netto 110 g, klein gewürfelt
- 35 g Petersilie, fein gehackt
- 100 g Wasser
- 1/2 TL Salz
- Pfeffer
- 1 MS Muskatnuss

Wasser, Paprika und Zwiebel in einen Topf geben. Deckel auflegen, auf höchster Einstellung zum Kochen bringen. Sobald Dampf unter dem Deckel austritt, auf kleinste Einstellung drehen und 7 Min. dünsten. Die Petersilie zufügen und weitere 2 Min. dünsten. Gewürze zufügen. Das Gemüse in ein Sieb geben, Kochwasser abtropfen lassen und auffangen.

Weisse Sauce:

- 150 g Gemüsekochwasser
- 25 g Cashewkerne
- 10 g Olivenöl
- 1 TL Salz
- 100 g gekochte rote Linsen

Alle Zutaten im Vitamix zu einer Creme schlagen und auf die Teigplatte streichen. Das Gemüse darauf verteilen. Die Platte mithilfe eines Spatels von der Längsseite her vorsichtig aufrollen, damit der Teig nicht zerfällt. (Die letzten 5 bis 8 cm erst aufrollen, wenn die Rolle bereits in Stücke geschnitten ist, denn sonst zerfällt die Rolle.) Die beiden Enden abschneiden. Nun die Rolle in 10 gleich dicke Stücke schneiden. Die Schnecken in eine gut mit Butter ausgestrichene Form geben und im vorgeheizten Ofen bei 200 °C 30 Min. backen. Die Form soll so gross sein, dass sich die Schnecken nicht berühren, da sie sonst nach dem Backen aneinanderkleben.

Agnes 159. Kichererbsentaler an Lauchgemüse, Feb. 2016

(Für 5 Personen)

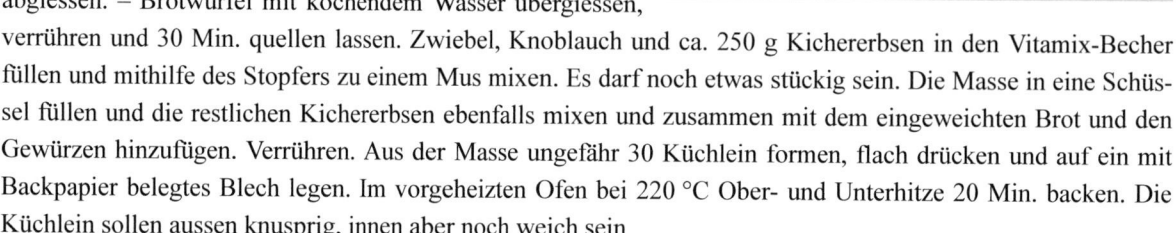

- 300 g Kichererbsen
- 140 g Hefebrot, mindestens 2 Tage alt, in Würfeln
- 120 g kochendes Wasser
- 1 Zwiebel, netto 85 g, grob vorgeschnitten
- 3 Knoblauchzehen, netto 12 g
- 1,75 TL Salz
- Schwarzer Pfeffer, frisch gemahlen

Kichererbsen 12 Std. in kaltem Wasser einweichen. Wasser abgiessen. – Brotwürfel mit kochendem Wasser übergiessen, verrühren und 30 Min. quellen lassen. Zwiebel, Knoblauch und ca. 250 g Kichererbsen in den Vitamix-Becher füllen und mithilfe des Stopfers zu einem Mus mixen. Es darf noch etwas stückig sein. Die Masse in eine Schüssel füllen und die restlichen Kichererbsen ebenfalls mixen und zusammen mit dem eingeweichten Brot und den Gewürzen hinzufügen. Verrühren. Aus der Masse ungefähr 30 Küchlein formen, flach drücken und auf ein mit Backpapier belegtes Blech legen. Im vorgeheizten Ofen bei 220 °C Ober- und Unterhitze 20 Min. backen. Die Küchlein sollen aussen knusprig, innen aber noch weich sein.

- 840 g Lauch
- 200 g Wasser
- 40 g geschälte Mandeln
- 180 g Wasser + 30 g Wasser
- 30 g Weizen, gemahlen
- 1,75 TL Salz

Den Lauch putzen und in Halbringe schneiden. Zusammen mit 200 g Wasser in einen Topf geben. Deckel auflegen und auf höchster Einstellung zum Kochen bringen. Sobald Dampf unter dem Deckel austritt, auf kleinste Einstellung drehen und 8 Min. dünsten. Mandeln mit 180 g Wasser im Vitamix zu einer Milch mixen. Mehl und Salz zufügen und nochmals kurz durchmixen. Zum Lauch giessen und aufkochen, bis die Sauce gebunden ist. Mit 30 g Wasser den Becher ausspülen und ebenfalls zum Lauch geben.

Agnes 160. Linsenbällchen, Februar 2016

(Für 3 Personen)

- 200 g rote Linsen
- 420 g Wasser
- 1 Lorbeerblatt

Alle Zutaten in einem Topf 20 Min. weichkochen. Jetzt sollte alles Wasser aufgenommen sein. Lorbeerblatt entfernen.

- 130 g Vollreis
- 260 g Wasser
- 40 g Vollkornpaniermehl
- 10 g Tomatenmark
- 1,5 TL Salz
- Schwarzer, gemahlener Pfeffer
- 15 g frische Petersilie, fein gehackt
- 20 g Zitronensaft
- 90 g Sesamsamen ungeschält

Reis und Wasser im Schnellkochtopf 20 Min. weichkochen. Mit den gekochten Linsen vermischen und alle Zutaten ausser den Sesamsamen zufügen. Auskühlen lassen. Aus der Masse mit nassen Händen ca. 24 Bällchen formen und in den Sesamsamen wälzen. Die Bällchen auf ein mit Backpapier belegtes Blech legen und in den kalten Ofen schieben. Bei 220 °C Ober- und Unterhitze 25 Min. backen.

Salat:
- 240 g Salatblätter (Minilattich)

Sauce:
- 1 Knoblauchzehe, 4 g
- 30 g Sonnenblumenkerne

- 25 g Zitronensaft
- 100 g Wasser
- 10 g Olivenöl
- 1/2 TL Salz

Alle Zutaten im Vitamix zu einer Creme mixen. Salatblätter auf drei Teller verteilen, Sauce darüber giessen und die gebackenen Linsenbällchen dazu legen.

Agnes 161. Gemüsepfannkuchen an Currysauce, 2/2016

(Für 4 Personen)

Pfannkuchen (10-11 Stück mit Durchmesser 20-22 cm):
- 150 g rote Linsen
- 350 g Wasser
- 375 g Dinkel, fein gemahlen
- 0,75 TL Salz
- 850 g Wasser

Die Linsen mit 350 g Wasser in einen Topf geben und 20 Min. weichkochen. In den grossen Becher des Vitamix füllen und mit einem Teil der 850 g Wasser zu einer Creme mixen. Mehl und Salz in eine Schüssel geben und die Linsencreme hinzufügen. Den Vitamix-Becher mit dem restlichen Wasser ausspülen und zur Mehlmischung giessen. Mit einem Schwingbesen gut verrühren und zugedeckt 15 Min. ruhen lassen. Zwei beschichtete Bratpfannen auf Stufe 5 von 6 erhitzen. Je einen grösseren Schöpflöffel voll Teig (ca. 150 g) in die heissen Pfannen giessen und durch Schwenken der Pfanne den Teig verteilen. Wenn der Teig auf der Oberseite nicht mehr flüssig ist, den Pfannkuchen wenden und nochmals kurz backen. Das dauert total ca. 4 Min.

Hinweis: Ich bereite Linsen-Pfannkuchen immer im Voraus zu, meist am Vortag, und backe sie vor dem Servieren nochmals kurz auf, denn das ergibt eine bessere Konsistenz.

Gemüse:
- 500 g Erbsen, gefroren
- 100 g Wasser
- 350 g Champignons, in Scheiben geschnitten
- 150 g Wasser
- 1,5 TL Salz

Erbsen und Wasser in einen Topf geben, Deckel auflegen und auf höchster Einstellung zum Kochen bringen. Sobald Dampf unter dem Deckel austritt, auf kleinste Einstellung drehen und 15 Min. dünsten.

Champignons und Wasser in einen Topf geben, Deckel auflegen und auf höchster Einstellung zum Kochen bringen. Sobald Dampf unter dem Deckel austritt, auf kleinste Einstellung drehen und 2 Min. dünsten. Kochwasser abgiessen und auffangen. Die Champignons zu den gekochten Erbsen geben und Salz zufügen.

Currysauce
- 300 g mehlig kochende Kartoffeln
- 35 g geschälte Mandeln
- 300 g Wasser
- 2 TL Salz
- 1 TL mildes Currypulver
- Champignonkochwasser

Kartoffeln im Schnellkochtopf 15 Min. weichkochen. Mandeln und Wasser im Vitamix zu einer Milch schlagen. Gewürze zufügen. Die noch heissen Kartoffeln durch die Kartoffelpresse direkt in den Vitamix-Becher zur Sauce drücken und nur noch ganz kurz und nicht auf der Höchststufe nochmals mixen. Zu langes Mixen führt dazu, dass die Sauce durch die Stärke der Kartoffeln klebrig wird. Die Sauce in einen Topf giessen, den Becher mit dem Champignonkochwasser spülen und ebenfalls in den Topf giessen. Vor dem Servieren kurz erwärmen, nicht kochen. Auf jeden Teller einen Pfannkuchen legen, das Gemüse darauf geben, den Pfannkuchen zusammenklappen und mit Currysauce übergiessen.

Agnes 162. Rosinenbrötchen, Februar 2016

(12 Stück)

- 500 g Dinkel, fein gemahlen
- 20 g frische Bio-Hefe
- 50 g flüssiger Honig
- 320 g Wasser
- 60 g geschälte Mandeln
- 65 g gekochte Kichererbsen
- 1/2 TL Salz
- 100 g Rosinen

Hefe im Honig auflösen. Mandeln, Kichererbsen und Wasser im Vitamix zu einer Milch schlagen. Alle Zutaten in eine Schüssel geben und während 8 Min. mit der Maschine kneten. Zugedeckt 60 Min. ruhen lassen. Den Teig in 12 Stücke teilen, daraus Kugeln formen, auf ein mit Backpapier belegtes Blech legen und mit Wasser einsprühen. Im vorgeheizten Ofen bei 190 °C Ober- und Unterhitze 25 Min. backen. Die Brötchen nochmals mit Wasser einsprühen und auf einem Gitterrost auskühlen lassen.

Agnes 163. Wirsing-Eintopf mit Ofenkartoffeln, März 2016

(Für 4 Personen)

- 270 g Wirsing, grob geschnitten
- 170 g Kartoffeln, in Ringe geschnitten
- 1 rote Paprika, 190 g netto
- 1 Zwiebel, netto 100 g, gehackt
- 150 g Maiskörner aus der Dose
- 140 g Wasser
- 350 g passierte Tomaten aus dem Glas
- 1,5 TL Salz
- 1 leicht gehäufter TL getrockneter Thymian
- Frisch gemahlener schwarzer Pfeffer

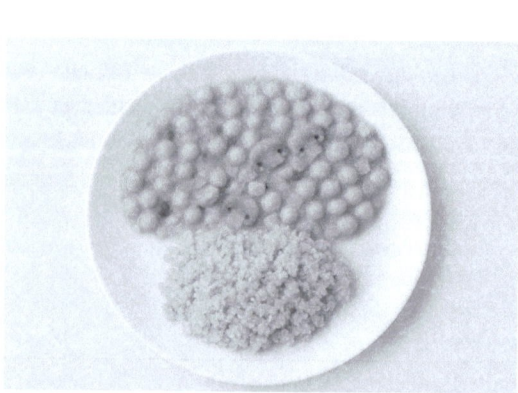

Gemüse und Wasser in einen Topf geben. Deckel auflegen, auf höchster Einstellung zum Kochen bringen. Sobald Dampf unter dem Deckel austritt, auf kleinste Einstellung drehen und 13 Min. dünsten. Passierte Tomaten und Gewürze zugeben und nochmals aufkochen.

- 850 g kleinere Kartoffeln, festkochend

Die Kartoffeln der Länge nach halbieren. Mit der Schnittfläche nach unten auf ein mit Backpapier belegtes Blech legen und im vorgeheizten Ofen bei 220 °C Ober- und Unterhitze 30 Min. backen.

Agnes 164. Reis mit Kichererbsengemüse, März 2016

(Für 5 Personen)

- 300 g Vollreis
- 600 g Wasser
- 1/2 TL Salz

Reis, Salz und Wasser im Schnellkochtopf 20 Min. kochen. Das Ventil auf der ausgestellten Herdplatte abdampfen lassen.

- 250 g Kichererbsen
- 200 g Lauch, fein gehackt
- 400 g Kartoffeln, in kleine Würfel geschnitten
- 10 g frischer Ingwer, klein gehackt
- 200 g Wasser
- 300 g Champignons, in dünne Scheiben geschnitten
- 1 gestr. TL mildes Currypulver
- 2 gestrichene TL Salz
- 35 g Kokosflocken
- 300 + 200 g Kichererbsenkochwasser, evtl. ergänzt mit Wasser

Kichererbsen 12 Std. einweichen. Im Schnellkochtopf 30 Min. weichkochen. Die Kichererbsen in ein Sieb geben und das Kochwasser auffangen.

Lauch, Kartoffeln, Ingwer und Wasser in einen Topf geben. Deckel auflegen, auf höchster Einstellung zum Kochen bringen. Sobald Dampf unter dem Deckel austritt, auf kleinste Einstellung drehen und 10 Min. dünsten. Champignons zufügen und weitere 2 Min. dünsten. Gewürze und gekochte Kichererbsen zufügen. Kokosflocken und 300 g Kochwasser im Vitamix zu einer Milch mixen. Zum Gemüse geben. Becher mit 200 g Wasser oder Kochwasser nachspülen und ebenfalls zum Gemüse geben. Nochmals kurz aufkochen.

Agnes 165. Pizza-Wirsing-Schnecken, März 2016

(Für 5 Personen)

Teig:

- 350 g Dinkel
- 20 g Sojabohnen
- 0,75 TL Salz
- 25 g Mandeln, geschält
- 220 g Wasser
- 20 g frische Hefe (1/2 Würfel)

Getreide und Sojabohnen zusammen fein mahlen. Salz zufügen. Mandeln und Wasser zu einer Milch mixen. Hefe darin auflösen und zum Mehl giessen und 10 Min. mit der Maschine zu einem Teig kneten. 2 Std. zugedeckt ruhen lassen. Während dieser Zeit den Teig zweimal durchkneten.

Gemüse:

- 150 g Wasser
- 1 mittelgrosser Wirsing ohne Strunk, netto 440 g, fein gehackt
- 1 TL Salz

Wirsing und Wasser in einen Topf geben, Deckel auflegen und auf höchster Einstellung zum Kochen bringen. Sobald Dampf unter dem Deckel austritt, auf kleinste Einstellung drehen und 7 Min. dünsten. Jetzt sollte alles Kochwasser verdunstet sein, sonst abgiessen. Salz zufügen.

Tomatensauce:

- 30 g Wasser
- 2 Tomaten, 260 g, grob gehackt
- 1 Zwiebel, 140 g netto, gehackt
- 1 rote Paprika, netto 215 g, gehackt
- 15 g Dörrtomaten, in Stücke geschnitten
- 10 g Knoblauch, netto, in Scheiben geschnitten
- 1 TL Salz
- 20 g Sonnenblumenkerne
- Schwarzer, frisch gemahlener Pfeffer
- 1 leicht gehäufter TL getrocknete Pizzakräuter

Wasser und Gemüse in einen Topf geben, Deckel auflegen und auf höchster Einstellung zum Kochen bringen. Sobald Dampf unter dem Deckel austritt, auf kleinste Einstellung drehen und 7 Min. dünsten. Restliche Zutaten zufügen und mit dem Stabmixer grob pürieren.

Den Teig auf der mit Mehl ausgestreuten Arbeitsfläche zu einem Rechteck von ca. 35 x 42 cm ausrollen. Die Tomatensauce darauf verstreichen. An einer Längskante einen 2 cm breiten Rand frei lassen. Es bleibt ein Rest von ca. 80 g Sauce übrig, der separat zu den Schnecken gegessen werden kann. Den gekochten Wirsing darüber verteilen. Die belegte Teigplatte von der Längsseite her aufrollen. Die Rolle in 15 Stück schneiden. Die Schnecken auf ein mit Backpapier belegtes Blech legen und im vorgeheizten Ofen bei 220 °C Ober- und Unterhitze 30 Min. backen.

Agnes 166. Gebackene Brotküchlein mit scharfer Sauce, März 2016

(Für 4 Personen)

Brotküchlein:

- 300 g altes, hartes Hefe-Vollkornbrot, in Würfel geschnitten
- 250 g kochendes Wasser
- 260 g Zwiebeln, netto, in Würfel geschnitten
- 80 g Wasser
- 250 g Champignons, in dünne Scheiben geschnitten
- 90 g Wasser
- 0,75 TL Salz
- 250 g Tomaten (3 Stück) in 12 Scheiben geschnitten
- Pizzakräuter

Die Brotwürfel in eine Schüssel geben und mit kochendem Wasser übergiessen. Mindestens 30 Min. stehen lassen. Dabei immer wieder umrühren, so dass alle Brotwürfel Wasser aufnehmen können. Zwiebelwürfel und Wasser in einen Topf geben, aufkochen und bei offenem Deckel ca. 5 Min. dünsten, bis alles Wasser aufgebraucht ist. Die Champignonscheiben mit 90 g Wasser zufügen, Deckel auflegen und auf höchster Einstellung zum Kochen bringen. Sobald Dampf unter dem Deckel austritt, auf kleinste Einstellung drehen und 2 Min. dünsten. Die Zwiebel-Champignonmasse zu den eingeweichten Brotwürfeln geben. Salz zufügen und verrühren. Daraus 12 flache Küchlein formen und auf ein mit Backpapier belegtes Blech legen. Auf jedes Küchlein eine Tomatenscheibe legen und mit Pizzakräutern bestreuen. Im vorgeheizten Ofen bei 220 °C Ober- und Unterhitze 25 Min. backen.

Weisse Sauce:

- 150 g gekochte Kichererbsen
- 30 g Cashewkerne
- 1/2 TL Salz
- 300 g Kichererbsen-Kochwasser
- 150 g Wasser zum Spülen des Bechers

Alle Zutaten im Vitamix zu einer Creme mixen und in einen Topf umfüllen. Den Becher mit 150 g Wasser ausspülen und zur Sauce giessen. Vor dem Servieren kurz aufkochen.

Ajvar (scharfe Sauce) (11/8470):

- 500 g Wasser
- 1 rote Paprikaschote (netto 165 g)
- 1 Zwiebel (55 g netto)
- 1-2 Knoblauchzehen (9 g netto)
- 15 g Essigpeperoni 7/4573
- 1 gestr. TL Salz
- 1 gestr. TL Paprika edelsüß
- 1 Prise schw. gem. Pfeffer
- 1 EL Peperoniessig
- 1 EL Sonnenblumenöl
- 2 EL Kochflüssigkeit

TM: Wasser in den Mixtopf geben. Paprikaschote entkernen, Innenwände entfernen und in Stücke schneiden. Zwiebel und Knoblauch abziehen, klein schneiden. Gemüse mit den Essigpeperoni in den Garkorb geben und dünsten (25 Min./100 °C/Stufe 3). Restliches Kochwasser auffangen. Gegartes Gemüse mit den restlichen Zutaten in den Mixtopf geben und offen einkochen (3 Min./70 °C/Stufe 3; 3 Min./90 °C). In ein Schraubglas füllen, Deckel zudrehen und eine Weile auf den Kopf stellen. Im Kühlschrank aufbewahren.

Tipp: Wenn man die Paste feiner möchte, kann man nochmals bei höherer Drehzahl pürieren.

Die Küchlein auf den Tellern anrichten, die Sauce dazu giessen und mit einem Esslöffel voll Ajvar dekorieren.

Agnes 167. Chicoréesalat mit Orangen und Birnen, April 2016

(3 Portionen)

- 200 g Chicorée
- 300 g Orangen, netto
- 1 grosse Birne, 275 g netto, ohne Kerngehäuse
- Saft einer halben Orange, 50 g
- Saft einer halben Zitrone, 30 g
- 30 g Akazienhonig
- Schwarzer Pfeffer, frisch gemahlen
- 2 Prisen Salz
- 20 g Kürbiskerne, fein gehackt

Chicoréeblätter in 2 cm breite Streifen schneiden. Die Orangen und die Birne in Würfel schneiden. Für die Sauce alle Zutaten mischen, Chicorée und Fruchtwürfel zufügen, mischen und auf 3 Schüsselchen verteilen. Mit gehackten Kürbiskernen bestreuen.

Agnes 168. Lauch-Linsen-Küchlein an Karottensauce, April 2016

(6 Portionen)

Für die Küchlein:

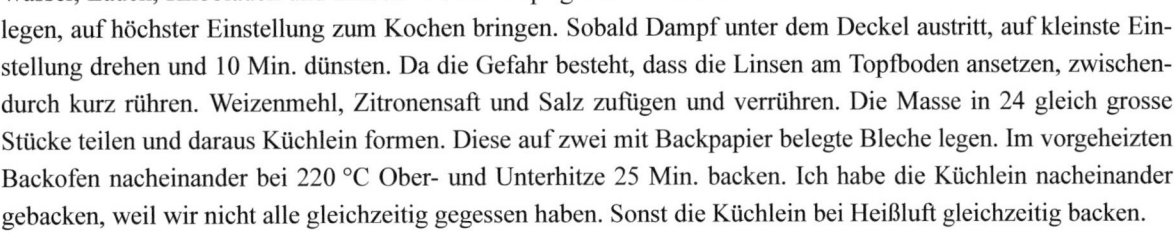

- 700 g Wasser
- 600 g Lauch, geputzt
- 4 Knoblauchzehen, 12 g
- 400 g rote Linsen
- 100 g Weizen, fein gemahlen
- 1 EL Zitronensaft
- 2 TL Salz

Den Lauch in Halbringe schneiden und den Knoblauch fein hacken. Wasser, Lauch, Knoblauch und Linsen in einen Topf geben. Deckel auflegen, auf höchster Einstellung zum Kochen bringen. Sobald Dampf unter dem Deckel austritt, auf kleinste Einstellung drehen und 10 Min. dünsten. Da die Gefahr besteht, dass die Linsen am Topfboden ansetzen, zwischendurch kurz rühren. Weizenmehl, Zitronensaft und Salz zufügen und verrühren. Die Masse in 24 gleich grosse Stücke teilen und daraus Küchlein formen. Diese auf zwei mit Backpapier belegte Bleche legen. Im vorgeheizten Backofen nacheinander bei 220 °C Ober- und Unterhitze 25 Min. backen. Ich habe die Küchlein nacheinander gebacken, weil wir nicht alle gleichzeitig gegessen haben. Sonst die Küchlein bei Heißluft gleichzeitig backen.

Für die Karottensauce:

- 1 Zwiebel, netto 150 g
- 500 g Karotten
- 500 g Wasser
- 25 g Cashewnussmus
- 1,75 TL Salz
- Schwarzer Pfeffer, frisch gemahlen

Die Zwiebel hacken und die Karotten in 5 mm dicke Scheiben schneiden. Wasser, Zwiebel und Karotten in einen Topf geben. Deckel auflegen, auf höchster Einstellung zum Kochen bringen. Sobald Dampf unter dem Deckel austritt, auf kleinste Einstellung drehen und 15 Min. dünsten. Die restlichen Zutaten hinzufügen und mit dem Stabmixer zu einer Sauce pürieren.

Agnes 169. Hirsegratin, April 2016

(4 Portionen)

- 200 g Hirse
- 250 g Wasser
- 2 Zwiebeln, netto 240 g
- 500 g Tomaten
- 1 rote + 1 gelbe Paprika, netto 310 g
- 2 TL Salz
- 2 Lorbeerblätter

Hirse auf dem Boden einer mit Öl ausgeriebenen Gratinform verteilen. Gemüse in Würfel schneiden, in einer Schüssel vermischen und zusammen mit den Lorbeerblättern auf die Hirse geben. Salz im Wasser auflösen und über das Gemüse giessen. Die Form im vorgeheizten Ofen bei 220 °C Ober- und Unterhitze 35 Min. backen. Vor dem Essen Lorbeerblätter entfernen.

Agnes 170. Linsendip, April 2016

(5 Portionen)

- 1 Zwiebel, netto 110 g
- 2 Knoblauchzehen, netto 8 g
- 60 g Wasser
- 120 g Reiscreme (120 g Reis, 30 g Mandeln, 700 g Wasser)
- 300 g gekochte rote Linsen
- 1 EL Zitronensaft, 15 g
- 1 TL Salz
- 1/4 TL gemahlener schwarzer Pfeffer

Zwiebel und Knoblauch fein hacken und mit dem Wasser in einen Topf geben. Deckel auflegen, auf höchster Einstellung zum Kochen bringen. Sobald Dampf unter dem Deckel austritt, auf kleinste Einstellung drehen und 5 Min. dünsten. Sollte noch nicht alles Wasser eingekocht sein, nochmals kurz ohne Deckel weiter dünsten. Alle Zutaten in den Vitamix geben und zu einer Creme mixen. Linsendip mit verschiedenen Gemüsestäbchen servieren. Pro Person als Vorspeise habe ich 120 g Gemüse berechnet (1 Gurke = 330 g, 260 g Karotten).

Agnes 171. Kichererbsenküchlein Selleriegemüse, Mai 2016

(4 Portionen)

- 2 Zwiebeln, netto 190 g
- 3 Knoblauchzehen, netto 10 g
- 50 g + 200 g Wasser
- 615 g gekochte Kichererbsen (250 g Rohware)
- 60 g Vollkorn-Paniermehl
- 2 TL Zitronensaft, 7 g
- 2 TL + 1 TL Salz
- 1/4 TL mildes Currypulver
- Schwarzer, frisch gemahlener Pfeffer
- 20 g Petersilie, gehackt
- 200 g Wasser
- 400 g Sellerie, netto

Zwiebeln und Knoblauch klein hacken, und mit 50 g Wasser in einen Topf geben. Deckel auflegen und auf höchster Einstellung zum Kochen bringen. Sobald Dampf unter dem Deckel austritt, auf kleinste Einstellung drehen und 7 Min. dünsten. Jetzt sollte alles Wasser eingekocht sein.

Kichererbsen in ein hohes Gefäß füllen und mit dem Pürierstab zu Mus mixen. Alle anderen Zutaten dazugeben und vermischen. Die Masse in 16 Stücke teilen und daraus Küchlein formen. Auf ein mit Backpapier belegtes Blech legen und im vorgeheizten Ofen bei 220 °C Ober- und Unterhitze 20 Min. backen.

Sellerie an der Stäbchenraffel fein schneiden und zusammen mit 200 g Wasser in einen Topf geben. Deckel auflegen und auf höchster Einstellung zum Kochen bringen. Sobald Dampf unter dem Deckel austritt, auf kleinste Einstellung drehen und 5 Min. dünsten. Mit 1 TL Salz abschmecken.

Agnes 172. Biskuit-Himbeercreme, Mai 2016

(8 Portionen)

Biskuit:

- 250 g Dinkel, fein gemahlen
- 1 Prise Salz
- 1 Päckchen Weinsteinbackpulver
- 0,5 TL Vanille
- 170 g flüssiger Honig
- 80 g gekochte rote Linsen
- 85 g Stützcreme (120 g Vollreis, 50 g geschälte Mandeln, 700 g Wasser)
- 50 g Apfel
- 50 g Wasser zum Spülen des Bechers
- 125 g Mineralwasser

Zitronen-Honigsauce:
- 50 g Zitronensaft
- 50 g Wasser
- 80 g flüssiger Honig

Himbeer-Creme:
- 300 g Stützcreme (120 g Vollreis, 50 g geschälte Mandeln, 700 g Wasser)
- 150 g + 2 x 250 g Himbeeren (tiefgekühlt, leicht angetaut)
- 100 g flüssiger Honig

Zitronencreme:
- 300 g Stützcreme (siehe unter Himbeercreme)
- 40 g Zitronensaft
- 80 g flüssiger Honig

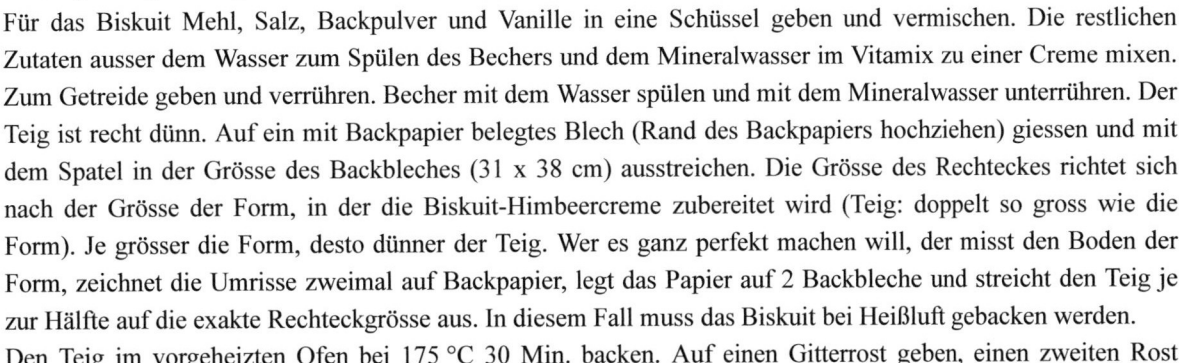

Für das Biskuit Mehl, Salz, Backpulver und Vanille in eine Schüssel geben und vermischen. Die restlichen Zutaten ausser dem Wasser zum Spülen des Bechers und dem Mineralwasser im Vitamix zu einer Creme mixen. Zum Getreide geben und verrühren. Becher mit dem Wasser spülen und mit dem Mineralwasser unterrühren. Der Teig ist recht dünn. Auf ein mit Backpapier belegtes Blech (Rand des Backpapiers hochziehen) giessen und mit dem Spatel in der Grösse des Backbleches (31 x 38 cm) ausstreichen. Die Grösse des Rechteckes richtet sich nach der Grösse der Form, in der die Biskuit-Himbeercreme zubereitet wird (Teig: doppelt so gross wie die Form). Je grösser die Form, desto dünner der Teig. Wer es ganz perfekt machen will, der misst den Boden der Form, zeichnet die Umrisse zweimal auf Backpapier, legt das Papier auf 2 Backbleche und streicht den Teig je zur Hälfte auf die exakte Rechteckgrösse aus. In diesem Fall muss das Biskuit bei Heißluft gebacken werden.

Den Teig im vorgeheizten Ofen bei 175 °C 30 Min. backen. Auf einen Gitterrost geben, einen zweiten Rost darauf legen, den Teig stürzen, das Backpapier abziehen, das Biskuit zurückstürzen und auskühlen lassen. In der Mitte auseinanderschneiden, eine Hälfte in die Form geben und mit der Hälfte der Zitronen-Honigsauce bestreichen.

Für die Himbeersauce alle Zutaten bis auf 2 x 250 g Himbeeren im Vitamix zu einer Creme mixen und auf der Biskuit-Platte verteilen. 250 g Himbeeren darauf streuen und die zweite Biskuit-Platte darauf legen. Die Platte mit der zweiten Hälfte der Zitronen-Honigsauce bestreichen. Wiederum 250 g Himbeeren darüber streuen. Die Zutaten für die Zitronencreme mit einem Schwingbesen verrühren und als Abschluss über die Beeren giessen. Im Kühlschrank über Nacht durchziehen lassen.

Agnes 173. Schokoeis, Mai 2016

(6 Portionen)
- 6 kleinere Birnen, netto 780 g
- 350 g Stützcreme (120 g Vollreis, 50 g geschälte Mandeln, 700 g Wasser)
- 290 g Schokosauce (600 g Wasser, 500 g Honig, 120 g Kakaopulver, 1 Prise Salz, 1 TL Vanille)
- 100 g Kichererbsen-Kochwasser-Eischnee

Stützcreme und Schokosauce mit dem Schwingbesen gut vermischen. „Eischnee" sorgfältig unterziehen und in eine Gefrierdose füllen. Über Nacht oder 9 Std. ins Gefrierfach geben.

Kerngehäuse der Birnen entfernen, in Spalten schneiden und auf den Tellern anrichten. Mit einem Eisportionierer Kugeln abstechen und auf die Birnen legen.

Kichererbsen-Kochwasser-„Eischnee"
- 200 g Kichererbsen
- 700 g Wasser

Kichererbsen 12 Std. einweichen; Wasser abgiessen. Kichererbsen zusammen mit 700 g frischem Wasser im Schnellkochtopf 25 Min. kochen. Die ausgekühlten Erbsen zusammen mit dem Kochwasser eine Nacht in den Kühlschrank stellen. Kochwasser am Morgen abgiessen und auffangen. Erforderliche Menge Kichererbsen-Kochwasser in einen Becher giessen. Mit dem Handrührgerät in 5 Min. zu „Eischnee" schlagen.

Agnes 174. Gemüsecurryeintopf, Mai 2016

(4 Portionen)

- 200 g Kidneybohnen
- 300 g Erbsen, tiefgekühlt
- 150 g Wasser + 200 g Wasser + 200 g Wasser
- 1 Blumenkohl, netto 360 g, in Röschen zerteilt
- 1 grosse Stange Lauch, 280 g, in 1,5 bis 2 cm dicke Halbringe geschnitten
- 10 g Knoblauch, netto, fein gehackt
- 400 g gehackte Tomaten aus der Dose
- 3 gestrichene TL Salz
- 2 gestrichene TL mildes Currypulver
- 20 g Kokosflocken
- 20 g Wasser zum Spülen des Bechers

Kidneybohnen 12 Std. in kaltem Wasser einweichen. Im Schnellkochtopf 20 Min. weichkochen. Das Kochwasser abgiessen.

Erbsen mit 150 g Wasser in einen Topf geben. Deckel auflegen und auf höchster Einstellung zum Kochen bringen. Sobald Dampf unter dem Deckel austritt, auf kleinste Einstellung drehen und 15 Min. dünsten. Restliches Kochwasser abgiessen.

200 g Wasser, Blumenkohl, Lauch und Knoblauch in einen Topf geben. Deckel auflegen und auf höchster Einstellung zum Kochen bringen. Sobald Dampf unter dem Deckel austritt, auf kleinste Einstellung drehen und 10 Min. dünsten. Gekochte Kidneybohnen, gekochte Erbsen und gehackte Tomaten hinzufügen, aufkochen und nochmals 3 Min. dünsten.

200 g Wasser, Gewürze und Kokosflocken in den Becher des Vitamix geben und gut durchmixen. Zum Gemüse geben, den Becher spülen, ebenfalls zu Gemüse geben und nochmals aufkochen.

Agnes 175. Gemüse-Brot-Küchlein an Tomatensauce, Mai 2016

(4 Portionen)

Brotküchlein:

- 350 g altes, trockenes Brot (Hefe-Vollkornbrot)
- 350 g kochend heisses Wasser
- 150 g Maiskörner aus der Dose
- 150 g gekochte Gartenerbsen
- 250 g Champignons
- 80 g Wasser
- 1 TL Salz
- schwarzer Pfeffer, frisch gemahlen

Brot in Würfel schneiden und mit kochendem Wasser übergiessen. 30 Min. ziehen lassen. Gelegentlich rühren. Champignons in Scheiben schneiden. Zusammen mit dem Wasser in einen Topf geben, Deckel auflegen und auf höchster Einstellung zum Kochen bringen. Sobald Dampf unter dem Deckel austritt, auf kleinste Einstellung drehen und 2 Min. dünsten. Kochwasser abgiessen und alle Zutaten zum Brot geben. Masse verkneten und daraus 16 Küchlein formen. Auf ein mit Backpapier belegtes Blech legen und im vorgeheizten Ofen bei 220 °C Ober- und Unterhitze 35 Min. backen. Die Ränder sollen knusprig sein.

Tomatensauce:

- 250 g Zucchini
- 80 g Wasser
- 1 Knoblauchzehe, fein gehackt
- 1 TL Salz
- 1 TL italienische Kräutermischung
- Schwarzer Pfeffer, frisch gemahlen
- 350 g passierte Tomaten aus dem Glas
- 40 g Tomatenmark

Zucchini an der Nussreibe fein raffeln. Zusammen mit dem Wasser und dem Knoblauch in einen Topf geben. Deckel auflegen und 3 Min. als Gemüsepfanne dünsten. Alle Zutaten zufügen und nochmals kurz aufkochen.

Agnes 176. Nougatwürfel, Juni 2016

- 400 g Mandelstifte
- 250 g fester Blütenhonig

Die Mandelstifte in einer beschichteten Pfanne so lange unter Rühren rösten, bis sie goldgelb bis hellbraun sind und duften (Stufe 5 von 6). Den Honig zugeben und weitere 3 Min. unter Rühren rösten, bis der Honig leicht karamellisiert. Eine ca. 14 x 20 cm grosse Form aus Glas oder Keramik mit Backpapier auslegen. Die Masse hineingeben, möglichst kompakt zusammendrücken und so lange auskühlen lassen, bis man sie mit den Händen nochmals gut zusammendrücken kann, so dass die Masse kompakt wird. Erkalten lassen, aus der Form nehmen und mit einem scharfen Messer in Würfel schneiden. In einer Dose luftdicht verschlossen aufbewahren.

Variante: Anstelle von Mandelstiften Mandelblättchen nehmen, die Masse auf ein mit Backpapier belegtes Blech geben und zu einem Rechteck von ca. 18 x 25 cm ausstreichen und gut zusammenpressen. Die abgekühlte Masse in Würfelchen schneiden.

Agnes 177. Bohnenaufstrich, Juni 2016

- 300 g gekochte weisse Bohnen (knapp 150 g getrocknete Bohnen)
- 35 g Nussmus (hier: Macadamianussmus)
- 10 g Knoblauch
- 0,75 TL Salz
- Schwarzer Pfeffer, frisch gemahlen

Alle Zutaten in ein enges Gefäss geben und mit dem Pürierstab zu einer glatten Masse mixen.

Tipp: Dieser Aufstrich passt gut zu Gemüse, Brot, Kartoffeln oder als Pizzabelag.

Agnes 178. Nudeln an Saucengemüse, Juni 2016

(4 Portionen) (nach Utes Rezept Nr. 12/9294)

- 360 g Vollkornnudeln

Die Nudeln in ausreichend Salzwasser weichkochen.

Gemüse:

- 130 g Wasser
- 1 Zwiebel, netto 150 g, grob gehackt
- 160 g Karotten, in dünne Scheiben geschnitten
- 1 gelbe Paprika, netto 160 g, in Würfel geschnitten
- 320 g Zucchini, grob gewürfelt

Die Zutaten in der angegebenen Reihenfolge in einen Topf geben. Deckel auflegen und auf höchster Einstellung zum Kochen bringen. Sobald Dampf unter dem Deckel austritt, auf kleinste Einstellung drehen und 10 Min. dünsten. Für die Herstellung der Sauce 80 g Kochwasser in den Becher des Vitamix giessen.

Sauce:

- 80 g Gemüsekochwasser
- 120 g Stützcreme (60 g Vollreis, 25 g Mandeln, 350 g Wasser)
- 90 g gekochte rote Linsen
- 20 g Erdnussmus
- 15 g milder Senf
- 1 Löffelspitze Honig, 5 g
- 2 gestrichene TL Salz
- Schwarzer Pfeffer, frisch gemahlen
- 50 g Wasser zum Spülen des Bechers

Alle Zutaten ausser den 50 g Wasser im Vitamix zu einer Creme mixen. Zum Gemüse giessen, mit 50 g Wasser den Becher ausspülen, ebenfalls zum Gemüse geben und kurz aufkochen.

Agnes 179. Krautstielwähe mit Haselnüssen, Juni 2016

(4 Portionen)

Teig:

- 250 g Weizen
- 1/2 TL Salz
- 10 g Olivenöl
- 160 g Wasser

Weizen fein mahlen und mit den restlichen Zutaten mit dem Handrührgerät zu einem Teig mixen. Ein rundes Blech von 28 cm Durchmesser mit Butter einstreichen und mit Mehl ausstreuen.

Den Teig mithilfe von Streumehl rund ausrollen und die Form damit belegen. Einen Rand hochziehen.

Belag:

- 115 g Wasser
- 500 g Krautstiel (= Mangold)
- 18 g Knoblauch, netto, fein gehackt
- 250 g Champignons, in dünne Scheiben geschnitten
- 40 g Haselnüsse, in einem kleinen Mixer fein gemahlen
- 1 gestrichener TL Salz

Vom Krautstiel die weissen Stängel abschneiden, der Länge nach in 1 cm breite Streifen schneiden und diese in 0,5 cm dicke Scheiben schneiden. Die Blätter fein schneiden. Wasser, Krautstielstängel und Knoblauch in einen Topf geben, Deckel auflegen und auf höchster Einstellung zum Kochen bringen. Sobald Dampf unter dem Deckel austritt, auf kleinste Einstellung drehen und 6 Min. dünsten. Nun die Krautstielblätter zugeben und weitere 4 Min. dünsten. Kochwasser abgiessen, auffangen und die Champignons, die gemahlenen Haselnüsse und das Salz zum Gemüse geben. Verrühren und auf dem Teigboden verteilen.

Guss:

- 170 g Krautstielkochwasser ergänzt mit Wasser
- 40 g Speisemais, frisch gemahlen
- Kräutersalz
- Schwarzer, frisch gemahlener Pfeffer
- 1 Löffelspitze mildes Currypulver

Alle Zutaten in einen kleinen Mixer geben, durchmixen und über das Gemüse geben. Im vorgeheizten Backofen bei 200 °C Ober- und Unterhitze 40 Min. backen.

Agnes 180. Brotsalat, Juli 2016

(5 Portionen)

- 320 g Hefe-Vollkornbrot, frisch oder vom Vortag

Brot in Scheiben und diese in Streifen schneiden. Die Brotmenge sollte 40 Streifen ergeben. Auf ein mit Backpapier belegtes Blech legen und im vorgeheizten Backofen bei 220 °C Ober- und Unterhitze 10 Min. rösten. Auskühlen lassen.

Gemüse:

- 1,5 Paprika, netto 260 g (1 gelbe, ½ rote Paprika)
- 5 Tomaten, 630 g
- 400 g Gurken
- Kräutersalz
- 90 g Kopfsalat, gewaschen und in grosse Stücke gezupft

Paprika, Tomaten und Gurken in nicht allzu kleine Würfel schneiden. In eine Schüssel geben und mit Kräutersalz bestreuen. 30 Min. stehen lassen. In ein Sieb geben und den Gemüsesaft auffangen.

Den Kopfsalat auf die Mitte der 5 Teller legen. Das Gemüse darauf verteilen und die Brotstücke an den Rand legen. Mit Sauce übergiessen.

Sauce:

- 15 g milder Senf
- 170 g gekochte Hülsenfrüchte (hier: weisse Bohnen)
- 200 g Stützcreme (60 g Vollreis, 20 g geschälte Mandeln, 350 g Wasser)

- 210 g Gemüsesaft (s.o.)
- 10 g Essig
- 1 kleine Knoblauchzehe
- Schwarzer, frisch gemahlener Pfeffer
- 1/2 TL Salz (richtet sich nach der Salzzugabe beim Gemüse)

Alle Zutaten im Vitamix zu einer Creme mixen.

Agnes 181. Zucchini-Nussküchlein, Juli 2016

(5 Portionen)

Küchlein:

- 800 g Zucchini, netto
- 180 g sehr altes, hartes Hefe-Vollkornbrot
- 1 TL Salz
- 15 g Knoblauch, netto
- 60 g Haselnüsse
- Schwarzer, frisch gemahlener Pfeffer

Die Zucchini an der Bircherraffel reiben, in eine Schüssel füllen, mit Salz vermischen und einige Minuten stehen lassen. 120 g Zucchinisaft auspressen und für die Sauce beiseitestellen. Das Brot an der Elektro-Nussreibe zu Paniermehl verarbeiten. Die Nüsse fein mahlen und den Knoblauch durch die Presse drücken. Alle Zutaten zu den Zucchini geben, Masse gut durchkneten und 25 kleine, flache Küchlein formen. Auf ein mit Backpapier belegtes Blech legen und im vorgeheizten Ofen bei 220 °C Ober- und Unterhitze 25 Min. backen.

Sauce:

- 120 g Zucchiniwasser
- 120 g Reiscreme (60 g Vollreis, 25 g geschälte Mandeln, 350 g Wasser)
- 50 g Cashewnussmus
- 1/4 TL Salz
- 2 cm Essigpeperoni 7/4573

Alle Zutaten im Vitamix zu einer Creme mixen. Vor dem Servieren kurz aufkochen oder so lange mixen, bis die Creme heiss ist.

Gemüse

- 1250 g frisches Saisongemüse

In Stücke schneiden und die Teller damit dekorieren. Die Küchlein in die Mitte setzen und je nach Geschmack die Sauce darüber giessen oder separat servieren.

Agnes 182. Crunchyschokolade, Juli 2016

(4 Tafeln)

- 120 g Kakaobutter
- 30 g Kokosöl
- 110 g fester Blütenhonig
- 50 g Nackthafer
- 70 g Sonnenblumenkerne
- 50 g Buchweizen
- 20 g Hanfsamen
- 30 g Kakaopulver

Kakaobutter, Kokosöl und Honig in einen Topf geben und bei kleinster Einstellung schmelzen. Nackthafer flocken und zusammen mit allen anderen Zutaten unter die Kakaobuttermasse rühren. Die Masse mit einem Esslöffel in 4 Schokoladentafel-Formen geben, nicht giessen, da sonst die Samen auf dem Topfboden bleiben. Im Gefrierfach hart werden lassen und auch dort aufbewahren.

Agnes 183. Teigwaren-Gemüseeintopf mit grossen weissen Bohnen, Juli 2016

(6 Portionen)

- 400 g Vollkorn-Spiralnudeln
- 120 g Wasser
- 450 g Karotten
- 2 Knoblauchzehen, netto 9 g
- 1 rote Paprika, netto 220 g
- 150 g junger Blattspinat
- 250 g gekochte weisse, grosse Bohnen
- 15 g Petersilie, gehackt
- 50 g Tomatenmark
- 1 TL Salz
- Schwarzer Pfeffer, frisch gemahlen

Teigwaren in Salzwasser weichkochen.

Karotten in 2 bis 3 mm dicke Rädchen schneiden. Knoblauch fein hacken. Paprika in Streifen schneiden und diese vierteln. Wasser in einen Topf geben. Karotten, Knoblauch und Paprika zufügen. Deckel auflegen und auf höchster Einstellung zum Kochen bringen. Sobald Dampf unter dem Deckel austritt, auf kleinste Einstellung drehen und 10 Min. dünsten. Spinat, Petersilie und Bohnen zufügen und weitere 5 Min. dünsten. Teigwaren, Tomatenmark und Gewürze zufügen und verrühren.

Agnes 184. Zucchini-Spaghetti, August 2016

(5 Portionen)

- 900 g Zucchini
- 10 g Olivenöl
- 2 TL mildes Currypulver
- 2 TL Paprikapulver, edelsüss
- 2 TL italienische Kräutermischung
- 2 TL Kräutersalz
- Schwarzer, frisch gemahlener Pfeffer

Die Zucchini an einer Raffel in 3 mm dünne Scheiben schneiden. In eine Schüssel geben, Öl und Gewürze zufügen und mit zwei Kochlöffeln gut verrühren. Die Zucchinischeiben nebeneinander auf 3 mit Backpapier belegte Bleche legen und im vorgeheizten Backofen bei 200 °C Heißluft 20 Min. backen. Bei mir hatten alle Scheiben exakt auf drei Blechen Platz.

- 500 g Vollkornspaghetti

Die Spaghetti im Salzwasser weichkochen.

- 250 g Standardstützcreme (60 g Vollreis, 20 g geschälte Mandeln, 350 g Wasser)
- 50 g gekochte rote Linsen
- 20 g Cashewnussmus
- 20 g Wasser
- 1/2 TL Salz

Alle Zutaten im Vitamix zu einer Creme mixen.

- 30 g geschälte Mandeln
- 30 g feinst gemahlenes Paniermehl
- Kräutersalz

Die Mandeln in einem kleinen Mixer ganz fein mahlen. Eine Portion Paniermehl (altes Hefevollkornbrot an der Nussreibe gerieben und anschliessend getrocknet) in ein feines Sieb geben und den mehlfeinen Anteil aussieben. Davon 30 g wegnehmen und zu den gemahlenen Mandeln geben. Mit Kräutersalz bestreuen und mischen.

Die gebackenen Zucchinischeiben unter die Spaghetti mischen, weisse Sauce dazugeben, verrühren, auf die Teller verteilen, mit Mandel-Paniermehlgemisch bestreuen und sofort servieren.

Agnes 185. Brownies mit Schokosauce, August 2016

- 110 g gekochte rote Linsen
- 180 g Reiscreme
- 80 g Apfel
- 200 g fester Blütenhonig
- 210 g Schokosauce (500 g Honig, 600 g Wasser, 120 g Kakao, 1 TL Vanillepulver, 1 Prise Salz)
- 180 g Dinkel, frisch gemahlen
- 1 Päckchen Backpulver
- 1 Prise Salz
- 125 g Walnüsse
- 15 g Kakaopulver

Linsen, Reiscreme, Apfel und Honig im Vitamix zu einer Creme mixen. Walnüsse grob zerkleinern. Dazu die Nüsse in einen Plastikbeutel geben und mit dem Wallholz so lange darüber rollen, bis sie genügend klein sind.

Mehl, Salz, Backpulver und zerkleinerte Nüsse in eine Schüssel geben und vermischen. Schokosauce und Vitamixcreme dazu giessen und mit dem Handrührgerät verrühren. Masse auf ein mit Backpapier belegtes Backblech giessen und zu einem Rechteck ausstreichen. Im vorgeheizten Backofen bei 170 °C Ober- und Unterhitze 35 bis 40 Min. backen. Auf einem Gitterrost auskühlen lassen.

Schokoglasur:

- 80 g Kakaobutter
- 40 g Honig
- 150 g Haselnusscreme (siehe unten)

Kakaobutter und Honig in einem kleinen Topf schmelzen. Haselnusscreme hinzufügen, verrühren und die Glasur noch warm auf den ausgekühlten Teig streichen. Auskühlen lassen und anschliessend in Quadrate schneiden. In einer Dose im Kühlschrank aufbewahren.

Haselnusscreme:

- 390 g heisses Wasser
- 250 g fester Blütenhonig
- 80 g Kakaopulver
- 1 Prise Salz
- 1 TL Vanillepulver
- 200 g Haselnüsse

Alle Zutaten im 0,9-Liter-Becher des Vitamix so lange mixen, bis die Masse heiss ist und stockt.

Agnes 186. Quinoa-Brötchen, August 2016

(16 Stück)

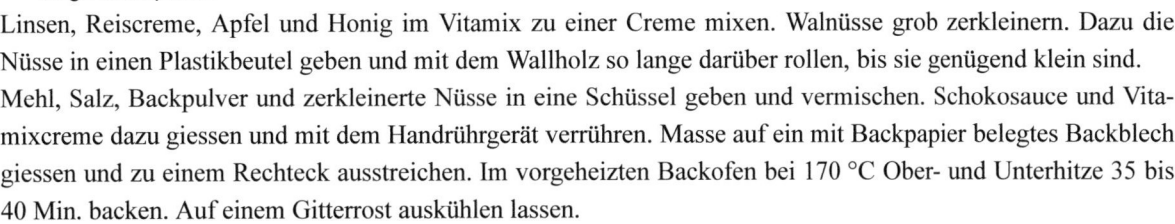

- 200 g weisse Quinoa
- 600 g Wasser
- 150 g Roggen
- 350 g Dinkel
- 180 g Wasser
- 60 g frische Bio-Hefe
- 30 g flüssiger Honig
- 2 TL Salz
- 0,5 TL mildes Currypulver
- 100 g Sonnenblumenkerne

Quinoa unter gelegentlichem Rühren in einer Bratpfanne leicht anrösten, bis die Körner dunkelgelb sind und zu springen beginnen. 600 g Wasser in einen Topf geben, aufkochen und die gerösteten Quinoakörner beigeben. 15 Min. leicht köcheln. Etwas auskühlen lassen.

Roggen und Dinkel fein mahlen und mit Salz und Curry mischen. Hefe im Honig auflösen und zusammen mit Quinoa und Wasser zum Mehl geben. Während 8 Min. mit der Maschine kneten. Teig zugedeckt 2 Std. ruhen lassen.

Sonnenblumenkerne in ein Schälchen füllen. Den Teig in 16 Stück teilen. Mit feuchten Händen aus jedem Stück eine Kugel formen, leicht flach drücken und die Oberfläche in die Sonnenblumenkerne drücken. Die Brötchen auf ein mit Backpapier belegtes Blech setzen, mit Wasser einsprühen und im vorgeheizten Ofen bei 220 °C Ober- und Unterhitze 20 Min. backen. Nochmals mit Wasser einsprühen und auf einem Gitterrost auskühlen lassen.

Agnes 187. Wirsing-Kartoffelküchlein, August 2016

(5 Portionen)

Küchlein:

- 1 kleiner Wirsing, netto 240 g (dicke Rippen weggeschnitten), in dünne Streifen geschnitten
- 1 grosse Zwiebel, netto 160 g, gehackt
- 1 Karotte, 85 g, in dünne Stäbchen geschnitten
- 140 g Wasser
- 860 g mehlig kochende Kartoffeln, an der Bircherraffel gerieben
- 2,5 TL Salz
- Schwarzer, frisch gemahlener Pfeffer
- 130 g Weizen, frisch gemahlen
- 80 g Standard-Stützcreme

Wasser und Gemüse in einen Topf geben. Deckel auflegen und auf höchster Einstellung zum Kochen bringen. Sobald Dampf unter dem Deckel austritt, auf kleinste Einstellung drehen und 10 Min. dünsten. Restliches Kochwasser abgiessen und beiseite stellen. Gekochtes Gemüse mit allen anderen Zutaten in eine grosse Schüssel geben und gut verrühren. Aus der Masse 25 flache Küchlein formen und auf zwei mit Backpapier belegte Bleche legen. Die Küchlein nochmals flach drücken und im vorgeheizten Ofen bei 230 °C Ober- und Unterhitze nacheinander jeweils 30 Min. backen. Wer alle Küchlein gleichzeitig backen will, muss Heißluft wählen. Vermutlich 220 °C und die Bleche in der Hälfte der Backzeit wenden.

Weisse Sauce:

- 220 g Standard-Stützcreme
- 110 g gekochte rote Linsen
- 40 g Cashewnussmus
- 1 Knoblauchzehe, netto 4 g
- 100 g Gemüsekochwasser, ergänzt mit Wasser
- 0,75 TL Salz
- Schwarzer, frisch gemahlener Pfeffer

Alle Zutaten im Vitamix zu einer lauwarmen Creme mixen.

Agnes 188. Zwiebelflammkuchen, August 2016

(5 Portionen)

Teig:

- 500 g Weizen, fein gemahlen
- 300 g Wasser
- 1 TL Salz

Alle Zutaten in die Schüssel der Knetmaschine geben und 5 Min. kneten. Den Teig zugedeckt 30 Min. ruhen lassen. Den Teig in 8 Stücke zu je 100 g teilen. Jedes Stück zu einem dünnen Oval ausrollen und je 4 Stück auf ein mit Backpapier belegtes Backblech legen.

Gemüse:

- 100 g Wasser
- 6 Frühlingszwiebeln, netto 630 g
- 4 längliche San-Marzano-Tomaten, 550 g, in dünne Scheiben geschnitten

Zwiebelgrün in 1 cm breite Halbringe, den Rest in kleine Würfelchen schneiden.

Wasser und Zwiebeln in einen Topf geben. Deckel auflegen und auf höchster Einstellung zum Kochen bringen. Sobald Dampf unter dem Deckel austritt, auf kleinste Einstellung drehen und 7 Min. dünsten. Kochwasser abgiessen und auffangen.

Weisser Belag:

- 220 g Stützcreme (60 g Vollreis, 25 g geschälte Mandeln, 350 g Wasser)
- 100 g gekochte rote Linsen
- 45 g Cashewnussmus

- 25 g Zwiebelkochwasser
- 1 Knoblauchzehe, netto 6 g
- 1 TL Salz
- Schwarzer, frisch gemahlener Pfeffer

Zum Bestreuen:
- Kräutersalz
- Pizzakräuter

Alle Zutaten im Vitamix zu einer Creme mixen. Je zwei Esslöffel davon auf die Flammkuchen geben und verstreichen. Zwiebeln darüber verteilen. Mit Tomatenscheiben belegen und mit Kräutersalz und Pizzakräutern bestreuen. Im vorgeheizten Ofen bei 220 °C Ober- und Unterhitze die Flammkuchen nacheinander 25 Min. backen. Wenn alle Flammkuchen gleichzeitig gebacken werden sollen, Heißluft verwenden. Die Bleche müssen in meinem Backofen bei Heißluft in der Hälfte der Backzeit gewendet werden.

Agnes 189. Frischkorngetränk für heisse Tage, September 2016

(1 Portion)
- 50 g Hirse
- 250 g Wasser
- 70 g Banane, netto
- 180 g Ananas, netto

Hirse zusammen mit dem Wasser in den Vitamix geben und etwa 1 Min. lang auf hoher Stufe mixen, bis eine gleichmäßige, cremige Flüssigkeit entsteht. Banane und Ananasstücke hinzufügen und erneut gut durchmixen, bis die Masse glatt ist.

Agnes 190. Zucchini-Flammkuchen, Sep. 2016

Teig (Für 6 Portionen):
- 500 g Dinkel
- 260 g Wasser
- 1 TL Salz

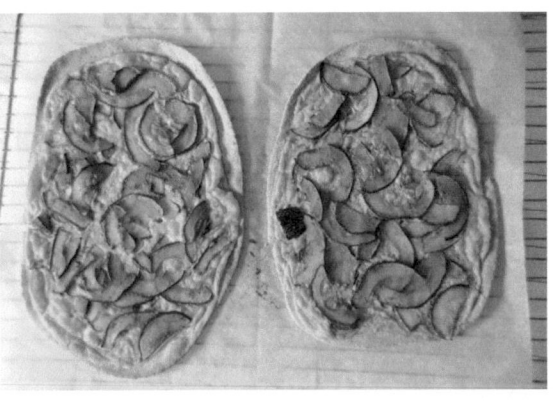

Alle Zutaten zu einem Teig kneten (mit der Maschine 8 Min.) und zugedeckt 30 Min. ruhen lassen. Den Teig in 6 gleich grosse Stücke teilen und zu möglichst dünnen, länglichen Ovalen ausrollen. Je zwei Teigstücke auf ein mit Backpapier belegtes Blech legen.

Belag:
- 125 g gekochte rote Linsen
- 250 g Stützcreme
- 50 g Cashewnussmus
- 1 TL Salz
- 3 Knoblauchzehen, netto 7 g

Alle Zutaten im Vitamix zu einer Creme mixen. Diese auf den Teigstücken gleichmässig verstreichen.
- 600 g Zucchini
- 5 g Olivenöl
- 1 gestrichener TL mildes Currypulver
- 1 gestrichener TL Paprikapulver, edelsüss
- Schwarzer, frisch gemahlener Pfeffer
- Kräutersalz

Die Zucchini mit dem Hobel in 2 bis 3 mm dicke Scheiben schneiden. Zusammen mit dem Öl und den Gewürzen in eine Schüssel geben und mit einem Löffel gut vermischen. Einige Minuten ruhen lassen, damit die Zucchini etwas Wasser ziehen kann. Nun nochmals vermischen, damit sich die Gewürze schön gleichmässig verteilen. Die Zucchinischeiben gleichmässig auf die Creme schichten. Im vorgeheizten Ofen bei 210 °C Heißluft 20 Min. backen.

Agnes 191. Zucchini-Schokokuchen, Sep. 2016

(28-cm-Springform)

- 120 g gekochte rote Linsen
- 140 g Stützcreme
- 60 g Apfel
- 200 g Honig
- 250 g Zucchini, an der Röstiraffel gerieben
- 300 g Dinkel, fein gemahlen
- 1 Prise Salz
- 30 g Kakaopulver
- 40 g Kakaonibs
- 1 Päckchen Backpulver

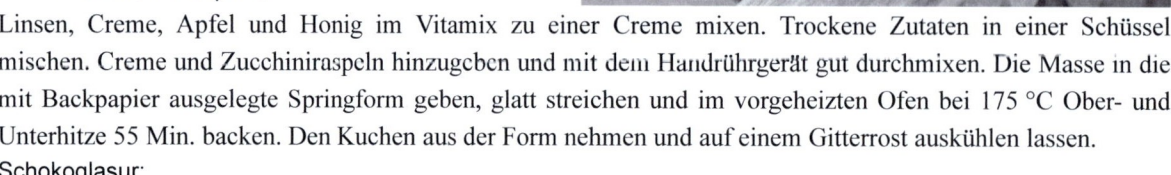

Linsen, Creme, Apfel und Honig im Vitamix zu einer Creme mixen. Trockene Zutaten in einer Schüssel mischen. Creme und Zucchiniraspeln hinzugeben und mit dem Handrührgerät gut durchmixen. Die Masse in die mit Backpapier ausgelegte Springform geben, glatt streichen und im vorgeheizten Ofen bei 175 °C Ober- und Unterhitze 55 Min. backen. Den Kuchen aus der Form nehmen und auf einem Gitterrost auskühlen lassen.

Schokoglasur:

- 40 g Kakaobutter
- 20 g Honig
- 80 g Haselnusscreme (siehe unten)

Kakaobutter und Honig in einem kleinen Topf schmelzen. Haselnusscreme hinzufügen, verrühren und die Glasur noch warm auf den ausgekühlten Kuchen streichen. Auskühlen lassen und anschliessend den Kuchen im Kühlschrank aufbewahren.

Haselnusscreme:

- 390 g heisses Wasser
- 250 g fester Blütenhonig
- 80 g Kakaopulver
- 1 Prise Salz
- 1 TL Vanillepulver
- 200 g Haselnüsse

Alle Zutaten im 0,9-Liter-Becher des Vitamix so lange mixen, bis die Masse heiss ist und stockt.

Agnes 192. Gemüsepfanne, September 2016

(6 Portionen)

- 400 g Röhrennudeln

Nudeln in Salzwasser weichkochen. Kochwasser abgiessen.

- 120 g Wasser
- 200 g TK-Erbsen
- 1 Fenchelknolle, netto 160 g, der Länge nach in dünne Streifen geschnitten
- 1 Zwiebel, netto 130 g, geviertelt, in dünne Scheiben geschnitten
- 250 g Tomaten, geviertelt, in dicke Scheiben geschnitten
- 3 Knoblauchzehen, netto 9 g, in dünne Scheiben geschnitten

Alle Zutaten in einen Topf geben. Deckel auflegen und auf höchster Einstellung zum Kochen bringen. Sobald Dampf unter dem Deckel austritt, auf kleinste Einstellung drehen und 7 Min. dünsten. Kochwasser abgiessen und auffangen.

- 200 g Gemüsekochwasser, evtl. ergänzt mit Wasser
- 25 g geschälte Mandeln
- 160 g Stützcreme
- 1 gestrichener TL Salz

Alle Zutaten im Vitamix zu einer Creme mixen. Nudeln und Creme zum Gemüse geben und verrühren. Gegebenenfalls nochmals kurz aufkochen.

Agnes 193. Kichererbsen-Zucchini-Burger, Oktober 2016

(16 Bratlinge und 16 Burgerbrötchen)

Am Vortag:

- 300 g Kichererbsen
- Wasser zum Einweichen
- 950 g Wasser zum Kochen

Kichererbsen 12 Std. einweichen. Einweichwasser abgiessen und die Erbsen mit 950 g Wasser im Schnellkochtopf 30 Min. weichkochen. Die Kichererbsen im Kochwasser im Kühlschrank über Nacht stehen lassen. Am Kochtag das Kochwasser abgiessen und auffangen.

Am Backtag:

Bratlinge:

- 750 g gekochte Kichererbsen vom Vortag
- 2 Zwiebeln, netto 240 g
- 500 g Zucchini
- 100 g Dinkel, fein gemahlen
- 3 gestrichene TL Salz
- Schwarzer, frisch gemahlener Pfeffer

Brötchen:

- 650 g Kichererbsenkochwasser (wenn nötig noch ergänzt mit Wasser)
- 1000 g Dinkel, fein gemahlen
- 1 gestrichener EL Salz
- 40 g frische Bio-Hefe

Brötchen: Hefe im Erbsenwasser auflösen. Alle Zutaten in die Knetschüssel geben und 8 Min. mit der Maschine kneten. Zugedeckt 1 Stunde ruhen lassen. Den Teig in 16 Stücke zu je ungefähr 100 g teilen und zu ganz flachen Brötchen mit einem Durchmesser von 10 cm formen. Auf zwei mit Backpapier belegte Bleche legen, einsprühen und im vorgeheizten Ofen nacheinander bei 220 °C Ober- und Unterhitze 18 Min. backen. Nochmals einsprühen und auf einem Gitterrost auskühlen lassen. Während ich die zweite Hälfte der Brötchen geformt habe, habe ich die erste Hälfte bereits gebacken.

Bratlinge: Kichererbsen an der Elektroraffel mit dem Bircherraffel-Einsatz reiben. Danach den Röstiraffel-Einsatz einlegen und die Zwiebel sowie die Zucchini reiben. Alle Zutaten in eine Schüssel geben und zu einem Teig vermischen. Diesen in 16 Teile teilen und aus jedem Stück einen flachen Bratling von 10 cm Durchmesser formen. Je 8 Bratlinge auf ein mit Backpapier belegtes Blech legen und im vorgeheizten Ofen bei 210 °C Heißluft 25 Min. backen.

Pro Person ein Brötchen aufschneiden, die Schnittflächen mit mildem Senf bestreichen, mit je einem Eisberg-Salatblatt und Tomatenscheiben belegen, einen Bratling auf die untere Hälfte legen und den Burger zusammensetzen. Ein Burger reicht für ein Abendessen pro Person. Am Mittag würde ich entweder 1,5 Burger berechnen, oder diese kleiner formen, damit zwei serviert werden können.

Agnes 194. Ananaskuchen, Oktober 2016

(28-cm-Springform)

- 250 g gekochte rote Linsen
- 160 g Stützcreme
- 80 g Apfel
- 280 g Honig
- 400 g Dinkel, fein gemahlen
- 2 Päckchen Backpulver
- 1 Prise Salz
- 330 g frische Ananas, in kleine Würfelchen geschnitten

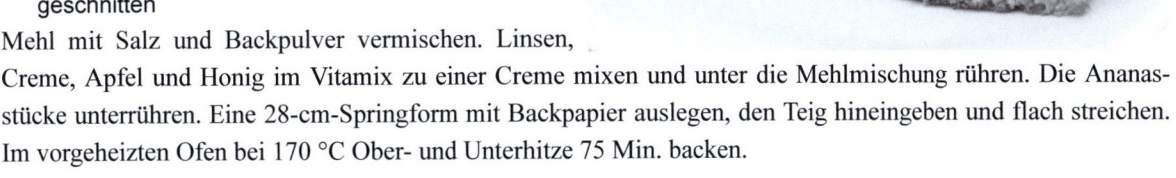

Mehl mit Salz und Backpulver vermischen. Linsen, Creme, Apfel und Honig im Vitamix zu einer Creme mixen und unter die Mehlmischung rühren. Die Ananasstücke unterrühren. Eine 28-cm-Springform mit Backpapier auslegen, den Teig hineingeben und flach streichen. Im vorgeheizten Ofen bei 170 °C Ober- und Unterhitze 75 Min. backen.

Agnes 195. Lauchwähe an Linsen-Cashew-Guss, Oktober 2016

(5 Portionen)

Teig:

- 260 g Weizen, fein gemahlen
- 1/2 TL Salz
- 10 g Olivenöl
- 140 g Wasser

Alle Zutaten in eine Schüssel geben und mit dem Handrührgerät zu einem Teig vermischen. Mit Hilfe von Streumehl zu einem Kreis ausrollen. Ein Wähenblech von 28 cm Durchmesser mit Butter einstreichen und mit Mehl bestäuben. Den Teig hineinlegen und einen Rand hochziehen.

Gemüse:

- 100 g Wasser
- 450 g Lauch, netto, in 1 bis 2 cm dicke Ringe geschnitten

Wasser und Lauch in einen Topf geben, Deckel auflegen und auf höchster Einstellung zum Kochen bringen. Sobald Dampf unter dem Deckel austritt, auf kleinste Einstellung drehen und 5 Min. dünsten. Falls jetzt noch Kochwasser im Topf ist, dieses abgiessen.

Guss:

- 130 g gekochte rote Linsen
- 200 g Standard-Stützcreme
- 2 gestrichene TL Salz
- Schwarzer Pfeffer, frisch gemahlen

Alle Zutaten im Vitamix mithilfe des Stopfers zu einer Creme mixen. Diese unter den Lauch ziehen und die Masse auf dem Teig verteilen.

- 250 g Cherrytomaten
- Italienische Kräutermischung

Die Cherrytomaten halbieren und mit der Schnittfläche nach oben auf den Lauchbelag legen. Kräutermischung darüber streuen und die Wähe im vorgeheizten Ofen bei 220 °C Ober- und Unterhitze 30 Min. backen.

Agnes 196. Zucchinisuppe, Oktober 2016

(4 Portionen)

- 870 g Zucchini
- 2 Zwiebeln, netto 180 g
- 100 g Wasser
- 80 g gekochte rote Linsen
- 35 g Cashewnussmus
- 200 g Stützcreme
- 2 TL Salz
- Schwarzer, frisch gemahlener Pfeffer
- 200 g Zucchinikochwasser

Zucchini und Zwiebeln in Würfel schneiden. Mit dem Wasser in einen Topf geben. Deckel auflegen und auf höchster Einstellung zum Kochen bringen. Sobald Dampf unter dem Deckel austritt, auf kleinste Einstellung drehen und 10 bis 15 Min. je nach Grösse der Zucchiniwürfel, dünsten. Kochwasser abgiessen und mit allen restlichen Zutaten im Vitamix mixen. Zum Gemüse giessen und mit dem Pürierstab mixen. Nochmals kurz aufkochen.

Agnes 197. Zucchinibrötchen, Oktober 2016

(6 Stück)

- 250 g Dinkel
- 50 g Speisemais
- 1 Würfel frische Bio-Hefe
- 10 g flüssiger Honig
- 220 g Zucchini
- 10 g Olivenöl
- 30 g Sonnenblumenkerne
- 30 g Leinsamen
- 1 gestrichener TL Salz

Dinkel und Mais zusammen fein mahlen. Mehl, Salz, Leinsamen und Sonnenblumenkerne mischen. Zucchini an der Nussreibe fein reiben. Hefe im Honig auflösen und alle Zutaten miteinander vermischen. 8 Min. mit der Maschine kneten. Zugedeckt eine Stunde ruhen lassen. Teig in 6 Stücke zu je knapp 110 g teilen, zu ganz flachen Brötchen mit einem Durchmesser von ca. 10 cm formen und auf ein mit Backpapier belegtes Blech legen. Brötchen mit Wasser einsprühen und im vorgeheizten Ofen bei 220 °C Ober- und Unterhitze 18 Min. backen. Nochmals einsprühen und auf einem Gitterrost auskühlen lassen.

Kürbis-Zucchinibrötchen-Burger

- 6 Scheiben Butternuss-Kürbis vom „Hals", 400 g
- Kräutersalz
- Pfeffer

Kürbis schälen und 6 Scheiben (ca. 1 cm dick) abschneiden. Mit Kräutersalz und Pfeffer bestreuen. Auf ein mit Backpapier belegtes Blech legen und im vorgeheizten Ofen bei 220 °C Ober- und Unterhitze 25 Min. backen. Auf einem Gitterrost auskühlen lassen.

- 12 kleinere Eisberg-Salatblätter

Sauce:

- 200 g Standardstützcreme
- 80 g rote gekochte Linsen
- 40 g Cashewnussmus
- 0,75 TL Salz
- Pfeffer

Alle Zutaten mithilfe des Stopfers im Vitamix zu einer Creme mixen.

Herstellung: *Die Burgerbrötchen auseinanderschneiden. Beide Hälften mit wenig Sauce bestreichen, je ein Eisberg-Salatblatt darauf legen, einen gehäuften Teelöffel Sauce auf den Salatblättern verteilen, eine Kürbisscheibe auf die untere Brötchenhälfte legen und die obere Hälfte darauf stülpen.*

Agnes 198. Mais-Weizen-Brötchen, November 2016

- 250 g Weizen
- 250 g Mais
- 20 g frische Bio-Hefe
- 350 g Wasser
- 1 TL Salz

Weizen und Mais zusammen fein mahlen. Salz hinzufügen. Hefe im Wasser auflösen und zum Mehl giessen. Den Teig mit der Maschine 8 Min. kneten. Zwischendurch den Teig vom Rand lösen. Zugedeckt 1 Std. gehen lassen. Den Teig nochmals durchkneten und auf der mit Mehl ausgestreuten Arbeitsfläche dünn ausrollen und auf ein mit Backpapier belegtes Blech legen. Mit dem Messer den Teig in Rechtecke schneiden, mit Wasser einsprühen und im vorgeheizten Ofen bei 220 °C Ober- und Unterhitze 18 Min. backen. Auf einem Gitterrost auskühlen lassen.

Agnes 199. Reis mit Borlottibohnen und Sellerie-Karottengemüse, November 2016

(5 Portionen)

- 350 g Reis
- 700 g Wasser
- 1 TL Kräutersalz
- 1 Briefchen Safran (130 mg, weniger als 1 g)

Reis, Safran, Kräutersalz und Wasser im Schnellkochtopf 20 Min. kochen und auf der ausgeschalteten Herdplatte abdampfen lassen.

- 420 g Karotten, klein gewürfelt
- 200 g Sellerie, netto, klein gewürfelt
- 170 g Wasser
- Kräutersalz

Gemüse und Wasser in einen Topf geben und als Gemüsepfanne 12 Min. dünsten. Mit Kräutersalz bestreuen.

- 150 g Borlottibohnen
- 120 g Kochwasser
- Salz

Die Bohnen in reichlich Wasser 12 Stunden einweichen und anschliessend im Schnellkochtopf 15 Min. kochen. Kochwasser abgiessen, auffangen und 120 g davon wieder zu den Bohnen geben und salzen.

Agnes 200. Curryerbsen mit Reis, November 2016

(6 Portionen)

- 300 g Kichererbsen
- 1 Zwiebel, netto 125 g, in Würfel geschnitten
- 120 g Lauch, dunkelgrüner Teil, in schmale Streifen geschnitten
- 200 g + 340 g Kichererbsenkochwasser
- 40 g Kokosflocken
- 2 TL Salz
- 2 TL mildes Currypulver
- 1 TL Paprikapulver, edelsüss
- Schwarzer Pfeffer, frisch gemahlen

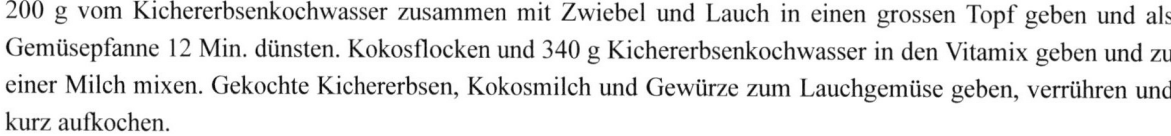

Kichererbsen 12 Std. in Wasser einweichen. Im Schnellkochtopf 35 Min. kochen. Kochwasser abgiessen und auffangen.

200 g vom Kichererbsenkochwasser zusammen mit Zwiebel und Lauch in einen grossen Topf geben und als Gemüsepfanne 12 Min. dünsten. Kokosflocken und 340 g Kichererbsenkochwasser in den Vitamix geben und zu einer Milch mixen. Gekochte Kichererbsen, Kokosmilch und Gewürze zum Lauchgemüse geben, verrühren und kurz aufkochen.

- 600 g Reis
- 1200 g Wasser
- 1 TL Salz

Alle Zutaten in den Schnellkochtopf geben. 20 Min. auf höchster Stufe kochen und auf der ausgeschalteten Herdplatte abdampfen lassen.

Agnes 201. Kartoffeln mit Wirsing und Champignons, November 2016

(3 Portionen)

- 400 g Wasser
- 1 Zwiebel, netto 110 g, in Würfel geschnitten
- 200 g Wirsing, in Streifen geschnitten
- 400 g Kartoffeln, in Würfel geschnitten
- 230 g Champignons, in Scheiben geschnitten

Wasser, Zwiebel, Wirsing und Kartoffeln in einen Topf geben und als Gemüsepfanne 10 Min. dünsten. Nun die Champignons hinzufügen und weitere 5 Min. dünsten. 200 g Kochwasser abgießen und auffangen.

Sauce:

- 40 g Cashewnussmus
- 80 g gekochte rote Linsen
- 120 g Stützcreme
- 200 g Kartoffel-Gemüsekochwasser
- 2 TL Salz
- Schwarzer, frisch gemahlener Pfeffer

Alle Zutaten in den Vitamix geben und zu einer Sauce mixen. Zum Gemüse geben und nochmals kurz aufkochen.

Agnes 202. Schoko-Nussstängeli, Dezember 2016

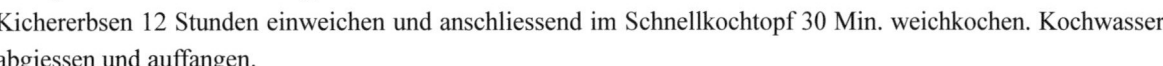

100 g Haselnüsse	130 g gekochte rote Linsen
200 g gem. Dinkel	230 g fester Blütenhonig
150 g gem. Haselnüsse	1 Prise Salz
60 g Kakaonibs	40 g Apfel
1 P Backpulver	80 g Stützcreme

Haselnüsse auf ein Backblech legen und im vorgeheizten Ofen bei 220 °C Ober- und Unterhitze 5 Min. rösten. Etwas abkühlen lassen, die Haut abreiben und von Hand grob hacken. Mehl, gemahlene und gehackte Haselnüsse, Kakaonibs und Backpulver in eine Schüssel geben.

Die restlichen Zutaten im Vitamix zu einer Creme mixen und zur Mehlmischung giessen. Mit dem Handrührgerät verrühren. Den Teig auf ein mit Backpapier belegtes Blech geben und mit feuchten Händen ca. 1 cm dick ausstreichen. Mit einem Messer den Teig in längliche Rechtecke schneiden. Im vorgeheizten Ofen bei 200 °C Ober- und Unterhitze 15 Min. backen. Auf einem Gitterrost auskühlen lassen. Die Rechtecke nochmals nachschneiden.

Glasur:

- 100 g Kakaobutter
- 60 g fester Blütenhonig
- 100 g Haselnusscreme (Agnes185)

Kakaobutter und Honig in einem Topf schmelzen. Die Haselnusscreme unterrühren und auf die Nussstängeli streichen. Die Glasur fest werden lassen. Die Stängeli in eine Dose füllen und im Kühlschrank aufbewahren.

Agnes 203. Gemüsecurry-Eintopf, Dezember 2016

(4 bis 5 Portionen)

- 250 g Kichererbsen
- 500 g Karotten
- 300 g Lauch, vorzugsweise viel Grün vom Lauch
- 4 Tomaten (410 g)
- 20 g Knoblauch, netto
- 300 g Kichererbsenkochwasser
- 150 g Sahne
- 2 gestrichene TL Salz
- 2 gehäufte TL mildes Currypulver

Kichererbsen 12 Stunden einweichen und anschliessend im Schnellkochtopf 30 Min. weichkochen. Kochwasser abgiessen und auffangen.

Karotten und Lauch längs halbieren und in 4 bis 5 cm lange Stücke schneiden. Tomaten grob würfeln, Knoblauch in dünne Scheiben schneiden. Kichererbsenkochwasser, Karotten, Lauch, Tomaten und Knoblauch in einen Topf geben und als Gemüsepfanne 15 Min. dünsten. Kichererbsen und restliche Zutaten hinzugeben und nochmals aufkochen.

Agnes 204. Weihnachts-Schokoküchlein, Dezember 2016

(9 Portionen)

- 120 g Stützcreme
- 60 g Apfel
- 120 g gekochte rote Linsen
- 220 g Schokosauce (500 g Honig, 600 g Wasser, 120 g Kakaopulver)
- 1 Prise Salz
- 100 g Dinkel, frisch gemahlen
- 1 P Backpulver

Mehl, Backpulver und Salz in eine Schüssel geben und vermischen. Creme, Apfel und Linsen im Vitamix pürieren und zur Mehlmischung giessen. Schokosauce beifügen und alle Zutaten mit dem Handrührgerät mixen. Ein Backblech mit Backpapier belegen. Den Teig hineingiessen und zu einem Rechteck von ca. 27 x 33 cm ausstreichen. Im vorgeheizten Ofen bei 175 °C Ober- und Unterhitze 25 Min. backen. Auf einem Gitterrost auskühlen lassen. Mit einer Ausstechform von 9 cm Durchmesser 9 Rondellen ausstechen. (Die Reste zu einem Trifle (= englischer Schichtpudding) verarbeiten.)

Marzipan:

- 100 g Mandeln, geschält
- 60 g fester, milder Blütenhonig

Die Mandeln in einem kleinen Mixer ganz fein mahlen und mit dem Honig verkneten. (Ich habe die gemahlenen Mandeln gesiebt und die gröberen Stücke nochmals gemahlen.) Die Masse zwischen Haushaltfolie ausrollen, 9 Sterne ausstechen und auf die Schokoküchlein setzen.

Hinweis: Die Küchlein bis Weihnachten einfrieren und am Festtag schön garniert servieren; zum Beispiel mit Früchten, Eis und Kakaonibs oder Schokosauce.

Agnes 205. Mandel-Schokokuchen, Januar 2017

(Springform 28 cm Durchmesser)

- 140 g Dinkel, gemahlen
- 1 Päckchen Weinsteinbackpulver
- 30 g Kakaopulver
- 1 Prise Salz
- 170 g gekochte rote Linsen
- 70 g Apfel
- 150 g Stützcreme
- 250 g Honig
- 50 g Kakaobutter, geschmolzen

Trockene Zutaten in eine Schüssel geben und verrühren. Restliche Zutaten im Vitamix mithilfe des Stopfers zu einer Creme mixen. Zum Mehlgemisch geben und mit dem Handrührgerät gut durchmischen. Die Masse in eine mit Backpapier belegte Springform geben und im vorgeheizten Ofen bei 175 °C 50 Min. backen. Auf einem Gitterrost auskühlen lassen. Die noch warme Glasur auf den Kuchen streichen und mit den Honig-Mandelblättchen dicht bestreuen. (Es bleiben noch Mandelblättchen übrig.) Backpapier darüber legen und die Mandelblättchen leicht andrücken. Die Glasur fest werden lassen. Den Kuchen im Kühlschrank aufbewahren.

Belag:

- 100 g Mandelblättchen
- 25 g fester, milder Blütenhonig
- 40 g Kakaobutter
- 20 g Honig
- 75 g Haselnusscreme siehe Agnes185

Mandelblättchen in einer Bratpfanne auf Stufe 5 von 6 rösten, bis sie goldgelb sind und zu duften beginnen. Honig zufügen, verrühren, auf einem Backpapier ausbreiten und auskühlen lassen. Kakaobutter und Honig in einem kleinen Topf schmelzen, Haselnusscreme zufügen und verrühren.

Agnes 206. Kürbiskernbrötchen, Januar 2017

(8 Stück)

- 400 g Weizen
- 1 gestrichener TL Salz
- 20 g frische Bio-Hefe
- 15 g flüssiger Honig
- 20 g Olivenöl
- 240 g Wasser
- 40 g Kürbiskerne für den Teig
- 50 g Kürbiskerne für die Dekoration, grob gehackt
- Wasser zum Einsprühen

Weizen fein mahlen und in eine Knetschüssel geben. Hefe und Honig im Wasser auflösen und zusammen mit dem Olivenöl und den Kürbiskernen zum Mehl geben. 8 Min. in der Knetmaschine kneten. Den Teig zugedeckt 1,5 Std. ruhen lassen. Die gehackten Kürbiskerne in ein Schälchen füllen. Den Teig in 8 Stücke teilen und daraus Kugeln formen. Diese flach drücken, die Oberseite der Brötchen in die Kürbiskerne drücken und auf ein mit Backpapier belegtes Blech legen. Zugedeckt nochmals 15 Min. gehen lassen.

Die Brötchen mit Wasser einsprühen und im vorgeheizten Backofen bei 180 °C Ober- und Unterhitze 20 Min. backen. Nochmals mit Wasser einsprühen und auf einem Gitterrost auskühlen lassen.

Agnes 207. Teegebäck, Januar 2017

- 250 g Weizen, fein gemahlen
- 1 Prise Salz
- 1 Päckchen Weinsteinbackpulver
- 125 g fester Blütenhonig
- 125 g gekochte rote Linsen
- 20 g Wasser
- 10 g Sonnenblumenöl

Weizenmehl, Salz und Backpulver vermischen. Die restlichen Zutaten in eine Schüssel geben, 50 g von der Mehlmischung zufügen, damit es beim Rühren nicht spritzt, und mit dem Handrührgerät durchmischen. Restliches Mehl zufügen und weiter rühren, bis eine krümelige Masse entstanden ist. Diese von Hand zusammenkneten. Den Teig in Folie verpacken und im Kühlschrank 30 Min. ruhen lassen. Den Teig zwischen zwei Haushaltfolien 1,5 cm dick ausrollen und mit einem Messer 2 x 5 cm grosse Rechtecke schneiden. Die Teigreste zusammenkneten, erneut ausrollen und in Rechtecke schneiden. Auf ein mit Backpapier belegtes Blech legen, mit einer Backnadel Löcher ins Gebäck stechen und im vorgeheizten Ofen bei 150 °C Ober- und Unterhitze 35 Min. backen. Auf einem Gitterrost auskühlen lassen.

Agnes 208. Mandelschokolade, Januar 2017

(4 Tafeln)

- 200 g Mandeln
- 40 g fester Blütenhonig (1. Gabe)
- 120 g Kakaobutter
- 30 g Kokosöl
- 110 g fester Blütenhonig (2. Gabe)
- 30 g Kakaopulver

Mandeln von Hand grob hacken. In einer Bratpfanne rösten. Den Honig zufügen, gut vermischen. Ein Backpapier auf einen Gitterrost legen, die Mandeln darauf verteilen und auskühlen lassen. Die Mandelstückchen in 4 Schokoladeformen verteilen.

Kakaobutter, Kokosöl und Honig in einen Topf geben und bei kleinster Einstellung schmelzen. Kakaopulver zugeben und unterrühren. Die Masse gleichmässig in die Schokoladeformen über die Mandelstückchen giessen. Im Gefrierfach fest werden lassen und auch dort aufbewahren.

Agnes 209. Bohnen-Burger, Februar 2017

(4 Portionen)

- 8 Kürbiskernbrötchen (Rezept siehe unten)

Bratlinge:

- 200 g schwarze Bohnen
- 20 g Leinsamen
- 1 Knoblauchzehe, netto 3 g
- 1 Zwiebel, netto 105 g, fein gehackt
- 40 g Tomatenmark
- 1 leicht gehäufter TL Paprikapulver
- Schwarzer, frisch gemahlener Pfeffer
- 90 g Nackthafer, frisch geflockt
- 1,5 TL Salz
- 40 g Olivenöl zum Braten

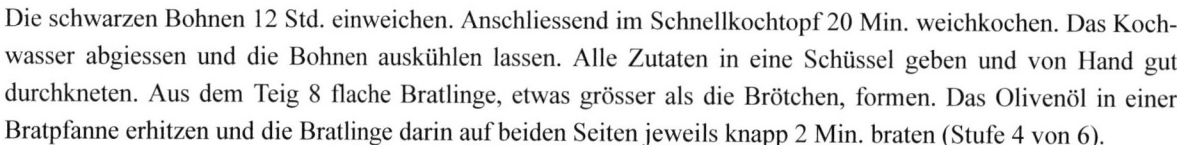

Die schwarzen Bohnen 12 Std. einweichen. Anschliessend im Schnellkochtopf 20 Min. weichkochen. Das Kochwasser abgiessen und die Bohnen auskühlen lassen. Alle Zutaten in eine Schüssel geben und von Hand gut durchkneten. Aus dem Teig 8 flache Bratlinge, etwas grösser als die Brötchen, formen. Das Olivenöl in einer Bratpfanne erhitzen und die Bratlinge darin auf beiden Seiten jeweils knapp 2 Min. braten (Stufe 4 von 6).

Die Kürbiskernbrötchen auseinanderschneiden und nach Belieben mit Gemüse (Tomaten, Salat), Senf und je einem Bratling füllen.

Kürbiskernbrötchen:

(8 Stück)

- 400 g Weizen
- 1 gestrichener TL Salz
- 20 g frische Bio-Hefe
- 15 g flüssiger Honig
- 20 g Olivenöl
- 240 g Wasser
- 40 g Kürbiskerne für den Teig
- 50 g Kürbiskerne für die Dekoration, grob gehackt
- Wasser zum Einsprühen

Weizen fein mahlen und in eine Knetschüssel geben. Hefe und Honig im Wasser auflösen und zusammen mit dem Olivenöl und den Kürbiskernen zum Mehl geben. 8 Min. in der Knetmaschine kneten. Den Teig zugedeckt 1,5 Stunden ruhen lassen. Die gehackten Kürbiskerne in ein Schälchen füllen. Den Teig in 8 Stücke teilen und daraus Kugeln formen. Diese flach drücken, die Oberseite der Brötchen in die Kürbiskerne drücken und auf ein mit Backpapier belegtes Blech legen. Zugedeckt nochmals 15 Min. gehen lassen.

Die Brötchen mit Wasser einsprühen und im vorgeheizten Backofen bei 180 °C Ober- und Unterhitze 20 Min. backen. Nochmals mit Wasser einsprühen und auf einem Gitterrost auskühlen lassen.

Agnes 210. Borlotti-Küchlein mit Karottengemüse, Februar 2017

(4 Portionen)

- 200 g Borlottibohnen
- 1 Zwiebel, netto 100 g, fein gehackt
- 20 g Tomatenmark
- 1 leicht gehäufter TL Paprikapulver
- Schwarzer, frisch gemahlener Pfeffer
- 110 g Nackthafer, frisch geflockt
- 25 g Weizen, fein gemahlen
- Knapp 2 TL Salz
- 80 g Lauch, fein geschnitten
- 80 g Karotten, an der Bircherraffel gerieben

Die Bohnen 12 Std. einweichen. Anschliessend im Schnellkochtopf 20 Min. weichkochen. Das Kochwasser abgiessen und die Bohnen auskühlen lassen. Alle Zutaten in eine Schüssel geben und von Hand gut durchkneten.

Die Bohnen zerfallen dann. Aus der Masse 16 flache Küchlein formen und auf ein mit Backpapier belegtes Blech legen. Im vorgeheizten Backofen bei 220 °C Ober- und Unterhitze 20 Min. backen.

- 150 g Wasser
- 400 g Karotten, in dünne Stäbchen geschnitten
- Kräutersalz

Wasser und Karotten in einen Topf geben und als Gemüsepfanne 12 Min. dünsten. Mit Kräutersalz bestreuen.

Ajvar

Nach Belieben zu den Küchlein servieren. (nach Utes Rezept 11/8470).

Ich habe dieses Rezept im Topf mit insgesamt 150 g Wasser nachgekocht und anschliessend mit dem Pürierstab püriert.

Agnes 211. Biskuitroulade, Februar 2017

(10 grosse oder 12 kleinere Stücke)

Teig:

- 120 g Dinkel, fein gemahlen
- 1 Päckchen Backpulver
- 1 Prise Salz
- 170 g Stützcreme
- 80 g Apfel
- 120 g Akazienhonig

Füllung:

- 100 g Stachelbeerenkonfitüre (aus pürierten Beeren aus dem eigenen Garten und Honig)
- 300 g Sahne, steif geschlagen
- 1/4 TL Vanillepulver

Mehl, Backpulver und Salz in einer Schüssel vermischen. Stützcreme, Apfel und Honig im Vitamix zu einer Creme mixen und zum Mehlgemisch geben. Mit dem Handrührgerät gut durchmixen, auf ein mit Backpapier belegtes Blech giessen und mit einem Esslöffel (Rückseite) zu einem Rechteck von ungefähr 28 x 32 cm ausstreichen. Im vorgeheizten Backofen bei 220 °C Ober- und Unterhitze 10 Min. backen. Das Blech aus dem Ofen nehmen, ohne die Teigplatte zu entfernen, und ein zweites, gleich grosses leeres Blech in den ausgeschalteten Backofen zum Vorwärmen hinein-schieben. Die Biskuitplatte mithilfe eines Esslöffels (Rückseite) mit der Stachelbeerenkonfitüre bestreichen. Nun das vorgewärmte Blech als Deckel umgekehrt auf das Blech mit dem Biskuit legen. Langsam aus-kühlen lassen. Das Blech als Deckel verhindert das Entweichen der Feuchtigkeit, so dass das Biskuit weich und formbar bleibt.

Die geschlagene Sahne mit dem Vanillepulver mischen und auf die ganz ausgekühlte Teigplatte strei-chen, und zwar so, dass die Sahne-schicht an einer Schmalseite dicker als an der anderen ist. Das verhindert das Brechen des Teiges beim Auf-rollen. Nun den Teig von der dicke-ren Seite her aufrollen und die Rou-lade kühl stellen.

Agnes 212. Gemüsekrapfen, Februar 2017

(20 Stück, pro Person 2 bis 3 Stück, überzählige Krapfen einfrieren)

Teig:

- 550 g Dinkel, fein gemahlen
- 1 TL Salz
- 20 g Olivenöl
- 50 g Apfel
- 100 g Stützcreme
- 250 g Wasser
- 20 g frische Bio-Hefe
- Streumehl

Mehl, Salz und Öl in die Knetschüssel geben. Apfel, Creme und Wasser im Vitamix mixen, zum Schluss Hefe darin auflösen und zum Mehl giessen. Den Teig 8 Min. kneten und 45 Min. zugedeckt ruhen lassen.

Füllung:

- 200 g Wasser
- 1 Zwiebel, 110 g netto, klein geschnitten
- 200 g Karotten, in dünne Stäbchen geschnitten
- 150 g gelbe Paprika, klein gewürfelt
- 1 Apfel, 145 g, klein gewürfelt
- 1 TL Currypulver
- 1,75 TL Salz
- Schwarzer, frisch gemahlener Pfeffer
- 200 g gekochte rote Linsen

Alle Zutaten ausser den Gewürzen und den Linsen in eine Bratpfanne geben und offen 15 Min., oder so lange, bis alles Wasser eingekocht ist, auf Stufe 4,5 von 6 kochen. Gewürze und Linsen zufügen und gut vermischen. Aus der Masse 20 Portionen abstechen und zu Kugeln formen.

Den Teig in 20 gleich grosse Stücke teilen und zu Kugeln formen. Diese in reichlich Streumehl zu Ovalen ausrollen. Mit einem Esslöffel auf jedes Teigoval eine Kugel Füllung setzen, den Teig überschlagen und mit einer Gabel den Rand festrücken. Die Krapfen auf zwei mit Backpapier belegte Backbleche geben, mit Wasser einsprühen und nacheinander im vorgeheizten Ofen bei 220 °C Ober- und Unterhitze 17 Min. backen. Nochmals einsprühen und warm zu einem Salatteller servieren.

Agnes 213. Scharfe rote Sauce, März 2017

- 50 g Bohnenkochwasser
- 1 Zwiebel, netto 100 g, gehackt
- 2 Knoblauchzehen, netto 10 g, in Scheiben geschnitten
- 3 Tomaten, 335 g, gewürfelt
- 1 Chilischote, 15 g, in Ringe geschnitten, Kerne nicht entfernt
- 30 g Tomatenmark
- 100 g Bohnenkochwasser
- 200 g gekochte Kidneybohnen
- 1/2 TL Salz
- 1 TL mildes Paprikapulver
- Schwarzer, frisch gemahlener Pfeffer

50 g Kochwasser, Zwiebel, Knoblauch, Tomaten und Chilischote in einen Topf geben. Deckel auflegen und auf höchster Einstellung zum Kochen bringen. Sobald Dampf unter dem Deckel austritt, auf kleinste Einstellung drehen und 10 Min. dünsten.

Die restlichen Zutaten beifügen und mit dem Pürierstab mixen. Nochmals aufkochen, in zwei heiss ausgespülte 500-g-Gläser füllen und gut verschliessen. Im Kühlschrank aufbewahren. Die Sauce ist sehr lange haltbar.

Tipp: *Die Sauce passt zum Beispiel zu Teigwaren, zu Ofenkartoffeln, als Pizzabelag, zu Bratlingen oder zu Brot.*

Agnes 214. Brot-Kichererbsen-Küchlein, März 2017

(6 Portionen)

- 320 g trockenes Hefebrot, in Würfel geschnitten
- 400 g kochend heisses Wasser
- 300 g gekochte Kichererbsen
- 1 Zwiebel, netto 190 g, fein gehackt
- 300 g Karotten, an der Nussreibe gerieben
- 1,25 TL Salz
- 1 TL Paprikapulver, edelsüss
- Schwarzer, frisch gemahlener Pfeffer

Brotwürfel in eine Schüssel geben und mit heissem Wasser übergiessen, so dass alle Würfel benetzt sind.

Deckel auflegen und ungefähr 1 Stunde ziehen lassen. Alle restlichen Zutaten in die Schüssel geben und kräftig durchkneten, so dass auch die Kichererbsen leicht zerkleinert werden.

Die Masse in 30 Portionen teilen. Daraus flache Küchlein formen und auf ein mit Backpapier belegtes Blech legen. Im vorgeheizten Ofen bei 220 °C Ober- und Unterhitze 25 Min. backen.

Zu einem gemischten Salat servieren.

Agnes 215. Gemüsecremesuppe, März 2017

(6 Portionen)

- 200 g Wasser
- 2 Zwiebeln, netto 190 g
- 4 Tomaten, 170 g
- 370 g Kartoffeln
- 370 g Zucchini

Gemüse grob würfeln und in einen Topf geben. Deckel auflegen und auf höchster Einstellung zum Kochen bringen. Sobald Dampf unter dem Deckel austritt, auf kleinste Einstellung drehen und 10 Min. dünsten.

- 300 g Gemüsekochwasser
- 35 g Macadamianüsse
- 2 TL Salz
- 1 TL mildes Paprikapulver
- 20 g Wasser zum Spülen des Bechers

Alle Zutaten im Vitamix zu einer Creme mixen, zum Gemüse giessen und den Becher mit den 20 g Wasser spülen und ebenfalls dazu giessen. Mit dem Pürierstab das Saucengemüse zu einer cremigen Suppe mixen und nochmals kurz aufkochen.

Agnes 216. Bohnen-Gemüse-Eintopf, April 2017

(Für 4 Personen)

- 200 g Kidneybohnen

Gemüse:

- 120 g Wasser
- 2 Zwiebeln, netto 160 g
- 1 gelbe und eine rote Paprika, netto 310 g
- 2 Zucchini, 510 g
- 4 Tomaten, 320 g
- 50 g Tomatenmark
- 1 TL Paprikapulver, edelsüss
- 2 TL Salz
- Schwarzer Pfeffer, frisch gemahlen

Bohnen 12 Std. in kaltem Wasser einweichen. Anschliessend im Schnellkochtopf 20 Min. kochen. Zwiebeln, Paprika, Zucchini und Tomaten in Würfel schneiden. Wasser und Gemüse in einen Topf geben. Deckel auflegen und auf höchster Einstellung zum Kochen bringen. Sobald Dampf unter dem Deckel austritt, auf kleinste Einstellung drehen und 8 Min. dünsten. Tomatenmark, Gewürze, Salz und Kidneybohnen zugeben und nochmals kurz aufkochen.

Agnes 217. Gemüse-Linsen-Teigwaren, April 2017

(8 Portionen)

- 500 g Wasser
- 3 Karotten, 180 g
- 1 Stange Lauch, netto 160 g
- 2 rote Paprika, netto 380 g
- 1 Zwiebel, netto 160 g
- 90 g Sellerie
- 15 g Knoblauch
- 200 g Linsen (grüne, flache)
- 800 g Tomaten aus der Dose, gehackt
- 1 TL Italienische Kräutermischung
- 2 TL Salz
- Schwarzer, frisch gemahlener Pfeffer
- 500 g Röhrennudeln

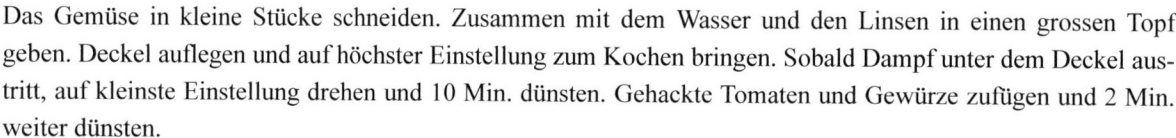

Das Gemüse in kleine Stücke schneiden. Zusammen mit dem Wasser und den Linsen in einen grossen Topf geben. Deckel auflegen und auf höchster Einstellung zum Kochen bringen. Sobald Dampf unter dem Deckel austritt, auf kleinste Einstellung drehen und 10 Min. dünsten. Gehackte Tomaten und Gewürze zufügen und 2 Min. weiter dünsten.

Die Nudeln nach Packungsanleitung weichkochen und unter das fertige Linsengemüse rühren.

Agnes 218. Wilkesmannsche Formel-Waffeln, April 2017

(Wieso nur Kuchen und Kekse nach der Formel backen? Ein Versuch mit Waffeln wollte ich wagen; ein absoluter Erfolg!)

- 300 g Blattspinat, tiefgekühlt
- 40 g getrocknete Tomaten
- 250 g Dinkel, fein gemahlen
- ½ Päckchen Backpulver
- 25 g Sesamsamen, ungeschält
- 1 TL Salz, ganz wenig gehäuft
- Schwarzer, frisch gemahlener Pfeffer
- 1 Löffelspitze Muskatnuss
- 150 g gekochte rote Linsen
- 180 g Stützcreme
- 80 g Apfel
- 250 g Wasser
- Öl zum Backen

Spinat auftauen, gut ausdrücken und grob hacken. Getrocknete Tomaten klein schneiden. Trockene Zutaten in eine Schüssel geben, feuchte Zutaten im Vitamix zu einer Creme mixen und zusammen mit dem Spinat und den Tomaten zum Mehlgemisch geben. Verrühren und 15 Min. ruhen lassen.

Ein Waffeleisen mit antihaftender Beschichtung mit wenig Öl einpinseln und zwei Esslöffel voll Teig auf die Platte geben. Deckel schliessen, zusammendrücken, bis sich der Teig verteilt hat. Dann ohne Druck auf den Deckel die Waffel, je nach Waffeleisen ca. 5 Min. backen. Die Teigmenge ergibt etwa 8 Durchgänge, je nach Dicke des Eisens.

Die Waffeln schmeckten so gut, dass wir sie fast alle noch während des Backens lauwarm gegessen haben. Dann sind sie aussen knusprig und innen weich. Geplant wäre ein Salat als Beilage gewesen.

Hinweis: *Eigenartigerweise schmeckt der Teig nach Eiern.*

Agnes 219. Körnerbrot, April 2017

- 150 g Vier-Kornmischung (Dinkel, Weizen, Roggen, Hafer)
- 400 g kochend heisses Wasser
- 500 g Weizen, fein gemahlen
- 50 g Sonnenblumenkerne
- 40 g frische Bio-Hefe
- 400 g Wasser
- 1 leicht gehäufter TL Salz

Die Körnermischung in eine Schüssel geben, mit 400 g heissem Wasser übergiessen und über Nacht quellen lassen. Am nächsten Tag die Körner in ein Sieb geben, Einweichwasser abgiessen, die Körner gut abtropfen lassen und in eine Knetschüssel geben. Hefe in 400 g Wasser auflösen und zusammen mit allen restlichen Zutaten zur Körnermischung geben. Den Teig 8 Min. mit der Maschine kneten. Zugedeckt 1 Stunde ruhen lassen. Eine Kastenform von ca. 30 cm Länge mit Backpapier auslegen, den Teig zu einem Brot formen und in die Kastenform geben. Mit Wasser einsprühen. Im vorgeheizten Backofen bei 220 °C Ober- und Unterhitze 55 Min. backen. Nochmals mit Wasser einsprühen und auf einem Gitterrost auskühlen lassen.

Agnes 220. Krautstiel-Teigwareneintopf (Mangold), Mai 2017

- 300 g Teigwaren (zum Beispiel Spiralnudeln, Röhrennudeln oder Hörnchen)
- 900 g Krautstiel, grob geschnitten
- 150 g Wasser
- etwas Salz

Teigwaren in 500 g Salzwasser weichkochen. Es bleibt kein Restwasser übrig.

Wasser und Krautstiel in einen Topf geben. Deckel auflegen und auf höchster Einstellung zum Kochen bringen. Sobald Dampf unter dem Deckel austritt, auf kleinste Einstellung drehen und 12 Min. dünsten. Kochwasser abgiessen und das Gemüse zu den Teigwaren geben. Salzen.

*Hinweis: Ein absolut einfaches Rezept, das uns immer wieder ganz * gut schmeckt. – Meine Grundregel: Verhältnis von Teigwaren zu Krautstiel 1 zu 3.*

[Anmerkung Ute: ganz gut, ganz lecker usw. für einen Schweizer wäre im Deutschen sehr gut, sehr lecker.]*

Agnes 221. Wintergemüseteigwaren, Mai 2017

(4 Portionen)

- 300 g Teigwaren (Röhrennudeln)

Die Teigwaren nach Packungsangabe kochen.

- 1 Zwiebel, netto 120 g
- 1 Knoblauchzehe, netto 9 g
- 300 g Karotten
- 200 g Sellerie
- 100 g Lauch
- 100 g Wasser
- 20 g Tomatenmark
- 400 g stückige Tomaten aus der Dose
- 20 g Wasser zum Spülen der Dose
- 1 TL Salz
- Schwarzer, frisch gemahlener Pfeffer
- ½ TL getrocknetes Basilikum (besser wäre frisches Basilikum)

Das Gemüse in kleine Würfel schneiden und mit dem Wasser in einen Topf geben. Deckel auflegen und auf höchster Einstellung zum Kochen bringen. Sobald Dampf unter dem Deckel austritt, auf kleinste Einstellung drehen und 10 Min. dünsten. Tomaten zugeben. Dose spülen, das Wasser ebenfalls zum Gemüse geben und die Gewürze beifügen. Nochmals kurz aufkochen.

Agnes 222. CC-Edelschokocreme, Mai 2017

- 390 g heisses Wasser
- 250 g Honig
- 80 g Kakao
- 1 TL gem. Vanille
- 140 g geröstete, gesalzene Cashewkerne
- 70 g Cashewkerne

Alle Zutaten in den 0,9-Liter-Becher des Vitamix geben und so lange mixen, bis die Masse heiss ist und stockt. Noch heiss in zwei 500-g-Gläser füllen und gut verschliessen. (Ich habe die 1,5-fache Menge im 1,4-Liter-Becher hergestellt.) Die Masse wird ausgesprochen cremig.

Hinweis: *Das CC-Edelnussmus, ein ganz leckeres Rezept von Ute (Bd. 7, Seite 75), hat mich zu dieser Schokocreme inspiriert.*

Agnes 223. Schokomuffins, Mai 2017

(Für 1 Muffinblech, ausgelegt mit 12 Papierförmchen)

- 200 g Dinkel, fein gemahlen
- 130 g Haselnüsse
- 40 g Kakaonibs
- 25 g Kakaopulver
- 2 Päckchen Weinsteinbackpulver
- 0,5 TL gem. Vanille
- 1 Prise Salz
- 130 g Wasser
- 80 g Stützcreme
- 40 g Apfel
- 60 g gekochte rote Linsen
- 175 g Honig

Die Haselnüsse in einem kleinen Mixer mahlen und zusammen mit allen trockenen Zutaten in eine Schüssel geben. Die restlichen Zutaten im Vitamix zu einer Creme mixen und zum Mehlgemisch geben. Mit dem Handrührgerät gut vermischen und den Teig gleichmässig mit einem Esslöffel in die Muffinförmchen geben. Im vorgeheizten Backofen bei 180 °C Ober- und Unterhitze 25 Min. backen und im ausgeschalteten Ofen 5 Min. stehen lassen. Die Muffins auf einem Gitterrost auskühlen lassen.

Glasur:

- 40 g Kakaobutter
- 20 g fester Blütenhonig
- 80 g Schokocreme (A223)

Kakaobutter und Honig in einem kleinen Topf schmelzen. Die Schokocreme einrühren. Je einen Teelöffel Glasur auf die kalten Muffins geben. Mit dem Löffel verstreichen und kurz auskühlen lassen. Nun den Glasurrest gleichmässig auf die Muffins verteilen und verstreichen.

Agnes 224. Kichererbsenaufstrich, Mai 2017

- 300 g gekochte Kichererbsen
- 30 g Cashewnussmus
- 1 Knoblauchzehe, netto 3 g
- Knapp 0,75 TL Salz
- Schwarzer Pfeffer, frisch gemahlen
- 65 g Wasser

Alle Zutaten in den Vitamix geben und den Deckel mit eingesetztem Stopfer verschließen. Während des Mixens den Stopfer verwenden, um die Masse gleichmäßig zu den Klingen zu führen. So lange mixen, bis eine homogene, cremige Konsistenz erreicht ist.

Agnes 225. Blitz-Teigwaren-Pilz-Pfanne, Mai 2017

(6 Portionen)

- 500 g Champignons, geviertelt
- 1 Zwiebel, netto 115 g, gehackt
- 2 Knoblauchzehen, netto 12 g, klein geschnitten
- 1 TL frische, klein gehackte Rosmarinnadeln, 2 g
- 1,5 TL Salz
- 1 TL mildes Paprikapulver
- Schwarzer, frisch gemahlener Pfeffer
- 50 g Tomatenmark
- 800 g Wasser
- 400 g Röhrennudeln
- 150 g Rahm*

Von den 800 g Wasser 100 g zusammen mit Zwiebel, Knoblauch und Rosmarinnadeln in einen Topf geben. Bei offenem Deckel so lange andünsten, bis das Wasser verkocht ist. Nun alle anderen Zutaten ausser dem Rahm in den Topf geben und als Gemüsepfanne so lange kochen, bis die Teigwaren weich sind. Den Rahm unterrühren und nochmals erhitzen.

* Hinweis: Wer den Rahm weglassen will, kann ihn durch folgende Zutaten ersetzen, dann ist es aber „nur" noch eine Teigwaren-Pilz-Pfanne, weil die Herstellung der Sauce etwas mehr Zeit in Anspruch nimmt.

- *150 g gekochte rote Linsen*
- *50 g Cashewnussmus*
- *260 g Wasser*
- *140 g Wasser zum Spülen des Vitamix-Bechers*

Alle Zutaten im Vitamix zu einer Creme mixen, zur Teigwarenpfanne geben, Becher spülen, Spülwasser ebenfalls dazu giessen und nochmals kurz aufkochen.

Agnes 226. Aprikosenkuchen, Juni 2017

(Springform 26 cm Durchmesser)

- 100 g gekochte rote Linsen
- 110 g Honig
- 135 g Stützcreme
- 60 g Apfel
- 20 g Wasser
- 250 g Dinkel, fein gemahlen
- 1 Päckchen Weinsteinbackpulver
- 0,5 TL gem. Vanille
- 1 Prise Salz
- 410 g Aprikosen, netto, halbiert
- 75 g Mandeln
- 75 g Ahornsirup

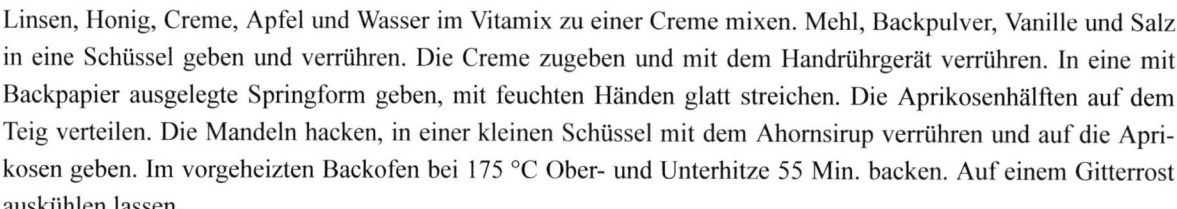

Linsen, Honig, Creme, Apfel und Wasser im Vitamix zu einer Creme mixen. Mehl, Backpulver, Vanille und Salz in eine Schüssel geben und verrühren. Die Creme zugeben und mit dem Handrührgerät verrühren. In eine mit Backpapier ausgelegte Springform geben, mit feuchten Händen glatt streichen. Die Aprikosenhälften auf dem Teig verteilen. Die Mandeln hacken, in einer kleinen Schüssel mit dem Ahornsirup verrühren und auf die Aprikosen geben. Im vorgeheizten Backofen bei 175 °C Ober- und Unterhitze 55 Min. backen. Auf einem Gitterrost auskühlen lassen.

Agnes 227. Karottenhörnli, Juni 2017

(5 Personen)

- 500 g Karotten
- 2 Zwiebeln, netto 270 g
- 3 Knoblauchzehen, netto 14 g
- 15 g Olivenöl
- 1 TL Salz
- Schwarzer, frisch gemahlener Pfeffer
- 400 g Cherrytomaten, halbiert
- 400 g Vollkornhörnli oder andere Teigwaren
- 1000 g Salzwasser

Karotten in dünne Scheiben schneiden, Zwiebeln und Knoblauch fein hacken. Mit Gewürzen und Öl in einer Schüssel vermischen, in eine grosse Gratinform geben und verteilen. In den auf 220 °C vorgeheizten Ofen geben und 20 Min. backen. Die Tomatenhälften auf dem Gemüse verteilen und weitere 15 Min. backen.

Hörnli im Salzwasser weichkochen und das fertige Ofengemüse unterrühren.

Agnes 228. Gebackene Zucchini-Tomaten-Scheiben mit Teigwaren, Juni 2017

(Für 4 Personen)

- 300 g Teigwaren

Die Teigwaren in Salzwasser weichkochen.

- 12 Scheiben Zucchini, ca. 1,5 cm dick, 710 g
- 12 grosse Scheiben Tomaten, ca. 1 cm dick, 500 g

Die Zucchini- und die Tomatenscheiben auf je ein mit Backpapier belegtes Blech legen und in den kalten Ofen schieben. Bei 220 °C Heißluft 25 Min. backen, die Zucchinischeiben nach 15 Min. Backzeit wenden.

- 200 g gekochte weisse Bohnen (ca. 80 g getrocknete Bohnen)
- 200 g Wasser
- 40 g altes, trockenes Hefebrot
- 1 TL Salz

- 15 g Tomatenmark
- Schwarzer, frisch gemahlener Pfeffer
- Kräutersalz

Wasser, Brot und Bohnen im Vitamix zu einer Creme mixen, Salz und Tomatenmark zufügen und nochmals kurz durchmixen. Je drei Zucchinischeiben auf den Tellern anrichten, je einen Esslöffel Sauce darauf geben, mit einer gebackenen Tomatenscheibe bedecken, mit Pfeffer und Kräutersalz bestreuen und die Teigwaren auf die Teller verteilen.

Agnes 229. Cashew-Hafer-Taler, Juni 2017

(6 Portionen)

- 150 g Cashewnüsse
- Wasser
- 100 g Nackthafer, geflockt

Die Cashewnüsse am Morgen in kaltem Wasser einweichen. Am Abend die Nüsse in ein Sieb geben, mit kaltem Wasser abspülen und gut abtropfen lassen. Im Vitamix zu einer Creme mixen. Die Menge reicht gerade so, dass der Stopfer noch greift. Die Masse in eine Schüssel geben, mit den Haferflocken verkneten, zu einem Taler von 8 bis 9 cm Durchmesser formen, auf einen kleinen Teller legen, mit Haushaltpapier locker bedecken und über Nacht im Kühlschrank durchziehen lassen.

Der Taler ist jetzt so fest, dass er sich in 6 Scheiben schneiden lässt.

Marinade:

- 40 g Olivenöl
- 30 g Senf
- Schwarzer, frisch gemahlener Pfeffer
- Kräutersalz
- 0,5 TL mildes Paprikapulver
- 0,5 TL mildes Currypulver

Alle Zutaten in einer flachen Schüssel vermischen, die Taler darin wenden und in einer Bratpfanne auf Stufe 4 von 6 auf beiden Seiten kurz anbraten. Diese Taler schmecken zu Burgerbrötchen oder zu Gemüse, roh oder gekocht. Auf die halben, flachen Hefebrötchen, Durchmesser ca. 9 cm, je zwei kleine Salatblätter legen, 2 grosse, nicht zu dünne Tomatenscheiben darauflegen und mit den heissen Talern bedecken. Optional die Taler mit einem Salatblatt belegen, damit man sie besser essen kann. Wer grossen Appetit hat, kann nochmals Tomaten und ein halbes Brötchen über den Taler legen.

Agnes 230. Basilikumpesto-Hörnlisalat, Juli 2017

(6 Portionen)

- 500 g Hörnli

Hörnli in gut gesalzenem Wasser weichkochen, das Kochwasser abgiessen und die Hörnli auskühlen lassen. Gelegentlich rühren, damit sie nicht zusammenkleben.

- 500 g Cherrytomaten, geviertelt
- 300 g Gurke, in kleine Würfel geschnitten

Pesto:

- 45 g frische Basilikumblätter
- 1 kleine Knoblauchzehe, netto 4 g
- 60 g Pinienkerne
- 40 g Olivenöl
- 30 g Wasser
- Schwarzer, frisch gemahlener Pfeffer nach Geschmack
- Kräutersalz nach Bedarf

Alle Zutaten in einen Becher geben und mit dem Pürierstab nur so lange mixen, bis das Pesto relativ fein, aber noch nicht cremig ist. Geschnittenes Gemüse und Pesto unter die Teigwaren mischen.

Agnes 231. Paprika-Basilikum-Pesto, August 2017

(Als Beilage zu Teigwaren für 6 Personen)

- 2 rote Paprika, netto 350 g
- 160 g Wasser
- 30 g frische Basilikumblätter
- 60 g geröstete, gesalzene Cashewkerne
- 2 Knoblauchzehen, netto 6 g
- 50 g Olivenöl
- Kräutersalz
- Schwarzer, frisch gemahlener Pfeffer

Die Paprika grob würfeln und zusammen mit dem Wasser in einen Topf geben. Ohne Deckel bei mittlerer Hitze so lange dünsten, bis alles Wasser verdunstet ist (ca. 20 Min.).

Die gekochten Paprikawürfel zusammen mit allen anderen Zutaten in einen Mixbecher geben und mit dem Stabmixer zu Pesto verarbeiten. Das warme Pesto passt gut zu Kartoffeln, zu Brot oder zu Teigwaren. Das Pesto hält sich im Kühlschrank mehrere Tage.

Agnes 232. Chili-Cashewnuss-Aufstrich, Aug. 2017

- 150 g geröstete, gesalzene Cashewnüsse
- 3 cm Chilischote
- 1 MS Salz
- Schwarzer, frisch gemahlener Pfeffer

Die Cashewnüsse am Abend in kaltem Wasser einweichen. Am Morgen das Wasser abgiessen und mit den übrigen Zutaten im 0,9-Liter-Vitamixbecher mithilfe des Stopfers zu einer Creme mixen. Zwischendurch zweimal die Masse vom Becherrand lösen. Die Masse ist gerade ausreichend, so dass der Stopfer noch greifen kann.

Agnes 233. Hefe-Haselnussstangen, August 2017

Teig:

- 500 g Dinkel, fein gemahlen
- 1 TL Salz
- 22 g frische Bio-Hefe
- 325 g Wasser
- 15 g Olivenöl
- Streumehl

Hefe im Wasser auflösen. Alle Zutaten ausser dem Streumehl in eine Schüssel geben und den Teig 5 Min. (mit der Maschine) kneten. Zugedeckt 1 Stunde ruhen lassen. Teig in zwei gleich grosse Stücke teilen und jedes Stück mithilfe von Streumehl zu einem Rechteck von ca. 18 x 40 cm ausrollen.

Füllung:

- 400 g Haselnüsse, fein gemahlen
- 180 g weiche Butter
- 150 g flüssiger Blütenhonig
- 1 Prise Salz

Alle Zutaten in eine Schüssel geben und mit dem Handrührgerät gut durchrühren. Die Füllung in zwei gleich grosse Portionen teilen und mithilfe eines Spachtels dünn auf den Teigplatten ausstreichen. Die Stücke von der langen Seite her in je 9 ca. 4 bis 5 cm breite Streifen schneiden. Jedes Stück zu einer Stange drehen und auf ein mit Backpapier belegtes Blech legen. Mit Wasser einsprühen und im vorgeheizten Backofen bei 200 °C Ober- und Unterhitze 20 Min. backen. Nochmals mit Wasser einsprühen und auf einem Gitterrost auskühlen lassen. Während die erste Portion bäckt, die zweiten Nussstangen zubereiten.

Agnes 234. Rohkost-Bounties, September 2017

Herstellung im Vitamix, 1.4-Liter-Becher

Kokosschicht:

- 100 g Rundkorn-Naturreis
- 1 Prise Salz
- 200 g Kokosraspeln
- 150 g Honig
- 100 g Kokosöl
- 100 g Kokosraspeln (zum Verkneten)

Schokoladeschicht:

- 100 g Kakaobohnen
- 100 g Kokosraspeln
- 110 g Honig
- 60 g Kokosöl
- 70 g Kakaobutter
- 4 cm Vanillestange

Kokosschicht: Reis in der Mühle fein mahlen. Mit Salz, 200 g Kokosraspeln, Honig und Kokosöl möglichst fein mahlen. Mehrmals die Masse aus den Becherecken lösen. In eine Schüssel geben und mit 100 g Kokosraspeln verkneten.

Schokoladeschicht: Kakaobohnen und Kokosraspeln im Vitamix mahlen, bis sich die Masse vom Rand löst und gut aus dem Becher nehmen lässt. Mehrmals zwischendurch vom Rand lösen. In eine Schüssel umfüllen. Honig und Öl in den Vitamix abwiegen. Kakaomasse dazugeben. Kakaobutter fein reiben und obenauf geben. Mit dem Stopfer mit langsam steigender Geschwindigkeit verarbeiten. Zwischendurch mit einem Spatel die Ecken „ausheben" und Reste vom Rand herunterdrücken. Immer wieder neu auf Höchststufe laufen lassen, bis die Schokolade flüssig und gleichmäßig braun und warm, aber noch nicht heiss ist.

Fertigstellung: Eine größere Lasagneform (17 x 27 cm) mit Haushaltsfolie auslegen. Die Hälfte der Schokoladenmasse in die Lasagneform giessen und gleichmässig verteilen. 10 Min. in den Tiefkühlschrank geben. Die Kokosmasse darauf verteilen, die restliche Schokolade darübergeben und mit einem Löffel verstreichen. 1 Std. in den Kühlschrank stellen. Mit Hilfe der Folie aus der Form heben, Folie entfernen und die Masse mit einem Messer vorsichtig in rechteckige Stücke schneiden. Im Kühlschrank in einer geschlossenen Dose aufbewahren.

Agnes 235. Bohnen-Quinoa-Bällchen, Sep. 2017

(6 Portionen)

Bällchen:

- 200 g schwarze Bohnen
- 120 g Quinoa
- 240 g Wasser
- 50 g Sesamsamen ungeschält
- 70 g Nackthafer, grob geschrotet
- 40 g Tomatenmark
- 1 Knoblauchzehe, netto 5 g, gepresst
- 2 TL frischer Majoran, gehackt
- Schwarzer, frisch gemahlener Pfeffer
- 1,25 TL Salz

Die Bohnen über Nacht in kaltem Wasser einweichen und anschliessend im Schnellkochtopf 20 Min. kochen. Kochwasser abgiessen. Wasser in einen Topf geben, aufkochen, Quinoa zufügen und zugedeckt 15 Min. weich-kochen.

Alle Zutaten in eine grosse Schüssel geben und gut verkneten. Aus der Masse ca. 42 runde, walnussgrosse Kugeln formen und auf ein mit Backpapier belegtes Blech legen. Im vorgeheizten Backofen bei 200 °C Ober- und Unterhitze 25 Min. backen.

Gemüse:

- 600 g Zucchini, gewürfelt
- 90 g Wasser

Sauce:

- 180 g gekochte rote Linsen
- 60 g Cashewnussmus
- 1 TL Salz
- 1 TL Currypulver
- 400 g Wasser
- 40 g Wasser zum Spülen des Bechers

Wasser und Zucchiniwürfel in eine Bratpfanne geben und offen 10 Min. auf Stufe 4 von 6 dünsten. Jetzt sollte das Kochwasser aufgebraucht sein. Alle Saucenzutaten ausser dem Spülwasser in den Becher des Vitamix geben, gut durchmixen, in einen Topf giessen, Becher mit Wasser ausspülen und die Sauce erhitzen.

Agnes 236. Bündner Nusskuchen, Oktober 2017

(Springform von 26 cm Durchmesser)

Teig:	Füllung:
• 350 g Dinkel, fein gem.	• 250 g Honig
• 110 g flüssiger Honig	• 250 g Rahm
• 175 g Butter, zimmerwarm	• 350 g Walnüsse,
• 1 Prise Salz	gehackt
• 20 g Wasser	

Honig, Rahm und Walnüsse in einen Topf geben und 15 Min. auf kleiner Hitze köcheln. Auskühlen lassen. Alle Teigzutaten in eine Schüssel geben und mit dem Handrührgerät zu einem mürben Teig mixen. 20 Min. beiseitestellen. Die Springform mit Backpapier auskleiden. Den Teig in drei Stücke teilen. Das erste Drittel auf den Formboden drücken. Das zweite Drittel zu einer Rolle formen und Rand von 2 cm Höhe formen. Gut an den Boden drücken. Die Füllung hineingeben und auf dem Boden verteilen. Den Teigrand etwas über die Füllung legen, so dass der Deckel gut auf dem Rand aufliegen kann. Das letzte Drittel auf einem Backpapier, auf dem der Springformboden eingezeichnet ist, in der passenden Grösse ausrollen. Nun den Deckel auf den Kuchen gleiten lassen und an den Rand drücken. Dies gelingt am besten mit einer in Wasser eingetauchten Gabel. Den Deckel mit der Gabel mehrmals einstechen. Im vorgeheizten Backofen bei 200 °C Ober- und Unterhitze 30 Min. backen. Auf einem Gitterrost auskühlen lassen.

Agnes 237. Gebackenes Gemüse mit Cashew-Linsen-Dip, Oktober 2017

(4 Portionen)

Gemüse:

- 350 g Karotten
- 450 g Zucchini
- 550 g Kartoffeln, festkochend

Marinade:

- 35 g Olivenöl
- 1 TL Paprika, edelsüss
- 1 TL Curry, mittelscharf
- Schwarzer Pfeffer, frisch gemahlen
- Kräutersalz (ca. 5 g)
- 5 g milder Senf

Dip:

- 150 g gekochte rote Linsen
- 75 g Cashewnussmus (selber hergestellt im Vitamix aus Cashewnüssen ohne Zugabe von Öl)
- 100 g Wasser
- Kräutersalz
- Schwarzer, frisch gem. Pfeffer

Das Gemüse in dünne Stäbchen schneiden und in eine grosse Schüssel geben.

Alle Marinadezutaten in einem kleinen Schüsselchen mischen, über die Gemüsestäbchen giessen und mit einem Gummischaber so lange rühren, bis alle Stäbchen mit der Marinade bedeckt sind. Das Gemüse auf zwei mit Backpapier belegte Bleche legen und gut darauf verteilen, sodass die Stäbchen nicht übereinander liegen. Im vorgeheizten Backofen bei 200 °C Heissluft 35 Min. backen. Saucenzutaten im Vitamix zu einer Creme mixen. Zusammen mit dem Gemüse anrichten.

Agnes 238. Mandelkuchen, November 2017

(Kastenform ca. 28 cm)

- 100 g Mandelsplitter
- 130 g Dinkel, fein gemahlen
- 150 g Mandeln, fein gemahlen
- 60 g Kakaonibs
- 1 Päckchen Backpulver
- 1 gestrichener EL Kakao
- 1 Prise Salz
- 250 g Honig
- 150 g gekochte rote Linsen
- 200 g Stützcreme
- 100 g Apfel

Die Mandelsplitter in eine beschichtete Pfanne geben und bei mittlerer Hitze ohne Zugabe von Fett unter gelegentlichem Wenden rösten, bis sie gleichmäßig goldgelb und aromatisch sind. Anschließend sofort aus der Pfanne nehmen, damit sie nicht nachrösten und bitter werden

Alle trockenen Zutaten in einer Schüssel mischen. Die restlichen Zutaten im Vitamix zu einer Creme mixen und zu den trockenen Zutaten giessen. Mit dem Handrührgerät vermischen. Den Teig in eine mit Backpapier ausgelegte Kastenform geben und im vorgeheizten Backofen bei 180 °C 70 Min. backen. Aus der Form nehmen und auf einem Gitterrost auskühlen lassen.

Agnes 239. Karotten-Wirsing-Schnecken, Nov. 2017

(16 Stück, 6 bis 7 Personen)

Teig:

- 500 g Weizen, fein gemahlen
- 1/2 TL Salz
- 20 g frische Bio-Hefe
- 305 g Wasser
- 20 g Olivenöl

Hefe im Wasser auflösen. Alle Zutaten in eine Schüssel geben und mit der Maschine 8 Min. kneten. 1 Std. zugedeckt ruhen lassen.

Gemüse:

- 200 g Wasser
- 400 g Karotten
- 180 g Zucchini
- 300 g Wirsing, netto
- 1/2 TL Salz

Karotten und Zucchini an der Stäbchenraffel in dünne Stäbchen, Wirsing in feine Streifen schneiden. Wasser und Gemüse in einen Topf geben, Deckel auflegen und als Gemüsepfanne 13 Min. dünsten. Gemüse in ein Sieb geben, Kochwasser abgiessen und auffangen.

Sauce:

- 150 g gekochte rote Linsen
- 50 g Stützcreme
- 40 g Cashewnussmus
- 30 g Gemüsekochwasser
- 1/2 TL Salz

Alle Zutaten in den Vitamix geben und zu einer Creme mixen.

Den Teig mithilfe von Streumehl zu einer Platte von 35 x 45 cm ausrollen. Die Creme dünn darauf ausstreichen. Das Gemüse gleichmässig auf der Creme verteilen und leicht andrücken. An einer Längsseite den Teig ca. 1 cm breit nicht belegen. Diesen Teigstreifen mit Wasser bepinseln. Von der gegenüberliegenden Seite her die Platte aufrollen. Mit einem scharfen Messer 16 Scheiben von 2 bis 3 cm Dicke abschneiden und auf ein mit Backpapier belegtes Blech legen. Im vorgeheizten Backofen bei 220 °C Ober- und Unterhitze 25 Min. backen.

Zu einem Salatteller servieren.

Agnes 240. Bohnengemüse, November 2017

(3 Portionen)

- 100 g weisse, grosse Bohnen
- 250 g Wasser
- 3 Zwiebeln, netto 230 g, gehackt
- 2 Knoblauchzehen, netto 7 g, klein gehackt
- 500 g Tomaten, in Würfel geschnitten
- 150 g Karotten, in Würfelchen geschnitten
- 110 g Sellerie, in Würfelchen geschnitten
- 80 g Tomatenmark
- 1 TL Salz
- 1 TL Paprikapulver
- 1 TL getrockneter Majoran
- Schwarzer, frisch gemahlener Pfeffer

Die Bohnen 12 Std. in Wasser einweichen. Anschliessend im Schnellkochtopf 20 Min. weichkochen. Kochwasser abgiessen. Wasser, Zwiebeln, Knoblauch, Tomaten, Karotten und Sellerie in einen Topf geben. Deckel auflegen und als Gemüsepfanne 15 Min. dünsten. Gekochte Bohnen und Gewürze zufügen, verrühren und nochmals aufkochen.

**Agnes 241. Schwarze halbe Bohnen-
burger, November 2017**

*(12 Küchlein; pro Person ein halbes
Brötchen, ein Küchlein, eine Viertelpor-
tion Sauce sowie Tomaten und Salat)*
Küchlein:

- 200 g schwarze Bohnen
- 50 g Leinsamen
- 60 g Wasser
- 300 g Zucchini, in kleine Würfel
  geschnitten
- 1 Zwiebel, netto 95 g, fein gehackt
- 110 g Wasser
- 140 g Nackthafer, geflockt
- 80 g Sonnenblumenkerne
- 1 leicht gehäufter TL getrockneter Thymian
- 1 leicht gehäufter TL Salz
- Schwarzer, frisch gemahlener Pfeffer

Die Bohnen 12 Std. in kaltem Wasser einweichen. Im Schnellkochtopf 20 Min. kochen. Kochwasser abgiessen.
Leinsamen mit 60 g Wasser 15 Min. einweichen.

Zucchini, Zwiebeln und Wasser in einen Topf geben und als Gemüsepfanne 15 Min. dünsten. Falls noch Kochwasser vorhanden ist, dieses abgiessen und anderweitig verwenden. Alle Zutaten in eine Schüssel geben und von
Hand so lange kneten, bis eine formbare Masse entstanden ist. In 12 Portionen teilen. Jede Portion zu einer
Kugel formen und zu einer Scheibe von 10 cm Durchmesser auseinanderdrücken. Auf ein mit Backpapier
belegtes Blech legen und im vorgeheizten Backofen bei 220 °C Ober- und Unterhitze 10 Min. backen. Die Küchlein wenden und nochmals 5 Min. backen.

Sauce:

(4 Portionen)

- 60 g Cashewnussmus
- 140 g gekochte rote Linsen
- 50 g Stützcreme
- 1/2 TL Salz
- 1/4 TL Currypulver
- 310 g kochend heisses Wasser

Alle Zutaten im Vitamix zu einer Creme mixen. Die heisse Sauce als Abschluss über die halben Burger giessen.

Brötchen:

- 1000 g Dinkel, fein gemahlen
- 1 EL Salz
- 40 g frische Bio-Hefe
- 690 g Kichererbsenkochwasser

Die Hefe im Kichererbsenwasser auflösen. Alle Zutaten in eine Schüssel geben und mit der Maschine 8 Min. zu
einem Teig kneten. Zugedeckt 1 Stunde ruhen lassen. Den Teig in 16 Portionen teilen, zu Kugeln formen, die
Kugeln flach drücken (ca. 11 cm Durchmesser) und auf zwei mit Backpapier belegte Bleche legen. Mit Wasser
einsprühen und im vorgeheizten Backofen bei 220 °C Ober- und Unterhitze 20 Min. backen. Nach dem Backen
nochmals mit Wasser einsprühen und auf einem Gitterrost auskühlen lassen.

Die Brötchen quer durchschneiden, pro Person ein halbes Brötchen mit Senf bestreichen, ein Küchlein darauf
legen und im Backofen bei 220 °C Ober- und Unterhitze 10 Min. überbacken. Mit Tomatenscheiben und Salat
belegen und mit der Sauce übergiessen.

Hinweis: *Die restlichen Küchlein habe ich eingefroren.*

Agnes 242. Blumenkohl-Pizza, November 2017

(6 Portionen)

Boden:

- 35 g Leinsamen
- 50 g Wasser
- 1 Blumenkohl, Blätter und Strunk entfernt, 530 g
- 80 g Kichererbsen
- 80 g Paniermehl
- 90 g Stützcreme
- 1,5 TL Salz
- Schwarzer, frisch gemahlener Pfeffer

Leinsamen in einem kleinen Mixer mahlen und mit dem Wasser so lange einweichen, bis alle anderen Zutaten zur Weiterverarbeitung fertig sind.

Den Blumenkohl an der elektrischen Bircherraffel reiben. Die Kichererbsen in der Getreidemühle fein mahlen. Alle Zutaten in eine Schüssel geben, zu einem Teig kneten und in 6 Portionen teilen. Zu Kugeln formen, flach drücken und je 3 davon auf ein mit Backpapier belegtes Blech legen. Mit nassen Händen den Teig so dünn ausstreichen, dass Kreise von 15 cm Durchmesser entstehen. Das erste Blech in den auf 200 °C Ober- und Unterhitze vorgeheizten Backofen schieben und 25 Min. backen. Während dieser Zeit die zweiten 3 Kugeln ganz flach ausstreichen und anschliessend ebenfalls backen. Die Pizzaböden nach dem Backen mit dem Backpapier auf einen Gitterrost ziehen. einige Minuten auskühlen lassen und anschliessend mithilfe eines zweiten Gitterrostes stürzen, so dass das Backpapier sorgfältig abgezogen werden kann. Ganz auskühlen lassen. Ich habe die Böden am Vortag gebacken und erst am folgenden Tag weiter verarbeitet.

Weisse Sauce:

- 70 g Cashewnussmus
- 125 g gekochte rote Linsen
- 100 g Stützcreme
- 20 g Wasser
- 1 TL Zitronensaft
- 1 Prise Muskatnuss
- 1/2 TL Salz
- Pfeffer

Alle Zutaten im Vitamix zu einer Creme verarbeiten. Je einen gehäuften Esslöffel Sauce auf die Pizzaböden geben und gleichmässig verstreichen. Die Creme reicht genau für die 6 Böden.

Belag:

- 300 g Cherrytomaten
- 6 Champignons, ca. 50 g
- Italienische Kräutermischung

Tomaten in dünne Scheiben schneiden und damit den Rand der Pizzaböden belegen. Ebenso mit den Champignons verfahren und innerhalb der Tomatenscheiben auf die Böden legen. Gewürzkräuter darüber streuen. Im auf 220 °C Ober- und Unterhitze vorgeheizten Backofen die Pizzas 10 Min. überbacken.

Agnes 243. Linsenteigwaren mit Gemüsesauce, Dezember 2017

(8 Portionen)

- 250 g grüne Linsen
- 520 g Wasser

Linsen und Wasser in einen Topf geben, Deckel aufsetzen, 40 Min. weichkochen. Falls noch Kochwasser vorhanden sein sollte, dieses abgiessen.

- 2 Zwiebeln, netto 260 g, gehackt
- 190 g Wasser
- 400 g Röhrennudeln
- 800 g Wasser
- Salz

Zwiebeln und Wasser in einen grossen Topf geben, aufkochen und offen bei Stufe 4 von 6 dünsten, bis alles Wasser aufgebraucht ist, was ungefähr 10 Min. dauert. 800 g Wasser zugeben, aufkochen und die Teigwaren zugeben. Das Wasser gut salzen, denn die gekochten Linsen werden ungesalzen zugefügt. Die Teigwaren, je nach Sorte, ungefähr 10 Min. weichkochen. Gekochte Linsen beifügen und eventuell nachsalzen.

Gemüsesauce:

- 150 g Wasser
- 1 Zwiebel, netto 150 g, gehackt
- 2 Tomaten, 170 g, gehackt
- 260 g Zucchini, in Würfel geschnitten
- 180 g Karotten, in Würfel geschnitten
- 3 Knoblauchzehen, netto 13 g, gehackt
- 70 g Tomatenmark
- 1 leicht gehäufter TL Paprikapulver, edelsüss
- Schwarzer, frisch gemahlener Pfeffer
- 1 TL Salz

Alle Zutaten bis und mit Knoblauchzehen in einen Topf geben, Deckel auflegen und als Gemüsepfanne 15 Min. dünsten. Restliche Zutaten beifügen und mit dem Pürierstab gut durchmixen. Nochmals aufkochen und zu den Linsenteigwaren servieren.

Agnes 244. Kartoffel-Wirsingküchlein mit Karotten, Dezember 2017

(4 Portionen)

- 650 g Kartoffeln, festkochend
- 100 g rote Linsen (gekocht 260 g)
- 210 + 150 g Wasser
- 200 g Wirsing, klein geschnitten
- 1 Zwiebel, netto 120 g, gehackt
- 13 g Knoblauch, gehackt
- 100 g Reis, frisch gemahlen
- 2 TL Salz
- Schwarzer, frisch gemahlener Pfeffer
- 50 g Olivenöl zum Backen
- 800 g Karotten, in Stifte geschnitten
- 12 g Olivenöl
- Kräutersalz
- Curry
- Paprika, edelsüss
- Pfeffer

Kartoffeln im Schnellkochtopf 20 Min. weichkochen. Noch warm durch die Kartoffelpresse drücken. Auskühlen lassen. Linsen und 210 g Wasser in einen Topf geben, 15 Min. weichkochen und auskühlen lassen. Zu den Kartoffeln geben.

150 g Wasser, Wirsing, Zwiebel und Knoblauch in einen Topf geben und als Gemüsepfanne 10 Min. dünsten. Deckel abnehmen und 5 weitere Min. dünsten, bis das Wasser aufgebraucht ist. Abkühlen lassen und mit allen anderen Zutaten, ausser dem Olivenöl, zu den Kartoffellinsen geben. Masse verkneten und in 24 Portionen teilen. Diese zu Kugeln formen und flach drücken. Ein Viertel des Olivenöls in eine beschichtete Bratpfanne geben, erhitzen und die Küchlein in zwei Durchgängen beidseitig auf Stufe 4 von 6 je ungefähr 3 Min. braten. Beim Wenden jeweils etwas Öl zufügen.

Für die Karotten in einer Schüssel das Olivenöl mit den Gewürzen mischen. Die Karottenstifte hinzufügen und mit einem Spatel so lange rühren, bis alle Stifte mit der Öl-Gewürzmischung bedeckt sind. Die Stifte auf einem mit Backpapier belegten Blech gleichmässig verteilen und im vorgeheizten Backofen bei 220 °C Ober- und Unterhitze 30 Min. backen.

**Agnes 245. Gebackener Blumenkohl mit Spiral-
nudeln an Tomatensauce, Dezember 2017**

(6 Portionen)

Gemüse:

- 600 g kleine Blumenkohlröschen
- 30 g Olivenöl
- 0,5 TL Curry, mild
- 0,5 TL Paprika, edelsüss
- Schwarzer, frisch gemahlener Pfeffer
- Kräutersalz, ca. 4 g
- 10 g milder Senf

Alle Zutaten ausser den Blumenkohlröschen in einer Schüssel mischen. Die Blumenkohlröschen zugeben. Mit einem Teigspatel so lange verrühren, bis alle Röschen mit Marinade bedeckt sind. Auf ein mit Backpapier belegtes Blech legen und im vorgeheizten Backofen bei 220 °C Ober- und Unterhitze 25 Min. backen.

- 400 g Spiralnudeln – Nudeln nach Packungsanleitung kochen.

Sauce:

- 800 g gehackte Tomaten aus der Dose
- 60 g Wasser zum Spülen der Dose
- 2 TL italienische Kräutermischung
- 1 TL Salz
- 330 g gekochte Kidneybohnen (150 g getrocknete Bohnen)

Alle Zutaten in einen Topf geben und aufkochen. Teigwaren auf den Tellern verteilen, Sauce in die Mitte geben und mit Blumenkohlröschen bedecken.

**Agnes 246. Kidneybohnen-Küchlein, Dezember
2017**

(5 Portionen)

Küchlein:

- 200 g Kidneybohnen
- 250 g gekochte Kichererbsen (100 g getrocknete
Erbsen) oder 300 g Kidneybohnen
- 100 g Nachthafer, frisch geflockt
- 50 g Sonnenblumenkerne
- 2 Knoblauchzehen, netto 7 g, gepresst
- 1 TL Salz

Bohnen 12 Std. in kaltem Wasser einweichen. Im Schnellkochtopf 25 Min. weichkochen. Kochwasser abgiessen und die Bohnen kaltstellen.

Alle Zutaten in eine Schüssel geben und kräftig durchkneten, bis die Masse formbar ist. In 20 Portionen teilen, diese zu Kugeln formen und mit feuchten Händen flach drücken. Auf ein mit Backpapier belegtes Blech legen und im vorgeheizten Backofen bei 220 °C Ober- und Unterhitze 20 Min. backen. Mit Sauce und Gemüse belegen und überbacken.

Weisse Sauce:

- 60 g Cashewnussmus
- 20 g Wasser
- 20 g milder Senf
- 50 g Stützcreme
- Kräutersalz
- Pfeffer

Gemüse:

- 2 Zucchini, 210 g, in Stäbchen geschnitten
- 6 g Olivenöl
- Kräutersalz
- Schwarzer, frisch gemahlener Pfeffer
- ½ TL italienische Kräutermischung

Alle Soßenzutaten in ein Schüsselchen geben und verrühren. Auf jedes Küchlein einen Teelöffel Sauce geben und verstreichen.

Garnitur:

- 3 grosse Cherrytomaten, 60 g, in dünne Scheiben geschnitten

Alle Zutaten in eine Schüssel geben und mit einem Teigspatel gut vermischen. Zucchinistäbchen mit den Gewürzen vermengen und auf den Küchlein verteilen. Jeweils eine Tomatenscheibe als Garnitur darauf legen. Im vorgeheizten Ofen bei 220 °C Ober- und Unterhitze 15 Min. überbacken.

Meine Bücher

Ratgeber
- Spiele mit ChatGPT und Bard: Zeitvertreib mit künstlicher Intelligenz. Norderstedt (BoD) 2023.
- Wie erkenne ich KI-generierte Texte? – Ein Ratgeber. Norderstedt (BoD) 2023.
- Rette dein Seelenheil mit ChatGPT: Ein Ratgeber. Norderstedt (BoD) 2023.

Belletristik
- Torge ist verschwunden: Lost Places und Urban Vanishing (mit Janina Schmiedel). Norderstedt (BoD) 2024.
- Iphorismen II: Nachfolger der Iphorismen. Norderstedt (BoD) 2024.
- Iphorismen: Kritische Ausgabe unter Mitwirkung der Professoren Ptaček, Bardeloni und Sibingskin. Norderstedt (BoD) 2024.
- Zitatezirkus: Erkenne den Fake. 2. Bd. der Reihe Textcollagen. Norderstedt (BoD) 2023.
- Wilkesmann von A bis Z – Ein Leben in 26 Buchstaben. Norderstedt (BoD) 2023.
- Freundschaft als Installation. Norderstedt (BoD) 2023.
- Fantastisches Tagebuch. (mit Janina Schmiedel). Norderstedt (BoD) 2023.
- Kriminalalphabet. Norderstedt (BoD) 2023.
- Bernadette K. – Das Leben einer Königin. 1. Bd. Der Reihe Textcollagen. Norderstedt (BoD) 2023.
- Die Iden des Jumi: Ein archäologischer Bestseller. Norderstedt (BoD) 2023.
- Gedanken zum Gedenken: Gedenk-, Aktions- und Feiertage. Norderstedt (BoD) 2023.
- Wer steckt hinter Spam? Ein Roman. Norderstedt (BoD) 2023.
- Chimären: Was Menschen bisher nicht wussten. Norderstedt (BoD) 2023.
- Seite 22, Zeile 22 (mit Janina Schmiedel.) Norderstedt (BoD) 2022.
- Märchen von heute: 61 wundersame Geschichten. Norderstedt (BoD) 2022.
- Präpositionen. Norderstedt (BoD) 2022.
- Eine Hand greift die andere. Norderstedt (BoD) 2022.
- Iphorismische Short Stories. Norderstedt (BoD) 2022.
- Iphorismen. Norderstedt (BoD) 2021.
- OneBBO's Castle lädt ein. Schau uns über die Schulter. Norderstedt (BoD) 2007.

Ernährung
- Am besten vegetarisch mit der Thermo-Küchenmaschine. Potsdam (Dort-Hagenhausen) 2016.
- Hartz IV in aller Munde. Norderstedt (BoD) 2013.
- Indisch inspiriert. München (Dort-Hagenhausen) 2013.
- Jetzt wird gesnackt! Norderstedt (BoD) 2013.
- Immer öfter vegetarisch. München (Dort-Hagenhausen) 2012.
- Rohkost statt Fasten Teil 2: Rezepte für ein Rohkostjahr. Norderstedt (BoD) 2011.
- Mein Kollege kocht Vollwert. Norderstedt (BoD) 2010.
- Schokolade. Norderstedt (BoD) 2010.
- Gemüse in aller Munde. Norderstedt (BoD) 2009.
- Hartz IV in aller Munde. Norderstedt (BoD) 2009.
- Schrot statt Schrott. Norderstedt (BoD) 2008.
- Vollwert? Gold wert! Norderstedt (BoD) 2008.
- Brötchen statt Brot. Norderstedt (BoD) 2007.
- Konfekt statt Sünde. Norderstedt (BoD) 2007.
- Rohkost statt Fasten. Norderstedt (BoD) 2007.

Reihe: Meine Rezeptebibliothek:

- Band 1: 1998 bis März 2006, Rezepte 1-769. Norderstedt (BoD) 2024
- Band 2: März 2006 bis April 2007, Rezepte 770-1503. Norderstedt (BoD) 2024
- Band 3: April bis November 2007, Rezepte 1504-2163. Norderstedt (BoD) 2024.
- Band 4: November 2007 bis September 2008, Rezepte 2164-2913. Norderstedt (BoD) 2024.
- Band 5: September 2008 bis August 2009, Rezepte 2914-3676. Norderstedt (BoD) 2024.
- Band 6: August 2009 bis Dezember 2010, Rezepte 3677-4404. Norderstedt (BoD) 2024.
- Band 7: Januar 2011 bis Dezember 2012, Rezepte 4405-5290. Norderstedt (BoD) 2024.
- Band 8: Dezember 2012 bis Juni 2014, Rezepte 5291-6142. Norderstedt (BoD) 2024.
- Band 9: Juni 2014 bis April 2015, Rezepte 6143-7914. Norderstedt (BoD) 2024.
- Band 10: April bis Oktober 2015, Rezepte 7915-8018. Norderstedt (BoD) 2024.
- Band 11: Oktober 2015 bis April 2016, Rezepte 8019-9046. Norderstedt (BoD) 2025
- Band 12: April bis Oktober 2016, Rezepte 9047-10203. Norderstedt (BoD) 2025
- Band 13: Oktober 2016 bis August 2017, Rezepte 10204-11373. Norderstedt (BoD) 2025.
- Band 14: August 2017 bis Juli 2019, Rezepte 11374-12302. Norderstedt (BoD) 2025.
- Band 15: Juli 2019 bis März 2021, Rezepte 12303-13121. Norderstedt (BoD) 2025.
- Band 16: März 2021 bis September 2024, Rezepte 13122-13971. Norderstedt (BoD) 2025.

Stichwortverzeichnis